AF440726

ספר
עץ חיים
לרבינו
חיים ויטאל ז"ל
שקיבל ממרן האר"י זלה"ה
שער השבירה
שער ט' פרק ג'
דמ"ב ע"ד – מ"ד ע"ב
תש"ף
SimchatChaim.com
בהוצאת
שמחת חיים

בס"ד

הקדמה

ירפא המאציל **ו**יושיע **ה**בורא את כל חולי בני ישראל, וישלח להם רפואה שלימה, רפואת הנפש ורפואת הגוף, בכל אבריהם ובכל גידיהם לעבודתו יתברך.

בי"ב במנחם אב תשס"ה, הובהלתי לבית החולים, הרופאים לא נתנו לי סיכוי לחיות יותר מכמה שעות בגלל מספר תסבוכות. עם כל זאת בזכות התפילות של בני ישראל הקדושים, ברחמיו הרבים, ריחם עלי הקדוש ברוך הוא, ונשארתי בחיים.

עם כל זאת, הובחנה אצלי מחלה קשה בכליות, ונאמר לי שהצטרך למכונת דיאליזה. בשבילי זה היה שוק!!! אף פעם לא הייתי אצל רופא, או בבית חולים. כך בעל כרחי התחברתי למכונת דיאליזה, ומכונה זאת הייתה[1] קשורה בי ככלב במשך שמונים חודשים בדיוק, כמנין **יסוד**, במשך 12-10 שעות ביום.

בשבת פרשת **ויחי יעקב** י"ב טבת תשע"ב, בזכות בני ישראל, שכולם אהובים כולם ברורים כולם גיבורים כולם קדושים... וכולם פותחים את פיהם באהבה שלוש פעמים ביום, ואומרים - **ברוך אתה... רופא חולי עמו ישראל**, וככללותם כל האברכים, תלמידי הישיבות, רבנים וחכמים, חסידים, מקובלים עם תינוקות של בית רבן, זקנים עם נערים, בחורים וגם בתולות, בארץ הקודש ובעולם. ומצד שני בנות ישראל היקרות מפז, שהתפללו וקבלו עליהם כל מיני קבלות, מהפרשת חלה עד צניעות וכיסוי הראש, עם הרבנים, המנהלים, המורים, המורות **והתלמידות של בית יעקב דטורונטו** שכל יום התפללו, וכללו בתפילתם שבקעה את כל הרקיעים אותי, ונושעתי אני הקטן. הושתלה בי כליה. והתנתקתי ממכונת הדיאליזה.

אמר המלך דוד - לולי[2] תורתך שעשעי אז אבדתי בעניי. מה שנתן לי לחיות היא התורה הקדושה, בשעות הרבות שהייתי מחובר למכונת הדיאליזה)כ12 שעות ביום(, ערכתי סדרתי וכתבתי במחשב את הקונטרסים שלמדתי במשך שנים. וקונטרסים אלו הפכו לחיבור, ואחרי התלבטויות ובקשות מבני גילי, החלטתי בעזרתו יתברך להדפיס קונטרסים אלו.

ידוע הוא כי כל דברי האר"י זלל"ה ותלמידו נאמן ביתו, רבינו חיים ויטאל הם סתומים וחתומים באלפי שרשראות ומנעולים, והרב ז"ל גלה טפח וכיסה אלפים אמה, וכלל דבריהם הוא משלים, עם כל זאת העוסק במשל פועל בעלמות העליונים בנמשל. לכן צריך זהירות גדולה לא להגשים את המשלים, בסוד המבואר בספר הזוהר הקדוש - **ועלייהו אתמר** ועליהם נאמר - **ארור האיש אשר יעשה פסל ומסכה וגומר, ושם בסתר, מאי בסתר** מהו בסתר - **בסתרו דעלמא** בסתר העולם. **ובגין דא אמר קודשא בריך הוא לא תעשון אתי** ומפני זה אמר הקדוש ברוך הוא לא תעשון אתי אלה"י כסף ואלה"י זהב, **והכי אוקמוה חבריא לא תעשון אתי כדמות שמשי שמשמשין אותי** וכך העמידוהו החברים לא תעשון אתי כדמות שמשי שמשמשים אותי במרום, **לצייראה בסתר דילי שום ציור או דמיון** לצייר בסתר שלי שום ציור או דמיון, **דכל מאן דצייר לעיל לקודשא בריך הוא** שכל מי שמצייר למעלה לקדוש ברוך הוא, **בסתר**)**דאיהי שכינתיה, כלילא מעשר**

גמרא סוטה ד"ג ע"ב - גמרא סוטה ד"ג ע"ב – רבי אלעזר אומר, **קשורה בו ככלב**, שנאמר - ולא שמע אליה לשכב אצלה להיות. עמה לשכב אצלה בעולם הזה. להיות עמה לעולם הבא.

2

תהלים קי"ט צ"ב

ספיראן שהיא שכינתו, כלולה מעשר ספירות(**, שום ציור, וצלם, ודמות, כגוונא דמצייירין בשמשין דיליה** שמצייירים בשמשים שלו, **נשמתיה אתלבשא בההוא צלמא** נשמתו מתלבשת באותו צלם....

וכן הוא בסוף ענף ד' דשער א' בספר עץ חיים שער ההקדמות, וז"ל הטהור - ואמנם דבר גלוי הוא כי אין למעלה גוף ולא כח גוף חלילה. וכל הדמיונות והציורים אלו לא לא מפני שהם כך חס ושלום. אמנם **לשכך את האוזן** לכשיוכל האדם להבין הדברים העליונים, הרוחניים, בלתי נתפסים, ונרשמים בשכל האנושי. לכן ניתן רשות לדבר בבחינת ציורים ודמיוניים, כאשר הוא פשוט בכל ספרי הזוהר. וגם בפסוקי התורה עצמה כולם כאחד עונים ואומרים בדבר הזה, כמו שאמר הכתוב עיני הוי"ה המה משוטטים בכל הארץ. עיני הוי"ה אל צדיקים. וישמע הוי"ה. וירח הוי"ה. וידבר הוי"ה. וכאלה רבות. וגדולה מכולם מה שאמר הכתוב - ויברא אלהי"ם את האדם בצלמו בצלם אלהי"ם ברא אותו זכר ונקבה וגו'. **ואם התורה עצמה דברה כך** גם אנחנו נוכל לדבר כלשון הזה, עם היות שפשוט הוא למעלה שם שאין שם למעלה אלא אורות דקים בתכלית הרוחניות, בלתי נתפשים שם כלל, וכמו שאמר הכתוב - כי לא ראיתם כל תמונה, וכאלה רבות. ואמנם יש עוד דרך אחרת כדי להמשיך ולצייר בה הדברים העליונים, והם בחינת כתיבת צורת אותיות, כי כל אות ואות מורה על אור פרטי עליון, וגם תמונת זו דבר פשוט הוא כי אין למעלה לא אות ולא נקודה, **וגם זה דרך משל וציור לשכך את האוזן** כנזכר.....

ולכן כל המבואר כאן בחיבור זה הוא כדי **לשכך את האוזן**. והתרשימים שבסוף החיבור הם כדי **לשבר את העין**, לכן אין שום ביאור והסבר שלם, ואין שום תרשים שלם בתכלית השלמות.

ידוע כי[3] דברי תורה עניים במקומן ועשירים במקום אחר, **ועל אחת כמה וכמה** בדברי הרב ז"ל, שכל סוגיה חסרה[4] במקומה, וחלקיה מפוזרים במקומות אחרים. **זאת ועוד** הרב ז"ל מערבב בדרוש אחד כמה וכמה סוגיות, כאשר בפשטות דבריו נראה שכל הדרוש הוא דרוש אחד, ולא מחולק לסוגיות שונות, ושמועות שונות, **ביאור** דברי הרב ז"ל כאן הם ב**עומק, והוא בעצם ליקוט** עד איפה שידי הקצרה הגיעה, מכל חלקי ספר עץ חיים, ושמונה השערים המצוינים לרב ז"ל, מבוא שערים ושאר ספרי הרב ז"ל, והוא גם על פי הקדמת רחובות הנהר למרן הרש"ש, דרושי פנימיות וחיצוניות, דרוש הדעת, סוגיות ערכין, סוגיות דכללות והתכללות, פרטות וכללות, וסוגיות עובי ואורך, ועל פי ביאור גדולי רבותינו חכמי המקובלים לדורותם זלה"ה זי"ע.

ידוע כי[5] אין בר בלי תבן, כך אין ספר בלי טעויות, ועוד יודע אני כי דל ועני אני, **ואין[6] עני אלא בדעה**. לכן מבקש אני בכל לשון של בקשה אם יש לכל אחד שאלות, הערות, הארות, תיקונים, נא לשלוח ל - book@simchatchaim.com והשתדל לענות, ולתקן את הצריך תיקון.

בברכה והצלחה בלימוד התורה הקדושה

ובעיקר בפנימיות התורה, תורת האר"י הח"י.

ורפואה שלימה לכל חולי ישראל.

אח"י

גמרא ירושלמי, ראש השנה פ"ג הלכה ה' די"ז ע"א — דברי תורה עניים במקומן, ועשירים במקום אחר.

תורת חכם דע"ב ע"ב — חסר לשון הוא, כמו שיראה המעיין.

גמרא ברכות נ"ה א' - מה לתבן את הבר נאם ה', וכי מה ענין בר ותבן אצל חלום, אלא אמר ר' יוחנן משום ר' שמעון בן יוחאי ,כשם שאי אפשר לבר בלא תבן, כך אי אפשר לחלום בלא דברים בטלים.

גמרא נדרים מ"א ע"א — אין עני אלא בדעה.

ב"ה

הקדמה קצרה לחיוב לימוד תורת הקבלה

יִשְׂמְחוּ הַשָּׁמַיִם **וְ**תָגֵל הָאָרֶץ יִרְעַם הַיָּם וּמְלֹאוֹ. שזכינו בדור שלנו שפנימיות התורה, שהיא היא תורת הקבלה, מתפשטת לכל, וכל מקום בעולם היום לומדים בתורת החן. הדור שלנו יש הרבה התעוררות ללמוד סתרי התורה הקדושה, הנקראת חכמת הקבלה. בירושלים של המאה ה-18 בישיבת **בית אל** היו בקושי מנין של מקובלים, והיום תורת הקבלה מופצת בכל מקום בארץ ובעולם. לעניות דעתי אחת הסיבות העיקריות לשינוי זה הוא רצונם של בני התורה, החוזרים בתשובה ועמך לדעת את סוד החיים, למה ברא הקדוש ברוך הוא את העולם, ואת טעמי המצות, ר"ל אי אפשר היום בדור שלנו, להסביר על פי הפשט את הסיבה מדוע אסור לאכול בשר וחלב, מדוע צריך להניח תפילין, למה לשמור דווקא שבת ולא יום שלישי, אי אפשר להגיד כל הזמן **זאת גזרת הכתוב, כך רוצה הקדוש ברוך הוא**, האנשים מחפשים הסברים למצות, לסיפורי התנ"ך, לגלגולי נשמות, ועוד. ורק על ידי עסק בפנימיות התורה, אדם מסיג את ההסברים לקושיות שיש לו. **זאת ועוד** חיים אנחנו בדור של חומריות, והאנשים מחפשים את רוחניות שבחיים, אז מה עושים, נוסעים למזרח, להודו, סין, תאילנד למצוא רוחניות, ולא יודעים **ששורש כל הרוחניות בעולם נמצאת בתורה הקדושה**, עם כל זאת כאשר הלומד את פשט התורה, **הוא לא מכיר** את הקדוש ברוך הוא, והוא בלי יראת שמים ושמחה אמתית. כותב הרב המקובל האלוה"י רבינו יהודה פתייה בפרושו הנפלא על עץ חיים - כי לימוד עץ חיים הוא עמוק מאד מאד, כי הוא **מים שאין להם סוף**, והוא קשה מאד גם לחכמים ההוגים בו תמיד, וכל שכן למתחילים. כי הוא חזק מצור, וקשה מברזל, שאי אפשר לחצוב ממנו מאומה, אם לא על ידי כלי מחצב חזקים כציפורן שמיר. וכל המתחיל בלימוד עץ חיים, אם לא יהיה לו רב, או לפחות איזה מפרש המפרש לו כוונת הפרק ההוא לפי פשטו, נבול יבול, ואינו יכול לעמוד על הפרק כי אם לאחר יגיעה רבה, ושקידה עצומה, וכולי האי ואולי. כי הרבה פעמים יסבור המעיין שהבין העניין ההוא כראוי, ואחר שילמוד עוד איזה פרקים אחרים, ירגישו כעצמו שלא הבין את פרקים הקודמים, והניסיון יעיד על זה, עד כאן דברי קודשו. עם כל זאת חייב כל אדם לעסוק בתורת החיים.

צדיק אתה הוי"ה וישר משפטיך. כתב הרב רבינו חיים ויטאל ז"ל בהקדמה לשער ההקדמות - והנה מה שכתב בתחילת דבריו, ואפילו כל אינון דמשתדלי באורייתא כל חסד דעבדי לגרמייהו וכו', עם היות שפשטו מבואר ובפרט בזמנינו זה, בעוונותינו היום אשר התורה נעשית קרדום לחתוך בה אצל קצת בעלי תורה, אשר עסקם בתורה על מנת לקבל פרס, והספקות יתירות, וגם להיותם מכלל ראשי ישיבות, ודיני סנהדראות, להיות שמם וריחם נודף בכל הארץ, **ודומים במעשיהם לאנשי דור הפלגה הבונים מגדל וראשו בשמים**, ועיקר סיבת מעשיהם היא מה שאמר אחר כך הכתוב - **ונעשה לנו שם**... והנה על הכת הזאת אמרו בגמרא כל העוסק בתורה שלא לשמה, נוח לו שנהפכה שליתו על פניו, ולא יצא לאויר העולם. ואמנם האנשים האלה מראים תימה וענוה באמרם כי כל עסקם בתורה הוא לשמה. והנה החכם הגדול התנא רבי מאיר ע"ה העיד עליהם שלא כך הוא, באומרו לשון כללות - כל העוסק בתורה לשמה זוכה לדברים הרבה וכו', **ומגלים לו רזי תורה, ונעשה כנהר שאינו פוסק**, והולך

וכמעיין המתגבר מאליו, בלתי הצטרכו לטרוח ולעיין בה, ולהוציא טיפין טיפין של מימי התורה מן הסלע, הנה זה יורה שאינו עוסק בתורה לשמה כהלכתה, ומי זה האיש אשר לא יזלו עיניו דמעות בראותו המשנה הזאת, **ורואה חסרונו ופחיתותו**, עד כאן לשונו. לכן כל אחד צריך לטעום מעץ החיים.

חצות לילה אקום להודות לך על משפטי צדקך. כתב רבינו אליהו מני זצ"ל רבו של הרי"ח הטוב, בספרו הקדוש כסא אליהו שער ד' וז"ל - ואם זיכך הוי"ה ללמוד בחכמת האמת, הנה עצה היעוצה היא שכל סדר הלימוד בנגלה תתנהג בו ביום דווקא. **אבל בלילה תלמוד בחכמת האמת, והעיקר הלימוד אחר חצות**, כי זה הלימוד צריך ישוב דעת הרבה, וכשיקוץ האדם אז דעתו מיושבת עליו יותר. גם גה הלימוד צריך הסתר והצנע, **וכל דבר שיהיה בלילה ובפרט אחר חצות יהיה נסתר יותר מן היום**. ותעשה ועד עם החברים בבית המדרש אם הוא צנוע, **או בביתך ותלמדו בכל לילה**, עד כאן לשונו. וישב ללמוד האדם בלילה תחת עץ החיים.

קראתי בכל לב עני הוי"ה חקיך אצרה[7]. בהקדמות לשער ההקדמות מבאר הרב ז"ל - ואמנם אל יאמר אדם אלכה לי ואעסוק בחכמת הקבלה, מקודם שיעסוק בתורה במשנה ובתלמוד, כי כבר אמרו רבינו ז"ל - אל יכנס אדם לפרדס **אלא אם כן מלא כריסו בבשר ויין**, והרי זה דומה לנשמה בלתי גוף, שאין לה שכר ומעשה וחשבון, עד היותה מתקשרת בתוך הגוף, בהיותו שלם מתוקן במצות התורה בתרי"ג מצות. **וכן בהפך** בהיותו עוסק בחכמת המשנה והתלמוד בבלי, ולא ייתן חלק גם אל סודות התורה וסתריה, כי **הרי זה דומה לגוף היושב בחושך**, בלתי נשמת אדם נר הוי"ה המאירה בתוכה, **באופן שהגוף יבש בלתי שואף ממקור חיים**, אשר זהו ענין אומרו במקום אחר ההוא הנזכר לעיל וז"ל - דאילין אינון דעבדי לאורייתא יבשה, ולא בעאן לאשתדלא בחכמת הקבלה וכו'. באופן כי התלמידי חכמים העוסקים בתורה לשמה, ולא לשמו, לעשות לו שם. צריך שיעסוק בתחילה בחכמת המקרא, והמשנה, והתלמוד, כפי מה שיוכל שכלו לסבול. ואחר כך יעסוק לדעת את קונו בחכמת האמת, וכמו שציוה דוד המלך ע"ה את שלמה בנו - דע את אלה"י אביך ועבדהו. ואם האיש הזה יהיה כבד וקשה בענין העיון בתלמוד, מוטב לו שיניח את ידו ממנו, אחר שבחן מזלו בחכמה זאת, ויעסוק בחכמת האמת. וזה שמבואר כל תלמיד חכם שאינו רואה סימן יפה בתלמוד בחמשה שנים, שוב אינו רואה, עד כאן דברי קודשו. ומזה כל אחד ואחד חייב להדבק במקור החיים.

חסדך הוי"ה מלאה הארץ חקיך למדני. בשער הגלגולים, בקדמה ט"ז כתב הרב ז"ל - עוד צריך שתדע, כי האדם צריך לקיים כל התרי"ג מצות, במעשה, ובדבור, ובמחשבה. וכמו שאמרו ז"ל על פסוק - זאת התורה לעולה ולמנחה וכו', כל העוסק בפרשת עולה, כאלו הקריב עולה וכו'. וכוונו בזה שהאדם מחוייב לקיים כל התרי"ג מצות בדבור, וכן על דרך זה במחשבה. ואם לא קיים כל התרי"ג בשלשה בחינות הנזכרות, מחוייב להתגלגל עד שישלים אותם. **עוד דע**, כי האדם מחויב לעסוק בתורה בארבעה מדרגות, **שסימנם פרד"ס**, והם, פשט, רמז, דרוש, סוד וצריך שיתגלגל עד שישלים אותם. ובהקדמה י"ז כותב הרב ז"ל, וז"ל - שהאדם **מחוייב לעסוק בתורה בארבעה מדרגות שבה**, והיא זאת, דע, כי כללות כל הנשמות

ע"ח ד"א ע"ד.

הם שׁשׁים רבוא ולא יותר. והנה התורה היא שרש נשמות ישראל, כי ממנה חוצבו, ובה נשרשו. ולכן יש בתורה שׁשׁים רבוא פירושים, וכלם כפי הפשט. ושׁשׁים רבוא ברמז. ושׁשׁים רבוא בדרש. **ושׁשׁים רבוא בסוד.** ונמצא, כי מכל פירוש מן השׁשׁים רבוא פירושים, ממנו נתהווה נשמה אחת של ישראל, ולעתיד לבא כל אחד ואחד מישראל, ישיג לדעת כל התורה כפי אותו הפירוש המכוון עם שרש נשמתו, אשר על ידי הפירוש ההוא נברא ונתהווה כנזכר. וכן בגן עדן אחר פטירת האדם, ישיג כל זה. וכן בכל לילה כאשר האדם ישן, ומפקיד נשמתו ויוצאה ועולה למעלה, הנה מי שׁזוכה לעלות למעלה, מלמדים לו שם אותו הפירוש, שבו תלוי שרש נשמתו. ואמנם הכל כפי מעשיו ביום ההוא, כך באותה הלילה ילמדוהו, פסוק אחד, או פרשה פלונית, כי אז מאיר בו יותר פסוק ההוא משאר הימים. ובלילה האחרת יאיר בנשמתו פסוק אחר, כפי מעשיו של אותו היום, וכולם על דרך הפירוש ההוא אשר תלויה בו שרש נשמתו כנזכר, עד כאן דברי קודשו. ור"ל שׁכל יהודי ויהודי חייב להשיג את שורש נשמתו, וללמוד את סוד החיים.

יבאוני רחמיך ואחיה כי תורתך שעשעי. מבואר במדרש משלי - אמר רבי ישמעאל, בא וראה כמה קשה יום הדין שעתיד הקדוש ברוך הוא לדון את כל העולם כולו בעמק יהושפט. בזמן שתלמידי חכמים באים לפניו, אומר לכל אחד מהם - כלום עסקת בתורה, אמר לו הן, אומר לו הקדוש ברוך הוא הואיל והודית, אמור לפני מה שקרית, ומה ששנית בישיבה, ומה ששמעת בישיבה. מכאן אמרו - כל מה שקרא אדם יהא תפוש בידו, ומה ששנה כמו כן, שלא תשיגהו בושה ליום הדין. מכאן היה רבי ישמעאל אומר - אוי הלה לאותה בושה, אוי לה לאותה כלימה, ועל זה ביקש דוד מלך ישראל בתפילה ובתחנונים לפני המקום ואמר - הוי"ה בוקר תשמע קולי בוקר אערך לך ואצפה. בא לפניו מי שיש בידו מקרא ואין בידו משנה, הקדוש ברוך הוא הופך את פניו ממנו, ושרי גיהנם מתגברים בו כזאבי ערב, ונוטלין אותו ומשליכין אותו לתוכה. בא לפניו מי שיש בידו שני סדרים או שלושה, אז הקדוש ברוך הוא אומר לו - בני, כל ההלכות למה לא שנית אותם, ואם אומר הקדוש ברוך הוא הניחוהו, מוטב, ואם לאו עושׁין לו כמידת הראשון. בא לפניו מי שיש בידו הלכות, הקדוש ברוך הוא אומר לו - בני, תורת כהנים למה לא שנית, שיש בה טומאה וטהרה, וטומאת שרצים וטהרת שרצים, טומאת נגעים וטהרת נגעים, טומאת נתקים ובתים וטהרת נתקים ובתים, טומאת זבים ולידה וטהרת זבים ולידה, טומאת מצורע וטהרתו, סדר ווידוי יום הכיפורים, וגזירות שוות, ודיני ערכים, וכל דין שדנו ישראל לא דנו אלא מתוכו. בא לפניו מי שיש בידו תורת כהנים, אומר לו הקדוש ברוך הוא - בני, חמישה חומשי תורה למה לא שנית, שיש בהם קריאת שמע, ותפילין, ומזוזה. בא לפניו מי שיש בידו חמישה חומשי תורה, אומר לו - בני, למה לא למדת הגדה, ולא שנית, שבשעה שׁחכם יושׁב ודורש, אני מוחל ומכפר עוונותיהם של ישראל, ולא עוד אלא בשעה שעונין אמן יהא שמיה רבה מברך, אפילו נחתם גזר דינם אני מוחל ומכפר להם עוונותיהם. בא לפניו מי שיש בידו הגדה, אומר לו הקדוש ברוך הוא - בני, תלמוד למה לא שנית, שנאמר - כל הנחלים הולכים אל הים והים איננו מלא, זה התלמוד, שיש בו חכמות הרבה. בא מי שיש בידו תלמוד, הקדוש ברוך הוא אומר לו - בני, הואיל ונתעסקת בתלמוד, **צפית במרכבה, צפית בגאוה**, שׁאין הנייה בעולמי, אלא בשעה שתלמידי חכמים יושבים ועוסקים בתורה, מציצין ומביטין ורואין והוגין המון התלמוד הזה - **כסא כבודי היאך הוא עומד. רגל הראשונה במה היא משמשת, שניה במה היא משמשת, שלישית במה היא משמשת, רביעית במה היא משמשת, חשמל היאך הוא עומד, ובכמה פנים הוא מתהפך בשעה**

אחת, לאי זה רוח הוא משמש, הברק היאך הוא עומד, כמה פנים של זוהר נראין בין כתפיו, לאיזה רוח משמש, כרוב היאך הוא עומד, לאי זה רוח הוא משמש. גדולה מכולם עיון כיסא הכבוד, היאך הוא עומד, עגול הוא כמין מלבן, ומתוקן הוא, כמה גשרים יש בו, כמה הפסק בין גשר לגשר, וכשאני עובר באיזה גשר אני עובר, ובאי זה גשר האופנים עוברים, ובאיזה גשר הגלגלים עוברים. גדולה מכולם מצפורני ועד קודקודי, היאך אני עומד, כמה שיעור בפיסת ידי, וכמה שיעור אצבעות רגלי. גדולה מכולם כיסא כבודי, היאך הוא עומד, לאיזה רוח הוא משמש, באחד בשבת לאיזה רוח הוא משמש, בשני בשבת לאיזה רוח הוא משמש, בשלישי בשבת לאיזה רוח הוא משמש, ברביעי בשבת, בחמישי בשבת, בששי בשבת לאיזה רוח משמשין, וכי לא זהו הדרי, זהו גדולתי, זהו הדר יופי, שבניי מכירין את כבודי במידה הזאת. ועליו אמר דוד - מה רבו מעשיך הוי"ה, כולם בחכמה עשית, מלאה הארץ קנייניך. עד כאן לשון המדרש. ממדרש זה לומדים על חובת כל אחד ואחד מישראל את לימוד כל חלקי הפרד"ס, ובעיקר את בחינת הסוד שבתורה, הנקרא[8] מעשה מרכבה, ובמעשה בראשית. ומבאר הרב בית יהודה על השינוי שיש בפסוקים במעמד הר סיני, בפסוק אחד כתוב - ויחן שם **ישראל** תחת ההר. ומספר פסוקים יותר מאוחר כתוב וירא **העם** וינועו מרחק. וידוע כי כאשר כתוב בתורה **ישראל**, מדובר **בבני ישראל**, וכאשר כתוב **העם**, מדובר על **הערב רב**. וז"ל הרב בית יהודה - ובזוהר בהעלותך דף קנ"ב ע"א קרי להעוסקים בחכמת האמת, אינון דהוי קיימי בטורא דסיני. וז"ל - חכימין עבדי דמלכא עלאה אינון דקיימו בטורא דסיני, לא מסתכלי אלא בנשמתא, דאיהי עיקרא דכלא אורייתא ממש וכו'. ונראה בעיני אם מותר, משמע אותן שאינן יודעים סודות התורה לא עמדו על הר סיני, עד כאן לשונו. ונראה לי בביאור כוונתו כי בתחלה כשיצאו ישראל לקראת האלהי"ם, היו מתייצבים בתחתית ההר, ואחר כך נאמר וירא העם וינועו ויעמדו מרחוק, כי היו יראים פן תאכלם האש הגדולה הזאת וימיתו. והיה מקצת מהעם שהיו ששים ושמחים לקראת השכינה, ולא רצו לזוז ממקומם הראשון, ולעמוד מרחוק, אפילו אם ימיתו ממש. ועליהם הוא מה שכתב בזוהר הנזכר - אינון דקיימו בטורא דסיני, כלומר ולא נעו ועמדו מרחוק, אלא עמדו בטורא דסיני מתחלה ועד סוף, ולכן הם זוכים לחכמת האמת. ואותם הנשמות אשר נעו עם העם ועמדו מרחוק, כן הם עושים גם עתה, שנסים ועומדים מרחוק לחכמת האמת מיראתם, פן תאכלם האש הגדולה הזאת. ולכן על כל אחד ואחד מבני ישראל הקדושים מחויב לעמוד תחת עץ החיים.

יראיך יראוני וישמחו כי לדברך יחלתי. בספר הזוהר הקדוש מבואר מדוע התפילות של בני ישראל לא נענות, וז"ל תיקוני הזוהר תיקון מ"ג - **בראשית תמן את"ר יב"ש** במלת בראשית יש אותיות את"ר יב"ש, **ודא איהו ונהר יחרב ויבש** היסוד הנקרא נהר יחרב ויבש ממי השפע, ואין לו מה להשפיע למלכות, **בההוא זמנא דאיהו יבש** באותו הזמן שהיסוד הוא יבש, **ואיהי יבשה** המלכות הנקראת יבשה, היא יבשה כי לא מקבלת שפע מהיסוד, אז כאשר **צווחין בניי לתתא** מתפללים וצועקים בני ישראל, **ביחודא ואמרין** וביחוד שאומרים בני ישראל **שמע ישראל** שיבא ז"א הנקרא ישראל להתיחד עם נוקבא בשעת התפילה דעמידה, עם כל זאת **ואין קול** של התפילה או הקריאת שמע שעוזרים לזיווג דזו"ן **ואין עונה** ואין מי שיענה וימלא את הבקשות בתפילתם. **הדא הוא דכתיב** וזהו שכתוב - **אז** בני ישראל יקראונני

גמרא חגיגה די"א ע"ב

בני ישראל בעת צרתם בקריאת שמע ובתפילה, **ולא אענה** ואני לא אענה אותם בתפלתם, מפני שלא לומדים ומתעסקים בפנימיות התורה. **והכי מאן דגרים דאסתלק** וכל מי שגורם הסלקות פנימיות תורת הקבלה **וחכמתא מאורייתא דבעל פה ומאורייתא דבכתב** מהתורה שבעל פה והתורה שבכתב, **וגרים דלא ישתדלון בהון** וגורמים גם לאחרים שלא יתעסקו וילמדו את חכמת הקבלה, **ואמרין דלא אית אלא פשט באורייתא ובתלמודא** ואומרים שאין בתורה ובתלמוד אלא פשט התורה, בלי פנימיות הסוד, **בודאי כאלו הוא יסלק נביעו מההוא נהר** בודאי נחשב לו כאילו הוא מסתלק את נביעת שפע החכמה והבינה מן היסוד, **ומההוא גן** ומן הנוקבא הנקראת גן, **ווי ליה** לאותו יהודי **טב ליה דלא אתברי בעלמא** טוב לו שלא היה נברא, **ולא יוליף ההיא אורייתא דבכתב ואורייתא דבעל פה** ולא היה לומד תורה שבכתב ותורה שבעל פה, כי דינו כעם הארץ שלא למד כלל, ועוד **דאתחשב ליה כאלו אחזר עלמא לתהו ובהו** שנחשב לו כאילו החזיר את העולם לתהו ובהו, ר"ל לסוד שבירת הכלים לפי שמגביר הקליפות כאשר הנהר והגן יבשים, **וגרים עניותא בעלמא ואוריך גלותא** וגורם עניות בעולם ומאריך את הגלות השכינה וביאת המשיח. עד כאן דברי הזוהר הקדוש. וכותב רב חיים ויטאל זלה"ה בהקדמה וז"ל - אמנם שעשועות של הקדוש ברוך הוא בתורה, והיותו בורא בה את העולמו, היתה בהיותו עוסק בתורה בבחינת הנשמה הפנימית שבה, הנקרא - רזי תורה, הנקרא מעשה מרכבה, **היא חכמת הקבלה** כנודע אל היודעים, וטעם הדבר הוא להיותו עולם האצילות העליון מאד, טוב ולא רע, דלא יכיל להתערבא עמיה קליפה, ועליה אתמר - וכבודי לאחר לא אתן, כנזכר בספר התיקונין דף ס"ו תיקון י"ח, וכן בספר הזוהר בפרשת בראשית דף כ"ח ע"א עיין שם. ולכן גם התורה אשר שם]**אח**"י - בעולם האצילות[איננה רק מופשטת מכל לבושי הגופנים, מה שאין כן למטה בעולם היצירה, עולם דמטטרו"ן, הנקרא עבד טוב, והוא הנקרא עץ הדעת טוב מסטרא, ומסטרא דסמא"ל שהוא קליפין דיליה, **נקרא עבד רע**, כי התורה אשר שם, הם שית סדרי משנה **הנקראים שפחה** כנזכר לעיל, וכנזכר בפרשת בראשית שם דף כ"ז ע"א. ולכן נקראת משנה, לפי ששם יש שינויים הפוכים **טוב מסטרא דעבד טוב**, היתר, כשר, טהור. **רע מסטרא דעבד רע**, איסור, טמא, פסול. גם הוא מלשון כי מרדכי היהודי משנה למלך, שהיה שפחה הנקרא עבד מלך, מלך גם נקרא מלשון שינה, כנזכר בפרשת פינחס דף רמ"ד ע"ב - קם זמנא תנינא ואמר, מארי מתניתין נשמתין ורוחין ונפשין דילכון אתערו כען ואעברו שינתא מניכון דאיהו, ודאי משנה אורח פשט, דהאי עלמא ואנא לא אתערנא בכו, אלא ברזין עילאין דעלמא דאתי דאתון בהון, לא ינום ולא ישן. וזה יובן במה שמבואר יותר למעלה שם - **ורבנן דמתניתין ואמוראי, כל תלמודא דלהון על רזין דאורייתא סדרו ליה.** ונמצא כי המשנה והש"ס הם הנקרא גופי תורה. והנה דבריהם כחלום בלי פתרון, **ורזיה וסתריה הפנימים הנקרא נשמת התורה, הם הם פתרון החלום הנפתר בהקיץ**, בסוד - אני ישנה ולבי ער, וכמו[9] שאמרו חכמים ז"ל - **במחשכים הושיבני כמתי עולם, זה תלמוד בבלי**, אשר איננו מאיר אלא על ידי ספר הזוהר, **הם הם רזי תורה וסתריה** אשר עליהם נאמר - ותורה אור. ואין ספק כי כמו שהיוצר נקראת עבד ושפחה בערך האצילות, ונקרא קליפין ולבושין דחול, כנזכר בהקדמת ספר התיקונין ד"ג ע"ב וז"ל - וביומי דחול לביש עשר כתות דמלאכיא דמשמשי לעשר ספירות דבריאה. ואם כן אין לתמוה כי התורה אשר שם שהיא המשנה, תהיה נקרא שפחה וקליפין דתורה דאצילות, וזה סוד כל הבשר חציר הנזכר

סנהדרין דכ"ד ע"א.

לעיל במאמר הראשון, כי כמו שהחטה שהיא בגימטריא כמנין כ"ב אותיות התורה, הגנוזה תוך כמה קליפין ולבושין שהם הסובין והמורסן והתבן והקש והעשב, הנקרא חציר, כן המשנה אצל סודות התורה נקרא חציר, וזה נרמז בספר הזוהר פרשת כי תצא ברעיא מהמנא דף רע"ה ע"ב - **אצל רבנן ווי לאינון דאכלין תבן דאורייתא, ולא ידעי בסתרי אורייתא, אלא קלין וחמורין דאורייתא, קלין אינון תבן דאורייתא, וחמורין אינון חטה דאורייתא, ח"ט ה' אלנא דטוב ורע וכו'**. ואלו באתי להרחיב דרוש זה לא יספיקו מאה קונטרסין בלי ספק בלי שום גוזמא, האמנם החכם עיניו בראשו כי דברי אמת אני אומר, ואל יתמה האדם בראותו ספר הזוהר איך קורא אל המשנה שפחה וקליפין, כי עסק המשנה כפי פשטיה, **אין ספק שהם לבושין וקליפין חיצונים בתכלית אצל סודות התורה הנגנזים**, ונרמזים בפנימיותה כי כל פשטיה הם בעלם הזה בדברים חומרים תחתונים..... על כן על כל בני ישראל לאכול מעץ החיים.

מה אהבתי תורתך כל היום היא שיחתי. ומבאר הרב ז"ל בהקדמה לשער המצות, כי עסק לימוד פנימיות התורה הוא חלק בלתי נפרד מתלמוד תורה, וז"ל - גם בענין עסק התורה שהיא אחת מרמ"ח מצות עשה, אם לא השלים אותה, **שהוא ענין עסקו בפרד"ס התורה**, שהוא ראשי תיבות **פשט רמז דרש סוד**, בכל בחינה מהם כפי אשר יוכל להסיג, **עד מקום שידו מגעת**, לטרוח ולעשות לו רב שילמדנו. ואם לא עשה כן, הרי חסר מצוה אחת של תלמוד תורה, שהיא גדולה ושקולה ככל המצות, וצריך **להתגלגל** עד שיטרח הארבעה בחינות של פרד"ס כנזכר. וכן מבאר הרב בית לחם יהודה בהקדמתו הקדושה, וז"ל - ומה מאד נמלצו **[אח]"י** - מלשון מליצה)בזה דברי הנביא ירמיה)סימן כ"ב(באומרו - אל תבכו למת וכו'. שהוא מדבר עם הציבור המתקבצים להספיד על איזה צדיק הנפטר רח"ל, על שנחסר צדיק אחד מהדור שהיה מנין בזכותו עליהם. וקאמר להו הנביא אל תבכו וכו', **לפי שרובם של צדיקים אינם זוכים לעסוק בכל ארבעה חלקי הפרד"ס, ואם כן מוכרחים הם לחזור ולבוא בגלגול כדי להשלים לימודם בארבעה חלקים**, כי אפילו הוא עסק בשלוש חלקי הפרד"ס, לא יצא ידי חובתו, ועליו נאמר הן כל אלה יפעל א"ל פעמים שלש עם גבר, להחזירו בגלגול. ואם כן הויא פסידא דהדרא. ואפשר שבו ביום שנפטר הוא חוזר ומתגלגל, כנזכר בזוהר ריש פרשת אמור, יעו"ש. ואם כן אין לכם פסידא כל כך. אמנם בכו בכו להלך, לאותו צדיק שכבר עסק בארבעה חלקי הפרד"ס. כי תיבת להלך היא חסר ו', ואם תחשוב תיבת להלך ארבעה פעמים עם ארבעה הכוללים, שהם כנגד ארבעה חלקי הפרד"ס, הם בגימטריא פרד"ס. **שזה הצדיק לא ישוב עוד וראה את ארץ מולדתו, כי על ארבעה לא אשיבנו**. שזהו פסידא דלא הדרא באמת, ונחסר לגמרי מן העולם הזה, עד כאן לשונו. ולכן חובה על כל אדם לעסוק בכל חלקי הפרד"ס, ובפרט בחלק הסוד, הנקרא פנימיות התורה, כמבואר בזוהר כמובא בזוהר הקדוש פרשת נשא דף קכ"ד - **בהאי חבורא דילך דאיהו ספר הזוהר יפקון ביה מן גלותא ברחמי**, בזכות הלימוד בספר הזוהר הקדוש, יצאו בני ישראל מהגלות **ברחמים**. ועוד כל מי שחשקה נפשו ללמוד, אסור למנוע זאת ממנו, בסוד הפסוק[10] - אל תמנע טוב מבעליו, ועל כל אדם להיכנס לפרד"ס החיים.

משלי ג' כ"ז – אל תמנע טוב מבעליו בהיות לאל ידך לעשות.

אשרי האיש אשר לא הלך בעצת רשעים ובדרך חטאים לא עמד ובמושב לצים לא ישב. דע כי יהיו הרבה אנשים רשעים, שינסו למנוע מבני ישראל הקדושים ללמוד בכללות תורה, ובפרט את תורת הקבלה, מכל מיני סיבות ומניעות, והשטן מדבר מגרונם של אלו הרשעים. ואלו דברי קודשו של בעל שבט מוסר רבינו אליהו הכהן האתמרי זצלה"ה - ובהביטך בן אדם מה שעבר על אחרים למה תרדוף אתה אחר כל אלה הדברים הזרים, להשביע נפש מרורים ולמוסרה ביד צרים המה המקטרגים הצוררים, ולמה לא תחמול על נפשך ועל נועם תבנית צלם גופך למוסרו בידן ולהשליכו בתוך גחלי רתמים בטיט היון של גיהנם, להשחירו ולהתיכו כאשר ניתך הזפת בפני האש, אשר על כן תן עצה בנפשך **לברור בדרך החיים בעסק התורה והמצות**, וגם להצטער עצמך זמן קצוב הם חיי עולם הזה, כדי שתתענג זמן רב בלתי סוף ותכלית, ואל יעלה על דעתך כאשר עלה על דעת הרבה שנאבדו בידם באומרם כיון שמכיר אני בעצמי שאין בדעתי להבין ולהשכיל, איני עוסק בתורה, טועה הוא בדבר, שהרי הוא מחוייב לעשות מה שנצטוה לעשות, ואם יבין יבין, **שהרי והגית בו יומם ולילה כתיב** ולא כתיב ותבין בו, וכן תמצא בדברי התנא אם למדת תורה הרבה נותנין לך שכר הרבה, ואינו אומר אם הבנת הבנה הרבה, אלא למדת אמרו, ותשתדל להבין ואם תבין תבין, ואם לא שכר לימודך בידך, וכמאמר התנא לפום צערא אגרא, ומה גם שאמרו האדם אינו לומד מפני שאיני מבין, **הוא פיתוי היצר**, יתמיד בלימודו וסוף הבינה לבא, שבראות קדוש ברוך הוא **חשקו בתורתו** ודבקותו בה, **פותח לו מעייני החכמה**, דכתיב - כי הוי"ה יתן חכמה מפיו דעת ותבונה. והנני מוסר לך דבר אשר תרדוף אחריה, ויהיה חיים לנפשך ועניקים לגרגרותיך, **לעולם יהיה עיקר לימודך בדבר של תורה שליבך חפץ יותר**, אם בגמרא גמרא, ואם בדרוש דרוש, ואם ברמז רמז, **ואם בקבלה קבלה**, ורמז לדבר כי אם בתורת הוי"ה חפצו, כלומר תורת הוי"ה תלויה בדבר שלבו חפץ לעסוק, וכמו שמבאר האר"י זלה"ה בספר דרושי הנשמות והגלגולים פרק שלישי, וז"ל - יש בני אדם שכל חפצם ועסקם בפשטי התורה, ויש שעסקם בדרוש, ויש ברמז, ויש גם כן בגימטריות, **ויש בדרך האמת**, הכל כפי מה שעליו נתגלגל בפעם ההוא, כיון שהשלים פעם אחרת בשאר העניינים, אין צורך לו שבכל גלגול יעסוק בכולם, עד כאן לשונו. **ואל תביט ותשגיח לדברי המתנגדים על מה שחשקת לעסוק בתורה** בגמרא או בפשט או בדרוש וכו', באומרם לך למה אתה מוציא כל ימיך בפרט זה של תורה ולא בפרט זה, משום שעל מה שחשקת ללמוד, על דבר זה באת לעולם, ואם תשים דעתך לדבריהם, יכריחוך להתגלגל בזה העולם פעם אחרת ולעבור נפשך בחרב חדה של מלאך המות ולטעום טעם מיתה, ולכן לא תשמע לדברי המשחית נפשך, **כי דע שהשטן מתלבש באלו האנשים לדאוג ולהצטער ולהכאיב נפש הלומד ועוסק בתורה**, בחלק שֶׁאוֹתָה נפשו לעסוק, כדי להבדילו משם שלא ישלים נפשו, על מה שבא להשלימה, ולהכריחו גלגולים אחרים, וכשם שבדבר שחושק יותר האדם ללמוד, משם יבין שעל דבר זה נתגלגל להשלים, כך צריך האדם שידע שורש נשמתו ומהיכן נמשך ועל מה בא לתקן ולהשלים, כמו שאמר בזוהר שיר השירים על הגידה לי את שאהבה נפשי וכו'. **וכדי שיבין ירָאה באיזה מצוה תקיף יצרו יותר לבטלה יתחזק בה לקיימה, כי בוודאי על מצוה זו נתגלגל**, וכדי שלא ישלים חוקו מנגדו יצרו לבטלה להוציאו מן העולם בידיים ריקניות... ולכן לא תשמע לדברי רשעים אלו, אלא תשמע לדברי חיים.

חבר אני לכל אשר יראוך ולשמרי פקודיך. בסוף[11] עץ חיים מובא מספר כללים למהרח"ו, וז"ל - להאר"י זלה"ה. הרמב"ן וחבריו ודברי ראשונים כמו רבי נחוניא בן הקנה לא הזכירו רק עשר ספירות, ולא גילו עניני פרצוף כלל. **ודע שהרמב"ן והראשונים היו יודעים בפרצוף**, אלא שדברו בהעלם גדול, לרוב הגלות שלא ניתן רשות לגלות, ולהתפשט האורות הגדולים, מאחר שגברו הקליפות, וכל זר לא יאכל קדש. **אמנם בעקבות משיחא כמו בדורינו זה התחילו האורות להתפשט להיות כבראשונה**, כמו שהיה בזמן העולם מתוקן ולהתתקן מעט. ומתחלה היו האורות סתומים, היה העולם מקולקל, וכל מה שנתקלקל נסתם בגלות, ולא היו משיגין אלא עשר ספירות בסתום, בסוד הנקודות, כל אחד כלול מעשר, ובענין הפרצופים לא נתגלה להם כלל, לפי שמצאו בדברי הראשונים סתומים, ולא ידעו עומק הדברים, וחשבו שכך הוא ודברו בעשר ספירות כל אחד כלול מעשר ובחינות הרבה, ולפי שראיתי מי שחולק על דברים אלו לאמור שלא מצינו אלא עשר ספירות, ומהיכן יש לשלוט כח לאמור כמה פרצופים שנמצא יותר מעשר ספירות, ומספר רב והלא הראשונים כתבו בספר יצירה - עשר ולא תשע, עשר ולא י"א, לזה באתי לפתוח לך כחודא דמחטא, אולי תזכה להבין מקצת, וכולו לא תשורנו עין, וזהו. ובהקדמתו[12] הקדושה כותב הרב ז"ל - והנה אין בכל דור ודור שלא נמצאו בו אנשים יחידי סגולה ששרתה עליהם רוח הקודש, והיה אליהו הנביא ז"ל נגלה עליהם, **ומלמד אותם סתרי החכמה הזאת**, וכמו שנמצא כתוב בספרי המקובלים, גם בעל ספר הרקנטי כתב בפרשת נשא בפרשת ברכת כהנים..... ואנשי לבב שמעו לי, אל יהרסו אל הוי"ה, **לראות בספרי האחרונים הבנויים על פי השכל האנושי**, ושומע לי ישכון בטח ושאנן מפחד רעה. ולכן אני הכותב הצעיר חיים וויטאל, רציתי לזכות את הרבים **בהעלם נמרץ והמשכילים יבינו**, וקראתי שם החבור הזה על שמי **ספר עץ חיים**, וגם על שם החכמה הזאת העצומה, חכמת הזוהר, הנקרא עץ חיים, ולא עץ הדעת כנזכר לעיל, בעבור כי בחכמה הזאת טועמיה חיים זכו, ויזכו לארצות החיים הנצחיים, **ומעץ החיים הזה ממנו תאכל, ואכל וחי לעולם**. ואשכילך ואורך דרך זו תלך דע מן היום אשר מורי זלה"ה החל לגלות זאת החכמה, **לא זזה ידי מתוך ידו אפילו רגע אחד**, וכל אשר תמצא כתוב באיזה קונטריסים על שמו ז"ל, ויהיה מנגד מה שכתבתי בספר הזה, **טעות גמור הוא, כי לא הבינו דבריו, ואם יש בהם איזה תוספות שאינו חולק עם ספרינו זה, אל תשית לבך בקבע אליו, כי שום אחד מהשומעים את דברי קדשו, לא ירדו לעומק דבריו וכוונתו, ולא הבינום**, בלי שום ספק. ואם יעלה בדעתך לחשוב שתוכל לברור הטוב ולהניח הרע, אל בינתך אל תשען, כי אין הדברים האלו מסורים אל לב האדם כפי שכל אנושי, והסברא בהם סכנה עצומה, ויחשב בכלל קוצץ בנטיעות חס ושלום, לכן הזהרתיך ואל תסתכל בשום קונטרסים הנכתבים בשם מורי זלה"ה, זולתי במה שכתבנו לך בספר הזה, **ודי לך בהתראה זאת**, אלו הם דברי קודשו. ועלינו ללמוד אך ורק בתורת מורינו חיים.

אני קראתיך כי תענני אל הט אזנך לי שמע אמרתי. עוד כתב הרב ז"ל בהקדמתו תנאים כדי לזכות לחכמה הקדושה הזאת, וז"ל - אני הכותב משביע בשמו הגדול יתברך, לכל מי שיפלו

---

[11]

ע"ח ח"ב דקי"ט ע"א.

[12]

ע"ח ד"ד ע"ב.

הקונטרסים אלו לידו, שיקרא הקדמה זאת, ואם אותה נפשו לבוא בחדרת החכמה זאת, יקבל עליו לגמור ולקיים כל מה שאכתוב ויעיד עליו יוצר בראשית, שלא יבוא אליו היזק בגופו ונפשו, ובכל אשר לו, ולא לאחרים. תחת רודפו טוב והבא לטהר ולקרב. **ראשית הכל יראת הוי"ה, להשיג יראת העונש, כי יראת הרוממות, שהוא יראה הפנימית, לא ישיגוהו רק מתוך גדלות החכמה**, ועיקר מגמתו בידיעה הזה יהיה לבער קוצים מן הכרם, כי לכן נקראים העוסקים בחכמה הזאת מחצדי חקלא. **ובודאי שיתעוררו הקליפות נגדו לפתותו ולהחטיאו, לכן יזהר שלא לבוא לידי חטא אפילו שוגג**, שלא יהיה להם שייכות בו, לכן צריך ליזהר מהקלות, כי הקדוש ברוך הוא מדרדק עם הצדיקים כחוט השערה, לכן צריך לפרוש עצמו מבשר ויין כל ימות השבוע, **וצריך הזהרת סור מרע ועשה טוב**, ובקש שלום. בקש שלום צריך להיות רודף שלום, ולא להקפיד בביתו על דבר קטן וגדול, וכל שכן שלא יכעוס ח"ו.

וצריך להתרחק בתכלית הריחוק סור מרע.

א. ליזהר בכל דקדוקי מצות, ואפילו בדברי חכמים, שהם בכלל לא תסור.

ב. לתקן המעוות קודם שיבא לעולם הבא.

ג. יזהר מהכעס, אפילו בשעה שמוכיח את בניו, לא יכעוס כלל ועיקר.

ד. גם צריך ליזהר מהגאוה, ובפרט בענין הלכה, כי גדול כחה והגאוה, בזה עון פלילי.

ה. בכל צער שיבא לו, יפשפש במעשיו וישוב אל הוי"ה.

ו. גם יטבול בעת הצורך לו.

ז. גם יקדש את עצמו בתשמיש המטה שלא יהנה.

ח. שלא יעבור כל לילה ויחשוב בכל לילה מה שעשה ביום, ויתודה.

ט. גם ימעט בעסקיו ואם אין לו פרנסה כי אם על ידי משא ומתן, יכין יום שלישי ויום רביעי, מחצי היום ואילך, ובכוונה שהוא לעבודת קונו.

י. כל דבור שאינו של מצוה והכרחי, יהיה זהיר ממנו, ואפילו דבר מצוה ימנע בשעת התפלה.

ועשה טוב

א. לקום בחצי הלילה, ולעשות הסדר בשק ואפר ובכי גדול, ובכוונה כל אשר יוציא בשפתיו. ואחר כך יעסוק בתורה כל זמן שיוכל להיות בלי שינה, ובלבד שחצי שעה קודם עלות השחר יתעורר לעסוק בתורה.

ב. ילך לבית הכנסת קודם עלות השחר, קודם חיוב טלית ותפילין, להיזהר שיהיה מעשרה ראשונים.

ג. קודם שיכנס, ישים אל לבו מצות עשה ואהבת לרעך כמוך, ואחר כך יכנס.

ד. להשלים רמז צדיק בכל יום. שהוא צ' אמנים, ד' קדושות, י' קדשים, ק' ברכות.

ה. שלא להסיח דעתו מהתפילין בעת התפילה, זולת בעת העמידה ועסק התורה.

ו. צריך שיהיה עוסק בתורה, מעוטף בטלית ותפילין.

ז. לכוין בתפלה הכוונות, כמו שנבאר בע"ה.

ח. שישים תמיד נגד עיניו שם בן ארבעה אותיות הוי"ה, ויזדעזע ממנו, כמו שכתוב - שויתי הוי"ה לנגדי תמיד.

ט. שיכוין בכל הברכות, בפרט בברכת הנהנין.

י. צריך שיהיה עמל בתורה פרד"ס, שנאמר או יחזיק במעוזי, ואל יחשוב שיגלו לו רזי התורה בהיותו ריק, כדכתיב - יהב חכמתא לחכימין, וצריך ליזהר שלא יוציא בשפתיו בחכמה זו, מה שלא שמע מאדם שראוי לסמוך עליו, וכאזהרת רשב"י וחבריו. השגת החכמה תנאי הראשון, צריך למעט דבורו, ולשתוק, כל מה שיוכל כדי שלא להוציא שיחה בטילה, כמאמר רז"ל - סייג לחכמה שתיקה. גם תנאי אחר, על כל דבר תורה שלא תבינהו, תבכה עליו כל מה שתוכל. גם עלית הנשמה בלילה לעולם העליון, שלא תשוט בהבלי העולם, תלוי שתישן בבכיה. ומרת עצבות מגונה עד מאוד, ובפרט להשיג חכמה, והשגה אין לך דבר מונע השגה יותר מזה. גם בענין השגת האדם, אין לך דבר שמועיל כמו הטהרה והטבילה, שיהיה האדם טהור, בכל עת ומורי זלה"ה עם היות שהיה לו חולי השבר שהקור מזיק לו, עם כל זה לא היה מונע מלטבול בכל עת, עד כאן דברי קודשו. ועלינו לקיים את בקשת הרב ז"ל את הבחינות של[13] סור מרע ועשה טוב, כדי לטפס בעץ החיים.

מרן הרש"ש[14] מעיד על עצמו, וז"ל - וראיתי מה שכתבו מעלת כבוד תורתם, על ענין עבודת הוי"ה שקצרתי במקום שהיה ראוי להרחיב מעט הדיבור, אמת הוא כי לכתחילה קצרתי בו, **יען ראיתי כמה מהנזק יצא ממה שכתבו בזה המקובלים שקדמו, כי רבים חללים הפילו, וחלול כבוד הוי"ה, וכבוד התורה. הוי"ה יכפר בעדם, כי כל דבריהם לא על פי התורה הם, ואינם מיוסדים על האמת, ומהם יצאו אבות, ומאבות תולדות הריסת יסודי התורה ח"ו, הוי"ה יכפר. וכל זה לא שלמדתי בדבריהם ח"ו,** אלא שפעם אחת הוכרחתי בעל כרחי לעיין בדף אחד שכתוב בו קצור מה שכתבו בענין זה, **וכמעט שקרעתי בגדי לראות דברים אשר לא כן על הוי"ה.** הוי"ה יכפר, וכבר מילתי אמורה להם, **כי עידי בשמים כי כל עסקי ולמודי, אינו רק בדברי האר"י זלה"ה, ותלמידו מהרח"ו ז"ל לבדם, ובלעדם אין לי עסק בשום ספר מספרי המקובלים ראשונים ואחרונים, ואפילו בדברי שאר תלמידי האר"י ז"ל לא למדתי, וכשיזדמן לפני דבר מדבריהם, אני מדלגו.** כי על כן איני כמזהיר, אלא כמזכיר, למען הוי"ה אל יהי לכם מגע יד בדבריהם, ובפרט בענין זה, השמרו לכם פן יפתה לבבכם, **אלא כל לימודם לא יהיה אלא בעץ חיים ובספר מבוא שערים ובשמונה שערים המפורסמים,** שכולם דברי אלהי"ם חיים. ואני קצרתי בענין זה כל מה שאפשר, כי יראתי פן יפלו דפים אלו ביד מי שעדיין לא למד דברי האר"י ז"ל כראוי, **ויחשידני שלמדתי בספרים אחרים, ולא כן הוא כאמור,** ולכן קצרתי בו, ופיזרתי בהקדמה, עד כאן דברי קודשו של מרן הרש"ש. ואנחנו תפילה שיתגלה משיח צדיקנו במהרה בימינו, ומלאה[15] הארץ דעה את הוי"ה כמים לים מכסים, דעת תורת החיים.

13

תהלים ל"ד ט"ו – סור מרע ועשה טוב בקש שלום ורדפהו.

14

נהר שלום דף ל"ד ע"א.

15

ישעיהו י"א ט' – לא ירעו ולא ישחיתו בכל הר קדשי כי מלאה הארץ דעה את הוי"ה כמים לים מכסים.

כתב רבינו גאון הקבלה רבי אליהו מני, רבו של הרי"ח הטוב, רבי יוסף חיים בעל הספר "בן איש חי", בספרו הקדוש **כסא אליהו** כי על הלומד ללמוד כל מאמר ומאמר ארבעה חמשה פעמים בלי המפרשים, וינסה להבין את המאמר בעצמו. ואחר כך ילך לראות אם כיוון לדעת המפרשים.

וכן אני הקטן מבקש בכל לשון של בקשה, ללמוד את הדרוש כמו שהוא מובא בספר עץ חיים, ארבעה חמישה פעמים, כדי לנסות להבין את הדרוש. וכל דרוש מובא בתחילת הספר במלואו.

אחר כך יכנס ללמוד את הדרוש עם ביאור הדברים, עוד ארבעה חמישה פעמים, ואחר כך יראה את המקורות להגהות, ודברי רבותינו הקדושים, עם התרשימים וטבלאות.

ואז יעלה ויצליח בלימוד תורת האר"י הח"י.

כתב רבינו **השד"ה** רבי שאול דווייק הכהן, בהקדמת ספרו איפה שלימה, על אוצרות חיים וז"ל - וכדי שיוכל לעלות לימודו למעלה, ריח ניחוח לה'. קודם כל לימוד ימסור עצמו על קדושת ה', כי זה מועיל מאוד, כמו שכתוב בשער הכוונות דף כ"ד ע"ב, כי עתה בזמנינו בעונותינו הרבים אין יכולת לעשות זווג כתיקונו למעלה, ולסיבה זו הקץ מתארך וכו'. אמנם עם כל זה יש קצת תיקון במה שנמסור נפשינו על קידוש ה' בכל הלב, כי על ידי כן אפילו אין בנו שום מעשים טובים, והרשענו עד להפליא. הנה על ידי מסירת נפשינו להריגה, מתכפרים עונותינו כולם, ויש בנו יכולת לעלות עד אימא עילאה, כמו שאמרו חז"ל - גדולה תשובה שמגעת עד כסא הכבוד, שנאמר - שובה ישראל עד ה' וכו', עד כאן דבריו.

וזה הסדר

יקבל עליו ארבע מיתות בית דין, מארבעה אותיות הוי"ה וארבעה אותיות אדנ"י, וליחדם על ידי ארבעה אותיות אהי"ה ועל ידי עסמ"ב

סקילה י **א**	וליחדם על ידי **א**	יוד הי ויו הי
שרפה **ה** ד	וליחדם על ידי **ה**	יוד הי ואו הי
הרג ו **נ**	וליחדם על ידי י	יוד הא ואו הא
וחנק **ה** י	וליחדם על ידי ה	יוד הה וו הה

לְשֵׁם יְזזּוּד

קֻדְשָׁא בְּרִיךְ הוּא וּשְׁכִינְתֵּהּ

יָאהֲדוֹנָהִי

בִּדְזזִילוֹ וּרְזזִימוּ   וּרְזזִימוּ וּדְזזִילוֹ

יָאהְהֵוִֹהה   אִיהֲהֵיוֹהה

לְיַזֲזָדָא אוֹתִיּוֹת י"ה בּו"ה, בְּיִזזּוּדָא שְׁלִים

יְהֹו"ה

בְּשֵׁם כָּל יִשְׂרָאֵל, לְאָקְמָא שְׁכִינְתָּא מֵעַפְרָא, הָרֵינִי לוֹמֵד בַּסֵּפֶר
קַבָּלָה פְּלוֹנִי שֶׁהוּא כְּנֶגֶד תִּפְאֶרֶת דּז"א בְּעוֹלָם הָאֲצִילוּת שֶׁבּוֹ
שֵׁם מ"ה כָּזֶה יוֹ"ד ה"א וָא"ו ה"א לַעֲשׂוֹת מֶרְכָּבָה. וִיהִי רָצוֹן
מִלְּפָנֶיךָ ה' אֱלֹהֵינוּ וֵאלֹהֵי אֲבוֹתֵינוּ שֶׁתְּזַכֵּךְ רוּחֵנוּ וְנַפְשֵׁינוּ שֶׁיְּהִי
רְאוּיִם לְעוֹרֵר מֵיִן תַּתָּאִין עַל יְדֵי קְרִיאַת סֵפֶר הַקַּבָּלָה הַזֹּאת.
וִיהִי נֹעַם יְהֹוָה אֱלֹהֵינוּ עָלֵינוּ וּמַעֲשֵׂה יָדֵינוּ כּוֹנְנָה עָלֵינוּ וּמַעֲשֵׂה
יָדֵינוּ כּוֹנְנֵהוּ.

בָּרוּךְ ה' לְעוֹלָם אָמֵן וְאָמֵן, נֶצַח, סֶלָה, וָעֶד.

הקדמה כללית וחשובה להיכל הנקודים

צריך לדעת כי היכל הנקודים, שהוא כולל את שער ה**נקודות**, שער ה**שבירה**, שער ה**תיקון**, ושער ה**מלכים**. עוסק בסוגיות שלפני התיקון, ר"ל[16] לפני שמידת הרחמים התפשטה בעולמות, והתמזגה עם מידת הדין, ונתקן העולם. לכן שער זה מבאר את בחינת הדינים, ובכל מקום שיש דין מתעוררים החיצונים. לכן רבותינו המקובלים יתייחסו בכובד ראש לסוגיות בהיכל זה יותר משאר הדרושים בספרי הרב ז"ל, עד כדי כך שהרי"ח הטוב כתב[17] שצריך ללמוד היכל זה **בשתיקה ובברהור הלב**, עד כדי כך חשש הרי"ח הטו"ב מתגבורת הדינים. וכן[18] הוא בשער הכוונות בענין פטירת

---

¹⁶

ע"ח ש"ט פ"ו דמ"ב מ"ה ע"ג – ואז נברא העולם במידת הדין, ויצאה בת מתחלה, שהיא **שם ב"ן** בפנים דא"ק. ואחר כך יצאו ענפיו לחוץ, **דרך העין** מטבורו דא"ק ולמטה, ולא נתקיימו הענפים שבחוץ. עד שחזרו להזדווג והולידו בן, שהוא **שם מ"ה** בפנים ובחוץ, והוא מידת הרחמים, ונתקיים העולם, כמו שאמרו רז"ל על הפסוק - ביום עשות הוי"ה אלהי"ם ארץ ושמים, **והבן אמרם העולם**, כי מציאת העולם הם השבעה תחתונות לבד, שהם זו"ן, אלא בראשונה היו זו"ן נקבות, מצד דין, שהוא שם ב"ן. ואחר כך היו זו"ן זכרים, משם מ"ה. **כי כל מ"ה וב"ן נקרא בשם עולם.**

¹⁷

רב פעלים חלק ב', סוד ישרים סימן ה' דר"ב ע"ב – וגדולה מזו תדע כי אפילו רבינו מהרח"ו ז"ל שהיה לו נשמה גדולה מאד, וסמך רבינו האר"י ז"ל שתי ידיו עליו, ואמר לו שהוא בא לעולם הזה בעבורו לתקנו וללמדו, עם כל זאת הוא היה אומר על דרושים שגילה לו רבינו האר"י ז"ל, שלא השיג אותם אפילו ערך טיפה מן הים, כי כן כתב בספר הכוונות בדרוש ספירת העומר, דרוש י"ב דף פ"ו ע"ג על סוד אחד בענין הקטנות שגילה אותו לרבינו האר"י ז"ל, ונענש בעבור זה, וכתב מהרח"ו וז"ל - ולכן הסוד הזה צריך להעלימו אם מפאת עצמו, ואם מפני שאין אנחנו יודעים אפילו טיפת גרגיר של החרדל מן הדרוש ההוא, עד כאן לשונו. ראה דברים אלו שכתבם צדיק וישר ונאמן שאמר אין אנחנו יודעים אפילו טיפת גרגיר של חרדל, המה יורדים בחדרי בטן של אדם שיש לו מוח בקדקודו ותופס ספרי קבלה בידו, המדברים בענין קטנות ופגם, ובענין שבירה ומגע הקליפות וכיוצא, שצריך להחליט בדעתו על ענינים אלו, שהם אינם כפשוטן, והם סתומין וחתומים באלף עזקין, ויאחזנו פחד ורעדה בקריאתו בסודות התורה בכתבי רבינו האר"י ז"ל האמתיים, ויזהר שלא להוסיף או לגרוע בהם שום דבר מהמשערה השכל, ולא יעשה בהם חילוקים והמצאות שכליות כדרך שעושין בחכמת הפשט, ובכלל יזהר שלא יתמיד ללמוד בסוד השבירה והקטנות ובשערי הקליפות, **ואם יבא לפניו איזה ענין מאלה באמצע, לא יוציא הדברים מפיו, אלא ילמדם בהבטת העין בלבד**, כי שמעתי שנזהרין בכך כמה חסידים מקובלים.

¹⁸

שער הכוונות, ענין ספירת העומר דרוש י"ב דפ"ו ע"ב – האמנם כיון שלא נתקנו כל המוחין לכן אינו זווג גמור מעולה, **אמנם נקרא זווג דקטנות**, כיון שעדיין לא נגדל ז"א. ובזה יתבאר לך לשון מאמר אחד מספר הזוהר בפרשת בשלח בדף נ"ב ע"ב בענין קריעת ים סוף, בפסוק מה תצעק אלי, ואמר שם רשב"י ע"ה - בהאי מלה לא תשאל ולא תנסה את הוי"ה. ובודאי שביאור המאמר הזה עמוק מאד, כיון שמצינו לרשב"י ע"ה שהפליג בהסתרת סודו, ואמר בהאי מלה לא תשאל. וביום שמורי ז"ל ביאר לנו המאמר הזה היינו יושבים בשדה תחת האילנות, ועבר עליו עורב אחד צועק וקורא כדרכו, ומורי ז"ל ענה ואמר אחריו ברוך דיין האמת, שאלתי את פיו ואמר לי כי כי אמר לו העורב ההוא כי לפי שגילה הסוד הזה לכל בני האדם בפרהסיא, **לכן נענש בעת ההיא בבית דין של מעלה**, וגזרו עליו שימות בנו הקטן, ותיכף הלך לביתו ובנו היה מטייל בחצר, ובאותה הלילה חלה את חליו, ומת אחר שלשה ימים רחמנא ליצלן. **ולכן ראוי לכל בעל נפש הרואה הדברים האלו להסתירם בתכלית ההסתר**, זולת הכלל הנודע בכל החכמה הזו כי כבוד אלהי"ם הסתר דבר, ואין מקום להאריך בזה, כי הדברים נודעים, וכל מה שיסתיר האדם הסודות מלגלותם למי שאינו ראוי הוא משובח ומכובד בפמליא של מעלה. **והעושה היפך מזה מכניס עצמו בסכנה עצומה** בעולם הזה במיתת עצמו בהכרת ח"ו, ובמיתת בניו הקטנים, נוסף על עונש נשמתו בגהינם שאין קץ לעונשו, וכמו שהזכיר רשב"י ע"ה בסוף

הבן של רבינו האר"י, וכן[19] בפרי עץ חיים. ומביא[20] זאת הבית לחם יהודה בריש פרק א' דשער מוחין דקטנות. ולכן צריך ללמוד בשערים אלו בכובד ראש, ובזמנים הידועים כמו שבת, יום טוב, ואחרי חצות הלילה.

דע כי בכל מקום שהרב ז"ל מבאר כי המלכים דמיתו ירדו לעולם הבריאה, הכוונה[21] היא לכל עולמות בי"ע, כאשר הכלי הפנימי ירד לעולם הבריאה, הכלי האמצעי לעולם היצירה, והכלי החיצון לעולם העשיה.

אדרא זוטא ועיין שם. והטעם שנענש מורי ז"ל בביאור מאמר זה, וכמו שהזכיר רשב"י ע"ה עצמו שאמר בהאי מלה לא תשאל, העניין הוא כי הנה נודע שאין החיצונים נאחזין אלא במוחין של קטנות, כי הם דינים תקיפין, ובהיות האדם מתעסק בסודות התורה אם יהיה בענין זמן הגדלות העליון, או בשאר דרוש חכמת האמת ענינים למעלה, אין לאדם כל כך סכנה, **כמו בזמן שעוסק בסודות זמן הקטנות, כי בהתעסקו בהם הנה החיצונים מתעוררים בהם, ומתאחזין שם, ומזכירים עונותיו של האדם המתעסק בהם.**
19

פרי עץ חיים, שער חג המצות, פרק ח' – הוא סוד הנזכר בזוהר פרשת בשלח דף נ"ב עד סוף קריעת ים סוף, ואמר שם רבי שמעון בר יוחאי, בההוא מלה לא תשאל ולא תנסה וכו'. וענין הדבר הזה, הוא סוד עמוק מאוד, והטעם הוא דע, **בכל מקום שהקטנות עליון מתעורר, הם דינין תקיפין,** אם האדם או היותר עליון שבעולם, בכל מקום שעוסק בשער האצילות לעילא ולעילא, אין לו כל כך סכנה, **כמו מי שעוסק בקטנות, כי שם נאחזים החיצונים,** ולכן בעת שהאדם עוסק בהם, **אז החיצונים מתעוררים, ומזכירין עונותיו של אדם,** ולכן בכל פעם שמורי ז"ל **היה עוסק בשום דרוש מן הקטנות, היה נענש** ואין צריך להאריך על זה. ואפילו משה רבינו, רבן של כל הנביאים, **כי פגע בסוד קטנות, שהוא סוד המטה הנהפך לנחש,** מה כתיב ביה - וינס משה מפניו, כמו שנבאר בע"ה, **כי סוד קטנות נקרא נחש,** ולכן הסוד הזה ראוי להעלימה, אף על פי שאין יודעין בו, כי אם חלק אחד מרבי רבבות שיש בו.
20

בית לחם יהודה שכ"ב, שער מוחין דקטנות פ"א דק"ז ע"ב – בע"ח כתב יד כתוב כשגילה הרב פרק זה מת בנו משה, עד כאן לשונו. ור"ל וכל אדם צריך להזהר שלא יאריך בו, וטוב שילמוד אותו **בשבת, וביום טוב, ובראש חודש, ובלילה אחר חצות.**
21

ע"ח ש"ט פ"ז מ"ב דמ"ו ע"ב – והנה כאשר יצאו כל האצילות מבחינת ב"ן לבד, והיה כולל עתיק, וא"א, ואו"א, וזו"ן. ואז יצאו תחלה כל הכלים שלהם זה זה תחת זה עד סיום עולם האצילות, ואחר כך יצאו אורות דב"ן כל פרטי אצילות, ויצא תחלה כתר דעתיק דאצילות, שבו נכללין כל האורות, ונתקיים, ואחר כך יצאה חכמה דעתיק בכלי שלו, ובו היו כלולים כל שאר האורות ונתקיים, ואחר כך יצאה בינה דעתיק, ובו כלולין כל שאר האורות ונתקים, ואחר כך יצאו שבעה תחתונות דעתיק,)נ"א דדעת(הדעת למטה כל אחד כלול בכלי שלו, ובו כלולים כל שאר האורות, והיה נשבר, **וירד פנימיות הכלי לבריאה, וחיצוניות הכלי ירד ביצירה, וחיצוניות של חיצוניות בעשייה,** ואחר כך האור ההוא נשאר בלי כלי, ושאר האורות ירדו בכלי השני של השבעה תחתונות, וגם הוא נשבר על דרך הנזכר לעיל,)נ"א נשאר ע"ד הנ"ל(והאור שלו נשאר בלי לבוש, ושאר האורות ירדו לכלי שלמטה ממנו, וכן על דרך זה עד שנגמרו שבעה תחתונות שלו, ואחר כך נכנס הכתר דאריך אנפין בכלי שלו...........

נהר שלום דכ"ד ע"ד – והנה ידוע כי מיתת המלכים היתה בזו"ן דפרטות, ר"ל בזו"ן דעתיק, ובזו"ן דא"א, ובזו"ן דאבא, ובזו"ן דאימא, ובזו"ן דז"א, ובזו"ן דנוקבא, וכל פרצוף מאלו הפרצופים כלול מכל הפרצופים הנזכרים. וזה היה בפרט האחרון דפרטי פרטות, וכמבואר לעיל בהקדמה, וזה היה בפנימיות וחיצוניות דפנימיות, ובחיצוניות ופנימיות דחיצוניות, דפנים ודאחור. **והכלים עם הרפ"ח ניצוצות דמלכים דעתיק נפלו לעתיק דבי"ע, ודא"א לא"א דבי"ע, ודאו"א לאו"א דבי"ע, ודזו"ן לזו"ן דבי"ע. באופן זה כי הכלים הפנימיים דמלכים הנזכרים נפלו לפרצופי הבריאה. והכלים האמצעיים נפלו ליצירה. וכלים החיצוניים שלהם לעשיה.** ונתבאר בשער השמות ובכמה מקומות, כי כדי לברור הכלים ושארית הרפ"ח דכל פרט, יורדים כל הפרצופים העליונים דאצילות בימי החול בסוד גלות השכינה, ומתלבשים בפרצופים שכנגדם למטה בבי"ע. עתיק דאצילות בעתיק דבי"ע, וא"א בא"א, ואו"א באו"א, וזו"ן בזו"ן. כלים פנימים שלהם בבריאה, ואמצעיים ביצירה, וחיצונים בעשיה. ובי"ע הנזכר מתלבשים בבי"ע דחול, וזה לצורך שארית בירורי כלים

ידוע כי ג"ר נקראים פנים בערך ו"ק, והוא כי כל[22] פרצוף נחלק לג' חלקים חב"ד חג"ת נה"י, כאשר חב"ד נקראים כלים פנימיים, חג"ת כלים אמצעים, ונה"י נקראים כלים חיצוניים. גם הם נקראים נר"ן,[23] כאשר נה"י הוא בכללות נקרא נפש, חג"ת רוח, וחב"ד נשמה. הרב ז"ל מבאר[24] בכל המקומות על שבירה, מיתה, וירידת **פנים ואחור** דשבעה

ואורות דמלכים דזו"ן דעתיק, וא"א, ואו"א, וזו"ן דאצילות שנפלו לבי"ע על סדר הנזכר. **כי הכלים הפנימים של מלכי עתיק, וא"א, ואו"א, וזו"ן דאצילות נפלו לבריאה. וכלים האמצעים של המלכים הנזכרים ליצירה. וכלים החיצוניים שלהם לעשיה**, כנודע. ועל כן בימי החול יורדים הכלים דפרצופים העליונים דאצילות על דרך הנז"ל, לברר בחינותיהם שנשארו בבי"ע.
רחובות הנהר ד"ב ע"ב – ובהגיע האור לגבול האצילות, אירע בהם ענין ביטול המלכים, ונפלו הכלים פנימי אמצעי וחיצון עם אורות דרפ"ח, **לבי"ע התחתונים** דאותה הספירה.
22

ע"ח ח"ב ש"ל דרוש א' מ"ב דכ"ו ע"א – דע כי ז"א יש לו שלוש פרצופים, וכל אחד כלול מעשרה ספירות, והם זה תוך עשרה, תוך עשרה, ועשרה אחרים בפנימיות כולם. ואלו השלושה פרצופים הם כולם בחינת כלים, והם שלושים כלים, וכולם הם ביחד גוף אחד, וכלי אחד, ובתוכו יש האורות, שהם נר', וכו', ובהיות שלשתן יחד תוך זה הם שוים בקומתן, אבל לפעמים אין לז"א רק פרצוף החיצון מהם בלבד, ולפעמים שניהן, ולפעמים שלשתן. ובתחילה מתחיל הז"א להיות בו **פרצוף החיצון**, ואז הוא שיעור קומתו הוא שליש גדלותו לבד והוא **כשיעור קומת נה"י** אחר הגדלות האחרון. ואחר כך נכנס בו **פרצוף אמצעי**, ומתלבש בתוך החיצון, ואז נגדל ז"א ב' שלישי קומתו, **שהם נה"י וחג"ת**, בין בחינת פרצוף החיצון ובין פרצוף האמצעי, כי אמצעי גורם אל החיצון שיגדל כמוהו. ואחר כך נכנס בו **הפרצוף הפנימי**, ומתלבש בתוך האמצעי, ואז גם ב' הפרצופים החיצון ואמצעי נגדלים כאורך הפרצוף הפנימי, ואז נשלם ז"א כשיעור קומתו לג' הפרצופים. והוא כאלו נמשיל משל, **כי החיצון שיעור קומתו כשיעור נה"י דז"א בגדלות, והאמצעי כשיעור נה"י וחג"ת דגדלות, והפנימי כשיעור נה"י חג"ת חב"ד בגדלותו**. ולכן בבא האמצעי מגדיל את החיצון כמוהו, ובבא הפנימי מגדיל שניהן כמוהו.
ע"ח שי"ט פ"י מ"ב דצ"ה ע"ג – והנה הכלים הם שלושה, בחינת **חיצון ואמצעי ופנימי**.
ע"ח ח"ב ש"ל דרוש ב' מ"ב דכ"ז ע"א – באופן כי לכל פרצוף עשר ספירות, הנקרא עשר כלים, ונחלקים לשלוש חלקים, והם עשר כלים חיצוניות, מדור אל הנפש. עשר כלים אמצעים מלובשים תוך חיצוניות, והם מדור אל הרוח. ועשר כלים פנימים מלובשים תוך הכלים אמצעים, והוא מדור אל הנשמה. והם שלושים כלים, אבל גובה קומתן אינם אלא עשרה, לפי שהם עשר תוך עשר, ועשר תוך עשר.
23

נהר שלום, דרוש הדעת דמ"א ע"ג – ונבאר עתה כל זה בפרטות פרצוף אחד שהוא זעיר, וממנו תקיש בכללות כל הפרצופין יחד, דע כי ז"א הוא פרצוף אחד כולל עצמות וכלים, **והכלים שבו הם נכללים בשלושה**, כי הכבד למטה, וכולל עשר מדות שהם כל האיברים, ומתלבש על ידי הורידין שבו, בכל הגוף. והלב גבוה ממנו, וכולל עשר מדות, ומתלבש תוך בחינת הכבד, על ידי הדפקים שבו, ומתפשט בכל הגוף. והמוח גבוה מכולם, וכולל עשר מדות, מתלבש תוך בחינת הלב, על ידי הגידים, המתפשטים ממנו, ומתפשט בכל הגוף. ועל דרך זה ממש נחלק העצמות בשלושה, נשמה ורוח ונפש, מתלבשים זה בתוך זה, ומתפשטים בכל הגוף, לכן הכבד משכן הנפש, והלב משכן הרוח, והמוח משכן הנשמה.
24

ע"ח ש"ח פ"ב מ"ת ל"ו ע"ג – אמנם השבעה מלכים תתאין מתו, לפי שכליהם נעשו מהסתכלות עין בחוטם פה לבד, והיה חסר מהם אור האזן העליונה. והנה גם בג"ר עצמם יש בהם חילוק בין זו לזו, והוא)נ"א והנה(כי מן הכתר לא ירד ממנו אפילו האחוריים, אלא האחוריים של נה"י בלבד. אבל באו"א של הנקודים ירדו האחוריים שלהם לבד, ונשארו הפנים במקומם. וטעם הדבר הוא כי אלו האורות שנמשכים עד שבולת הזקן נחלקו לשלושה, כי הכתר לקח מבחינת האזן עצמה ממה שהראייה שואבת בהסתכלות באור האזן, ומכל שכן שנכללים בו שני אורות אחרים, ומזה נעשה כלי לכתר נקודים. ואבא לקח ממה שהראייה שואבת מאורות החוטם, וגם אור הפה נכלל בו. והנה הכתר שלקח מן האזן הארתו גדולה מאד לא נשבר כלי שלו, אבל או"א שאין לוקחין רק מן החוטם ופה נשברו האחוריים של כליהם. והנה או"א אם היו מקבלים אור זה של חוטם ופה של א"ק, בהיותו למעלה קרוב אל מקום נקבי האזן, אף על פי שלא היו מקבלין מאורות האזן עצמה, רק

התחתונות דנקודים, לפי פשט הדברים נראה שחב"ד ונה"י דמלכים נשברו ומתו וירדו לעולמות בי"ע. עם[25] כל זאת רק חג"ת נהי"מ דמלכים נשברו ומתו, שהם הבחינה החיצונה והאמצעית, הנקראת[26] גם החיצונה והתיכונה, והסיבה[27] שהרב ז"ל קורא לחג"ת נה"י פנים ואחור היא שמדובר בערכין, **כי חג"ת נקראים אחור בערך חב"ד,**

קצת הארה היו מתקיימין האחוריים של כליהם, אבל כיון שאין מקבלין רק כיון מסיום האזן שהוא מקום שבולת הזקן, לכן אף על פי שלוקחין קצת הארה אינו מועיל להם, ולכן נשברו האחוריים של כליהם. אבל הכתר כיון שלוקחה אור האזן ממש אף על פי שלקחו סיומו כיון שהוא סיומו לוקח עצמותו, די בזה ולא נשבר אפילו האחוריים של כלים דידיה. מה שאין כן באו"א שאינו לוקחין רק הארה בעלמא, וגם שהוא ברחוק מקום. והרי נתבאר שלושה בחינות אלו, והם כי הכתר נתקיים כולו. ואו"א נשברו ונפלו האחוריים שלהם. **וזו"ן נפלו פנים והאחוריים שלהם,** והנה זהו הטעם שנרמז בפסוק והארץ היתה תהו ובהו, אשר הוא מדבר בענין מיתת המלכים של הנקודים כנזכר לעיל.

ע"ח ש"ח פ"ו מ"ת דט"ל ע"ג – וכבר נתבאר לעיל כי אלו שבעת מלכים לקחו אורם מגוף א"ק שתחת שבולת הזקן, ולא מלעלה. נמצא שהם חסרים בחינת שלושה אורות עליונים שהם אח"פ, **כי לכן נשברו הפנים והאחוריים שלהם.** ואלו הם בחינת ג' תגין שיש למעלה על כל אות מאלו השבעה הנזכר לעיל. כי הם מורים על הסתלקות האורות והחיות מן הכלים, שהם אותיות, ונשאר האור למעלה מהם ולא בתוכם, כדרך צורת התגין על האותיות. אבל האותיות בד' חי"ה הם אחוריים דאו"א שירדו.

ע"ח ש"ט פ"ג מ"ת דמ"ב ע"ד – ונבאר עתה איך בעת מיתת המלכים אלו ירדו הכלים שלהם לעולם הבריאה כנזכר לעיל, משאין כן בארבעה אחוריים דאו"א. כי הנה נתבאר החילוק שהיה בין או"א לשבעה המלכים, שהם זו"ן, ואמרנו כי השבעה מלכים שהם זו"ן מתו ממש, וירדו אל עולם הבריאה, הכלים שלהם ואחוריים של או"א נתבטלו ולא מתו, אלא שירדו למטה בעולם אצילות עצמו, ושם ביארנו טעם לזה, ואמרנו שהיה לסיבה שהשבעה מלכים לא קבלו אורות אח"פ דא"ק, רק מגופא דיליה ואילך. והנה לטעם זה עצמו היה גם כן שינוי אחר בין ג"ר שהם חב"ד, אל השבעה מלכים התחתונים, כי הג"ר יצאו בקצת תיקון בראשונה, והוא כי כאשר יצאו בראשונה נתפשטו כסדר ג' קוין, מה שאין כן שבעה תחתונות שיצאו זו למטה זו, וזה שכתוב באדרא רבא - עד אימת ניתב בקיימא דחד סמכא, ר"ל נתקן התיקון שהוא דרך קוין, אבל קודם שהיו זה על גבי זה, הוי קיומא דחד סמכא. וכבר ביארנו כי התיקון האצילות הוא בהיות ששה קצות עשוי בבחינת ג' קוין קשורים זה בזה, בסוד השלישי המכריע ביניהן, ואז נקרא רשות היחיד. אבל בהיותן זה על גבי זה והם נפרדין אחת מחברתה, אז נקרא רשות הרבים. ולכן הג"ר נתבטלו אחוריהם ולא מתו, **ושבעה מלכים מתו פנים ואחור,** כי יצאו בלי תיקון כלל.

ע"ח ש"ט פ"ז מ"ב דמ"ו ע"ד – ויצאו שבעה תחתונות מדעת ולמטה בלבד, וכולם יצאו מן בינה דז"א הכלולה תוך אימא עילאה כנזכר לעיל, שלא יצאה, **ואז כל השבעה מתו פנים ואחור,** וירדו בבי"ע.
25

ע"ח ח"ב ש"ל דרוש א' מ"ב דכ"ו ע"ד – גם תבין כי פרצוף האמצעי אף כי נקרא אחור בערך השלישי הפנימי מכולם, **אמנם לפעמים נקרא פנימי בערך החיצון שבכולם.** ובזה תבין מה שנתבאר אצלינו כי בעת מיתת המלכים של ז"א היה בו אחור ופנים, והוא לסבת היות בו תמיד נה"י חג"ת, ו"ק, שהם פרצוף החיצון ואמצעי כנזכר לעיל, **ואז החיצון נקרא אחור, ואמצעי פנימי בערך החיצון,** והבן זה.
26

ע"ח ש"ט פ"ח מ"ב דמ"ז ע"א – ודע כי באצילות המלכים לא יצאו בזו"ן רק השבעה מלכות בחינות, **החיצונה והתיכונה,** והם **המלכות דנה"י חג"ת,** ולכן נקרא המלכים נקודות, כי נקודה היא מלכות כנזכר לקמן.
27

נהר שלום די"ב ע"ד – והענין בקיצור נמרץ, ידוע כי כל העולמות מראש א"ק עד סוף העשיה, כלולים מחיצוניות ופנימיות, וכל אחד משניהם נחלק לחיצוניות ופנימיות, **ואין לך שום בריה שאינה כלולה מחיצוניות ופנימיות,** אמנם החיצוניות דכללות כל העולמות הם העיגולים דכל העולמות, והפנימיות הוא היושר דכל העולמות, וכל אחד נחלק לחיצוניות ופנימיות, שהם הכלים והאורות, גוף ונשמה, כי הכלים שהם העשר ספירות דכל פרצוף, נקרא חיצוניות בערך הפנימיות, שהם האורות והנרנח"י, המלובשים בהם. וכן בפרטות העשר ספירות הנחלקים לשלשה פרצופים, נה"י חג"ת וחב"ד, מתלבשים זה בתוך זה. **כי פרצוף**

ונקראים פנים בערך הנה"י. לכן צריך **לזכור ולדעת** כי בכל מקום שנזכר פנים ואחור דז"א דמקרה המלכים, מדובר אך ורק בו"ק דז"א.

זאת ועוד כאשר מבואר כי המלכים הם בחינת ב"ן דעסמ"ב דב"ן, שהוא בחינת המלכויות דעסמ"ב דב"ן, הכוונה היא שהב"ן הזה כולל את מ"ה וב"ן דב"ן, כי[28] אין לך ניצוץ שנברא, שאינו כלול מזכר ונקבה. ולכן[29] בחינת המלכים דמיתו הם מ"ה וב"ן דב"ן דעסמ"ב דב"ן, רק שאנחנו מזכירים רק את בחינת הב"ן בלי המ"ה. ובתיקון יצא מ"ה החדש, הכולל מ"ה וב"ן דמ"ה, וכן בשם מ"ה החדש אנחנו מזכירים רק את שם מ"ה בלי הב"ן, ופשוט הוא.

גם צריך לדעת כי שמבואר לפי פשט דברי הרב ז"ל, שנשברו ומתו הכלים דמלכים, מובן כי לכל הבחינת הפנים ואחור שהם חג"ת נהי"ם דשבעה המלכים, קרה מקרה המלכים, אבל[30] **בעומק דברי** הרב ז"ל מדובר רק בפרצוף האחור, והוא פרצוף הנה"י. ר"ל המלכים שנשברו ומתו הם חג"ת נה"י דנקודים.

ועוד דבר חשוב גם[31] בחינת עולמות אבי"ע יצאו בנקודים, שהם **בעומק הדברים** אבי"ע דאבי"ע דעובי, כמו שיתבאר לקמן.

דנה"י המלבוש לפרצוף חג"ת נקרא חיצוניות בערך פרצוף החג"ת המתלבש בתוכו, ופרצוף החג"ת נקרא פנימיות אליו. ופרצוף החג"ת נקרא חיצוניות בערך פרצוף החב"ד המתלבש בו, והחב"ד הוא פנימיות אליו. וכל זה הפרצוף הכלול מחב"ד וחג"ת ונה"י נקרא חיצוניות בערך הפרצוף העליון המתלבש בו, וכן על דרך זה מפרצוף לפרצוף, עד א"ס.
28

ע"ח ש"ט פ"ז דמ"ו ע"ב – דע כי אין לך ספירה וספירה, אפילו בעשר הספירות הפרטיות שבכל פרצוף ופרצוף, שאין בו **בחינת זכר ונקבה, והם ב"ן דנקודות ומ"ה החדש**, ואמנם אין ענין ב"ן הזה והנקבה זו בחינת מלכות העשירית שיש בכל ספירה וספירה, שהיא בחינה עשירית שבכל ספירה וספירה, אלא שיש בכל ספירה עשר בחינות, וכולם דמ"ה, ועשר בחינות וכולם דב"ן, והתשע ראשונות דמ"ה וב"ן הם נקרא ט' בחינות הראשונות של ספירה ההוא, והבחינה עשירית שהוא מלכות שבאותו ספירה עצמה, היא כלולה ממ"ה וב"ן. **כלל הדברים בקיצור נמרץ כי אין לך שום ניצוץ קטן בכל האצילות, שאין בו מ"ה וב"ן. גמרא בבא בתרא דע"ד ע"ב** – אמר רב יהודה, אמר רב, כל מה שברא הקדוש ברוך הוא בעולמו, **זכר ונקבה בראם.**
29

רחובות הנהר ד"ג ע"ב – ובתחילה יצא שם ב"ן, שהוא שבעה קצוות זו"ן, שהם **מ"ה וב"ן דב"ן** דא"ק, והם השבעה מלכים דב"ן דמיתו, ואינם רק שבעה מלכים, אלא נפרטו לעשר ספירות, שהם עסמ"ב, עתיק, וא"א, ואו"א, וזו"ן דב"ן דאצילות. ואחר כך בתיקון יצא שם מ"ה החדש, שהוא שבעה קצוות זו"ן, שהם **מ"ה וב"ן דמ"ה** דא"ק, ונפרטו גם הם לעסמ"ב על דרך הנזכר לעיל.
30

ע"ח ח"ב ש"ל דרוש ה' מ"ב דכ"ח ע"ב – ונבאר עתה מה שהיה בעת מיתת המלכים, קודם העיבור, כי היה אז ז"א מבחינת ו"ק לבד, של זה הפרצוף הראשון, שכל עצמו אינו רק נה"י לבד. **ונמצא שהוא חג"ת נה"י של פרצוף דאחור**. ונמצא שהם ו"ק, אבל אינם רק נה"י לבד, ובזה לא יחלקו הדרושים הכתובים אצלינו.
31

ע"ח שי"ט פ"ה מ"ב דצ"ב ע"ב – והנה המלכים שמלכו בארץ אדום הם עשר ספירות דב"ן הכולל הנזכר לעיל. ונקודה ראשונה היא כתר דב"ן. והיא נוקבא דעתיק ודא"א, ונקודה שניה הוא אבא, וצד ב"ן שבו. ונקודה שלישית אימא צד ב"ן שבה. וכל אחד משלוש נקודות אלו, היו כלולים מעשרה נקודות שלימות. אך אחר כך יצאה נקודה הרביעית, ולא יצאה כלולה מעשרה נקודות, רק בשלשה נקודות התחתונות שבה לבד, ולכן נקרא בשם ו' נקודות, ועם ג"ר הרי תשעה נקודות. אחר כך יצאה נקודה חמישית, ולא יצאה כלולה מעשרה נקודות שלה, רק נקודה אחת לבד, חלק עשירית שבנקודה ההיא. הרי נמצא ששרשם אינם רק חמשה נקודות, ונקרא

בזמן התיקון יצא מהמצח דא"ק המלך השמיני, והוא **הדר ואשתו מהיטבאל**, הנקרא מ"ה החדש, כדי לתקן את המלכים דמיתו. לפי פשט דברי הרב ז"ל יצא רק היסוד דא"ק, **בעומק** דברי הרב ז"ל שם מ"ה החדש יצא בשיעור קומה שלם, של עס"מ[32]ב, והשבעה תחתונות דשם מ"ה החדש תקנו את המלכים שנשברו ומתו. ופשוט[33] הוא שלכל נקודה בעובי יש את שם מ"ה הפרטי דאותה נקודה.

עוד צריך לדעת כי עד פרק ו' דשער השבירה, הרב ז"ל מבאר את מקרה המלכים בכללות בנקודה אחת, עם כל זאת צריך[34] לדעת כי מהעין דא"ק יצאו חמשה[35] נקודות דכללות העומדות בעובי, שהם א"א או"א וזו"ן, ועמדו מהטבור דא"ק ולמטה, ובכל אחד ואחד מנקודות אלו היה מקרה המלכים בפרטות[36], כאשר הג"ר נשארו באצילות דאותה נקודה דכללות, ובשבעה תחתונות נשברו ומתו, וירדו לבי"ע דאותה נקודה.

עשרה נקודות דב"ן, ואלו יצאו ראשונה ונשברו ומתו. **ודע כי לא די שיצאו בבחינת האצילות, שהם הפנים דב"ן, אלא גם אחוריהם שהם בי"ע יצאו עמהם.** ודע, כי גם באצילות יש פנים ואחור, **אך כולם נקראו פנים בערך בי"ע שהם חיצוניות.** והענין כי בבריאה היה חיצוניות הפנים דב"ן, ויצירה חיצונית דאחוריים דב"ן, ועשייה חיצונית יותר חיצון דאחוריים דב"ן. וכאשר נשברו, לא נתקנו כל מה שנשברו, רק מעט, ולא יושלמו להתברר עד ביאת המשיח במהרה בימינו אמן.

32

ע"ח ש"ט פ"ח מ"ב דמ"ז ע"ב – ואחר כך יצאו בחינת חג"ת נה"י שבז"א, נקרא הדר, ויצאו בחינת חג"ת דנה"י דנוקבא, ונקרא מהיטבאל אשתו, ואלו יצאו בתיקון אדם, כנזכר באדרא דף קל"ה ע"ב, והבן זה מאוד.

33

כרם שלמה ש"ט פ"ז אות ד' – ומה שכתב ואחר כך יצא שם מ"ה, ונתחבר עם ב"ן בכל ספירה וספירה כנזכר לעיל, בכל הפרטים. ר"ל כשיצא שם **מ"ה** יצא כנגד **כל הפרטים** דכל האצילות, דהיינו מראש עתיק עד סוף מלכות דאצילות. אבל לא יצא כנגד השבעה תחתונות לבד דכל פרצוף שנשברו, אלא יצא כנגד כל העשר ספירות **דעתיק**, ונתחבר עם עשר ספירות **דב"ן** דעתיק. וכן כנגד כל העשר ספירות דא"א, ונתחבר כנגד כל העשר ספירות דא"א. וכן העשר ספירות דאו"א וזו"ן. ואז נעשו העשר ספירות דעתיק וא"א מכתר שלהם, עד מלכות שבהם, כולם כלולים **ממ"ה ומב"ן**, אף על פי שבהג"ר שלהם לא היה בהם ירידה ומיתה ח"ו, על כל פנים כשיצא שם **מ"ה** יצא בשלמות. וכן או"א וישסו"ת וזו"ן, כולם כלולים משם שם **מ"ה וב"ן**, מכתר שלהם עד מלכות שבהם.

34

ע"ח ש"ט פ"ו מ"ב דמ"ה ע"ג – אמנם כפי האמת הם חמשה בחינות, כי הכתר למעלה מהארבעה, הוא ועמו הם חמשה פרצופים, הכוללים עשר ספירות כנודע, **והנה בכל אחד מאלו החמשה פרצופים יש בו עשר ספירות גמורות.**

35

רחובות הנהר ד"ב ע"ב – ידוע כי **חמשה נקודות יצאו מעינים דא"ק מבחינת ב"ן**, וכולן יצאו שלימות, כל אחת שלימה בכל חלקי הנקודה ההיא. באופן שכל אחת ואחת כוללת חמשה פרצופים, עתיק וא"א ואו"א וזו"ן. **וסדר שבירת הכלים היה בכל נקודה ונקודה מהם, דכל אחד ואחד מהם הג"ר עתיק וא"א ואו"א שבו נתקיימו, ושבעה תחתונות זו"ן שבו נשברו,** כמבואר כל זה באורך בעץ חיים בעץ חיים שער ט' פרק ו' ופרק ז', ופרק ג' משער י"ז, ובכמה מקומות משער הלקוטים, ומשער מאמרי הרשב"י ע"ה, וכן במבוא שערים ש"ב ח"ג פ"ו, יעו"ש.

36

נהר שלום דכ"ד ע"ד – והנה ידוע כי מיתת המלכים היתה בזו"ן דפרטות, ר"ל בזו"ן דעתיק, ובזו"ן דא"א, ובזו"ן דאבא, ובזו"ן דאימא, ובזו"ן דז"א, ובזו"ן דנוקבא, וכל פרצוף מאלו הפרצופים כלול מכל הפרצופים הנזכרים. וזה היה בפרט האחרון דפרטי פרטות, וכמבואר לעיל בהקדמה, וזה היה בפנימיות וחיצוניות דפנימיות, ובחיצוניות ופנימיות דחיצוניות, דפנים ודאחור. **והכלים עם הרפ"ח ניצוצות דמלכים דעתיק דעתיק נפלו לעתיק דבי"ע, ודא"א לא"א דבי"ע, ודאו"א לאו"א דבי"ע, ודזו"ן לזו"ן דבי"ע. באופן זה כי הכלים הפנימיים דמלכים הנזכרים נפלו לפרצופי הבריאה. והכלים האמצעיים ליצירה. וכלים החיצוניים שלהם**

היו מספר[37] סיבות למקרה המלכים דמיתו, והם מפוזרים לאורך ורוחב ספרי הרב ז"ל.

לעשיה. ונתבאר בשער השמות ובכמה מקומות, כי כדי לברור הכלים ושארית הרפ"ח דכל פרט, יורדים כל הפרצופים העליונים דאצילות בימי החול בסוד גלות השכינה, ומתלבשים בפרצופים שכנגדם למטה בבי"ע. עתיק דאצילות בעתיק דבי"ע, וא"א בא"א, ואו"א באו"א, וזו"ן בזו"ן. כלים פנימיים שלהם בבריאה, ואמצעיים ביצירה, וחיצוניים בעשיה. ובי"ע הנזכר מתלבשים בבי"ע דחול, וזה לצורך שארית בירורי כלים ואורות דמלכים דזו"ן דעתיק, וא"א, ואו"א, וזו"ן דאצילות שנפלו לבי"ע על סדר הנזכר. **כי הכלים הפנימים של מלכי עתיק, וא"א, ואו"א, וזו"ן דאצילות נפלו לבריאה. וכלים האמצעיים של המלכים הנזכרים ליצירה. וכלים החיצוניים שלהם לעשיה**, כנודע. ועל כן בימי החול הכלים יורדים דפרצופים העליונים דאצילות על דרך הנז"ל, לברר בחינותיהם שנשארו בבי"ע.

רחובות הנהר ד"ב ע"ב – ובהגיע האור לגבול האצילות, אירע בהם ענין ביטול המלכים, ונפלו הכלים פנימי אמצעי וחיצון עם אורות דרפ"ח, **לבי"ע התחתונים** דאותה הספירה.

37

ט"ז סיבות למקרה המלכים

א. השבע מלכים יצאו מבחינת מלכויות, נפש, עגולים. ע"ח ש"ח פ"א, ע"ח ש"ט פ"ח, מבוא שערים ש"ב ח"א פ"ג.

ב. הג"ר יצאו בצורת סגולתא, וכל אחת כלולה מעשר, ומתפשטים בסוד קוין שכולם קשורים זה בזה, והז"ת יצאו בבחינת חד סמכא, ונפרדים זה מזה בסוד רשות הרבים, ולא בסוד מיתקלא. ע"ח ש"ט פ"ג, ע"ח ש"ט פ"ה, ע"ח שי"א פ"ה.

ג. כלי הו"ק לא יכלו לסבול יותר אורות מחלקם, והם קיבלו כל אחד חלקו וחלק חברו התחתון ממנו, ולא כן כשהיו בג"ר היו מתבטלים בערכם. ע"ח ש"ח פ"ה, מבוא שערים ש"ב ח"א פ"ו.

ד. האור של העשר ספירות פרצוף שלם, והכלים קטנים, נפרדים, וחסרים. ע"ח ש"ט פ"ה, ע"ח ש"י פ"ה, מבוא שערים ש"ב ח"ב פ"ב.

ה. הג"ר יצאו בגוף אחד, והיה בהם כח לקבל האור, השבע תחתונים יצאו נפרדות וחסרות, ולא יכלו לקבל האור שלהם. מבוא שערים ש"ב ח"ב פ"ג.

ו. הג"ר אין הדין ניכר בהם, והם רחמים, השבע תחתונים דינים נתגלו בהם, ולא יכלו לסבול אור הרחמים. מבוא שערים ש"ב ח"ב פ"ג.

ז. הנקודים יצאו מבחינת חיצוניות סמ"ב דס"ג וחיצוניות עסמ"ב דב"ן, שהם הענפים, והשורשים נשארו בפנימיות א"ק, ולא היה בכח הענפים לקבל את האור. ע"ח ש"ה פ"א, מבוא שערים ש"ב ח"ב פ"ג.

ח. הג"ר קבלו במקום שבולת הזקן אור האוזן, וגם אורות חוטם פה, והז"ת קבלו אורות החוטם פה משבולת הזקן ועד מקום הטבור. ע"ח ש"ח פ"ב, ע"ח שי"א פ"ה, מבוא שערים ש"ב ח"ב פ"ג.

ט. מלכי הנה"י דינין תקיפין, רצו להתגבר על מלכי החג"ת שהם רחמים. שער ההקדמות הקדמה אחת בטרם שנאצל עולם האצילות דל"ג ע"ג. ע"ח ש"ט פ"ה דמ"ה ע"א.

י. הג"ר דו"ק נשארו בפנימיות המאציל. מבוא שערים ש"ב ח"א פ"ה.

י"א. הג"ר לא נתקנו כפרצוף, לכן האור שיצא מהם לז"ת לא יכלו לקבלו. ע"ח שמ"ז פ"ה, שער ההקדמות דרושי אבי"ע דרוש ג' דע"ג ע"ג.

י"ב. לא היתה אהבה בין ספירה לספירה, וכל ספירה היתה יראה מהספירה שמעליה ומהספירה שמתחתיה. ע"ח שי"א פ"ה, שער ההקדמות הקדמה אחת בטרם שנאצל עולם האצילות דל"ב ע"ג.

י"ג. הסיגים מעורבים בכלים, והם גורמים פירוד. מבוא שערים ש"ב ח"ב פ"ג.

י"ד. לא נכנס האור על ידי התלבשותו בנה"י דישסו"ת בסוד כ"ל צמ"א, אלא באופן ישיר, ורק בתיקון התלבשו האורות בנה"י דישסו"ת. שער ההקדמות דרוש ה' בזמן העיבור השני דמוחין דל"ז ע"ב.

ט"ו. לא נתכללו אחד עם השני, וכל אחד מהמלכים היה בחינה בפני עצמה. ע"ח ש"ט פ"ג, מבוא שערים ש"ב ח"ב פ"ג.

ט"ז. תכלית כוונת המאציל היתה להוציא ולעשות בחינת קליפות לצורך הנבראים, כדי לתת שכר לצדיקים, ועונש לרשעים. ע"ח שי"א פ"ה.

שער ט' פרק ג'

ונבאר עתה איך בעת מיתת המלכים אלו ירדו הכלים שלהם לעולם הבריאה כנ"ל משא"כ בד' אחוריים דאו"א. כי הנה נתבאר החילוק שהיה בין או"א לז' המלכים שהם זו"ן ואמרנו כי הז' מלכים שהם זו"ן מתו ממש וירדו אל עולם הבריאה הכלים שלהם ואחוריים של או"א נתבטלו ולא מתו אלא שירדו למטה בעולם אצילות עצמו ושם ביארנו טעם לזה ואמרנו שהיה לסיבה שהז' מלכים לא קבלו אורות אח"פ רק דא"ק מגופא דיליה ואילך. והנה לטעם זה עצמו היה ג"כ שינוי אחר בין ג"ר שהם כח"ב אל הז' מלכים התחתונים כי הג"ר יצאו בקצת תיקון בראשונה והוא כי כאשר יצאו בראשונה נתפשטו כסדר ג' קוין משא"כ ז"ת שיצאו זו למטה זו וז"ש באד"ר עד אימת ניתב בקיימא דחד סמכא ר"ל נתקן התיקון שהוא דרך קוין אבל קודם שהיו זעג"ז הוי קיומא דחד סמכא וכבר ביארנו כי התיקון האצילות הוא בהיות ו"ק עשוי בבחי' ג' קוים קשורים זה בזה בסוד הג' המכריע ביניהן ואז נקרא רה"י אבל בהיותן זעג"ז והם נפרדין אחת מחברתה אז נקרא רה"ר ולכן הג"ר נתבטלו אחוריהם ולא מתו וז' מלכים מתו פנים ואחור כי יצאו בלי תיקון כלל. ונבאר סדר יציאת ז' מלכים ונתחיל מן הראשון שהוא הדעת אשר זה יצא ראשונה וכאשר לא היה יכול הכלי לסבול כנ"ל נשבר הכלי וירד למטה בעולם הבריאה ר"ל במקום שהיה עתיד להיות עולם הבריאה אח"כ כי הרי עדיין לא נברא עולם הבריאה ונפל הכלי הזה במקום הדעת דבריאה להיותו מתייחס אליו כמוהו ואמנם אור של הדעת ירד גם הוא אלא שנשאר באצילות עצמו במקום כלי המלכות של האצילות ואמנם לא ירד שם לסיבת פגם אשר בו כי הרי נת"ל כי השבירה היתה בכלים לא באורות ואלו היה ירידתו שם משום פגם היה ראוי שנייחס ביטול אל האורות ע"ד שייחסנו ביטול אל הכלים דאו"א שנפלו דוגמתן באצילות עצמו ואמנם ירידתן היתה כדי להאיר מרחוק בכלי שלו העומד בבריאה שלא ימות לגמרי וישאר בלתי תקוה לכן מאיר בו מרחוק בהיותו עומד הוא באצילות והוא בבחי' תגין על האותיות כנ"ל. ואח"כ יצא החסד ונשבר הכלי וירד בבינה דבריאה והאור ירד במקום כלי היסוד דאצילות כי כבר אור הדעת הקדים לקחת מקום של המלכות. ואח"כ יצאה גבורה ונשברה וירד הכלי בחכמה דבריאה והאור ירד בכלי דנצח הוד דאצילות שהם ב' פלגי דגופא. ואח"כ יצאה הת"ת ונשבר והכלי ירד בכתר דבריאה והאור נשאר במקומו שהוא בת"ת דאצילות. והנה עתה לא יש הרחק בין שום אור מן האורות הנ"ל אל הכלים שלו יותר מג' מדרגות כי יותר מג' מדרגות הוא הרחק גמור ואינו יכול להאיר בו. ואמנם שאר האורות גם הם ירדו ממקומם חוץ מת"ת שנשאר במקומו כנ"ל ולא ירד ונמצא כי בלי ספק שאורות האחרים שירדו ממקומם אע"פ שביארנו שהיתה ירידתם לצורך הכלים להאיר להם עכ"ז בהיותם למטה ממקומם נחלש כוחם מעט ולכן אין להם כח לעלות למעלה אבל אור הת"ת אשר עמד במקומו ולא נשתנה טעמו וכחו בו חזק ועי"כ בראותו עצמו בלתי כלי אפשר לו שיעלה למקום אשר יצא משם כי לא יחפוץ להשאר ערום מגולה בלי לבוש ויחזור אל הבינה אל המקום אשר עמד שם בראשונה ואם ככה יעשה נמצא שהיה מרוחק מאד

מכלי שלו וימות לגמרי ולכן רצה המאציל העליון והמשיך והגדיל את כלי הכתר אשר לא נשבר כנודע ונמשך דרך קו האמצעי כמ"ש כי הג"ר כבר היו מתחלה בציור ג' קוין ונמשך דרך קו האמצעי עד מקום הת"ת עד אמצעיתו לבד שהוא עד הטיבור לבד ואז עלה הת"ת ונעלם תוך כלי הנ"ל של הכתר שנתפשט עד מקומו ונמצא כי לא נתעלה רק חצי אור הת"ת התחתון כי חצי העליון עומד במקומו שכבר נתפשט דרך בו כלי הכתר ואז אור הדעת שירד למטה במלכות דאצילות בראותו כי כבר היה כלי חדש במקומו כי הנה גם מקומו הוא בקו האמצעי בין הכתר והת"ת ואז גם הוא נתעלה ועלה במקומו ואז הכלי שלו כיון שנתרחק אורו ממנו ירד עד למטה במלכות דבריאה אמנם הכלי של הת"ת נשאר במקומו שהוא בכתר דבריאה לפי שלא נתעלה כל אורו רק חציו לבד וחציו העליון נשאר במקומו. וא"ת והרי אמרנו למעלה שהוא מוכרח שלא יהיה הפרש בין הכלים והאור שלו רק ג' ספירות וא"כ איך ירד הכלי של הדעת מל' דבריאה. התשובה הוא כי ודאי הוא דהיכא דאפשר ואפשר תחלה הי' זה נהנה וזה אינו חסר כי בתחלה היה הכלי נהנה מאורו בהיות הדעת למטה והאור אינו חסר ג"כ כי גם אם יעלה במקומו בדעת האצילות אין לו שום כלי שם ולכן היה חפץ להאיר בכלי שלו וכיון שירד שוב לא יעלה. אמנם כאשר ראה שיש בח"י כלי במקומו קרוב הוא אל הנאת עצמו ותועלתו יותר מלהועיל אל הכלי שלו כי עתה בעלותו אל למעלה במקומו יש לו כלי ושם יוכל לקבל האור לעצמו מלמעלה מן המאציל ומן הכתר בקירוב גדול ולכן עלה למעלה. והנה טעם זה יספיק לבחינת תועלת)נ"א מעלת(האור לעצמו ואמנם גם לבחינת חסרון הכלי שלו ברדתו למטה במלכות דבריאה כנזכר אינו הפסד גדול כ"כ כי מה שאנו אומרים שצריך שלא יהיה הרחק בין האור ובין הכלי שלו ג"ס לבד הוא כשיעור ג"ס דאצילות אשר שיעורם גדול אבל בבריאה כל הי"ס דבריאה אינן שיעורם אפי' כשיעור ספירות א' דאצילות וא"כ הרי הוא כאלו עומדת בראש הבריאה כי כל הי"ס דבריאה כשיעור ספירה א' נחשבין. וא"ת הרי יש הרחק בין הכלי דדעת לאור שלה ז' ספירות דאצילות כי הרי הוא עומד למעלה בדעת דאצילות. וי"ל כי אפי' בספי' דאצילות עצמן אין כ"כ הפסד זולתי בהיותו ביניהן בין האור והכלי שיעור ג"ס ג"כ ריקניות בלתי אור כלל לא הוא ולא זולתו אבל כאן אע"פ שהאור שלה עצמו עלה למעלה הנה יש אורות אחרים עומדים בסוף האצילות קרובים אל הבריאה ותוכל לקבל הארה מהם וגם תוכל לקבל הארה מן האור שלה בעצמה ע"י האורות ההם הקרובים אליה וזכור כלל זה בכל שאר הספי' כי לעולם לא יש בין הכלי ובין האור יותר מג' ספירות דאצילות ריקני' ולא נצטרך לחזור ולומר הענין בכל א' מהם. והנה בעלות אור הדעת במקומו למעלה אז הגדיל הכלי של הכתר ונמשך עד נגד מקום סיום כל הת"ת ואז חצי התחתון של אור הת"ת שעלה למעלה כנ"ל חזר עתה לרדת במקומו האמיתי כבתחלה וסבת הגדלת כלי הכתר היה לסבת אור הדעת שנתלבש בו והגדילו וגם כי הנה הדעת הוא כולל כל הו"ק והוא נשמה להם כנודע לכן כיון שעלה נתן כח בכלי והגדילו כדי להטיב את אור הת"ת שירד ויהיה במקומו הראוי לו. אחר כך מלכו נצח הוד והיו צריכין לבא למלוך במקומם בכלי הראוי להם והנה לא מצאו מקומם פנוי כי שם ירד אור הגבורה כנ"ל ולכן הוצרכה הבינה להתפשט דרך קו שלה שהוא צד שמאלי עד מקום הראוי להיות אח"כ מקום הגבורה האמיתי אחר התיקון כי

עתה היו כולם זה ע"ג זה ואז כראות אור הגבורה כי כבר היה בחינת כלי במקומה עלתה לה במקומה והכלי שלה בהתרחק האור שלה ממנו נתרחק גם הוא וירד עד היסוד דבריאה ואז ירדו נ"ה במקומם האמיתי ומלכו שם בכלי שלהם ונשברו ואז האור שלהם עולה עד הגבורה כי עלה שם הוד להיותו גם הוא קו שמאל ואז גם הנצח עלה עמו שם כי נצח הוד ב' פלגי דגופא אינון כנ"ל והכלי שלהם ירד בנצח הוד דבריאה. ואח"כ יצא אור היסוד והנה היה במקומו אור החסד כנ"ל ואז הוצרכה כלי החכמה להתפשט דרך קו ימיני עד מקום הראוי להיות חסד האמיתי אחר התיקון ואז עלה שם אור החסד ונכלל בכלי החכמה והכלי של החסד ירד עד הת"ת דבריאה ואז יצא היסוד ונכנס בכלי שלו ומלך במקומו ונשבר ועלה האור דרך קו האמצעי ועלה עד מקום דעת העליון והכלי ירד בגבורה של בריאה ואח"כ נבאר למה עלה אור היסוד למעלה מן הת"ת עד הדעת. ואח"כ יצא אור המלכות למלוך בכלי שלה ומלכה שם ונשברה ואז האור שלה עלה עד"כ בדעת דרך קו האמצעי והכלי שלה ירד בחסד של בריאה נמצא כלי הת"ת במקום כתר דבריאה וכלי המלכות במקום חסד דבריאה נמצא כי אין מקום פנוי בין כלי לכלי דבריאה רק ג' מדרגות לבד שהם חב"ד ובאצילות אין מקום פנוי רק ב' מדרגות שהם מקום יסוד ומלכות. ועתה צריך לתת טעם למה אור היסוד ומלכות שניהם עלו עד הדעת למעלה מן הת"ת ואמנם הטעם הוא כי היסוד נקרא משכיל לאיתן האזרחי כמ"ש בסבא דמשפטים שאמר כי זה המשכיל שהוא יסוד הוא לעילא והוא לתתא לעילא והוא לתתא גם רמזו בזוהר פקודי בהיכלות כי יוסף איהו לעילא ואיהו לתתא והענין הוא כמ"ש אצלנו בענין תפלת המנחה כי אז ז"א מזדווג עם לאה ורגלי לאה מסתיימים במקום החזה דז"א וא"כ איך מזדווג ז"א מחציו למעלה עם לאה (שאינה מגעת רגליה אלא כנגד היסוד החזה שלו) אבל הענין בקיצור הוא כי שליש הא' של היסוד התחתון דז"א עולה בשליש עליון דת"ת ושם מזדווג עם לאה כי זאת היא המעלה שיש אל היסוד יותר משאר ספירות שהוא יכול לעלות עד הדעת בכל זמן שרוצה לעלות וז"ס תפלת יוצר דשחרית דשבת שתקנו בו ז"פ הכל והטעם היות לו יתרון זה הוא כי אם לא היה בו כח שיוכל לעלות עד הדעת שהוא נשמת הו"ק ושם הוא מקום ההה"ח כנודע שהם בחי' טפת הזרע לא היה בו יכולת וכח להוריד טפת הזרע (נ"א הזווג) (בנקבה בעת הזווג ולהמשיכם ממש משם מן הדעת. ודע כי אין ענין זה נאמר אלא בפנימיות היסוד כמ"ש במ"א כי משליש עליון של היסוד ממנו נעשה בחי' ת"ת ז"א בעת הגדלתו ושם הוא אותו בחי' היסוד אשר נעשה ממנו הת"ת ובבחי' זו הוא מזדווג עם לאה ונחזור לעניננו כי להיות שהיסוד דרכו לעלות שם אל הדעת לכך עלה עתה אור היסוד עד הדעת למעלה מן הת"ת ועוד כדי לקשר כל הו"ק יחד ולהביא להם הארה משם. ועתה נבאר טעם אל המלכות למה היא ג"כ עלתה עד הדעת למעלה מן הת"ת והענין הוא כי המלכות (נ"א לפי שהמלכות להיות) נקראת עטרת בעלה ועולה למעלה מן הת"ת ובפרט עתה אשר היה לה רשימו מן הדעת כי כאשר ירד אור הדעת עד מקום המלכות דאצילות בעת שנשבר הכלי שלו כנ"ל הניח שם רשימו דיליה וכאשר מלכה (נ"א המליכה) המלכות במקומה לקחה את הרשימו הזה ועלתה עד מקום הדעת עצמו וגם סיבה אחרת כי ע"י עלייתה שם הוא קושרת מלמטה למעלה כל הו"ק ועי"ז הקשר מתתקן יותר לפי שנ"ה היו שניהם בקו השמאלי במקום גבורה ועתה נפרד הנצח מן ההוד והלך

ועלה עם החסד בקו ימין שבו ונבאר ענין זה מפורש יותר והוא כי הנה רשימו הזה שהניח הדעת במקומה של מלכות ודאי שהוא בחי' המלכות שבדעת שבצד הגבורות והבן זה היטב וכאשר עלתה המלכות עד הדעת ועלה עמה גם הרשימו הנ"ל שהוא בחי' הגבורה ושם נתחבר זה הרשימו שהוא המלכות של הגבורות שבדעת עטרה דגבורה דנוקבא עם החסדים שבדעת עטרה דדכורא אז נתפשט דעת ע"י הקשר הזה והאיר בו"ק והרשימו שהוא בגבורה האיר בקו שמאל והשאיר שם את ההוד במקומו ואותו הדעת עצמן עטרא דחסד האיר בקו ימין והמשיך שם את הנצח ועי"ז נתקן האצילות.

פרק ג' מ"ת

דרוש זה מקורו מספר אוצרות חיים וצריך לכתוב מ"ת בראש הדרוש.

דע כי בכל מקום שהרב ז"ל מבאר כי המלכים דמיתו ירדו לעולם הבריאה, הכוונה[38] היא לכל עולמות בי"ע, כאשר הכלי הפנימי ירד לעולם הבריאה, הכלי האמצעי לעולם היצירה, והכלי החיצון לעולם העשיה.

ידוע כי ג"ר נקראים פנים בערך ו"ק, והוא כי כל[39] פרצוף נחלק לג' חלקים חב"ד חג"ת נה"י, כאשר חב"ד נקראים כלים פנימיים, חג"ת נקראים כלים אמצעיים, ונה"י נקראים כלים חיצוניים. גם הם נקראים[40] נר"ן, כאשר נה"י הוא בכללות

38

ע"ח ש"ט פ"ז מ"ב דמ"ו ע"ב – והנה כאשר יצאו כל האצילות מבחינת ב"ן לבד, והיה כולל עתיק, וא"א, ואו"א, וזו"ן. ואז יצאו תחלה כל הכלים שלהם זה תחת זה עד סיום עולם האצילות, ואחר כך יצאו אורות דב"ן כל פרטי אצילות, ויצא תחלה כתר דעתיק דאצילות, שבו נכללין כל האורות, ונתקיים, ואחר כך יצאה חכמה דעתיק בכלי שלו, ובו היו כלולים כל שאר האורות ונתקיים, ואחר כך יצאה בינה דעתיק, ובו כלולין כל שאר האורות ונתקיים, ואחר כך יצאו שבעה תחתונות דעתיק,)נ"א דדעת(הדעת למטה כל אחד כלול בכלי שלו, ובו כלולים כל שאר האורות, והיה נשבר, **וירד פנימיות הכלי לבריאה, וחיצוניות הכלי ירד ביצירה, וחיצוניות של חיצוניות בעשייה**, ואחר כך האור ההוא נשאר בלי כלי, ושאר האורות ירדו בכלי השני של השבעה תחתונות, וגם הוא נשבר על דרך הנזכר לעיל,)נ"א נשאר ע"ד הנ"ל(והאור שלו נשאר בלי לבוש, ושאר האורות ירדו לכלי שלמטה ממנו, וכן על דרך זה עד שנגמרו שבעה תחתונות שלו, ואחר כך נכנס הכתר דאריך אנפין בכלי שלו..............

נהר שלום דכ"ד ע"ד – והנה ידוע כי מיתת המלכים היתה בזו"ן דפרטות, ר"ל בזו"ן דעתיק, ובזו"ן דא"א, ובזו"ן דאבא, ובזו"ן דאימא, ובזו"ן דז"א, ובזו"ן דנוקבא, וכל פרצוף מאלו הפרצופים כלול מכל הפרצופים הנזכרים. וזה היה בפרט האחרון דפרטי פרטות, וכמבואר לעיל בהקדמה, וזה היה בפנימיות וחיצוניות דפנימיות, ובחיצוניות ופנימיות דחיצוניות, דפנים ודאחור. **והכלים עם הרפ"ח ניצוצות דמלכים דעתיק נפלו לעתיק דבי"ע, ודא"א לא"א דבי"ע, ודאו"א לאו"א דבי"ע, ודזו"ן לזו"ן דבי"ע. באופן זה כי הכלים הפנימיים דמלכים הנזכרים נפלו לפרצופי הבריאה. והכלים האמצעיים נפלו ליצירה. וכלים החיצוניים שלהם לעשיה**. ונתבאר בשער השמות ובכמה מקומות, כי כדי לברור הכלים ושארית הרפ"ח דכל פרט, יורדים כל הפרצופים העליונים דאצילות בימי החול בסוד גלות השכינה, ומתלבשים בפרצופים שכנגדם למטה בבי"ע. עתיק דאצילות בעתיק דבי"ע, וא"א בא"א, ואו"א באו"א, וזו"ן בזו"ן. כלים פנימים שלהם בבריאה, ואמצעיים ביצירה, וחיצונים בעשיה. ובי"ע הנזכר מתלבשים בבי"ע דחול, וזה לצורך שארית בירורי כלים ואורות דמלכים דזו"ן דעתיק, וא"א, ואו"א, וזו"ן דאצילות שנפלו לבי"ע על סדר הנזכר. **כי הכלים הפנימים של מלכי עתיק, וא"א, ואו"א, וזו"ן דאצילות נפלו לבריאה. וכלים האמצעיים של המלכים הנזכרים ליצירה. וכלים החיצוניים שלהם לעשיה**, כנודע. ועל כן בימי החול יורדים הכלים דפרצופים העליונים דאצילות על דרך הנז"ל, לברר בחינותיהם שנשארו בבי"ע.

רחובות הנהר ד"ב ע"ב – ובהגיע האור לגבול האצילות, אירע בהם ענין ביטול המלכים, ונפלו הכלים **פנימי אמצעי וחיצון** עם אורות דרפ"ח, **לבי"ע התחתונים** דאותה הספירה.

39

ע"ח ח"ב ש"ל דרוש א' מ"ב דכ"ו ע"א – דע כי ז"א יש לו ג' פרצופים, וכל אחד כלול מעשרה ספירות, והם זה תוך עשרה, תוך עשרה, ועשרה אחרים בפנימיות כולם. ואלו השלושה פרצופים הם כולם בחינת כלים, והם שלושים כלים, וכולם הם ביחד גוף אחד, וכלי אחד, ובתוכו יש האורות, שהם נר"ן וכו', ובהיות שלשתן יחד זה תוך זה הם שוים בקומתן, אבל לפעמים אין לז"א רק פרצוף החיצון מהם בלבד, ולפעמים שניהן, ולפעמים שלשתן. ובתחלה מתחיל הז"א להיות בו **פרצוף החיצון**, ואז הוא שיעור קומתו הוא שליש

נקרא נפש, חג"ת רוח, וחב"ד נשמה. הרב ז"ל מבאר[41] בכל המקומות על שבירה, מיתה, וירידת **פנים ואחור** דשבעה התחתונות דנקודים, לפי פשט הדברים נראה שחב"ד חג"ת ונה"י דמלכים נשברו ומתו וירדו לעולמות בי"ע. עם[42] כל

גדלותו לבד והוא **כשיעור קומת נה"י** אחר הגדלות האחרון. ואחר כך נכנס בו **פרצוף אמצעי**, ומתלבש בתוך החיצון, ואז נגדל ז"א ב' שלישי קומתו, **שהם נה"י וחג"ת**, בין בחינת פרצוף החיצון ובין פרצוף האמצעי, כי אמצעי גורם אל החיצון שיגדל כמוהו. ואחר כך נכנס בו **הפרצוף הפנימי**, ומתלבש בתוך האמצעי, ואז גם ב' הפרצופים החיצון ואמצעי נגדלים כאורך הפרצוף הפנימי, ואז נשלם ז"א כשיעור קומתו לג' הפרצופים. והוא כאלו נמשיל משל, **כי החיצון שיעור קומתו כשיעור נה"י דז"א בגדלות, והאמצעי כשיעור נה"י וחג"ת דגדלות, והפנימי כשיעור נה"י חג"ת חב"ד בגדלותו.** ולכן בבא האמצעי מגדיל את החיצון כמוהו, ובבא הפנימי מגדיל שניהן כמוהו.

ע"ח שי"ט פ"י מ"ב דצ"ה ע"ג – והנה הכלים הם שלושה, בחינת **חיצון ואמצעי ופנימי.**

ע"ח ח"ב ש"ל דרוש ב' מ"ב דכ"ז ע"א – באופן כי לכל פרצוף עשר ספירות, הנקרא כלים, ונחלקים לג' חלקים, והם עשר כלים חיצוניות, מדור אל הנפש. עשר כלים אמצעים מלובשים תוך חיצוניות, והם מדור אל הרוח. ועשר כלים פנימיים מלובשים תוך הכלים אמצעים, והוא מדור אל הנשמה. והם שלושים כלים, אבל גובה קומתן אינם אלא עשרה, לפי שהם עשר תוך עשר, ועשר תוך עשר.
40

נהר שלום, דרוש הדעת דמ"א ע"ג – ונבאר עתה כל זה בפרטות פרצוף אחד שהוא זעיר, וממנו תקיש בכללות כל הפרצופין יחד, דע כי ז"א הוא פרצוף אחד כולל עצמות וכלים, והכלים שבו הם נכללים בג', כי הכבד למטה, וכולל עשר מדות שהם כל האיברים, ומתלבש על ידי הורידין שבו, בכל הגוף. והלב גבוה ממנו, וכולל עשר מדות, ומתלבש תוך בחינת הכבד, על ידי הדפקים שבו, ומתפשט בכל הגוף. והמוח גבוה מכולם, וכולל עשר מדות, מתלבשים תוך בחינת הלב, המתפשטים ממנו, ומתפשט בכל הגוף, ועל דרל זה ממש נחלק העצמות בשלושה, נשמה ורוח ונפש, מתלבשים זה בתוך זה, ומתפשטים בכל הגוף, לכן הכבד משכן הנפש, והלב משכן הרוח, והמוח משכן הנשמה.
41

ע"ח ש"ח פ"ב מ"ת ל"ו ע"ג – אמנם השבעה מלכים תתאין מתו, לפי שכליהם נעשו מהסתכלות עין בחוטם פה לבד, והיה חסר מהם אור האזן העליונה. והנה גם בג"ר עצמם יש בהם חילוק בין זו לזו, והוא)נ"א והנה(כי מן הכתר לא ירד ממנו אפילו האחוריים, אלא האחוריים של נה"י בלבד. אבל באו"א של הנקודים ירדו האחוריים שלהם לבד, ונשארו הפנים במקומה. וטעם הדבר הוא כי אלו האורות שנמשכים עד שבולת הזקן נחלקו לשלושה, כי הכתר לקח מבחינת האזן עצמה ממה שהראייה שואבת בהסתכלות באור האזן, ומכל שכן שנכללים בו שני אורות אחרים, ומזה נעשה כלי לכתר נקודים. ואבא לקח ממה שהראייה שואבת מאורות החוטם, וגם אור הפה נכלל בו. והנה הכתר שלקח מן האזן הארתו גדולה מאד לא נשבר כלי שלו, אבל או"א שאין לוקחין רק מן החוטם ופה נשברו האחוריים של כליהם. והנה או"א אם היו מקבלים אור זה של חוטם ופה של א"ק, בהיותו למעלה קרוב אל מקום נקבי האזן, אף על פי שלא היו מקבלין מאורות האזן עצמה, רק קצת הארה היו מתקיימין האחוריים של כליהם, אבל כיון שאין מקבלין רק מסיום האזן שהוא מקום שבולת הזקן, לכן אף על פי שלוקחין קצת הארה אינו מועיל להם, ולכן נשברו האחוריים של כליהם. אבל הכתר כיון שלוקחא אור האזן ממש אף על פי שלקחו סיומו כיון שהוא לוקח עצמתו, די בזה ולא נשבר אפילו האחוריים של כלים דידיה. מה שאין כן באו"א שאינן לוקחין רק הארה בעלמא, וגם שהוא ברחוק מקום. והרי נתבאר שלושה בחינות אלו, והם כי הכתר נתקיים כולו. ואו"א נשברו ונפלו האחוריים שלהם. **וזו"ן נפלו פנים והאחוריים שלהם**, והנה זהו הטעם שנרמז בפסוק והארץ היתה תהו ובהו, אשר הוא מדבר בענין מיתת המלכים של הנקודים כנזכר לעיל.

ע"ח ש"ח פ"ו מ"ת דט"ל ע"ג – וכבר נתבאר לעיל כי אלו שבעת מלכים לקחו אורם מגוף א"ק שתחת שבולת הזקן, ולא מלעלה. נמצא שהם חסרים בחינת שלושה אורות עליונים שהם אח"פ, **כי לכן נשברו הפנים והאחוריים שלהם**, ואלו הם בחינת שלוש תגין שיש למעלה על כל אות מאלו השבעה הנזכר לעיל. כי הם מורים על הסתלקות האורות והחיות מן הכלים, שהם אותיות, ונשאר האור למעלה מהם ולא בתוכם, כדרך צורת התגין על האותיות. אבל האותיות בד' חי"ה הם אחוריים דאו"א שירדו.

ע"ח ש"ט פ"ג דמ"ב ע"ד – ונבאר עתה איך בעת מיתת המלכים אלו ירדו הכלים שלהם לעולם הבריאה כנזכר לעיל, משאין כן בארבעה אחוריים דאו"א. כי הנה נתבאר החילוק שהיה בין או"א לשבעה

זאת רק חג"ת נהי"מ דמלכים נשברו ומתו, שהם הבחינה החיצונה והאמצעית, והסיבה[43] שהרב ז"ל קורא לחג"ת נה"י פנים ואחור היא שמדובר בערכין, כי חג"ת נקראים אחור בערך חב"ד, ונקראים פנים בערך הנה"י. לכן צריך **לזכור ולדעת** כי בכל מקום שנזכר פנים ואחור דז"א דמקרה המלכים, מדובר אך ורק בו"ק דז"א.

כדרכו בקודש הרב ז"ל בפרק[44] זה ממשיך ומפרט בפרטים את הסוגיות שנתבארו לעיל, ומבאר כאן **לכן בדיוק נפלו הכלים דמלכים בעולמות בי"ע**, וכבר[45] נתבאר כי הכלים נשברו ומתו, ונפלו לעולמות בי"ע, והאחוריים דאו"א עילאין

המלכים, שהם זו"ן, ואמרנו כי השבעה מלכים שהם זו"ן מתו ממש, וירדו אל עולם הבריאה, הכלים שלהם ואחוריים של או"א נתבטלו ולא מתו, אלא שירדו למטה בעולם אצילות עצמו, ושם ביארנו טעם לזה, ואמרנו שהיה לסיבה שהשבעה מלכים לא קבלו אורות אח"פ דא"ק, רק מגופא דיליה ואילך. והנה לטעם זה עצמו היה גם כן שינוי אחר בין ג"ר שהם כח"ב, אל השבעה מלכים התחתונים, כי הג"ר יצאו בקצת תיקון בראשונה, והוא כי כאשר יצאו בראשונה נתפשטו כסדר ג' קוין, מה שאין כן שבעה תחתונות שיצאו זו למטה זו, וזה שכתוב באדרא רבא - עד אימת ניתב בקיימא דחד סמכא, ר"ל נתקן התיקון שהוא דרך קוין, אבל קודם שהיו זה על גבי זה, הוי קיומא דחד סמכא. וכבר ביארנו כי התיקון האצילות הוא בהיות ששה קצוות עשוי בבחינת ג' קוים קשורים זה בזה, בסוד השלישי המכריע ביניהן, ואז נקרא רשות היחיד. אבל בהיותן זה על גבי זה והם נפרדין אחת מחברתה, אז נקרא רשות הרבים. ולכן הג"ר נתבטלו אחוריהם ולא מתו, **ושבעה מלכים מתו פנים ואחור**, כי יצאו בלי תיקון כלל.

ע"ח ש"ט פ"ז מ"ב דמ"ו ע"ו – ויצאו שבעה תחתונות מדעת ולמטה בלבד, וכולם יצאו מן בינה דז"א הכלולה תוך אימא עילאה כנזכר לעיל, שלא יצאה, **ואז כל השבעה מתו פנים ואחור**, וירדו בבי"ע.

42

ע"ח ח"ב דרוש א' מ"ב דכ"ו ע"ד – גם תבין כי פרצוף האמצעי אף כי נקרא אחור בערך השלישי הפנימי מכולם, **אמנם לפעמים נקרא פנימי בערך החיצון שבכולם**. ובזה תבין מה שנתבאר אצלינו כי בעת מיתת המלכים של ז"א היה בו אחור ופנים, והוא לסבת היות בו תמיד נה"י חג"ת, ו"ק, שהם פרצוף החיצון ואמצעי כנזכר לעיל, **ואז החיצון נקרא אחור, ואמצעי פנימי בערך החיצון**, והבן זה.

43

נהר שלום די"ב ע"ד – והענין בקיצור נמרץ, ידוע כי כל העולמות מראש א"ק עד סוף העשיה, כלולים מחיצוניות ופנימיות, וכל אחד משניהם נחלק לחיצוניות ופנימיות, **ואין לך שום בריה שאינה כלולה מחיצוניות ופנימיות**, אמנם החיצוניות דכללות כל העולמות הם העיגולים דכל העולמות, והפנימיות הוא היושר דכל העולמות, וכל אחד נחלק לחיצוניות ופנימיות, שהם הכלים והאורות, גוף ונשמה, כי הכלים שהם העשר ספירות דכל פרצוף, נקרא חיצוניות בערך הפנימיות, שהם האורות והנרנח"י, המלובשים בהם. וכן בפרטות העשר ספירות הנחלקים לשלשה פרצופים, נה"י חג"ת וחב"ד, מתלבשים זה בתוך זה. **כי פרצוף דנה"י המלביש לפרצוף חג"ת נקרא פרצוף חיצוניות בערך פרצוף החג"ת המתלבש בתוכו, ופרצוף החג"ת נקרא פנימיות אליו**. ופרצוף החג"ת נקרא חיצוניות בערך פרצוף החב"ד המתלבש בו, והחב"ד הוא פנימיות אליו. וכל זה הפרצוף הכלול מחב"ד וחג"ת ונה"י נקרא חיצוניות בערך הפרצוף העליון המתלבש בו, וכן על דרך זה מפרצוף לפרצוף, עד א"ס.

44

כרם שלמה ש"ט פ"ג אות א – בפרק הזה רצונו של ז"ל לבאר היכן נפלו הכלים דשבעה מלכים, ולמה נקראים בשם מיתה. ולמה נפלו שם במקום שנקרא בהם האחוריים דאו"א, ולמה אין נקרא בהם בשם מיתה, והיכן נשארו האורות שלהם, והיכן נפלו מיתה, כמו שמפרש הכל והולך.

45

ע"ח ש"ט פ"ב מ"ת ד"מ ע"ד – ואמנם הענין הוא כי ודאי שמכל עשרה נקודות נפלו מהם בחינת, ובכולם היה ביטול, רק זו"ן נפלו כולם, בין בבחינת היותן אחור באחור, ובין בבחינת היותן פנים בפנים, **והנה זו נקרא מיתה, כי הכל ירד לגמרי**. אבל אבא ואימא שלא ירד מהם רק בחינת אחוריים, יקרא ביטול ולא מיתה, וכתר שלא נפלו ממנו רק בחינת נצח הוד יסוד שלו, שנכנסו בסוד מוחין דאבא ואימא כנזכר לעיל, אשר אין בחינת זו נכנסה אפילו בערך אחוריים, לכן לא נקרא ביטול בכתר, רק פגם בעלמא. עוד יש טעם אחר והוא כי אינו נקרא מיתה, רק מי שהולך מעולם לעולם, ונבדל מעולמו, ולכן שבעה מלכים שהיו באצילות וירדו אל הבריאה, יקרא מיתה ממש, כמו שכתוב באדרא קל"ה - לא תימא דמיתו, אלא כל מאן דנחית מדרגא קדמאה

וישסו"ת נתבטלו, אבל עם כל זאת נשארו בעולם האצילות. עם[46] כל זאת צריך לבאר למה נשברו ומתו וירדו הכלים לעולמות בי"ע, להיכן בדיוק ירדו הכלים, ומה קרה עם האורות דנקודים. **עוד צריך לדעת**[47] ז"א בכללותו ובפרטותו נקרא **שמש**, גם בעת שבירת הכלים דנקודים, וכל שכן בעולם האצילות נקרא ז"א שמש בכללותו ובפרטותו. בזמן מקרה המלכים, כאשר כל מלך ומלך דנקודים הנקרא שמש, בין[48] השמשות ר"ל בין השברים של הכלים, שהוא בערב שבת דעולם התיקון, שהוא[49] בין הימים י"ז לכ"ד באלול נבראו[50] עשרה דברים הנזכרים בפרקי אבות. כי עולם הנקודים נקרא ערב שבת בערך עולם האצילות אחרי התיקון.

תחילה הרב ז"ל עושה חזרה כללית על מה שביאר בשער הנקודים, ובשער זה.

וְנִבְאֵר עַתָּה אֵיךְ ומה היתה הסיבה, כי **בְּעֵת מִיתַת הַמְּלָכִים אֵלוּ** דנקודים, **יָרְדוּ הַכֵּלִים שֶׁלָּהֶם לְעוֹלָם הַבְּרִיאָה** יצירה ועשיה, והאורות שלהם נשארו בעולם האצילות **כַּנִּזְכָּר לְעֵיל**, ועוד צריך לבאר למה נשברו ומתו הכלים דמלכים, ולאיזה מקום ירדו הכלים בעולמות בי"ע. **בַּמֶּה שֶׁאֵין כֵּן בָּאַרְבָּעָה אֲזוֹרַיִים דְּאו"א** עילאין וישסו"ת, ואחורי הנה"י דכתר שנפגם, שנשארו בגבול עולם האצילות.

צריך[51] **לדעת** כי יש ט"ז סיבות למקרה המלכים, שנתבארו בשער ח', וכאן הרב ז"ל מבאר בקיצור נמרץ מספר סיבות.

דהוי ביה, קרי ביה מיתה, כמו שכתוב וימת מלך מצרים. אמנם אחורי או"א, אף על פי שנפלו, לא ירדו בבריאה, אלא נשארו בעולם האצילות עצמו, לכן להיותן שלא במקומן, יקרא ביטול, אבל לא יקרא מיתה.
46

כרם שלמה ש"ט פ"ג אות א' – וזה מה שכתב כאן **ונבאר עתה איך בעת מיתת המלכים ירדו הכלים שלהם לעולם הבריאה.** ר"ל למה ירדו, ואיך ירדו, ובאיזה מקום של הבריאה ישבו. ועוד שהם הכלים שירדו, ולא האורות, כי האורות נשארו באצילות, ולא נקרא בהם מיתה.
47

ע"ח שכ"א פ"ב דק"ב מ"ת דל"ב ע"ד – כי הז"א כולו נקרא שמש, וגם בחינת התפארת שבו נקרא שמש.
48

ספר הלקוטים, פרשת שלח דכ"ג ע"א – כשנשברו הכלים של נקודות ז"א, **שהוא שמש, הנה בין השמשות שלו, דהיינו בין השברים**, נבראו השדים, קודם המתקלא של קדושת היום.
49

נהר שלום דל"ז ע"ג – א"ה בסדור תפלה ראש השנה של מהרב רבי חיים פינסו ז"ל, כתב וז"ל - יום י"ז באלול נאצלו ג"ר דב"ן, והוא היה שבת. ואחריו מיום ראשון עד יום השבת השני, והם י"ח, י"ט, כ', כ"א, כ"ב, כ"ג, כ"ד, נאצלו השבעה מלכים דב"ן שנשברו, וביום השבת השנית הנזכר לעיל, שהוא יום כ"ד שבו, ביום נשבר המלך השביעי, ובו ביום נאצלו ויצאו ג"ר דמ"ה החדש, **ולמחרתו שהוא יום כ"ה** התחילו לצאת השבעה מלכים דמ"ה לתקן השבעה מלכים דב"ן, והם השבעה ימים הכתובים בתורה, במעשה בראשית, ויהי ערב ויהי בוקר יום אחד וגו', עד ויכולו. נמצא כי שתא אלפי שני נמנים מכ"ה באלול. והזמנים נמנים מראש השנה, ראש חודש תשרי לחשבון הלבנה, ולחשבון החמה מיום רביעי דשת ימי בראשית, כי הלבנה נתמעטה ולא שמשה עד יום הששי דשת ימי בראשית.
50

משנה, פרקי אבות פ"ה משנה ו' – עשרה דברים נבראו בערב שבת בין השמשות, ואלו הן - פי הארץ, ופי הבאר, ופי האתון, והקשת, והמן, והמטה, והשמיר, והכתב, והמכתב, והלוחות. ויש אומרים, **אף המזיקין**, וקבורתו של משה, ואילו של אברהם אבינו. ויש אומרים, אף צבת בצבת עשויה.
51

ט"ז סיבות למקרה המלכים

כִּי[52] **הִנֵּה נִתְבָּאֵר** לעיל **הַחִילוּק שֶׁהָיָה בֵּין או"א** עילאין וישסו"ת, לבין **לְשִׁבְעָה הַמְּלָכִים** דנקודים, **שֶׁהֵם זו"ן, וְאָמַרְנוּ כִּי הַשִּׁבְעָה מְלָכִים שֶׁהֵם זו"ן** נשברו[53] **מֵתוּ**

א. השבע מלכים יצאו מבחינת מלכויות, נפש, עגולים. ע"ח ש"ח פ"א, ע"ח ש"ט פ"ח, מבוא שערים ש"ב ח"א פ"ג.

ב. הג"ר יצאו בצורת סגולתא, וכל אחת כלולה מעשר, ומתפשטים בסוד קוין שכולם קשורים זה בזה, והז"ת יצאו בבחינת חד סמכא, ונפרדים זה מזה בסוד רשות הרבים, ולא בסוד מיתקלא. ע"ח ש"ט פ"ג, ע"ח ש"ט פ"ה, ע"ח שי"א פ"ה.

ג. כלי הו"ק לא יכלו לסבול יותר אורות מחלקם, והם קיבלו כל אחד חלקו וחלק חברו התחתון ממנו, ולא כן כשהיו בג"ר היו מתבטלים בערכם. ע"ח ש"ח פ"ה, מבוא שערים ש"ב ח"א פ"ו.

ד. האור של העשר ספירות פרצוף שלם, והכלים קטנים, נפרדים, וחסרים. ע"ח ש"ט פ"ה, ע"ח שי"י פ"ה, מבוא שערים ש"ב ח"ב פ"ב.

ה. הג"ר יצאו בגוף אחד, והיה בהם כח לקבל האור, השבע תחתונים יצאו נפרדות וחסרות, ולא יכלו לקבל האור שלהם. מבוא שערים ש"ב ח"ב פ"ג.

ו. הג"ר אין הדין ניכר בהם, והם רחמים, השבע תחתונים דינים נתגלו בהם, ולא יכלו לסבול אור הרחמים. מבוא שערים ש"ב ח"ב פ"ג.

ז. הנקודים יצאו מבחינת חיצוניות סמ"ב דס"ג וחיצוניות עסמ"ב דב"ן, שהם הענפים, והשורשים נשארו בפנימיות א"ק, ולא היה בכח הענפים לקבל את האור. ע"ח ש"ה פ"א, מבוא שערים ש"ב ח"ב פ"ג.

ח. הג"ר קבלו במקום שבולת הזקן אור האוזן, וגם אורות חוטם פה, והז"ת קבלו אורות החוטם פה משבולת הזקן ועד מקום הטבור. ע"ח ש"ח פ"ב, ע"ח שי"א פ"ה, מבוא שערים ש"ב ח"ב פ"ג.

ט. מלכי הנה"י דינין תקיפין, רצו להתגבר על מלכי החג"ת שהם רחמים. שער ההקדמות הקדמה אחת בטרם שנאצל עולם האצילות דל"ג ע"ג.

י. הג"ר דו"ק נשארו בפנימיות המאציל. מבוא שערים ש"ב ח"א פ"ה.

י"א. הג"ר לא נתקנו כפרצוף, לכן האור שיצא מהם לז"ת לא יכלו לקבלו. ע"ח שמ"ז פ"ה, שער ההקדמות דרושי אבי"ע דרוש ג' דע"ג ע"ג.

י"ב. לא היתה אהבה בין ספירה לספירה, וכל ספירה היתה יראה מהספירה שמעליה ומהספירה שמתחתיה. ע"ח שי"א פ"ה, שער ההקדמות הקדמה אחת בטרם שנאצל עולם האצילות דל"ג ע"ג.

י"ג. הסיגים מעורבים בכלים, והם גורמים פירוד. מבוא שערים ש"ב ח"ב פ"ג.

י"ד. לא נכנס האור על ידי התלבשותו בנה"י דישסו"ת בסוד כ"ל צמ"א, אלא באופן ישיר, ורק בתיקון התלבשו האורות בנה"י דישסו"ת. שער ההקדמות דרוש ה' בזמן העיבור השני דמוחין דל"ח ע"ב.

ט"ו. לא נתכללו אחד עם השני, וכל אחד מהמלכים היה בחינה בפני עצמה. ע"ח ש"ט פ"ג, מבוא שערים ש"ב ח"ב פ"ג.

ט"ז. תכלית כוונת המאציל היתה להוציא ולעשות בחינת קליפות לצורך הנבראים, כדי לתת שכר לצדיקים, ועונש לרשעים. ע"ח שי"א פ"ה.

[52]

ע"ח ש"ח פ"ב מ"ת דל"ו ע"ג - ולסבה זו שלשה מלכים הראשונים לא מתו, לפי שיש להם הארה גדולה, והכלי שלהם מעולה מאד, לפי שנעשה מבחינת אזן העליונה, ומהחוטם, ופה. כי בהסתכלות העין באורות האזן חוטם פה, נעשו הכלים שלהם כנזכר לקמן, כי לקחו כליהם ממקום שעדיין אורות האזן שהם בחינת נשמה נמשכים שם, שהוא עד שבולת הזקן כנזכר לעיל. אמנם השבעה מלכים מתו, לפי שכליהם נעשו מהסתכלות עין בחוטם פה לבד, והיה חסר מהם אור האזן העליונה. והנה גם בג"ר עצמם יש בהם חילוק בין זו לזו, והוא)נ"א והנה)(כי מן הכתר לא ירד ממנו אפילו האחוריים, אלא האחוריים של נה"י בלבד. אבל באו"א של הנקודים ירדו האחוריים שלהם לבד, ונשארו הפנים במקומה.

ע"ח ש"ט פ"ב מ"ת ד"מ ע"ד - והענין כי מן האדרא זוטא נראה שלא ירדו רק השבעה מלכים בלבד, וממדרשים אחרים בספר הזוהר משמע **כי גם באו"א יש ביטול, ופגם וכמעט אפילו בכתר.** ואמנם הענין הוא כי ודאי שמכל עשר נקודות אשר נפלו מהם בחינות, ובכולם היה ביטול, רק זו"ן נפלו כולם, בין בבחינת היותר

מַמָּשׁ, וְיָרְדוּ אֶל עוֹלָם הַבְּרִיאָה יצירה ועשיה, ר"ל **הַכֵּלִים שֶׁלָּהֶם**, והאורות שלהם נשארו בעולם האצילות. **וְאֲחוֹרַיִים שֶׁל אוּ"א** עילאין וישסו"ת **נִתְבַּטְלוּ וְלֹא מֵתוּ**, ואחורי הנה"י דכתר נפגם, **אֶלָּא שֶׁיָּרְדוּ לְמַטָּה** בגבול **עוֹלָם אֲצִילוּת עַצְמוֹ.**

וְשָׁם בֵּיאַרְנוּ טַעַם לָזֶה, וְאָמַרְנוּ[54] שֶׁהָיָה לְסִיבָה שֶׁהַשִּׁבְעָה[55] **מְלָכִים** דנקודים **לֹא קִבְּלוּ** מֵאוֹרוֹת אוז"ן דא"ק, **רַק מִגּוּפָא דִּילֵיהּ וְאֵילָךְ[56]**, דהיינו מאורות החוטם

אחור באור, ובין בבחינת היותן פנים בפנים. והנה זו נקרא מיתה, כי הכל ירד לגמרי. אבל **אבא ואימא שלא ירד מהם רק בחינת אחורייים יקרא ביטול, ולא מיתה. וכתר שלא נפלו ממנו רק בחינת נצח הוד יסוד שלו**, שנכנסו בסוד מוחין דאבא ואימא כנזכר לעיל, אשר אין בחינת זו נכנסה בערך אחורייים, **לכן לא נקרא ביטול בכתר, רק פגם בעלמא.**

מבוא שערים ש"ב ח"ב פ"ד ד"ז ע"א – נבאר עתה בטול השלושה נקודות הראשונות דכח"ב. ואינו מיתה גמורה כנזכר לעיל בפרק ג'. הנה שבעת תחתונות כבר ביארנו, שנפלו השבעה כלים שלהם לגמרי בבריאה, ולכן יקרא מיתה ממש ושבירה. **האמנם הג"ר עיקר הכלים שלהם נשארו קיימים במקומם באצילות, עם האורות שלהם ביחד**, אך מה שנתבטל ונפל מהם הם בחינת האחורייים שלהם, של הכלים בלבד, ונשארה בחינת הפנים של הכלים, ולכן יקרא בהם ביטול ופגם, אך לא מיתה ממש ושבירה.
53

ע"ח ש"ח פ"ד מ"ת דל"ח ע"ג – אמנם בצאת משם השבעה תחתונות, שהם השבעה מלכים שמלכו בארץ אדום, ורצו להיכנס בכלים שלהם, ולא יכלו הכלים לסבול, ונשברו ומתו, כמו שנבאר בע"ה.
54

ע"ח ש"ח פ"ג מ"ת דל"ו ע"ג – ולסבה זו שלושה מלכים הראשונים לא מתו, לפי שיש להם הארה גדולה והכלי שלהם מעולה מאד, לפי שנעשה מבחינת אזן העליונה ומהחוטם ופה, **כי בהסתכלות העין באורות האזן חוטם פה, נעשו הכלים שלהם** כנזכר לעיל, כי לקחו כליהם **ממקום שעדיין אורות האזן שהם בחינת נשמה**, נמשכים שם שהוא עד שבולת הזקן כנזכר לעיל. אמנם השבעה מלכים מתו, לפי שכליהם נעשו **מהסתכלות עין בחוטם פה לבד, והיה חסר מהם אור האזן העליונה.** והנה גם בג"ר עצמם יש בהם חילוק בין זו לזו, והוא)נ"א והנה(כי מן הכתר לא ירד ממנו אפילו האחורייים, אלא האחורייים של נה"י בלבד, אבל באו"א של הנקודים ירדו האחורייים שלהם לבד, ונשארו הפנים במקומה.
55

ע"ח ש"ח פ"ב מ"ת דל"ו ע"ב – והנה עשרה נקודות הם, והשלושה ראשונים שבהם, הם לוקחים אור ממה שנמשך מהסתכלות העין באח"פ ממקומם, עד מקום התחברות בשבולת הזקן כנודע, ואינם מקבלים אותם רק בשבולת הזקן, כי משם מתחילין הן, ולא ממה שבשבולת הזקן ולמעלה,)נ"א בשבולת הזקן, ולא ממה שבשבולת הזקן ולמעלה, ואינם מקבלין רק בשבולת הזקן, כי משם מתחילים הן, ולא ממה שכנגד העין עד שבולת הזקן(. **אבל שבעה נקודות התחתונים, אין לוקחין רק ממה שנמשך מהסתכלות באורות החוטם והפה משבולת הזקן ולמטה כנודע, כי החוטם מגיע עד החזה, והפה עד הטבור, ולא משבולת הזקן ולמעלה**. ונמצא כי לפי זה שלושה נקודות לוקחין הארה לצורך הכלים שלהם מן שלושה האורות, שהם אח"פ, בשבולת דוקא, **אבל שבעה תחתונות אינן לוקחין רק משני אורות לבד, שהם חוטם ופה, משבולת ולמטה עד הטבור.** כי אור אזן העליונה כבר נגמרה ונסתמה בשבולת הזקן, ולכן גדולה היא הארה שלושה נקודות עליונים מן השבעה תחתונות. ולסבה זו שלושה מלכים הראשונים לא מתו, לפי שיש להם הארה גדולה, והכלי שלהם מעולה מאד, לפי שנעשה מבחינת אזן העליונה ומהחוטם ופה, כי בהסתכלות העין באורות האזן חוטם פה נעשו הכלים שלהם כנזכר לעיל, כי לקחו כליהם ממקום שעדיין אורות האזן, שהם בחינת נשמה נמשכים שם, שהוא עד שבולת הזקן כנזכר לעיל. **אמנם השבעה מלכים תתאין מתו, לפי שכליהם נעשו מהסתכלות עין בחוטם פה, לבד והיה חסר מהם אור האזן העליונה.**
56

והפה, שמתחת לשבולת הזקן עד הטבור דא"ק, ומהציפורניים דא"ק.[57] כך שהכלים דכח"ב דנקודים נעשו מהסתכלות אורות העין באורות האח"פ משבולת הזקן ולמעלה, והכלים דשבעה המלכים נעשו מהסתכלות אורות העין באורות החוטם והפה דא"ק משבולת הזקן דא"ק עד טבורו.⬩

והנה לטעם זה עצמו, היה גם כן שינוי אזור בין הכלים ד**ג"ר, שהם כ**זז"ב, **אל** הכלים של **השבעה מלכים התחזתונים, כי**[58] הכלים של ה**ג"ר** שקבלו הארה מאור האזן דא"ק, ר"ל הכלי דכתר קיבל את עצמות אור האזן, והכלים דחכמה ובינה קבלו את הארה מאור האזן, **יצאו בקצת תיקון בראשונה** ר"ל בעולם הנקודים, **והוא כי כאשר יצאו בראשונה** הכלים דכח"ב, **נתפשטו**[59] **כסדר שלש קוין** ימין שמאל ואמצע, בצורת[60] סגולתא, וכל[61] זה בכללותם, כי

איפה שלימה, שער הנקודים פ"ט די"ב ע"ד)א(– רק מגופא דיליה ואילך וכו'. לקחו הארת חוטם פה דווקא, ולא עצמותם. כמבואר לעיל בפרק ב' יעוש"ב. ומה שכתב אחר כך כי הג"ר יצאו בקצת תיקון, ונתפשטו בסדר קוים שלושה וכו'. עיין מה שכתבנו באיפה שלימה לעיל בפרק ז' אות ג' שהוכחנו שם שגם בפרטית הכח"ב היו בבחינת קוים, יעוש"ב.
[57]

ע"ח ש"ח פ"ג מ"ת דל"ז ע"ג – והנה הכלים הראוין למלכים אלו שבעה, יצאו דרך צפורני רגלים, ואף על פי שהציפורנים הם עשרה, והנקודות שנשברו אינן אלא שבעה תחתונות לבד כנזכר לעיל. העניין הוא כי גם יש שני מיני אחוריים דאו"א שנשברו, הרי הם תשעה בחינות. והעשירית הוא כי גם מן הכתר היה בו קצת פגם, כמו שנבאר לקמן בע"ה, והוא בחינת נה"י שלו שנכנסו, והיו בסוד מוחין לאו"א, וגם הם נשברו, הרי הם עשרה בחינות, כנגד עשרה הכלים שיצאו מצפורני רגליו, וכל בחינת יציאת אלו העשרה הבלים דרך צפורניו, **היו כולם לסיבת חסרון קבלתן מאור האזן העליונה** כנזכר לעיל, ולכן סבה זו גרמה לכל זה, ולביטול המלכים.

רחובות הנהר ד"ב ע"ב – ונודע כי סיבה אחת מסיבות מיתת השבעה תחתונות, **היה על מיעוט קבלתם מאור האזן דא"ק.** ואו"א שקיבלו הארת אור האזן לבד, נתקיימו הפנים שלהם. והכתר שקבל עצמות אור האזן, נתקים כולו, ועל שקיבלה מרחוק נפגמו אחורי נה"י שלו. ועל כן הכתר שיש בו כח הלבישי לחצי התחתון דתפארת דא"ק, ומקבל לבדו את אור הטיבור, שהוא נקודת החולם. אבל או"א שלא קבלו כי אם הארת האזן, הלבישו את התרין פרקין עילאין דנה"י דא"ק, ושניהן מקבלין את אור היסוד, שהוא ניקוד שורק, ואין להם כח לקבל משני נקבים. ושבעה תחתונות שלא קבלו אפילו הארתה, **אינם מקבלים אלא מצפורני א"ק.**
[58]

בית לחם יהודה ש"ט פ"ג דכ"ח ע"ד – כי הג"ר יצאו בקצת תיקון בראשונה. דקדק לומר בקצת תיקון לומר כי אף על פי שהכח"ב היו בסוד מתקלא, מכל מקום פרטיות העשר ספירות שבכל אחד ואחד מהם, לא היו בסוד מתקלא, כמבואר במבוא שערים דף ה' ע"ג, וז"ל - והנה השלשה נקודים שהם השלשה כלים האחד היו כל אחד מהם כלולה מעשר, אמנם לא היו העשרה חלקים שבכל נקודה מהם מצויירים בציור פרצוף בצורת קוין רק כל נקודה כלולה מעשרה, והיו העשרה מקושרות זו בזו. האמנם נכללות השלושה נקודות, שלשתן היה בהם קשר אמיץ, כי היו שלשתן יחד בבחינת קוין, שהיא בחינת פרצוף, יעו"ש. וכך כתב בשער הקדמות דף מ"ו ע"א וז"ל - כי נקודה הראשונה היה נכלל בה כללות כל עשר ספירות דא"א, אלא שהיתה נקודה קטנה, וגם לא היתה בציור פרצוף כמו שהוא עתה אחר התיקון, ועל דרך זה שאר הנקודות, יעו"ש. ועיין עוד בפרק א' דלעיל ד"ה עד למטה. ובפרק ה' דשער המלכים ד"ה והוא כי שלושה.
[59]

תרשים ג – א.
[60]

בפרטות של כל אחד מהג"ר יצאו הג"ר הפרטיים כסדר ג' קוין, והשבעה תחתונות של כל אחד מהג"ר הכללים יצאו בחד

ע"ח שי"א פ"ג מ"ק דנ"א ע"ב – גם יש חילוק אחר, והוא כי בשאר הפרצופים יש בהם בחינת ג' מוחין חב"ד, אבל הא"א אין בו רק חכמה לבד, ובינה בגרון, והדעת מתפשט מחסד עד הוד שלו, ואין לו מקום קיבוץ בפני עצמו כמו בשאר פרצופים. ואם כן נמצא כי רישא דאריך אנפין **אין הכח"ב שלו כעין סגולתא כשאר פרצופים**, רק זה על גבי זה בקו ארוך.
61

ע"ח ש"ט פ"ו מ"ב דמ"ה ע"ג – אמנם כפי האמת הם חמשה בחינות, כי הכתר למעלה מהארבעה, הוא ועמו הם חמשה פרצופים הכוללים עשר ספירות כנודע. והנה בכל מאלו החמשה פרצופים, יש בו עשר ספירות גמורות. והנה בראשונה **יצאה נקודה ראשונה דב"ן, והוא הכתר דב"ן**, והיא כלולה מעשר ספירות, ויצאו כל העשר ספירות אורות שבה כלולים בכלי הכתר שבה, שהיא הכתר דכתר, ונשאר שם אור הכתר. וחזרו וירדו התשע אורות בכלי חכמה דכתר, ונשאר שם אור החכמה. וחזרו וירדו שמונה אורות בכלי הבינה דכתר, ונשאר שם אור הבינה. ואחר כך יצא אור הדעת בכלי הדעת שלו, ונשבר והאור שלו, עלה למעלה והכלי נפל למטה. ואחר כך יצא אור החסד, ובו כלולין שבעה אורות)נ"א ששה(ונשבר, והאור עלה למעלה, והכלי נפל למטה. ואחר כך יצא אור הגבורה בכלי הגבורה, ובה כלולים חמשה אורות, ואירע בה כנזכר לעיל. **וכיוצא בזה עד התתחונה, שהיא מלכות כתר דב"ן**, גם היא נשברה, ואירע בה כנזכר לעיל. **הרי כי אירע מיתת שבעה המלכים בכתר דב"ן, שהם השבעה תחתונות שבכתר זה.** אחר כך יצאה הנקודה השניה, שהיא חכמה דב"ן, וגם היא כלולה מעשר ספירות, **ואירע לה כמקרה כתר**, כי ג' ר שבה יצאו ולא נשברו, ובצאת הדעת התחילו להישבר)נ"א לשבור(, עד תשלום השבעה תחתונות, שהם שבעה מלכים שבה. אחר כך יצאה נקודה שלישית, שהיא בינה דב"ן, וגם היא כלולה מעשר ספירות, **ואירע לה כמקרה ראשונה, כי ג"ר שבה נשארו שלימות, והשבעה תחתונות המתחילין מן הדעת שבה כולם נשברו.** ואחר כך יצאו שבעה נקודות דב"ן, שהם כללות שתי נקודות לבד כנודע, שהם זו"ן דב"ן, אשר כל נקודה משתי בחינות האלו לבד כלולה מעשר ספירות, **וכל אלו נשברו על דרך הנזכר לעיל.** והרי **שבין בכללות ובין בפרטות קרה להם מקרה אחד** זה. **כי בכללות, הנה השבעה נקודות דב"ן, אשר בחינתם אינה אלא שתי נקודות לבד, הנה כולם נשברו.** ואם **בפרטות, כי כל השבעה תחתונות של כל אחד מן הג"ר גם כן נשברו,** ואמנם יש הפרש אחד ביניהן, והוא כי שלש נקודות הראשונים כולם, כל נקודה מהם יצאה בבחינת עשרה נקודות, **אלא שהג"ר של כל עשרה ועשרה הנזכרים לעיל נשארו שלימות, ושבעה תחתונות שבכל עשרה ועשרה נשברו.**

ע"ח ש"ט פ"ז מ"ב דמ"ו ע"ב – והנה כאשר יצאו כל האצילות מבחינת ב"ן לבד, והיה כולל עתיק, וא"א, ואו"א, וזו"ן. ואז יצאו תחלה כל הכלים שלהם זה תחת זה עד סיום עולם האצילות, ואחר כך יצאו אורות דב"ן כל פרטי אצילות, ויצא תחלה כתר דעתיק דאצילות, שבו נכללין כל האורות, ונתקיים, ואחר כך יצאה חכמה דעתיק בכלי שלו, ובו היו כלולים כל שאר האורות ונתקיים, ואחר כך יצאה בינה דעתיק, ובו כלולין כל שאר האורות ונתקיים, ואחר כך יצאו שבעה תחתונות דעתיק,)נ"א דדעת(הדעת למטה כל אחד כלול בכלי שלו, ובו כלולים כל שאר האורות, והיה נשבר, וירד פנימית הכלי לבריאה, וחיצוניות הכלי ירד ביצירה, וחיצוניות של חיצוניות בעשייה, ואחר כך האור ההוא נשאר בלי כלי, ושאר האורות ירדו בכלי השני של השבעה תחתונות, וגם הוא נשבר על דרך הנזכר לעיל,)נ"א נשאר ע"ד הנ"ל(והאור שלו נשאר בלי לבוש, ושאר האורות ירדו לכלי השלמה ממנו, וכן על דרך זה עד שנגמרו שבעה תחתונות שלו, ואחר כך נכנס הכתר דאריך אנפין בכלי שלו.............

רחובות הנהר ד"ב ע"א – כי לא בפרטי החמשה נקודות בלבד היה מקרה המלכים, **אלא היה בכל מין עשר ספירות ועשר ספירות דכל פרצוף דפרטי אבי"ע,** וכמו שמבואר בדרוש הדעת וז"ל - כל פרצופי אבי"ע כלולים ממ"ה וב"ן, שהם חסדים וגבורות, וכל בחינה משתיהם יש בה נרנח"י שבכל פרצוף. ותחלה יצאו שבעה מלכים, והם זו"ן, שבע קצוות שבכל פרצוף, בבחינת נפש, הנקרא שבעה מלכות שבשבע הקצוות, מבחינת ב"ן, ונשברו. ואחר כך באו שבע קצוות של מ"ה מבחינת נפש, והמשיכו עמהם נפש דב"ן, ונתקנו. ואחר כך על דרך זה באו רוח ונשמה וחיה ויחידה דמ"ה, והמשיכו את רוח נשמה חיה יחידה דב"ן שלא נאצלו עדיין, ובאו כולם כלולים בסוד תוספת בזו"ן, **שהם שבעה קצוות שבכל כלל ובכל פרט.**

נהר שלום דכ"ד ע"ד – והנה ידוע כי מיתת המלכים היתה בזו"ן דפרטות, ר"ל בזו"ן דעתיק, ובזו"ן דא"א, ובזו"ן דאבא, ובזו"ן דאימא, ובזו"ן דז"א, ובזו"ן דנוקבא, וכל פרצוף מאלו הפרצופים כלול מכל הפרצופים הנזכרים. **וזה היה בפרט האחרון דפרטי פרטות.**

סמכא, כמו[62] שאומרים השקר לא עומד, **מה**[63] **שאין כן שבעה תזתונות שיצאו זו למטה זו**.

וזה[64] מה **שכתוב**[65] **באדרא רבא** דקכ"ז ע"ב - **עד אימת ניתב בקיימא דחד סמכא** עד מתי נשב ונלמד את סדר הספירות דעולם הנקודים, שהוא קודם עולם התיקון, הנקרא[66] עולם הברודים, והוא עולם האצילות כנודע, ונודע כי בעולם הנקודים עמדו הספירות בחד סמכא, **ר"ל** מתי נשב ונלמד **ונתקן התיקון** דנקודים, **שהתיקון הוא דרך קוין** בסוד[67] אדם, **אבל קודם** התיקון שהיו הספירות

---

[62]
גמרא שבת דק"ד ע"א – שי"ן שקר, תי"ו אמת. מאי טעמא שקר מקרבן מיליה)מה הטעם שאותיות שקר קרובות זו לזו(, אמת מרחקא מיליה)ואותיות אמת מרוחקות האותיות זו מזו(. שיקרא שכיח)השקר מצוי(, קושטא לא שכיח)האמת אינה מצויה(. ומאי טעמא שיקרא אחדא כרעיה קאי)ומה הטעם שהאותיות שקר עומדות על רגל אחת, ר"ל לאות ק' יש רגל אחת, ולאות ר' יש רגל אחת(, ואמת מלבן לבוניה) לעומתה האותיות דאמת עומדות על שתי רגליים, מושכבות כמו לבנים(. קושטא קאי)האמת עומדת(, שיקרא לא קאי)השקר לא עומד(.

[63]
כרם שלמה ש"ט פ"ג אות א' – ומה שכתב מה שאין כן באחוריים דאו"א, ר"ל שלא ירדו בעולם הבריאה, אלא באצילות עצמו ממקום עליון, למקום תחתון מעט, ובאצילות עצמו. כי זהו אחד מן החילוקים שיש בין האחוריים דאו"א לכלים דשבעה מלכים. כי השבעה מלכים ירדו לעולם הבריאה, אבל האחוריים דאו"א ירדו באצילות עצמו.

[64]
כרם שלמה ש"ט פ"ג אות א' – ומה שכתב עוד כאן, וזה שכתוב **באדרא רבא עד אימת נתיב בקיימא דחד סמכא וכו'**. פירוש, מביא ראיה כי קודם התיקון היו זה למטה מזה, בסוד עמוד אחד, וזה בקיומא דחד סמכא, ולא בסוד שלש עמודים. ור"ל כי קודם לכן היו עסוקים רשב"י וחביריו בדרוש המלכים של קודם התיקון, כשהיו בבחינת קו אחד, הנקרא חד סמכא. ואז כשראה שלמדו זה הדרוש של חד סמכא היטב, אמר להם אין אתם עדיין צריכים לזה הדרוש של חד סמכא, שכבר למדתם אותו, ולכן נעסוק מכאן ואילך בדרוש התיקון של בחינת הקוים, כי אתם עדיין חסרים ממנו, ולא למדתם אותו עדיין.

[65]
ספר הזוהר, אדרא רבא דקכ"ז ע"ב עם באור ותרגום – **תניא** למדנו בברייתא, **אמר רבי שמעון לחברייא** לחברים, שהם תלמידיו, והוא כי חבר מלשון חיבור ואחדות, **עד אימת ניתיב בקימא בקיומא דחד סמכא** עד מתי נשב ונלמד את סודות הספירות בבחינת קו אחד, שהוא עולם הנקודים, ספירה על גבי ספירה, ולא בסדר שלושה קוין, וראוי שנלמד ונגלה את סוד הקוין והפרצופין, **דכתיב - עת לעשות להוי"ה הפרו תורתך.**

[66]
ע"ח ש"י פ"ד מ"ק דמ"ט ע"ב – אחר כך יצא שם מ"ה מהמצח דא"ק, והוא סוד טעמים ונקודות הראשונות מס"ג, נקרא עתה ב"ן. ונתחברו עתה מ"ה וב"ן, ומהם נתקנו כל הנקודות שהם המלכים שמתו, ושאר המלכים שלא מתו, **שבין כולם נקרא אצילות, ועתה אחר התיקון נקרא ברודים**, והוא שבא אחר הנקודים. וזה שאמר הכתוב - עקודים נקודים ברודים, שם של מ"ה היוצא עתה ממצח החדש.

[67]
כרם שלמה ש"ט פ"ג אות א' – ונודע הוא מה שכתב הרב ז"ל במקום אחר, **כי שם אדם לא נקרא, אלא בציור, ובבחינת שלש קוים**, כמו שנאמר בצלם אלהי"ם עשה את האדם, וכן ויברא אלהי"ם את האדם בצלמו. ובכל מקום מזכיר שם אדם הוא כך פירושו. פירוש, שהוא בחינת שלש קוים, וזהו כוונת **האדרא** -

דנקודים **זֹה עַל גַּבֵּי זֹה, הֲוֵי קִיוּמָא דְּחַד סַמְכָא** והיו עומדים בקו אחד, הגיע[68] הזמן ללמוד את

סוד התיקון דרך קוין, ואת סוד הפרצופים.◆

וּכְבָר[69] **בֵּיאַרְנוּ**[70] לקמן[71] **כִּי הַתִּיקּוּן הָאֲצִילוּת הוּא בִּהְיוֹת ו"ק, עָשׂוּי**[72] **בִּבְחִינַת שְׁלֹשׁ קָוִים** חח"ן, בג"ה, דת"י, **קְשׁוּרִים זֹה בָזֹה, בְּסוֹד הַשְּׁלִישִׁי הַמַּכְרִיעַ בֵּינֵיהֶן**

וּבְגִין דְּתִיקּוּנָא דָא דְּאָדָם לָא אִשְׁתְּכַח. פירוש, בחינת השלש קוין הנקרא אדם, **לֹא יָכִילוּ לְמֵיקַם וְלָאִתְיַישָּׁבָא וְאִתְבַּטָלוּ**, וכו', פרוש מתו. וכאשר אחר כך נתתקן בבחינת קוים הנקרא אדם אז נתיישב. וזהו מה שסיים **וְכַד אַתָּא הַאי דִּיּוּקְנָא אִתְגְּלִיפוּ כּוּלְהוּ וְאִתְחַזָרוּ לְקִיּוּמָא אַחֲרָא**. פירוש, נתקיימו, ופשוט.
68

שַׁעַר מַאֲמְרֵי רשב"י, הָאִדְרָא רַבָּא קַדִּישָׁא דט"ל ע"א – תניא, אמר רבי שמעון לחברייא כו'. פירוש, כי שתי בחינות היו בעולם האצילות, האחד מהם הוא **בָּרִאשׁוֹנָה קוֹדֶם הַתִּיקּוּן**, שכל העשר ספירות היו **בִּבְחִינַת חַד סַמְכָא לְבַד**. והבחינה השנית היא **מַה שֶׁהָיָה אַחַר הַתִּיקּוּן**, כי החמש ספירות שהם כתר חכמה בינה תפארת מלכות, שהם כוללות כל העשר ספירות, כמבואר אצלנו. והנה כל אחת ואחת מאלו החמשה ספירות נתפשטה ונעשית פרצוף אחד שלם, וכל האצילות נתפשטו ונתקן בבחינת חמש פרצופין, הנקראים אריך אפין, כתר. ואבא, חכמה. ואימא, בינה. וז"א שש קצוות, חסד גבורה תפארת נצח הוד יסוד. ונוקבא דז"א, מלכות. ולפי שבתחילה היו רבי שמעון בר יוחאי וחבריו עוסקים במה שהיה קודם התיקון, הנקרא קיומא דחד סמכא לסיבה הנזכרת, לכן אמר להם שעד אימתי יתעסקו בבחינה ההיא לבדה, ושיתעסקו מכאן ואילך באדרא הזאת בבחינה השנית, והוא במה היה אחר התיקון, שהוא התפשטות העשר ספירות בסוד חמשה פרצופים הנזכר. ואף על פי שבאדרא הזאת לא ביאר רק שלשתן, והם אריך אפין, וז"א, ונוקביה. הנה באדרא זוטא ביאר גם כן שני פרצופי אבא ואימא, ושם נבאר טעם הדבר, ועיין שם.
69

ע"ח שי"א פ"ה מ"ה דנ"ב ע"ב – עוד שינוי אחר היה בהם, אשר בו יתבאר מלת בלתי תיקון מה ענינו. והוא כי שלוש נקודות הראשונים מלבד מה שיצאו, כל אחת מהם כלולה מעשר, עוד זאת היתה בהם שהיו עשר שבו מחוברות יחד, ולא נפרדות זו מזו אמנם. ששה נקודות דז"א, מלבד היותן ששה חלקי נקודה אחת, וחסרו מהם הג"ר שבהם, עוד שינוי אחר בהם שהיו נפרדות זה מזה, ולא מחוברות. באופן ששני שינוים נמצאו בששה תחתונות, מן הג"ר שהם א"א או"א. וזה סדרן, בתחלה כאשר היה בלתי תיקון, כי אלו העשרה נקודות כאשר יצאו בראשונה, היו כל העשרה דומין, כאלו ביחד היו פרצוף אחד לבד, ולא שהיה ממש כך בציור אלא בדמיון. פירוש, כי הנקודה העליונה היתה אז בחינת כתר, והשניים השניה והשלישית היו בחינת חו"ב. והששה היו בבחינת גוף, בעל ו"ק. אמנם לא היו ממש מצויירות כמו שהוא עתה אחר התיקון, אמנם בנקודה ראשונה היו בה כללות עשרה בחינות, אלא שהיתה קטנה, וגם כי לא היו היו"ד שלה)נ"א לא היה שלם(בסוד פרצוף ממש, רק בסוד כללות. פירוש, כי אז היתה בסוד שלוש בחינות, שהם עתיק וא"א וחכמה שבו, ששם שלוש רישין הנזכרים לקמן, **וְאֵלּוּ הַשָׁלוֹשׁ בְּחִינוֹת הָיוּ מִתְפַּשְׁטִין בִּבְחִינַת קוֹין בְּתוֹךְ תִּשְׁעָה נְקוּדוֹת הָאַחֵרוֹת, כְּמוֹ שֶׁהוּא עַתָּה, וְהֵם הָיוּ לְבוּשִׁין אֵלָיו, וּמַלְבִּישִׁין אוֹתוֹ. גַם הָעֲשָׂרָה נְקוּדוֹת שֶׁבָּה הָיוּ קְשׁוּרִים כּוּלָם זֹה בָזֹה, בְּסוֹד קוֹין, מִתְפַּשְׁטִין זוֹ בָזוּ**. ופירוש ענין הקוין האלו נתבאר למעלה. וכן על דרך זה גם שני הנקודות של חו"ב היה כך, שכל אחת היתה כלולה מעשרה, וכולן קשורין זה בזה דרך קוין. אבל אלו הששה חלקים נקודות של ז"א, יצאו נפרדות זו מזו, שלא כדרך קוין, רק זו על גבי זו, נפרדות ולא מקושרות יחד, ואז היו נקראים אלו הששה רשות הרבים, כי לא היה בהם יחוד והתקשרות ואחדות, רק כדמיון אנשים נפרדין איש לדרכו פנה, ולא היה ביניהם אהבה וחבה, ולכן לא יוכלו לסבול אלו הכלים שלהם, בחינת האורות ומתו, כמו שכתוב - חבור עצבים אפרים הנח לו. **כִּי הַחִבּוּר גּוֹרֵם קִיוּם וְהָעֲמָדָה**, ומשל הדיוט אומר, אם תיקח עשרה קנים, כל אחת לבדו ישתברו, ואם תיקח שלש לבד ביחד, יתקיימו ולא ישתברו.
70

כֶּרֶם שְׁלֹמֹה ש"ט פ"ג אוֹת א' – וזהו מה שכתב **וכבר ביארנו כי התיקון האצילות הוא בהיותו ו"ק עשוי בבחינת שלש קוים** קשורים זה בזה בסוד השלישי המכריע ביניהן, ואז נקראו **רשות היחיד**. ור"ל והואיל

ומשוה אותם, בסוד[73] חד"ר, חסד דין ורחמים, **ואָז נִקְרָא** הו"ק **רשׁוּת הַיָּחֵיד** בבחינת פרצוף אדם אחד,

שהוא שם מ"ה גימטריא אד"ם, ולא מחלקים רבים. **אבל בהיותן** הספירות זו **על גַּבֵּי זו, והם**

נפרדין אזֶת מזֶבְרתה, [74] **ואז נִקְרָא רשׁוּת הרבים** כמו בני אדם ההולכים בלי קשר אחד

לשני ברשות הרבים.

שנקרא רשות היחיד, אז נקרא בחינת אדם אחד ולא רבים. דהיינו רחבו ארבעה, וגובהו עשרה, והיינו שם מ"ה

כזה יו"ד ה"א וא"ו ה"א, שבפשוטו הוא ארבע אותיות, ובמילואו עשרה אותיות, והוא גימטריא **אד"ם**. אבל

קודם לכן כשהיו זה על גבי זה, הואיל ולא היו מחוברים יחד, לא נקרא רשות היחיד, אלא רשות הרבים. וזהו

מה שסיים - **אבל בהיותן זה על גבי זה, והם נפרדים אחת מחברתה, אז נקרא רשות הרבים.**
71

ע"ח שי"א פ"א מ"ק ד"ן ע"ד – דע כי הלא קודם מציאת התיקון של האצילות, יצאו עשר נקודות, וכולם

כלולים בכח נקודה אחת, והוא מציאת הכתר, באופן שכל עשר היו בסוד הכתר נכללין בה, וזה סוד עקודים

נקודים וברודים. כי תחילת הכל היו עקודים, מקושרים זה בזה, והכל בסוד הכתר. אחר כך יצאו כולם יחד

מהנקודה ראשונה, **ואז נתהוו עשר נקודות, כל אחת נקודה בפני עצמה,** וזה סוד נקודים באופן שלא היו

מחוברים העשר נקודות רק בהיותן בכתר. אך אחר כך יצאו כולם כאחד, ונתהוו אלו עשר נקודות כל אחת

בפני עצמה. **וכאשר נתקן רישא דעתיק אז נקרא ברודים כאשר נבאר בע"ה.** ואמנם עשר נקודות אלו היו

זה על גבי זה, ואורך שיעור קומתן היה כמו עתה אורך אצילות ושיעור קומתו, כי עד מקום אשר הגיעו אותן

הנקודות, עד שם היה בחינת]נ"א הוא עתה[עולם האצילות, ומשם ולמטה עולם הבריאה.
72

תרשים ג – ב.
73

קנאת הוי"ה צבאו"ת לרמח"ל, חסד דין רחמים, דרכי ההנהגה י"א – אמנם ההשגחה צריכה להשתנות

לפי מעשי התחתונים, כי לפעמים יהיה פועל חסד לשלם טוב, ולפעמים דין להעניש לראוי לו, על כן נסדרה

ההנהגה **בחסד ודין**, ובאמת יש לפעמים שיהיה הקדוש ברוך הוא פועל חסד גדול וגמור למחול כל פשע, ויש

לפעמים שפועל דין תקיף, שיקוב הדין את ההר, ולדקדק אפילו כחוט השערה. ויש מידה אמצעית בין החסד

והדין, ונקרא **רחמים**. הרי ההנהגה מתחלקת **לחסד דין רחמים**, ולפי החילוקים האלה כך תהיה השגחתו

הכללית הנזכרת לעיל. הרי פה ארבע בחינות פעולה - חסד דין רחמים, והנהגה כללית. ואלה ראשי ההנהגה

ויסודותיה כיסודות הטבע למורכביהם, ונרמזים בארבע אותיות השם ב"ה, כמו שאפרש לך עוד בס"ד. ואם

תשאלני מה צורך לארבעה, הלא ההשגחה הכללית היא עצמה תוכל להיות כך, לפעמים חסד, ולפעמים דין,

ולפעמים רחמים, או **חד"ר** בבת אחת, לכל אחד כראוי לו. דע, כי זה נמשך מהיות המאציל ב"ה רוצה

להתעורר בפעולו, כפי ההתעוררות שמקבל מן התחתונים. על כן הנה נבחין בפעולותיו שני עניינים, אחד

ההתעוררות הזה שהוא רוצה לקבל מן התחתונים, וכן להשפיע בהם, וזהו ענין התקשר בהם ורצותו להיות לו

שייכות עמהם. ושני ענין הפעולה, אשר יפעל על פי ההתעוררות. ונמצא שאין ההתעוררות הפעולה, ולא

הפעולה ההתעוררות, אלא הם שני דברים צריכים זה לזה להשלמת ההנהגה. ולכן להתקשרות ולשייכות הזה

של המאציל ב"ה עם התחתונים, הוא שאנו קוראים שכינה. ולפעולותיו בחילוק מיניהם אנו קוראים **חד"ר.**

נמצא, **שורש ההנהגה המשתנה אל הנהוגים, הוא שלש מיני הפעולות האלה חד"ר.** ובהיות המאציל ב"ה

מוציא תולדות הפעולות האלה באדם או בעולם, הנה יוציא דברים גשמים, רק שהם נמשכים מהיות המאציל

פועל כך. ולכן מהיותו פועל בדרך חסד - הנה יוציא בגשמיות המים, בטבעם קרים ולחים. ובהיותו פועל בדין

- יוציא בגשמיות האש, בטבעו חם ויבש. ובהיותו פועל במידה האמצעית שהיא רחמים - יוציא האויר חם ולח.

הן המה יסודות הטבע הבונים כל הדברים למיניהם בחיבור העפר עמהם, שהוא יוצא מבחינת ההנהגה הכללית,

כמו שאדבר לך עוד מזה בס"ד. ומן השורשים האלה, שהם אלה הפעולות, נמשך השפעה אל הענפים, שהם

תולדותיהם אשר בעולם הזה. כי בהיותו מתמיד לפעול כך, הוא נותן קיום אל היוצא מן הפעולה ההיא.
74

וְלָכֵן הַגָּ"ר[75] שהיו גם מתחילה בבחינת קוין, בקצת תיקון **נִתְבַּטְּלוּ אֲחוֹרֵיהֶם,** ר"ל[76] הכתר נפגם אחורי הנה"י שלו, ואו"א נתבטלו אחוריים שלהם, מפני שעמדו בשלשה קוין, וכן **לֹא מֵתוּ. וְשִׁבְעָה**[77] **מְלָכִים** שהם השבעה התחתונות, **מֵתוּ** בחינת הַפָּנִים שלהם, שהם הנה"י דנקודים, וּבחינת הָאֲחוֹר שהם בחינת החג"ת דנקודים, והטעם הוא **כִּי יָצְאוּ בְּלִי תִיקוּן כְּלָל.**

כאן מתחיל לבאר הרב ז"ל מקום נפילת הכלים דנקודים מעולם האצילות לעולמות בי"ע. לפי[78] השמועה כאן, הכלי הראשון שנשבר הוא כלי הדעת, ומתחיל[79] לבאר הרב ז"ל את שבירת כלי הדעת. כבר[80] נתבאר לעיל, כי שיצאו עשרה

איפה שלימה, שער הנקודים פ"ט די"ב ע"ב)ב(– ואז נקרא רשות הרבים וכו'. באוצרות חיים כתב יד נ"ב - וזהו שאמר הרשב"י, תניא אמר רבי שמעון לחבריא עד אימת ניתיב בקיומא דחד סמכא. ר"ל שהיו עסוקים עד עתה בעולם התוהו, שהיה עמוד אחד, זה על גבי זה, ורשב"י רצה להודיע להם עולם התיקון, שהוא בשלוש קוים, עד כאן. והוא לשון ע"ח.
75

כרם שלמה ש"ט פ"ג אות א' – וזהו מה שכתב **ולכן הג"ר נתבטלו אחוריהם, ולא מתו.** ר"ל **אחוריהם** דווקא, **וביטול** דווקא. והשבעה מלכים מתו פנים ואחור, ר"ל **מתו** דהיינו שירדו לעולם הבריאה. ועוד מה שירד מהם הוא **פנים ואחור שלהם,** והטעם מפני שלא יצאו בבחינת קוים, בצד מה הנקרא תיקון. וזהו שסיים **כי יצאו בלי תיקון כלל,** עד כאן לשונו, ופשוט.
76

ע"ח ש"ט פ"ב מ"ת ד"מ ע"ד – והענין כי מן האדרא זוטא נראה שלא ירדו רק השבעה מלכים בלבד, וממדרשים אחרים בספר הזוהר משמע כי גם באו"א י"ש ביטול ופגם, וכמעט אפילו בכתר. ואמנם הענין הוא, כי ודאי שמכל עשרה נקודות נפלו מהם בחינות, ובכולם היה ביטול. רק זו"ן נפלו כולם בין בבחינת היותן אחור באחורי, ובין בבחינת היותן פנים בפנים, והנה זו נקרא מיתה, כי הכל ירד לגמרי. אבל אבא ואימא שלא ירד מהם רק בחינת אחוריים, יקרא ביטול ולא מיתה. וכתר שלא נפלו ממנו רק בחינת נצח הוד יסוד שלו, שנכנסו בסוד מוחין דאבא ואימא כנזכר לעיל, אשר אין זו בחינה אפילו בערך אחוריים, לכן לא נקרא ביטול בכתר, רק פגם בעלמא.
77

כרם שלמה ש"ט פ"ג אות א' – והואיל וזה השנוי היה בין הג"ר להשבעה תחתונות, לכן הג"ר לא נתבטלו ביטול גמור כמו השבעה תחתונות, דהיינו אחור ופנים שלהם, וגם ח"ו מתו. אלא אחוריהם לבד, ונתבטלו לבד, דהיינו שירדו ממקומם באצילות עצמו. אבל השבעה תחתונות היה בהם שתי שינויים, דהיינו שנתבטלו הפנים והאחור שלהם, והביטול שלהם הוא שמתו.
78

ע"ח ש"ח פ"ד מ"ת דל"ח ע"ג – ולכן נבאר תחלה סדר שבעה מלכים אלו, כי הנה הם מהדעת ולמטה, **דעת ראשון.** חסד שני. גבורה שלישי. תפארת רביעי. נצח הוד הם תרי פלגי גופא, והם חמישי. יסוד שישי. מלכות שביעית. כי הנצח הוד נחשבים כל אחד חצי הגוף, ובין שניהם הם אחד לבד.
ע"ח ש"ח פ"ד מ"ת דל"ח ע"א – ונבאר עתה מציאות יציאתן לחוץ. הנה כאשר יצאו אלו הנקודות שהם מכתר עד מלכות, היתה יציאתן היפך יציאת העקודים, כי שם ביציאת העקודים יצאת מלכות תחילה, וכתר באחרונה. וכאן בנקודים הוא להיפך, כי הכתר שלהם יצא בראשונה, ובו היו כלולים כל התשעה אחרים. ואחר כך יצאה החכמה, ובו כלולים כל השמונה. וכן על דרך זה יצאה אימא, ובה היו כלולים כל השבעה אורות, ואז היתה היא נקראת אם הבנים. **ואחר כך הוצאיאה היא השבעה כולם כלולים בחסד.** ואחר כך מתגלים בגבורה, וכן על דרך זה עד לסוף, עד שנמצאת שיוצאת המלכות באחרונה מכולם.
79

מבוא שערים, ש"ב ח"ב פ"ה ד"י"ז ע"ב – נבאר בו סדר יציאת השבעה מלכים התחתונים בפרטות, ואיך מתו, והיכן ירדו הכלים, והיכן נשארו האורות. עם שכבר ביארנו דרך כלל בפרק ג'. הנה בתחילה יצא אור
80

האורות דנקודים **דרך** העינים דא"ק, התלבשו[81] בכלי הכתר דנקודים, וכלי[82] הכתר דנקודים יכל לסבול את כל האורות, ולא נשבר כלי הכתר דנקודים. ואחר[83] כך יצאו מתוך כלי הכתר דנקודים אור החכמה, עם שמונה האורות שתחתיו, וכלי[84] החכמה דנקודים יכל לסבול את כל האורות, ולא נשבר כלי החכמה דנקודים. ואחר[85] כך יצאו מכלי החכמה דנקודים, אור הבינה יחד עם שבעה האורות שתחתיה, וכלי[86] הבינה דנקודים יכל לסבול את כל האורות, ולא נשבר. ומכאן היא כניסת האורות בשבעה הכלים התחתונים, ושבירתם ומיתתם.

וּנְבָאֵר סדר יציאת שִבְעָה ה**מלכים** מהבינה, **וְנִתְזִיל מִן הָרִאשׁוֹן, שֶׁהוּא** אור[87] **הַדַעַת** דנקודים הנקרא[88] בתורה בלע בן בעור **אֲשֶׁר**[89] **זֶה יָצָא רִאשׁוֹנָה** ממעי הבינה ונכללו[90] בו כל

הדעת, ובו כלולים שאר האורות כנזכר לעיל פרק ג', ונכנס בכלי שלו, ונשבר הכלי. וירד בעולם הבריאה, ר"ל העתיד להיות בריאה כנזכר לעיל בפרק ג'.
80

ע"ח ש"ח פ"ד מ"ת דל"ח ע"א – ונבאר עתה מציאות יציאתן לחוץ. הנה כאשר יצאו אלו הנקודות שהם מכתר עד מלכות, היתה יציאתן היפך יציאת העקודים, כי שם ביציאת העקודים יצאת מלכות תחילה, וכתר באחרונה. וכאן בנקודים הוא להיפך, כי ה**כתר** שלהם יצא בראשונה, ובו היו כלולים כל התשעה אחרים. ואחר כך יצאה ה**חכמה** ובו כלולים כל השמונה. וכן על דרך זה יצאה **אימא**, ובה היו כלולים כל השבעה אורות, ואז היתה היא נקראת אם הבנים.
81

תרשים ג – ג.
82

ע"ח ש"ח פ"ד מ"ת דל"ח ע"ב – נמצא שיצא הכתר תחלה, ונכנס בכלי שלו, והיו כלולים בו כל התשעה אורות. ואחר כך נשאר אור הכתר בכלי שלו, ויצא אור החכמה עם שמונה אחרים כלולים בו, ונכנס בכלי החכמה, ועל דרך זה עד שסיימו כולם לכנוס בכלים שלהם. אבל דע כי כאשר אור הכתר נכנס בכלי שלו, **היו שאר האורות בטלים בו בערכו**, שהוא גדול מכולם יחד. **ולכן היה יכולת בכלי שלו לסובלו, ולסבול תשעה אורות האחרים**, ולא נשבר.
83

תרשים ג – ד.
84

ע"ח ש"ח פ"ד מ"ת דל"ח ע"ב - וכן כאשר יצאה אור החכמה ונכנס בכלי שלו, היו השמונה אורות כלולים בו.
85

תרשים ג – ה.
86

ע"ח ש"ח פ"ד מ"ת דל"ח ע"ב – וכן בצאת אור הבינה כלולה משבעה אורות, ונכנסים בכלי שלה, **היו הכלים יכולים לסבול ולא נשברו**, כי כולם הם בטלים בערך או"א, דמיון הבנים שבתחלה עומדים כלולים במוח אביהם בסוד טיפת מוח, וכן בהיותם בנים בסוד עיבור במעי אמן, יכולין להיות שם, והיא יכולה לסובלם.
87

תרשים ג – ו.
88

בראשית ל"ו ל"ב – וימלך באדום בלע בן בעור ושם עירו דנהבה.
89

כרם שלמה ש"ט פ"ג אות ב' – ומה שכתב **אשר זה יצא ראשונה**, לאו דווקא, כי הרי כשיצא הוא הרי יצאו עמו כל האורות של השבעה תחתונים, כלולים עמו ויצאו יחד. אלא ר"ל אשר זה יצא נכנס בכלי שלו ראשונה, אף על פי שכלולים עמו שאר האורות, לא נקרא היציאה שלהם, הואיל והכניסה שבכלי אינה כי אם בכלי של הדעת. ולכן היציאה גם כן תתייחס לו לבדו.

האורות של המלכים שתחתיו, והתלבשו[91] האורות כולם בכלי הדעת, ומלך לפי שעה, **וכאשר[92] לא היה יכול הכלי** דדעת דנקודים **לסבול** את האור **כנזכר לעיל, נשבר[93] הכלי** הפנימי דדעת **וירד למטה בעולם הבריאה,** והכלי האמצעי דדעת בעולם היצירה, והכלי החיצון דדעת בעולם העשיה, **ר"ל[94] במקום שהיה עתיד להיות** נקרא **עולם הבריאה** יצירה ועשיה [דמ"ג ע"א 85] **אזור כך, כי הרי עדיין לא נברא עולם הבריאה** היצירה והעשיה, כי[96] עולמות דבי"ע נעשו[97] מבירורי אלו המלכים דמיתו. **בעומק[98] הדברים** עולמות בי"ע הם בחינת אחור בערך לנקודים, והם[99] **שורש לכל עולמות אבי"ע,** ולכל מה שבהם, והם[100] כלולים מאבי"ע דבי"ע.

90

ע"ח ש"ח פ"ה מ"ת דט"ל ע"ל – ונחזור לבאר סדר יציאת שבעה מלכים אלו מתוך הבינה, ואיך נשברו. הנה ראשונה יצאו כולם מתוך הבינה, **והיו כלולים באור הדעת ונכנסו עמו בכלי שלו.** והנה נודע כי ו')נ"א ז'(מלכים אלו הם בחינת ו"ק דז"א, וכל אחד אינו גדול מחבירו, כי כל אחד הוא קצה אחד כחבירו, ולכן לא היה כח בשום כלי מהתחתונים לסבול בתוכו יותר מחלק אור המגיע לחלקו בלבד, וכאשר יצא, כולם כלולים בדעת, **לא היה יכול הכלי לסבול את כולם, ונשבר וירד למטה,** כמו שנבאר בע"ה.

91

מבוא שערים ש"ב ח"ב פ"ג ד"ו ע"ד – ונבאר עתה סדר יציאת אלו השבעה המלכים ומיתתן, כי הנה נתבאר בח"א פ"ו, כי אורות אלו השבעה מלכים, שהם זו"ן, היו כלולים עם הבינה בכלי שלה, וכאשר יצאו אלו האורות השבעה להיכנס בכליהם, אז היא ענין המלוכה, כמלך היושב על כסאו, ואחר כך היו מתים ונופלים מכסאותם. והנה מתחילה יצא אור הדעת, שהוא המלך הראשון כנזכר לעיל ריש פ"א, ויצא מתוך כלי הבינה, הנקראת ארץ אדום, דמינה דינין מתערין, כמו שכתוב בפרק ה'. ואז יצאו גם כן עמו הששה מלכים תחתונים בהכרח, כי אם העליון מהם יוצא, מכל שכן התחתונים. ואז נכנסו כולם ביחד בכלי הדעת.

92

תרשים ג – ז.

93

בית לחם יהודה ש"ט פ"ג דכ"ט ע"א – נשבר הכלי וירד למטה לעולם הבריאה. אף על פי שהכלים דשבעה מלכים הם היו עומדים זה על גבי זה, עם כל זה לא עכבו שאר הכלים את כלי הדעת מליפול למטה, כי יש דרך פנוי מצד ימין ושמאל ליפול משם שברי הכלים לבריאה)שפת אמת(.

94

איפה שלימה, שער הנקודים פ"ט די"ב ע"ד)ג(– במקום שעתיד להיות נקרא אחר כך עולם הבריאה, כך צריך לגרוס, וכן הוא בשער הקדמות דף כ"ב ע"א, יעו"ש.

95

מבוא שערים ש"ב ח"ב פ"ג ד"ו ע"ד – אמנם כלי הדעת לא יכלו לסובלם, אם מחמת השבעה אורות הנוספים, אם מחמת עצמן לסיבות הנזכרים לעיל בריש האי פרקא, ואז נשבר כלי הדעת ומת, וירד הכלי הנשבר אל עולם הבריאה, **רצה לומר במקום שיהיה שם אחר כך מקום עולם הבריאה,** כי עדיין לא נתגלה מציאותו.

96

כרם שלמה ש"ט פ"ג אות ב' – ומה שכתב ר"ל **במקום שהיה עתיד להיות עולם הבריאה אחר כך.** מפני שעולם הבריאה והיצירה והעשיה נעשו אחר כך מבירור אלו המלכים שנשברו.

97

רחובות הנהר ד"ב ע"ב – אמנם צריך להבין מה שכתב הרב ז"ל, כי בכל פרצופי אבי"ע היה מקרה המלכים ההוא, איך אפשר שהמקרה ההוא היה בבי"ע, והלא שלושה עולמות בי"ע אינם עולמות גמורים כמו עולם האצילות, כי אינם אלא התפשטות כוחות הנוקבא דאצילות, וחייליה, וצבאיה, וכולם בחינת נוקבא, ואין בהם

הרב ז"ל מתחיל לבאר באופן כללי לאיזה מקום בבי"ע נפלו הכלים דנקודים, עם כל זאת כאן הרב ז"ל לא מבאר מאיזה פרצוף נפלו כלים הללו, וזה[101] יתבאר לקמן.

דכורא כלל. כמו שכתב במבוא שערים ש"ב ח"ג פ"ח, וכמו שנבאר בע"ה. **וכל קיומם, והעמדתם, הוא בכח שארית בירורי הכלים ורפ"ח אורות דמלכים דאצילות.** וכשיושלמו להתברר כל הבירורים אז נאמר - הנה ישכיל עבדי ירום ונשא וגבה מאד, ואז - השמים כעשן נמלחו והארץ כבגד תבלה, כמו שמבואר בע"ג ש"ח סוף פ"ב, עיין שם.
98

ע"ח שי"ט פ"ה מ"ב דצ"ב ע"ב – והנה המלכים שמלכו בארץ אדום הם עשר ספירות דב"ן הכולל הנזכר לעיל. ונקודה ראשונה היא כתר דב"ן, והיא נוקבא דעתיק ודא"א. ונקודה שניה, הוא אבא צד ב"ן שבו. ונקודה שלישית, אימא צד ב"ן שבה. וכל אחד משלושה נקודות אלו היו כלולים מעשרה נקודות שלימות. אך אחר כך יצאה נקודה הרביעית, ולא יצאה כלולה מעשרה נקודות, רק בששה נקודות התחתונות שבה לבד, ולכן נקרא בשם ששה נקודות, ועם ג"ר הרי תשעה נקודות. אחר כך יצאה נקודה חמישית, ולא יצאה כלולה מעשרה נקודות שלה, רק נקודה אחת לבד, חלק עשירית שבנקודה ההיא. הרי נמצא ששורשם אינם רק חמשה נקודות, ונקרא עשרה נקודות דב"ן, ואלו יצאו ראשונה ונשברו ומתו. **ודע כי לא די שיצאו בבחינת האצילות שהם הפנים דב"**ן, **אלא גם אחוריהם שהם בי"ע יצאו עמהם.** ודע כי גם באצילות יש פנים ואחור, **אך כולם נקראו פנימיים בערך בי"ע, שהם חיצונות.** והענין כי בבריאה היה חיצוניות הפנים דב"ן, ויצירה חיצונית דאחוריים דב"ן, ועשייה חיצונית יותר חיצון דאחוריים דב"ן. וכאשר נשברו, לא נתקנו כל מה שנשברו, רק מעט, ולא יושלמו להתברר עד ביאת המשיח במהרה בימינו אמן.
99

ע"ח ח"ב שט"ל דרוש ג' מ"ב דכ"ח ע"א – דע כי בעת מיתת המלכים כאשר ירדו למטה, **היו בהם כל הבחינות, שהם אבי"ע.** והנה בחלק עשייה עצמה יש ארבעה בחינות, והם כסדרן ממטה למעלה, דומם צומח חי מדבר. והענין כי בוודאי שאפילו בדומם, שהוא עפר והאבנים וכיוצא בהם, הוא מוכרח שיהיה בהם חיות רוחניות, ומזל ושוטר עליו מלמעלה, דאם לא כן לא היתה עפר מוציאה דשאים וזרעים, אם לא היה בהם חיות. אמנם מדרגות חיות דצומח הוא למעלה מהם, כי אנו רואין שהוא צומח וגדל כבני אדם, ובוודאי כי חיות אשר בתוכו גורם לו גידול הזה. וחיות הבעל חי למעלה מהם, שיש בהם נפש יותר בבירור, וכמו שכתוב - ורוח הבהמה היורדת למטה בארץ. וחיות האדם המדבר הוא למעלה מהם. **ואין לך שום נברא בעולמות כולם, שאין בהם מן בירור המלכים הנזכרים לעיל, והכל נכלל בהן.** ומכל הבחינות הנזכרים לעיל יש בקליפות מן מיתת המלכים, והנה מן כל הבחינות הנזכרים לעיל, הם נבררין ויוצאין מתוך הקליפות. ואמנם היותר מעולה שבהם הוברר באצילות, והגרוע ממנו הוברר בבריאה, והגרוע ממנו ביצירה, והגרוע ממנו בעשיה. ובעשיה עצמה יש ארבעה בחינות הנזכרים לעיל, כי המובחר שבו הוא האדם, והגרוע ממנו הוא בעל חי, והגרוע ממנו הוא הצומח, והגרוע ממנו הוא הדומם, והגרוע מכולם הוא הנקרא זוהמא דהתוכא דדהבא, וזה לא הועיל כלום, ונקרא קליפה. הוא, כי לא יוכלו להתברר והם דינין קשים וחזקים עד מאד, שהם הקליפה ממש. והנה מוכרח הוא שיש בתוך אלו הקליפות קצת ניצוצי קדושה קטנים עד מאד, שהם בחינת י"א סמני קטורת כמו שנתבאר במקומו, נמצא כי מכל אלו הבחינות הנזכרים לעיל יש בקליפות, וצריך האדם במעשיו לתקנם, ולבררם, ולהעלותן ממדרגה למדרגה, וכאשר יושלמו להתברר כל אלו הי"א סמני הקטורת, אז בלע המות לנצח, כנזכר בדרוש א'.
100

ע"ח ח"ב שט"ל דרוש ג' מ"ב דכ"ח ע"א – דע כי בעת מיתת המלכים כאשר ירדו למטה, היו בהם כל הבחינות, שהם אבי"ע.... ואין לך שום נברא בעולמות כולם, שאין בהם מן בירור המלכים הנזכרים לעיל. והכל נכלל בהן, ומכל הבחינה הנזכרת לעיל יש בקליפות מן מיתת המלכים. והנה מן כל הבחינות הנזכרים לעיל הם נבררין ויוצאין מתוך הקליפות, ואמנם היותר מעולה שבהם הוברר באצילות, והגרוע ממנו הוברר בבריאה, והגרוע ממנו ביצירה, והגרוע ממנו בעשיה.
101

ע"ח ש"ט פ"ז מ"ז דמ"ו ע"ב – הנה כאשר יצאו כל האצילות מבחינת ב"ן לבד, והיה כולל עתיק, וא"א, ואו"א, וזו"ן. ואז יצאו תחלה כל הכלים שלהם זה תחת זה, עד סיום עולם האצילות. ואחר כך יצאו אורות

וְנָפַל[102] [103]פנימיות[104] של[105] **הַכְּלִי**[106] **הַזֶּה** דדעת דנקודים, **בִּמְקוֹם הַדַּעַת**[107] **דִּבְרִיאָה,** וחיצוניות הכלי דדעת דנקודים במקום הדעת דיצירה, וחיצוניות דחיצוניות הכלי דדעת דנקודים למקום הדעת דעשיה,

דב"ן כל פרטי אצילות, **ויצא תחלה כתר דעתיק דאצילות,** שבו נכללין כל האורות, ונתקיים. ואחר כך יצאה חכמה דעתיק בכלי שלו, ובו היו כלולים כל שאר האורות, ונתקיים. ואחר כך יצאה בינה דעתיק, ובו כלולין כל שאר האורות, ונתקיים. **ואחר כך יצאו שבעה תחתונות דעתיק**)נ"א דדעת(, הדעת למטה, כל אחד כלול בכלי שלו, ובו כלולים כל שאר האורות, **והיה נשבר, וירד פנימיות הכלי לבריאה, וחיצוניות הכלי ירד ביצירה, וחיצוניות של חיצוניות בעשייה.** ואחר כך האור ההוא נשאר בלי כלי, ושאר האורות ירדו בכלי השני של השבעה תחתונות, וגם הוא נשבר על דרך הנזכר לעיל)נ"א נשאר על דרך הנזכר לעיל(, והאור שלו נשאר בלי לבוש. ושאר האורות ירדו לכלי שלמטה ממנו, וכן על דרך זה עד שנגמרו שבעה תחתונות שלו. **ואחר כך נכנס הכתר דאריך אנפין בכלי שלו,** ובו כלולין שאר האורות על דרך הנזכר בעתיק. **ואחר כך נכנס הכתר דאבא בכלי שלו,** ובו כלולים שאר האורות, ונתקיים. וירדו שאר האורות בכלי החכמה שלו, ונתקיים. ושאר האורות ירדו בכלי בינה דאבא, ונתקיים. אחר כך ירדו שאר האורות של שבעה תחתונות בכלי אחד שלהם, ונשברו, וירדו בבי"ע. ושאר האורות נכנסו לכלי שני דשבעה תחתונות, ונשברו, וירדו לבי"ע, וכו' על דרך הנזכר לעיל, עד תום כל השבעה.
102

יפה שעה)א(– ונפל הכלי במקום הדעת של הבריאה, להיותה מתייחס אליו כו'. ואם תאמר, אם בעינן שיהיה נפילתם במקום המתייחס אליהם, למה מלכי חג"ת בנפילתם לבריאה, לא נפלו במקום המתייחס להם, שהם מקום חג"ת דבריאה. ואם לא בעינן מקום המתייחס, למה כלי הדעת נפל בדעת דבריאה, הוה ליה ליפול בכתר דבריאה, ורויחא שתהא קרובה יותר אל אור הדעת שבאצילות, לקבל הארה ממנו. ויש לומר, שכלי הדעת כיון שלא היה אור הדעת רחוק ממנו שום ספירה דאצילות, כל ספירות הבריאה כאחד חשיב אצלו, ובחר עוד יותר מקום המתייחס אליו. אבל שאר מלכי חג"ת, שכבר האור נתרחק מהם ספירה אחד או שתים או שלוש, שהרי אור החסד ירד ביסוד של אצילות, ונתרחק ספירה אחת שלמה, ואור הגבורה ירד בנצח והוד דאצילות, ונתרחק שתי ספירות, וכן אור התפארת שלוש, הכלים שירדו בבריאה, אף על פי שכל ספירות הבריאה כאחד חשיבי אצלם, מכל מקום כל כמה דאפשר לאקרובי אצל האורות היו מתקרבי, ולא חיישו שיהא מקום נפילתם בבריאה מתייחס להם.
103

איפה שלימה, שער הנקודים פ"ט די"ב ע"ד)ד(– ונפל הכלי הזה במקום הדעת של הבריאה, המתייחס אליו כמוהו וכו'. בע"ח בפרק ג' משער השבירה, נ"ב וז"ל **השמ"ש** - ודאי שהיא על דרך מה שכתב לקמן בפרק ז' משער השבירה, שפנימיות הכלי במקום דבריאה, וחיצוניות בדעת דיצירה, וחיצוניות חיצוניותו בדעת דעשיה, וכן על דרך זה כולם, על דרך מה שהיה בכלים דא"ק, כמבואר בספר מבוא שערים ש"ב ח"א פ"ג דף ג' ריש ע"ב - ושבעה תחתונות דעתיק במקום עתיק דבי"ע, ודא"א במקום א"א דבי"ע, וכן על דרך זה, כולם כל פרצוף במקום פרצוף המתייחס אליו בבי"ע, עד כאן לשונו. וכתב עליו הרב אליהו מני בהגהותיו כתב יד וז"ל - מסתמות הלשון נראה דהיינו באופן זה דכשיצא פרצוף אבא דאצילות, והיה בו בחינת שבירה בשבעה תחתונות, הנה השבעה תחתונים שבו היו נופלים למקום אבא דבריאה, דהיינו במקום שאחר התיקון יהיה מקום פרצוף אבא דבריאה, מלביש מן הגרון דא"א דבריאה מצד ימין, עד הטבור. וכן על דרך זה בנפילת שבעה מלכים דאימא, יהיה נפילתם במקום השמאל דא"א עד הטבור. ובז"א מן הטבור דא"א עד סוף הבריאה, שזה יהיה מקומו אחר התיקון. ונפילת כלי הנוקבא בשיעור שמן החזה דז"א עד הסוף וכל זה בכלים הפנימיים, וממנה נקיש לנפילת כלים האמצעיים והחיצונים ביצירה ועשיה. וכן כתב לקמן פרק ז' משער השבירה בהדיא, יעו"ש. אך לפי זה איך יתיישב עמו שאר הדרוש.]נראה לי שר"ל שהרב בדרוש זה אומר, שלא יש יותר משלושה מדריגות פנויות בין האור להכלי באצילות, וכן בבריאה. ואם נאמר כפירוש זה שהמשה נקודות הכוללות שיצאו מעיני א"ק, אשר בשבעה תחתונות דכל אחד מהם אירע מקרה המלכים, סדר עמידתם הם על דרך מזה, שהנקודה הראשונה דכללות כל העשר ספירות שבה היא עומדת בראש האצילות. ותחתיה נקודה השניה מצד ימין, וכן נקודה שלישית עומדת מצד שמאל, במקום שיהיה מגרון דא"א עד הטבור וכו'. אם כן יש הרחק גדול בין אור השבעה תחתונות דכתר, העומדים בראש האצילות למעלה מחו"ב, ובין כלים שלהם

שירדו במקום שהיה א"א דבריאה, מקום פנוי וחלל בלתי אור, כל אורך עולם האצילות כולו, שהוא מקום ארבע נקודות הכוללות, אשר תחתיה שיצאו אחר כך. ועל זה סיים ועיין בהקדמת וכו', ר"ל ששם כתב הרש"ש ז"ל שכל החמשה נקודות הכוללים הם מלבישים זה לזה בשוה, מטבור א"ק למטה שבזה, יתייששבו דברי הרב בפרקין על נכון[. ועיין בהקדמת רחובות הנהר דף צ"ו ע"ו]**אח"י** - בנדפס מחדש דשנת עת"ר, רחובות הנהר ד"ב ע"ב[ותראה שיש לזה הבנה אחרת, וכבר עמדתי על בירור אלו הדברים בפירושי לספר נהר שלום דף מ"א]ובנדפס מחדש דף י"ט ע"ד[עד כאן לשונו. ודבריו שעל ספר נהר שלום דף הנזכר, נעתיק אותם בסוף דיבור בס"ד. **ועוד** כתב **השמ"ש** ז"ל בהגהות ע"ח בפרק ז' משער השבירה וז"ל - מפני מה שכתב הרב לעיל בפרקין שעברו ענין וסדר שבירת הכלים הוא בכללות, אמנם עתה בשני פרקין אלו הודיענו שכל אותו ענין וסדר שבירת כלים הנזכרים בפרקים שעברו, שהכלים של שבעה מלכים ירדו לבי"ע, ואחורי נה"י דכתר ואחוריים דאו"א שנשארו באצילות, כל זה בפרטות בכל אחד מהששה פרצופים עתיק, וא"א ואו"א, וזו"ן, שאחורי נה"י דכתר, ואחוריים דאו"א דכל אחד מהם נשארו באצילות, והכלים דשבעה תחתונות דכל אחד מהם נפלו לבי"ע. ואי קשיא לך, איך נתקיימו התחתונים אחר שבירת העליונות, כבר תירץ הרב לעיל בסוף פרק ו' שלכל פרצוף, היה מין אור שוה לערך הפרצוף ההוא, עו"ש. ואפילו זו"ן דכללות יצאו כל אחד בעשר ספירות שלימות, והג"ר דכל אחד נתקיימו, והשבעה תחתונות דכל אחד נפלו לבי"ע, כמו שכתב מהרח"ו ז"ל בספר מבוא שערים, שכך היתה קבלתו מהרב ז"ל, שהמלכים הנזכרים בפרשת וישלח עם אחוריים דאו"א, ואחורי נה"י דכתר, הכל הוא מדבר בז"א דכללות. והנזכרים בדברי הימים הם דנוקבא דכללות. אבל המלכים הנזכרים בפרצופים הגבוהים מזו"ן לא נזכרו בתורה, כי גבהו מהתורה שהיא בז"א, עד כאן תורף דבריו, **ודי בזה**. כי כן הוא אמיתות הענין, ולא כמו שכתוב לעיל בפרק ו', ודו"ק, וכן לקמן בפרק זה. ומה שכתב לקמן בשער י"א ובכמה מקומות כמה טעמים למה יצא הז"א בו"ק, ונוקביה נקודה אחד הוא בזו"ן דכל אחד מהששה פרצופים, שהם בזו"ן דפרטות ולא בזו"ן דכללות. באופן שאחר התיקון היה בכל אחד מהששה פרצופים שהם עתיק, וא"א, ואו"א, וזו"ן דכללות היה היה כל אחד י"ב פרצופים, שהם עתיק ונוקביה, וא"א ונוקביה, או"א, וישסו"ת, וזו"ן, ויעקב ולאה. באופן שכל מה שכתב הרב ז"ל בספר ע"ח ובספר הכוונות, הוא בכללות פרצוף אחד מששה פרצופי האצילות דכללות. וכן על דרך זה ממש כל אחד מהששה פרצופים, ולפי שבחינת תיקונם שוה בכולם. לפיכך כתב הרב סתם בכללות, ולא פרט, וסמך על מה שכתב בכאן, **ודי למבין**. כי ענין זה נפרט לעניינים רבים, ואין מקום להאריך עד כאן לשונו. ועיין בדברינו לעיל בפרק ג' משער הנקודים אות א' בד"ה ולמידע' וכו'. שהבאנו מהקדמת רחובות הנהר שכל אלו החמשה נקודות הם מלבישים זה לזה בעובי, והכתר של כולם הוא מלביש מטבור של א"ק, עד סיום התפארת וכו', יעו"ש. **והנה** כדי להבין טעמו של הרש"ש ז"ל שכתב שכולם מלבישים זה לזה בעובי, ולא הניח כפשט דברי הרב ז"ל, שהם באורך זה תחת זה, הנה מלבד הטעם שכתבתי לעיל בביאור דברי הרב אליהו מני ז"ל. עוד יש ליתן טעם, והוא בהקדים מה שביאר הרש"ש ז"ל בהקדמתו הנפלאה רחובות הנהר דף א' ע"ד דיבור המתחיל - ונודע כי סיבה וכו'. ועל כן הכתר שיש בו כח הלביש לחצי התחתון וכו' וכו' עד דכל פרצופי אבי"ע, ודי למבין, עד כאן לשונו. הרי מבואר הכרח הביאור הזה בדברי קדשו, שהכתר שקבל עצמות אור האזן, על כן היה בו כח להלביש חצי התחתון דתפארת דא"ק, ומקבל לבדו את אור הטבור, שהוא נקודת החולם, ורק מפני שקבל עצמות האזן מרחוק נפגמו אחורי נה"י שלו. ואו"א שלא קבלו כי אם הארת האזן הלבישו את התרין פרקין עילאין דנצח הוד דא"ק, והם מקבלים את אור היסוד, ומפני שלא קבלו עצמות אור האזן, רק הארה לבד, משום הכי ירדו האחורייים שלהם, וזה מוכרח לומר בג"ר דכל נקודה ונקודה שנתקיימו, שהכתר של כל נקודה ונקודה, שנתקיים מפני שקבלו עצמות אור האזן. ואם כן מוכרחים לומר שהלביש מטבור דא"ק עד סוף התפארת, והוא מקבל לבדו את אור הטבור. ונמצאו כל הכתרים של כל נקודה ונקודה דכל פרצוף מחמשה פרצופי אבי"ע מלבישים זה לזה בשוה, מן הטבור דא"ק עד סיום התפארת שלו. וכן החו"ב דכל נקודה ונקודה שנתקיימו הפנים שלהם, מפני שקבלו על כל פנים הארת האזן, כולם מלבישים זה לזה בשוה על שלשה פרקין עילאין דנצח הוד דא"ק, ומקבלים אור היסוד דא"ק. ושבעה תחתונות של החמשה נקודות הם למטה מהם, כנגד פרקין אמצעיים ותתאין דא"ק. נמצא שמוכרח לומר שכל נקודה ונקודה שג"ר שלה נתקיימו, והשבעה תחתונות שלה נשברו כולם, מלבישים זה לזה בעובי בשוה, מטבור דא"ק עד סוף האצילות. ואל תטריח את עצמך לפרש פירושים אחרים בדברי הרש"ש ז"ל, כי זה הוא פירוש האמיתי והמוכרח בדברי קודשו ז"ל, וזולתו אין פירוש, ואל תשגיח לפירושים אחרים, כמו שראיתי מפרשים, כי זה אמיתות הענין, **ואזהרה** שמעת לא תוסיף.

עוד אחשוב למצוה להעיר את אזן הקורא הישר, החפץ לעמוד על דבר אמת, כי ידלג נא מללמוד בדברי ההגהות ובביאורים שבע"ח פרק ו' משער השבירה אות ז', כי במקום מסוכן הזה אין ללמוד דברים שנתחדשו מסברה, והלומד דברי הרב ז"ל בע"ח פרק ו' משער המלכים, ובאוצרות חיים לקמן שער המלכים פרק ב'. והרש"ש שם יבין מאליו כי דברי ההגהות ובביאורים הנזכרים אין להם על מה לסמוך, שכתב הרב ז"ל שם, וז"ל - כי הנה ג"ר דז"א הם אורות עליונים, ואם היו יוצאים בתחילה היו נשארים קבועים, ולא היו מסתלקים בזמן הפגם, והיה העולם חרב וכו', לכן הג"ר דז"א יצאו בסוד תוספת וכו'. נמצא שהג"ר דז"א לא יצאו בזמן יציאת המלכים, ולא יצא כי אם הו"ק בלבד. וכתב שם הרש"ש ז"ל בהגהותיו בתחלת הפרק, כי בזו"ן דכל פרצוף ופרצוף מהם אשר השבירה היתה שוה בהם, וכולם נפלו לבי"ע כנזכר, והפגם מגיע בהם ח"ו, וכן כל המעשים טובים שעושים התחתונים פועלים בהם כולם בשוה, עד כאן לשונו. מבואר יוצא מזה שז"א דכל נקודה ונקודה מחמש נקודות לא יצא כי אם בן ו' בלבד, ולא שום שינוי ביניהם כלל, והג"ר שלהם לא יצאו כי אם אחר כך באו בסוד תוספת כאמור ותו לא מידי. ובמחילה רבה מכבוד תורת המחבר ההגהות הנזכר לעיל, כי מרוב טרדותיו העתיק דברים כהווייתן מבלי שימת עין עליהם, שהם מנגדים לדברי הרב ז"ל ולדברי הרש"ש ז"ל. ובודאי כי עתה יאהבני אדוני יתברך שמו, כמידתו הטובה לקבל האמת ממי שאמרו, ומני ומניה יתקלס עילאה.

ונחזור עתה לכתוב דברי הרב אליהו מני ז"ל, שעל נהר שלום כמו שיעדנו למעלה, על מה שכתב הרב ז"ל שזו"ן דעתיק ירדו לעתיק דבי"ע, ודא"א לא"א דבי"ע וכו', ובהקדמת רחובות הנהר כתב שזו"ן שכל ספירה וספירה ירדו לבי"ע דאותה ספירה וכו'. כתב הרב אליהו מני ז"ל בספרו כתב ידו הנקרא צדק ושלום שעל נהר שלום דף מ"א, ובהנדפס מחדש הוא בדף י"ד ע"ד וז"ל - והאמת אלו ואלו דברי אלהי"ם חיים. ונדבר דרך משל ונאמר כי בשבעה מלכים דספירת הכתר דעתיק דאצילות, יש בהם חלקים לכל חמשה פרצופי האצילות דספירה הנזכרת, שיתוקנו אחר התיקון, ואלו נחלקים בירידתם לבי"ע, דאותה ספירה הנזכרת, החלקים השייכים והמתייחסים לעתיק דאצילות דאותה ספירה הנזכרת נפלו במקום ג' עתיקין שיש בבי"ע דאותה ספירה הנזכרת. והאריכין להאריכין. ועל דרך זה השאר. דהיינו חלקים השייכים והנוגעים לכלי הפנימי דעתיק דאצילות דספירה הנזכרת, במקום עתיק דבריאה דספירה הנזכרת. והחלקים השייכים והנוגעים לכלי האמצעי דעתיק דאצילות דספירה הנזכרת, במקום עתיק דיצירה דספירה הנזכרת. וחלקים הנוגעים לכלי חיצון דעתיק דאצילות דספירה הנזכרת, במקום עתיק דעשיה דספירה הנזכרת. וכל זה בכללות, וכן היא בפרטית, דהיינו חלקים השייכים והנוגעים לכלים פנימים דחמש פרצופי עתיק דאצילות דספירות הנזכרים, נפלו במקום חמשה פרצופי עתיק דבריאה כל אחד בשכנגדו, דהיינו כלי הפנימי דכתר דעתיק דאצילות, במקום פרצוף הכתר דעתיק דבריאה. ופרצוף החכמה בחכמה, וכו'. ועל דרך זה בפרטי פרטות, ומובן הוא. והכלל שברחובות דבר בכללות, והאדם יראה לעינים שכל דברי ההקדמה היא בכללות, וא"ש את"מ, עד כאן לשונו. **הן** אמת מה שכתב הרב אליהו מני ז"ל שבירורים הראויים לעתיק נפלו למקום עתיק דבי"ע, והראויים לא"א נפלו למקום א"א דבי"ע, וכו'. וכן הוא מפורש יוצא מדרוש א' משער ט"ל, יעו"ש. ברם לדידי מעיקרא קושיא ליתא, שמה שכתב הרש"ש ז"ל ששבעה תחתונות דכל ספירה נשברו ונפלו לבי"ע, דאותה ספירה, ומה שכתב בע"ח ובהגהותיו כי זו"ן דעתיק נפלו לעתיק דבי"ע, ודא"א לא"א דבי"ע וכו', הכל אחד, והוא על פי מה שכתב לעיל בכוונת דברי הרש"ש ז"ל, שכל החמשה נקודות שהם עתיק, וא"א וא"וא, וזו"ן, ששבעה תחתונות שלהם נפלו, וג"ר שלהם נתקיימו. כולם יצאו מעיני א"ק, והג"ר דכל אחד קבלו אורות אח"פ ונתקיימו, וזו"ן דכל אחד נשברו וירדו לבי"ע, וכולם מלבישים זה את זה בשוה, מתחילים דא"ק עד סוף האצילות, אם כן מה שכתב הרב שבעה תחתונות דעתיק ירדו לעתיק דבי"ע, ר"ל שבעה תחתונות דעתיק הכולל, המתחיל מטבור דא"ק עד סוף האצילות, שכולל י"ב פרצופים באורך, שבעה מלכים שלו ירדו לעתיק דבי"ע, ר"ל לעתיק הכולל דבי"ע, שבפרטותו יש י"ב פרצופים באורך, והעתיקים דבי"ע נקראים בי"ע דעתיק, וכן על דרך זה הוא בא"א, וא"וא, ששבעה תחתונות שלהם ירדו לא"א וא"וא דבי"ע. וכן ז"א הכולל, שמתחיל מטבור א"ק עד סוף עולם האצילות, והוא כולל י"ב פרצופים באורך, שהם עתיק וא"א, וא"וא, וזו"ן, שבעה תחתונות שלו ירדו לשבעה תחתונות דבי"ע, שהוא ז"א הכולל דבי"ע שבפרטותו, יש ב' פרצופים באורך, והוא מלביש שוה בשוה לעתיק, וא"א, וא"וא דבי"ע בעובי. וז"א דבי"ע נקראים בי"ע דז"א. אם כן נמצא מה שכתב ז"א דבי"ע, ובי"ע דז"א הכל אחד. ועל תירוץ הרב אליהו מני יש להשיב כי מה שכתב הרז"ל זו"ן דעתיק ירדו לעתיק דבי"ע וכו'. ר"ל עתיק שיצא מעיני א"ק שהשבעה תחתונות שלו, היה בהם מקרה המלכים, לא עתיק הפרטי שלוקח בירורים הנוגעים לו, משבעה תחתונות שירדו לבי"ע. וכן לא א"א וא"וא שנתקיימו, ולוקחים קצת

[108]לִהְיוֹתוֹ[109] מתייזזס אליו כמוהו. [110]וְאָמְנָם[111] אור שֶׁל הַדַּעַת דנקודים לא ירד לבי"ע, עם כל זאת יָרַד גַּם הוּא בגבול עולם האצילות, ר"ל אֶלָּא שֶׁנִּשְׁאַר בְּעולם הָאֲצִילוּת

בירורים הנוגעים להם מהשבעה מלכים שירדו לבי"ע, כמו שפירש הרב אליהו מני ז"ל, אלא בא"א ואו"א הכוללים וכו', שיצאו מעיני א"ק והלבישו שוה בשוה מטבור דא"ק וכו', ושבעה תחתונות דכל אחד מהם היה בהם מקרה המלכים, ועל זה אומר הרז"ל ששבעה תחתונות דא"א ירדו לא"א דבי"ע, ר"ל לא"א הכולל דבי"ע, וזו"ן דאו"א לאו"א דבי"ע, שמתחלים מהתחלת הבריאה עד סוף העשיה. ולפי זה לא יבוא תירוץ הרב אליהו מני כלל, כי הרב מדבר בעתיק, וא"א, ואו"א, וזו"ן הכוללים, ולא הפרטיים, שהם זה למעלה מזה, גם אינו דבר בבירורים שלוקח עתיק, וא"א, ואו"א, וזו"ן, מהשבעה מלכים לעתיק, וא"א, ואו"א, וזו"ן, שירדו לבי"ע. והשם יתברך יראנו נפלאות מתורתו אמן כן יהי רצון.
104

כרם שלמה ש"ט פ"ג אות ב' – ולקמן מפורש כי לא לעולם הבריאה לבד נפלו, אלא נפלו אל כל השלושה עולמות, שהם בריאה יצירה עשיה. דהיינו הכלים האלו היה בהם בחינה פנימיות, ואמצעיות, וחיצון. דהיינו בכל כלי וכלי שיש בו פנימי, אמצע, וחיצון. וְהַפְּנִימִי שֶׁלּוֹ נָפַל לַבְּרִיאָה, וְהָאֶמְצָעִי שֶׁלּוֹ נָפַל לַיְצִירָה, וְהַחִיצוֹן שֶׁלּוֹ נָפַל לַעֲשִׂיָּה. וכאן לא חש להאריך ונקט ברבריאה דווקא, ולא הזכיר היצירה והעשיה גם כן. ע"ח ש"ט פ"ז מ"ב הגהה לשמ"ש דמ"ו ע"ג – נ"ב, ר"ל בדעת לבריאה, וכן בדעת ליצירה, ובדעת דעשיה. וכן על דרך זה בכולם על סדר מה שנתבאר לעיל בפרק ג'. כן היה ממש בכל שבעה תחתונות דכל פרצוף, משנה פרצופי האצילות, שהפנימיות ירד לבריאה, על הסדר ההוא, וחיצוניותם ליצירה, על הסדר ההוא. וחיצוניות חיצוניותם לעשיה, על הסדר ההוא. אמנם צריך עיון היכן עמדו הכלים דשבעה תחתונות דא"א כשנפלו לבי"ע, וכן דאו"א, וזו"ן, שהרי כבר לקח מקומם עתיק. ואפשר לומר שהשבעה תחתונות דעתיק נפלו למקום עתיק דבי"ע המתייחס אליו, וכן כל פרצוף לפרצוף שכנגדו בבי"ע המתייחס אליו, וכמו שמבואר בשער השמות, עיין שם.
105

תרשים ג – ח.
106

בית לחם יהודה ש"ט פ"ג דכ"ט ע"א – ונפל הכלי הזה במקום הדעת דבריאה. היינו שפנימיות הכלי בדעת דבריאה וחיצוניותו בדעת דיצירה, וחיצוניותו חיצוניותו בדעת דעשיה, וכן על דרך זה כולם, כמבואר בפרק ז' דלקמן)השמ"ש(. ודקדק לומר במקום הדעת דבריאה, ולא אמר במקום הדעת דז"א ובריאה. וכנוסח זה כתב נמי בסמוך שאור הדעת עלה במקום הדעת דאצילות וכו'. העניין הוא כי כמו שיש בכל פרצוף בחינת דעת, כמו כן יש בחינת דעת בכללות העשר ספירות דכל עולם ועולם מארבע עולמות אבי"ע, כי כאשר נעשה את כל עולם ועולם לפרצוף אחד לבד, צריך להיות בו גם כן בחינת דעת, כמו שמבואר בדברינו בפרק ה' דשער כ"ג ד"ה והטעם, יעו"ש. ובמקום דעת הכללי דבריאה נפל הדעת דנקודים.
107

השמ"ש]א[– נ"ב ודאי שהוא על דרך מה שכתב לקמן פרק ז', שפנימיות הכלי בדעת דבריאה, וחיצוניותו בדעת דיצירה, וחיצוניותו חיצוניותו בדעת דעשיה. וכן על דרך זה כולם, מה שהיה בכלים דא"ק כמבואר בספר מבוא שערים. ושבעה תחתונות דעתיק במקום עתיק דבי"ע, ודא"א במקום א"א דבי"ע, וכן על דרך זה כולם, כל פרצוף במקום פרצוף המתייחס אליו.
108

איפה שלימה, שער הנקודים פ"ט די"ג ע"ג)ה(– להיות מתייחס אליו כמוהו וכו'. ומה שלא ירדו גם כלי החג"ת במקום המתייחס אליהם, הטעם הוא כדי שלא יתרחקו מאורם יותר משלשה מדרגות אף בעולם הבריאה, כח במקום שכאשר ירדו למקום המתייחס להם, וצריך להתרחק יותר משלשה מדרגות, אז לא ישגיחו לדקדק על בחינת המקום המתייחס להם, כי עדיפא להו להתקרב אצל אורם כדי לקבל ממנו שפע וחיות, ואחר שינקו שפע וחיות הצריך להם, קודם שנתעלו האורות ונתלבשו באחורי או"א, ואחרי הכתר, היו האורות מעכבים לכלים שלא ירדו למטה. אבל אחר שנתעלו האורות, ונתלבשו באחורי א"א ואו"א, אין מי שמחזיק ומעכב לכלים, לעמוד במקום המתייחס להם, וגם אם ירדו למטה, אין נמשך להם שום הפסד, כי כבר

קבלו די חיותם, ויכולים להתברר בזמן התיקון. והרב יפה שעה ז"ל תרץ תירוץ אחר, יעו"ש באות א'. ובמה שתירצתי יתורץ גם מה שהקשה עוד מעבר לדף באות א' בענין החו"ג, יעו"ש. ועיין עוד להרב שפת אמת באות ג', שתירץ תירוץ אחר. יעו"ש.
109

בית לחם יהודה ש"ט פ"ג דכ"ט ע"א – להיותו מתייחס אליו כמוהו. ואם תאמר אי בעינן מקום מתייחס אליו, אם כן למה לא נפלו כלי החג"ת במקום המתייחס אליהם, ואי לא בעינן מקום המתייחס אליהם, אם כן אמאי לא נפל הדעת במקום הכתר דבריאה כדי שיהיה קרוב יותר לאור הדעת שבאצילות. ויש לומר שכלי הדעת כיון שלא היה אור הדעת רחוק ממנו שום ספירה מספירות האצילות, כי הנה כל ספירות הבריאה כחד חשיבי אצל האצילות, לכן בחר מקום המיוחס אליו, אבל כלי החג"ת שהאור נתרחק מהם ספירה אחת, או שנים, או שלוש ספירות מספירות האצילות עצמה, אף על פי שכל ספירות הבריאה כחד חשיבי, מכל מקום כל כמה דאפשר לאקרובי לאורות אצל האורות הוי מתקרבי, ולא חייישי שיהיה מקום נפילתם בבריאה מתייחס להם, (יפה שעה).
110

יפה שעה)ב(– ואמנם גם האור של הדעת ירד גם הוא, אלא שנשאר במקום כלי המלכות דאצילות כו'. הנה לפי דברי רז"ל מתבאר, שכשנשברו שלושה מלכי דחג"ת, הכלים ירדו לבריאה, והאורות ירדו באצילות עצמו, ונתלבשו בכלים המלכים נצח הוד יסוד ומלכות. ואין להקשות למה עתה היו יכולים לסבול אורות אחרים ולא נשברו, וכשבאו אורותיהם למלוך ולהיכנס בתוכם, לא יכלו לסבול ונשברו ומתו, שאף על פי שכל הו"ק שוים בערכם כמו שכתב רז"ל, מכל מקום הא מיהא פירתא עדיפי אורות דחג"ת מאורות דנה"י, ואם אורות דחג"ת קיימי וקבלו בתוכם ולא נשברו, בבא אורותיהם למה נשברו. ומה גם לפי מה שכתב רז"ל שאורות דחג"ת היו באים בלי לבוש, ואורות דנה"י כשהיו באים להיכנס בכלים שלהם כדי למלוך, היו באים מלובשים, יעו"ש פרק ב' דלעיל. ועם כל זאת היו הכלים נשברים, ובאורותיהם נשברו, מה שלא נשברו בהיותם בתוכם אורות גדולים ועצומים מהם. שהתירץ לכל זה מבואר הוא, שהכלים הללו אין כח בהם לסבול בתוכם אלא אור אחד, כל כלי וכלי, הילכך בבא אורות דחג"ת, ונכנס בכלים דנה"י, אחד באחד יגשו, אור החסד בכלי יסוד, ואור של גבורה בכלי דנצח והוד, ויפה כחם לסבול אור אחד בתוכם. אבל כשבאו אורות דנה"י, כדי להיכנס ולמלוך בכלי דנה"י, היו באים כל האורות יחד כנודע, ואפילו בכלי היסוד היו כלולים שנים, דיסוד ודמלכות כמו שכתב רז"ל, ולא עצרו כח להעמיד אחד בשתים. אמנם בכלי של המלכות תיפול הקושיא הזאת, למה כשנכנס אור הדעת בתוכה עמדה על עומדה, וסבלה ובהיכנס האור שלה והוא באחד, לא היתה יכולה לסבול והיא נשברה, והסברא נותנת שאור הדעת גדול מאד מאור המלכות, כי הוא נשמת הו"ק כמו שכתב רז"ל. ואין לומר שאור הדעת לא נכנס בתוך כלי המלכות ממש, אלא ירד במקומה, ועמד חוצה לה, והכי דייק לשון רז"ל, שכתב שירד למקום המלכות. חדא שאם כן צריך לחלק בין הדעת לשאר היורדים, שהרי אורות דחג"ת שירדו בכלים דנצח והוד, צריך לומר שנתלבשו בתוך הכלים, שהרי כתב רז"ל כי בבא עת מלוכת הנצח והוד לא היו יכולים למלוך כי לא מצאו מקום פנוי מפני אור הגבורה שהיה בתוכם יע"ש. ועוד שהרי כתב רז"ל לקמן, שאור הדעת בעלותו למעלה הניח רשימו בכלי המלכות, ואין רשימו נשאר אלא בתוך הכלי, שעיקרו של רשימו אינו אלא כדי להחיות הכלי כנודע. אם לא שנאמר, שזאת עצמו היא התשובה לדבר, שהדעת לא נכנס בכלי המלכות אלא הוא לבדו. אבל כשהניח שם רשימו הדעת, והכוונה כדי שאחר כך כשיבא אור המלכות להיכנס בכלי שלו, ימצא שם רשימו של הדעת, והיא בחינת מלכות של הדעת, כמו שכתב רז"ל לקמן, ואור המלכות עצמו, הרי הם שנים כהלכתן, ומן הראוי היה שלא יישבר כלי המלכות, כיון שכל האורות שבה הם בחינת המלכות. אלא מפני הטעם שנתן רז"ל כמו שכתבתי בעניותין לעיל, הכלי שלה מעיקרא היה רעוע, נשבר ככל שאר אחרים.
111

כרם שלמה ש"ט פ"ג אות ב' – ומה שכתב ואמנם אור של הדעת ירד גם הוא, לשון **אמנם**, מפני שאמרנו לעיל שלא נפלו כי אם הכלים דמלכים, ולא האורות גם כן. ולכן אמר אף על פי שהאורות לא יפול בהם שם **נפילה**, היינו מעולם לעולם אחר לא נפלו. אבל באצילות עצמו **ירדו** ממקומם, למקום יותר תחתון.

עַצְמוֹ, ונתלבש[112] **במקום**[113] [114] **כלי המלכות של האצילות** ר"ל בכלי דמלכות דנקודים שעדיין אור המלכות דנקודים לא נתלבש בו, ואור הדעת דנקודים התלבש בכלי המלכות דנקודים כאורח[115], לכן לא נשבר כי המלכות דנקודים מאור הדעת דנקודים.

112

כרם שלמה ש"ט פ"ג אות ב' – ומה שכתב **במקום כלי המלכות,** מפני שאור של מלכות עדיין לא יצא, ולכן נשאר בתוך הכלי של המלכות הבא אחר כך בתוך הכלי שלו.

113

בית לחם יהודה ש"ט פ"ג דכ"ט ע"א – במקום כלי המלכות. פירוש, בתוך כלי המלכות ממש כמו שכתוב ביסו"ד. ומה שלא נשבר כלי המלכות בהיכנס אור הדעת בתוכה, נאמרו בזה כמה טעמים. חדא כי כשנשבר כלי הדעת נפלו מאורו כמה ניצוצות בכלי שלו, ובזה נתמעט אורו)יוס"ד(. ועוד כי ברדתו למטה בכלי המלכות נחלש כוחו)אמ"ן(. ועוד כי אור הדעת נכנס בנחת תוך כלי המלכות, כי כבר ידע שאם יכנס בחוזק ישבר כלי המלכות, כמו שנשבר כלי שלו. ועוד כי הוא אורח, והוכרח לצמצם עצמו)אש"ל(. ועוד נראה לעניות דעתי כי ענין התלבשות אור הדעת בכלי המלכות הוא ממש כדמיון נשמות הערטלאין הנכנסין בבני אדם רח"ל, שאינם מתלבשין ומתפשטין באדם כמו עיקר נשמתו שמתפשטת ברמ"ח אברים ושס"ה גידין. אלא הם נכנסין בהסתר ויושבים במקום אחד מהגוף בלבד. כמו כן היה ב אור הדעת, שהיא נשמת המת הנכנס בגוף אחר, ואינו מולך בכלי המלכות, כי אין שלטון ביום המות, מה שאין כן באור המלכות שאין בו אחד מסיבות אלו, ומה גם שלא נכנס לבדו, אלא נכנסו עמו ששה רישומין דהו"ק, כמו שמבואר בפרק ה' דנקודים, משום הכי נשבר.

114

איפה שלימה, שער הנקודים פ"ט די"ג ע"ו( ) – ועיין בהגהות מהרנ"ש אות קי"ג. שהקשה איך כלי המלכות יכלה לסבול בתוכה אור הדעת, ולא נשברה וכו', יעוש"ב. ובספר ע"ח כתב יד הרב יוסף סדבון על מהרנ"ש הנזכר לעיל וז"ל – דלא קשיא מדי, כי מה שירד למלכות הוא מה שנשאר מאור הדעת, כי הלא מדרגות לאין קץ נפלו מאור הדעת עם הכלי שלו, אלא שאין עולים בחשבון. אבל אור המלכות היה בכל בחינותיו וכולו נכנס בכלי המלכות בעת מלכותו ותו לא מדי, ובזה יתורץ גם בנה"י, עד כאן לשונו. וכתב אחד מן קדושים על דברי יוס"ד הנזכר וז"ל - זה אינו, כי השישה מדרגות שנשארו באצילות, כל מה שלמטה מהם בטלים בערכם, עד כאן לשונו. ועל מה שכתב מהרנ"ש עוד שם, כדי לחזק הקושיא ביותר, ואמר כי אי אפשר לומר שברדת אור הדעת שם נחלש כחו, ומשם הכי יכלה לסובלו, כי הרי כלל בידינו שההחסדים אינם משתנים וכו', יעו"ש. כתב עליו אמ"ן, וז"ל - אפשר ואפשר שברדתו נחלש כחו, כי זהו לשון הרב לקמן בסמוך, עד כאן לשונו. ועיין עוד בהרב יפה שעה באות ב', שכתב שהכלי יכול לסבול אור מלך אחד לבד, ולכן כלי המלכות היה יכול לסבול אור הדעת, אך כשיצא אור הדעת מכלי המלכות, הניח שם רשימו, ובבוא אור המלכות למלוך היו שם ב' אורות, ומהראוי היה שלא היה ישבר, כיון שגם הרשימו שהניח הדעת הוא בחינת מלכות שבו, אלא מפני הטעם שכתב רז"ל שהכלי שלה היה רעוע, משם הכי נשבר בכל הכלים, יעו"ש. ונראה לעניות דעתי כי מה שיכלה כלי המלכות לסבול אור הדעת, ולא נשברה, הטעם הוא כי כשנכנס אור הדעת בכלי המלכות, לא בא ונכנס בכח ובחוזק כמו אור המלכות עצמו, אלא נכנס בנחת, כי הוא אורח, וכוונתו היתה להאיר לכלי שלו כדי שיתקיים, ולזה הוכרח לצמצם את עצמו, כדי שלא ישבר כלי המלכות, והאור גם כן הוא מרוויח כי על ידי זה לא יישאר ערום, ויכול גם כן להאיר בכלי שלו בקירוב. מה שאין כן אור המלכות שבא בעוצם כחו כדי למלוך, בחשבו מאחר שהוא נשאר אור פרטי יכול הכלי שלו לסובלו, ותכון מלכותו, משום הכי נשבר, וקל למבין.

115

מבוא שערים ש"ב ח"ב פ"ה ד"ז ע"ב הגהה לצמח – שאלו אותי, למה כלי מלכות סבלה אור הדעת, מאחר שאור עצמו של מלכות לא סבלה. ונראה לי לתרץ, כי לא ירד אור הדעת כי אם להאיר לכלי שלו, ולא לחסרון, **ולזה כיון שלא ירד דרך קבע, אלא כמו אורח,** שהרי אדם גדול מצינו מצינו אורח בבית איש קטן מאוד ממנו. ומציגו שאדרבא עשה טוב עם כלי המלכות ברשימה שהניח בו, כנזכר בדף בבחינת עטרת בעלה. לכן

ואמנם[116] האור הדעת ושאר האורות דנקודים **לא ירדו שם לסיבת פגם אשר בו, כי הרי נתבאר**[117] לקמן כי השבירה היתה רק **בכלים** דנקודים **ולא באורות** דנקודים, **ואלו היה ירידתו שם משום פגם, היה ראוי שנייחס ביטול אל האורות** דנקודים, **על דרך שנייחסנו ביטול אל הכלים דאחוריים דאו"א, שנפלו דוגמתן באצילות עצמו.**

ואמנם ירידתן של אור הדעת ושאר האורות דנקודים בגבול עולם האצילות **היתה כדי להאיר מרחוק בכלי שלו העומד בבריאה** יצירה ועשיה, וכל זאת [118]**שלא**[119] **ימות** הכלי דדעת דנקודים(וכן שאר הכלים דנקודים שנפלו לבי"ע) **לגמרי, וישאר**[120] **בלתי תקוה, לכן**[121] **מאיר**

כלי המלכות סבל אור הדעת. ועוד כי חפצו של הדעת לעלות למעלה, ולא יכנס בעצם כלי המלכות, מה שאין כן אור המלכות שחפצו ליכנס בתוך כלי שלו.
116

כרם שלמה ש"ט פ"ג אות ב' – ומה שכתב ועוד **ואמנם לא ירד לסיבת פגם** וכו', מפני שהקשה לו, כמו שמבאר בסמוך, והלא היה צריך לייחס שם **בטול ח"ו** באורות של שבעת מלכים, כמו שייחסנו ביטול דכלים דאחורי או"א, שגם הם אף על פי שלא נפלו כי אם באצילות עצמו, יחסנו להם שם ביטול. ולכן הקדים וכתב - ואמנם לא היתה ירידתם שם משום פגם בהם, אלא ירידתם היתה שם כדי להאיר שנפלו בבריאה. ולכן הואיל וירידתם שם היתה לסיבת ההועלה של כליהם, ולא משום התשות כח שהיה בהם, לכן לא יפול עליהם ייחוס של **ביטול**, כמו שייחסנו ביטול לכלים דאחוריים דאו"א, מפני שלא היתה נפילתם משום פגם.
117

ע"ח שי"א פ"ז מ"ת דנ"ד ע"א – וטרם שנבאר חלוקות אלו, נבאר בקיצור ענין התיקון מה ענינו. הנה נתבאר **כי לא היתה השבירה אלא בכלים**, שלא יוכלו לקבל האור שלהם, נמצא שכאשר בא התיקון עיקרו היה לבחינת כלים. אבל בענין **האורות והעצמות שלהם לא נתחדש דבר**, בהם מחמת העיבורים ויניקות.
118

כרם שלמה ש"ט פ"ג אות ב' – שלא ימות לגמרי, ר"ל הואיל ועכשיו הוא תחילת ירידתו לבריאה, צריך שאשרו כל מה שאפשר להיות קרוב אליו יתקרב. ולכן ירד וישב בכלי המלכות, שהוא סוף האצילות, כדי להאיר להכלי שלו, שלא יתבטל לגמרי, ויהיה קשה להוציאו אחר כך מן הבריאה. וזהו פירוש **שלא ימות לגמרי**. וחיישינן גם כן ליקריה כדי שלא יתיאש מן הגאולה, ויתיאש מן התפילה, ולא יתפלל לגאול אותו, כי מאותו זמן ועד ביאת הגואל, המלכים אלו דב"ן הם תמיד מתפללים על גאולתן, בסוד תפילת וצעקת השכינה מן הגלות, שהיא השכינה היא המלכות שהיא שם ב"ן, והם הם אלו המלכויות דשם ב"ן. **והבן הסוד הזה הנמרץ והיקר, ושמרהו לכל מקום שתצטרך אליו, והבינהו היטב.**
119

בית לחם יהודה ש"ט פ"ג דכ"ט ע"א – שלא ימות לגמרי וישאר בלי תקוה. פירוש, שאם לא היו האורות מאירים בכלים היו מתים לגמרי, ואין להם מיד תקוה להחיות ולהתתקן על ידי שם מ"ה, והם כדוגמת גופות בני אדם כי אף על פי שיש בהם הבלא דגרמי, שהם הרפ"ח ניצוצות, עם כל זה נפשות שלהם הם פקדן לבי קברייהו בחצות לילה.
120

כרם שלמה ש"ט פ"ג אות ב' – וישאר בלתי תקוה, כדי שלא יחוש מלהתפלל, בסוד הקדוש ברוך הוא מתאווה לתפילתם של הצדיקים, על שם שהנשמות של הצדיקים כלולים באלו המלכים.
121

כרם שלמה ש"ט פ"ג אות ב' – לכן מאיר בו מרחוק בהיותו עומד הוא באצילות, והוא למעלה מן הכלי שלו, כמו התגין שעל גבי האותיות של הספר תורה.

אור הדעת דנקודים הנמצא כעת בכלי המלכות דנקודים **בו** ר"ל בשברי הכלים דדעת הנמצאים בבי"ע **מרוזזק,**
בהיותו עומד הוא באצילות שלפני התיקון, **והוא בבזיונת תגין על האותיות**
שבספר התורה **כנזכר[122] לעיל,** ודוגמת[123] האדם המת שנמצא בקבר, שנשאר בהם לחלוחית של הנפש הנקרא
הבלי דגרמי, שהם דוגמת הרפ"ח ניצוצין שנשארו להאיר בכלים דמיתו ◆

הרב ז"ל מבאר[124] את שבירת כלי החסד, מקום ירידת שברי הכלי דחסד, ומקום ירידת אור החסד. **יש לחקור** מדוע כלי
החסד ירד לבינה דבי"ע, ואור החסד ליסוד דאצילות.]נראה לעניות דעתי **אח"י,** כי עולם העקודים[125] שהוא שורש

122

ע"ח ש"ח פ"ו מ"ת דט"ל ע"ג – וזה טעם הספר תורה שיש לו בחינת כתיבת אותיות ותגין, וחסרים ממנו
טעמים ונקודות, כי כבר ידעת כי ספר תורה הוא בחינת היסוד דאבא, וכבר נודע בזוהר בהרבה מקומות
דבמחשבה איתברריר כלהו. ולכן הספר תורה)נ"א ולשון ספר תורה(מורה על זה הנזכר לעיל, ועל ידי מה
שהשליח ציבור קורא הפרשה בתורה בטעמים ונקודות, לתקן מה שחסר ממנו. לכן תמצא כי הטעמים יש בהם
הוראה בהוצאת הבל הפה, כי יש ניגון פרטי לכל טעם בפני עצמו בהוצאתן מהפה ולחוץ, וכן הנקודות יש להם
הברת, כמו אָ אַ אֲ אֶ אֵ אִ או, אבל)נ"א כי(התגין אין להם שום תנועה ונדנוד בעת קריאת
האותיות, והטעם כי בחינת הטעמים והנקודות הם מורים בזמן שהאורות בתוך הכלים, ולכן הם נרגשין
ונדנדים בעת קריאת האותיות, יען כי על ידי הנקודות והקריאה הם מאירין בתוך כליהם, שהם האותיות. **אבל**
התגין מורים על זמן היות האורות על גבי האותיות, וחוץ להם, שאז אין לאותיות שום נדנוד ותנועה, **כי**
רוחניותם נסתלק מתוכם,)מן הכלים הנקודים(**אמנם עומדין עליהם מרחוק להאיר להם, הארה מועטת,**
כדמיון התגין העומדים זקופים על האותיות לא בתוכן.

123

ע"ח שי"ח פ"א מ"ת דפ"ה ע"ג – והנה אלו שבעה מלכים הם בחינת שבעה תחתונות שהם הנקרא זו"ן של
עולם האצילות, וכיון שירדו אל הבריאה נקרא אצלם מיתה, מה שאין כן באחוריים דאו"א, שנפלו ולא מתו
כמו שנתבאר. והוא אצלם כדמיון אדם התחתון בעולם הזה כשמת, שאז נפרדת נפשו מגופו, ונפשו מסתלקת
ותשוב למקומה האמיתי אל האלהי"ם אשר נתנה, וגופו שהוא עפר, ישוב אל הארץ, ויורד ממדרגתו שהוא
בחינת אדם, וענין זה נקרא מיתה. וכך אירע אל המלכים האלו, כי נשמתן שהם אורות שלהם עלו אל מקומם
הראשון, שהוא אצילות, אמנם גופם שהם הכלים שלהם, ירדו לעולם הבריאה, ושם היה קבורתם. והנה כמו
שגוף האדם התחתון בעולם הזה כשנקבר בקבר, נאמר בו - ונפשו עליו תאבל, ונשאר בו אותו **הבחינה של**
הרוחני של עצמותיהן, הנקרא בזוהר הבל דגרמי כנזכר לעיל, כדי שיהיה לו איזה חיות, **כדי שיוכל**
להתקיים עד זמן התחייה. כי אם לא היה נשאר בהם שום לחלוחית, לא היו קמים בתחית המתים..... והנה
על דרך זה גם בשבעה מלכים, נשאר בהם קצת רוחניות, כדי להחיות את הכלים ההם, בזמן תחייתם, שהוא
זמן תיקון האצילות.

124

מבוא שערים, ש"ב ח"ב פ"ב ד"ה ע"ג – אחר כך יצא אור החסד, עם שאר האורות שתחתיו, ונכנס ומלך
בכלי שלו, ונשבר הכלי, וירד בבינה דבריאה, כי מצא כלי הדעת במקומו הראוי לו, ולכן נשאר הוא בבינה
דבריאה עם שהוא עליון ממנו, והאור של החסד ירד גם הוא, עד היסוד דאצילות, כי גם הוא מצא את אור
הדעת במלכות דאצילות.

125

ע"ח ש"ו פ"ה מ"ת דכ"ז ע"ד – ודע כי במלכות של עולם העקודים נשארו בה עשרה שרשים של עשר
הנקודים, כמו שנבאר בע"ה. ועל דרך זה בכל אצילות. כי המלכות של השרשים אשר בפה א"ק, היא כלולה
מעשרה, והם עשרה שרשים אל עשרה דעקודים. **ובמלכות דעקודים יש עשרה שרשים, אל עשר ספירות**
דנקודים.)וכן במלכות דנקודים יש עשרה שרשים, והם שרשים דעשר ספירות דברודים(. ועל דרך זה בשאר
העולמות.

לעולם הנקודים, ובעולם העקודים משמש החסד מ"ן לבינה, ונקרא[126] בן לבינה. ואור החסד ירד לכלי היסוד דנקודים, הוא[127] כי ידוע החסד מתגלה בפומא דאמה].

ואזור **כך**[128] ר"ל אחרי שנשבר כלי הדעת, **יצא**[129] אור[130] **הֹחֹסֹד** הנקרא[131] בתורה יובב בן זרח, עם שאר האורות שתחתיו היו כלולים בו, מכלי הדעת דנקודים שנשבר, והתלבשו אורות אלו בכלי החסד, ומלך אור החסד דנקודים לפי שעה, ולא היה יכול כלי החסד דנקודים לסבול את האורות האלו, **ונשׁבֹר** **הֹכֹלֹי**[132] [133] החסד

126

ע"ח ש"ז פ"ג מ"ק דל"ב ע"ד – וכן הענין גם כן בבינה, רק שיש בה הפרש, והוא שנשאר בה אור הבינה מועט בעת הסתלקות כנזכר לעיל, **ועתה נכנס בה אור החסד, והנה חסד בן הבינה כנודע**.....ואז מזדווגים שם במקומן זכר ונקבה של חכמה, ומוציאין על ידי זווגם אור אחד הנקרא יו"ד, ואז ניתן למטה בהפיכת פניהם לבינה. ואז אותו היו"ד מתלבש תוך אור הבינה על דרך)נ"א בדרך(האחרות, ונעשה הי' זכר והבינה נוקבא. ואחר כך כאשר נתנו השבעה אורות בכלי של בינה, **אז ניתן בה אור של החסד, ונשאר בה אור החסד תמיד בבחינת מ"ן**.

127

ע"ח שט"ל דרוש י' מ"ב דע"א ע"א – והנה נודע **כי החסד מתגלה בפומה דאמה**, לכן הוא הוי"ה דע"ב שהוא גימטריא חסד.

ע"ח ח"ב של"ג פ"ד מ"ת דמ"ב ע"א – והנה בזה תבין מה שכתב בזוהר ובאדרא, על פסוק - והוא יושב פתח האהל כחום היום, אמרו שם **אתגלייא חסד בפומא דאמה**. פירוש כי אברהם הוא סוד החסדים כמבואר אצלנו, והנה התינוק כשנולד נולד ערלתו עמו, וחופפת על היסוד, וכשנמול אתגלייא יו"ד, שהוא ראש פי האמה שלו, שהיו"ד הזו הוא בחינת החסדים העליונים, הנקרא אברהם כנודע, כי חסד הוא בגימטריא ע"ב, הוי"ה במילוי יודי"ן, כי כל י' הוא בחסד. וזה שכתוב באברהם אחר שנימול - וירא אליו הוי"ה באלוני ממרא והוא יושב פתח האהל כחום היום, כי אברהם שהוא חסד, וצורת י' אתגלייא בפתח האהל, שהוא פי האמה, שצורתה י', שהיא עטרה שביסוד.

שער הכוונות, דרושי פסח, דרוש א' ד"פ ע"ב – והענין הוא כי דם מילה הם דם טוהר, **כי הם מן החסד המתגלים בפומא דאמה, יסוד דדכורא**. ודם פסח הוא כנגד הגבורות שהם בנוקבא כנודעץ

פרי עץ חיים, שער הסלחות פרק ח' – וכבר ידעת, **כי חסד מתגלה בפומא דאמה**, כנזכר באדרא. ופירוש, כי חמשה חסדים עומדים ביסוד, לתת אל הנוקבא, ולכן נקרא חסד.

128

ע"ח ש"ח פ"ה מ"ת דט"ל ע"א – אחר כך יצאו ששה אורות האחרים בכלי חסד, וגם הוא לא היה יכול לסובלם, ונשבר וירד למטה, כמו שנבאר בע"ה.

129

כרם שלמה ש"ט פ"ג אות ג' – ואחר כך יצא החסד ונשבר הכלי וכו'. ר"ל כשיצא אור החסד, וכל שאר האור שתחתיו כלולים בו, בעת שיצאו מן מקום כלי הדעת דאצילות. כי קודם כשנכנס אור הדעת בכלי שלו אזי כולם היו כלולים בו, ואז הכלי שלו לא יכול לסבול [**אח"י** - את האורות שבתוכו, ונשבר כלי הדעת דנקודים]. ואז אור הדעת לבדו ירד בכלי של המלכות דאצילות, ושאר האורות מן החסד ולמטה אז נפרדו מן אור הדעת, ומתוך הכלי שלו, כי הכלי שלו ירד בבריאה. ולכן נופל על אור החסד לשון **יציאה**, שיצא ממקום כלי הדעת דאצילות, והוא כדי לכנוס בכלי שלו, ואף על פי שלא יצא ממקום מקורו העיקרי, שהיא כלי הבינה.

130

תרשים ג – ט.

131

בראשית ל"ו ל"ג – וימת בלע וימלך תחתיו יובב **בן זרח** מבצרה.

132

כרם שלמה ש"ט פ"ג אות ג' – ואחר כך יצא החסד ונשבר. ר"ל יצא אור החסד ממקום כלי הדעת, ונכנס בכלי שלו, הוא ושאר האורות כלולים בו. ואז לא יכול הכלי של החסד לסבול, **ונשבר הכלי** הזה **וירד בבינה דבריאה**. וכאן גם כן ר"ל במקום שעתיד להיות בינה , ובמקום שעתיד להיות בריאה על דרך הנזכר בהלכות

דנקודים, **וירד** פנימיות[134] כלי החסד **בבינה דבריאה,** וחיצוניות כי דחסד בבינה דיצירה, וחיצוניות דחיצוניות כלי החסד בבינה דעשיה. **והאור** החסד **ירד במקום כלי היסוד דאצילות** שלפני התיקון, והוא כלי היסוד דנקודים, **כי כבר אור הדעת** דנקודים **הקדים לקחת מקום של הכלי** ד**מלכות** דנקודים, ומאיר אור החסד דנקודים מכלי היסוד דנקודים, לשברי כלי החסד הנמצא בכלים דבינה בי"ע, כך שיהיה מרחק בן האור דחסד לשברי כלי דחסד שלוש ספירות, כי[135] כל פחות משלשה ספירות כלבוד דמי, כמו שהרב ז"ל מבאר לקמן.

הרב ז"ל מבאר כאן את שבירת כלי הגבורה, ונפילת שברי כלי חכמה דבי"ע, ואור הגבורה לכלי נצח הוד. [נראה לעניות דעתי **אח"י,** כי השורש לזה הוא, שגבורה[136] דעתיק יומין, מתלבשת בחכמה דא"א].

ו**אזור**[137] **כך יצאה**[138] אור **גבורה**[139] דנקודים, הנקרא[140] בתורה חשם מארץ התימני, יחד[141] עם שאר האורות שתחתיו מכלי החסד דנקודים שנשבר, ונכנס אור הגבורה דנקודים לכלי שלו עם שאר האורות, ומלך לפי שעה,

---

הדעת לעיל. וכן כאן גם כן שהכלי הפנימיות שלו, ירד למקום בינה דבריאה. והאמצעיות שלו, ירד לבינה דיצירה. והחיצוניות שלו, ירד לבינה דעשיה.
133

תרשים ג – י.
134

תרשים ג – י"א.
135

ע"ח ש"ז פ"ג מ"ק דל"ב ע"ג – כי כל פחות מג' כלבוד דמי.

גמרא שבת דצ"ז ע"א – המשלשל דפנות מלמעלה למטה, אם הן גבוהין מן הארץ שלשה טפחים פסולה, הא פחות משלשה כשרה. התם היינו טעמא משום דהוי לה מחיצה שהגדיים בוקעין בה, תינח למטה למעלה, מאי איכא למימר, **אלא כל פחות משלשה כלבוד דמי,** הלכתא גמירי לה.
136

ע"ח שי"ג פ"ו מ"ק דס"ג ע"ד – והנה דע כי סוד ההוא רדל"א הוא מתלבש בכתר וחכמה דא"א, שהוא כללות השני רישין כנזכרים לעיל. ותחלה נבאר איך הוא מתפשט בשני רישין אלו, ואמנם כבר ידעת כי לעולם כשהגבוה מחבירו, מתלבש בתחתון כנזכר לעיל, הנה אין כח בתחתון לסבול אורו, רק משבעה תחתונות שבו לבד. כי שבעה תחתונות דרדל"א שהם מחסד עד מלכות שבו, הם מתלבשין בשני רישין תתאין דא"א, ומאירין בו. כיצד, דע כי חסד שבריישא עילאה, הוא מתפשט ומאיר בגלגלתא. **וגבורה במוחא,** כי אלו הם סוד השני רישין תתאין כנזכר לעיל. ובזה תבין איך הכתר רחמים גמורים, **אך החכמה יש בה דינים,** רק שהם נכפין במקום הזה, ואתכפיין תמן. וזהו מה שכתב החייט בספרו מנחת יהודה - **כי חכמה הוא דין, והבן זה מאד.** וזהו מאמר הזוהר קכ"ח - מוחא דשקיט ויתיב ושכיך כחמר טב על דורדייא, כי הוא סוד יין על שמריו, רק שהם נכפין כאן.

ע"ח שי"ג פ"ה כלל ד' מ"ק דס"ג ע"ד – שערות הראש מן הכתר שהוא אריך אנפין, שנתלבש בו החסד דעתיק יומין, לעולם ואפילו בא"א הוא חסד, ושערות דדיקנא **מצד החכמה, שנתלבש בה הגבורה דעתיק,** לעולם אפילו בא"א הוא גבורה, ולכן שערי דרישא שעיען ושל דיקנא קשים יותר.
ע"ח שכ"ט פ"א מ"ב ד"כ ע"ג – כי **החכמה היא גבורה בשרשה,** כי לכן **חכמה דא"א נתלבש בה גבורה דעתיק.**
137

מבוא שערים, ש"ב ח"ב פ"ה פ"ז ד"ז ע"ג – אחר כך יצא אור הגבורה, עם שאר האורות, ונכנס בכלי שלו, ונשבר הכלי, וירד בחכמה דבריאה, ואור הגבורה ירד גם הוא עד נצח והוד דאצילות, שהם חשובין כאחד, כנזכר לעיל בפ"ג ובפ"א.

ולא יכול היה כלי הגבורה דנקודים לסבול את האורות שבתוכו, ולכן[142] **נִשְׁבְּרָה** כלי הגבורה דנקודים, **וְיָרַד**[143] **הַכְּלִי בְּזוֹכְמָה דִּבְרִיאָה,** דגבורה בזוכמה דבריאה, וחיצוניות הכלי דגבורה בחכמה דיצירה, וחיצוניות חיצוניותו בחכמה דעשיה. **וְהָאוֹר** הגבורה דנקודים ירד **בְּכְלִי דְּנֻצַ֗ח הוֹד דַּאֲצִילוּת** שלפני התיקון, הנקראים נצח והוד דנקודים, **שֶׁהֵם בּ' פַלְגֵּי דְּגֻוּפָא** כנזכר לעיל, שלנצח[144] והוד כלי אחד לשניהם. ומכלי הנצח והוד האיר אור הגבורה דנקודים לשברי הכלי שלו שנמצאים בחכמה דבי"ע, שהם במרחק של ג' ספירות.

הרב ז"ל מבאר כאן את שבירת כלי התפארת דנקודים, ונפילת שברי כלי התפארת דנקודים לכתר דבי"ע. ובגלל שבכלים דנצח הוד, יסוד ומלכות דנקודים היו האורות דדעת חסד וגבורה דנקודים, לכן לא היה מקום לאור התפארת דנקודים לרדת, ונשאר אור התפארת דנקודים במקומו, בלי כלי להתלבש בו. והסיבה שששברי הכלים דתפארת נפלו לכתר דבי"ע היא, שהכתר[145] דפרצוף תחתון נמצא בתפארת של הפרצוף העליון.

וְאוֹזְר[146] כך[147] ל"ג **יָצָאָה** אלא[148] צריך לגרוס **יצא** אור **הַתִּפְאֶרֶת** דנקודים, הנקרא[149] בתורה הדד בן בדד]דמ"ג ע"ב 85[ממקום כלי הגבורה דנקודים שנשבר, עם שאר האורות שהיו כלולים בו, ונכנסו[150]

כרם שלמה ש"ט פ"ג אות ג' – מה שכתב ואחר כך יצאה הגבורה ונשברה. גם כן, ר"ל אור הגבורה יצאה מכללות אור החסד, שהיה במקום כלי החסד, וכשנפרד אור החסד וירד לכלי היסוד, אז אור הגבורה ושאר האורות שתחתיו כלולים בו, יצאה ממקום כלי החסד, וירדה להיכנס בתוך הכלי שלה. ולא יכלו לסבול כלי הגבורה את האור שלה, ושאר האורות שכלולים עמה, ואז נשברה. נמצא כי מה שכתב - **ואחר כך יצאה הגבורה,** חוזר על **אור הגבורה,** ולא על כלי הגבורה. ומה שכתב - **ונשברה,** חוזר על **הכלי של הגבורה.**
139

הגירסא באוצרות חיים – **יצאת.**
140

בראשית ל"ו ל"ד - וימת יובב וימלך תחתיו **חשם מארץ התימני.**
141

תרשים ג – י"ב.
142

תרשים ג – י"ג.
143

תרשים ג – י"ד.
144

ע"ח ש"ח פ"ד מ"ת דל"ח ע"ג – אמנם בצאת משם השבעה תחתונות, שהם השבעה מלכים שמלכו בארץ אדום, ורצו להיכנס בכלים שלהם, ולא יכלו הכלים לסבול, ונשברו, ומתו, כמו שנבאר בע"ה. ולכן נבאר תחלה סדר שבעה מלכים אלו, כי הנה הם מהדעת ולמטה, דעת ראשון, חסד שני, גבורה שלישי, תפארת רביעי, **נצח הוד הם תרי פלגי גופא, והם חמישי,** יסוד שישי, מלכות שביעי. **כי הנצח הוד נחשבים כל אחד חצי הגוף, ובין שניהם הם אחד לבד.**
ע"ח ח"ב כללי מוהרח"ו דקי"ח ע"א כלל ב' – נצח והוד הם גופא חד.
145

מבוא שערים ש"ב ח"ב פ"ה הגהה לצמח ד"ז ע"ג – פה רמוז הכלל המזכיר בדרושים, כי מתפארת פרצוף אחד, נעשה כתר לפרצוף שתחתיו, והוא כי כלי תפארת ירד בכתר דבריאה, הרי מתפארת נעשה כתר.
146

מבוא שערים ש"ב ח"ב פ"ה ד"ז ע"ג - אחר כך יצא אור התפארת עם שאר האורות, ונכנס בכלי שלו, ומלך, ונשבר הכלי, וירד בכתר דבריאה, ואור התפארת נשאר במקומו, בתפארת דאצילות, כי לא היה מקום

האורות בכלי התפארת דנקודים, ומלך אור התפארת לפי שעה, ולא יכול היה כלי התפארת דנקודים לסבול את האורות שבתוכו, ולכן **נִשְׁבַּר וְהַכְּלִי**[151] דתפארת דנקודים, **וְיָרְדוּ**[152] שברי פנימיות הכלי דתפארת דנקודים **בְּכֶתֶר דִּבְרִיאָה,** וחיצוניות שברי הכלי דתפארת דנקודים ירדו בכתר דיצירה, וחיצוניות דחיצוניות שברי הכלי דתפארת דנקודים ירדו בכתר דעשיה. **וְהָאוֹר** דתפארת דנקודים **נִשְׁאַר בְּמְקוֹמוֹ** בלי כלי, **שֶׁהוּא** בְּמקום **הַתִּפְאֶרֶת דַּאֲצִילוּת** שלפני התיקון.

הרב ז"ל מבאר כאן את הסיבה העיקרית מדוע כל אור נמצא במרחק של שלוש ספירות משברי הכלי שלו. ר"ל[153] שלוש מדרגות בין המקום שיושב בו האור, למקום שיושבים שברי הכלים. **לדוגמה**[154] אור הדעת דנקודים נמצא במלכות דנקודים, ושברי הכלי הדעת דנקודים, בדעת דבריאה, ויש ביניהם שלוש ספירות, שהם כתר בינה דבי"ע, וכן[155] בכולם.

וְהִנֵּה עַתָּה לֹא יֵשׁ הָרוֹזֶּק בֵּין שׁוּם אוֹר מִן[156] ארבעה **הָאוֹרוֹת הַנִּזְכָּרִים לְעֵיל,** שהם האורות של הדעת, חסד, גבורה ותפארת דנקודים הנמצאים בכלים של נצח הוד, יסוד ומלכות דנקודים, כאשר אור

לו לירד כנזכר. הנה עתה אין הרחק בין שום אור מאלו הארבעה הנזכר, ובין הכלי שלה, רק שלשה ספירות בלבד, כדי שלא יתבטל הכלי לגמרי, כי כל פחות משלש כלבוד דמי, כנזכר לעיל פ"ב, ויכול להאיר בו משם.
147

כרם שלמה ש"ט פ"ג אות ג' – מה שכתב **ואחר כך יצאה התפארת.** גם כן על דרך הנזכר לעיל, ר"ל **אור** התפארת. ויצאה מכללות אור הגבורה, ממקום כלי הגבורה, ושאר האורות שתחתיה כלולים בה. וירד להיכנס בכלי שלה, ולא יכלה לסובלם, ונשבר הכלי, וירד בכתר דבריאה, מפני שאין מקום פנוי שתחת הכתר דבריאה, ולכן ישבה במקום הכתר דבריאה. אבל **האור נשאר במקומו בתפארת דאצילות,** מפני שכבר הכלים דנצח הוד, ודיסוד ודמלכות כבר נתמלאו אורות, ואין מקום פנוי, לכן האור לא ירד למטה, כי אם במקומו הראוי לו, דהיינו בכל אורך מקום התפארת, ולא בקצתו לבד, כמו שמוכח בסמוך.
148

הגירסא באוצרות חיים – **יצא.**
149

בראשית ל"ו ל"ה - וימת חשם וימלך תחתיו **הדד בן בדד** המכה את מדין בשדה מואב ושם עירו עוית.
150

תרשים ג – ט"ו.
151

תרשים ג – ט"ז.
152

תרשים ג – י"ז.
153

כרם שלמה ש"ט פ"ג אות ג' – ומה שכתב והנה עתה לא יש הרחק וכו', יותר מג' מדרגות. ר"ל מלבד מקום שיושב בו האור, ומקום שיושב בו הכלי, יש ביניהם ג' מדרגות. ובזה השיעור שביניהם אזי יוכל להאיר האור בכלי שלו, ויותר מזה לא יגיע לו הארה ממנו, מפני שנקרא הרחק גמור.
154

תרשים ג – י"ח.
155

תרשים ג – י"ט.
156

התפארת דנקודים לא מלובש בשום כלי, **אל** שברי **הכלים שלו** הנמצאים בכלים דכתר, חכמה, בינה, ודעת דבי"ע, **יותר משלוש במדרגות** ר"ל מלבד המקום שנמצא האור והמקום שנמצא שברי הכלי, והוא[157] כלבוד דמי, ונחשבים כאילו אינם רחוקים, ויכול האור להאיר לשברי הכלי שלו, **כי[158] יותר משלוש במדרגות הוא הרחוק גמור, ואינו יכול להאיר בו.**

ואמנם יש הבדל בן הארבעה האורות האלו, כי **שאר האורות** שהם אורות דדעת, חסד וגבורה דנקודים **גם** שהם ירדו **ממקומם** והתלבשו בכלים דמלכות, יסוד ונצח-הוד דנקודים, **זווג ב**אור התפארת דנקודים **שנשאר במקומו** בלי כלי **כנזכר לעיל, ולא ירד** אור התפארת דנקודים כלל.

ונמצא[159] כי בלי ספק שאורות האזורים שהם אורות של הדעת, חסד וגבורה דנקודים, **שירדו ממקומם** אחרי שנשברו הכלים שלהם, והתלבשו בכלים של המלכות, יסוד, נצח-והוד דנקודים, **אף על פי שביארנו שהיתה ירידתם לצורך הכלים** שלהם שנפלו לעולמות בי"ע, כדי להאיר להם, אבל[160] **עם[161] כל זה בהיותם למטה במקומם** ר"ל בכלים של המלכות,

<hr>

מבוא שערים ש"ב ח"ב פ"ה ד"ז ע"ג – הנה עתה אין הרחק בין שום אור מאלו הארבעה הנזכרים, ובין הכלי שלה, רק ג' ספירות בלבד, כדי שלא יתבטל הכלי לגמרי, כי כל פחות משלושה כלבוד דמי, כנזכר לעיל בפרק ב', ויכול להאיר בו משם.
157

כרם שלמה ש"ט פ"ג אות ג' – כלבוד דמי, ר"ל כי פחות משלוש כלבוד דמי, ונחשב כאילו הם מחברים יחד. והוא שלוש פחות משהו, אבל שלוש לבוד אינו נחשב, אבל להרחק מעט נחשב, ולא רחוק גמור.
158

בית לחם יהודה ש"ט פ"ג דכ"ט ע"א – כי יותר משלוש מדרגות הוא הרחק גמור. היא כסברת רבן שמעון בן גמליאל בגמרא סוכה דף כ"ב סוף ע"א, דסבירא ליה פחות מארבע כלבוד דמי, וכמו שכתב רש"י ז"ל, יעו"ש)כתב יד חכם רבי אליהו מני ז"ל(. אמנם עיין בסוף שער מ"ב בד"ה - כיון שהתחיל וכו', ששם מבואר דסבירא ליה לרז"ל כי דווקא פחות משלוש כלבוד דמי. ויש לומר דתרווייהו איתנהו כי בזמן השבעת מלכים היה כל פחות מארבעה כלבוד דמי, ומאתם יליף לה רבן שמעון בן גמליאל. ובזמן התיקון, שהוא הנזכר בסוף שער מ"ב הנזכר לעיל, היה כל פחות משלוש כלבוד דמי, ומעולם התיקון ילפי להו רבנן, ומשום הכי הלכה כוותייהו דהשתא מיהא בעולם התיקון קיימינן, ולפי דפרקין קאי על עולם הנקודים, משום הכי הביא רז"ל סברת רבן שמעון בן גמליאל.
159

מבוא שערים ש"ב ח"ב פ"ה ד"ז ע"ג – והנה שאר השלושה אורות, של דעת וחסד וגבורה, ירדו למטה ממקומם, ובודאי שנחלש כחם, ולא יוכלו לחזור ולעלות אל מקומם הראשון, ויישארו שם להאיר בכליהם, אך אור התפארת שלא ירד ממקומו כנזכר לעיל, ולא נחלש כחו כלל, אנו מפחדים כי בראות את עצמו משולל מן הכלי שלו, יחפוץ יותר בהנאת עצמו, כי לא ירצה להיות מגולה בלא לבוש, ויחזור ויתעלה לבטן אמו, אשר הכלי שלה קיים כנזכר לעיל פרק ג'. וגם כי יינק משם הארה גדולה, כי חפץ התחתון לחשוק לעלות במקום גבוה, ואם כה יעשה, יתרחק מן הכלי שלו ויתבטל לגמרי.
160

יסוד, נצח-הוד דנקודים, אין ספק ש**נַזַזֶלֶשׁ**[162] **כוזם** וגבורתם והארתם **מֵעֵט** מפני שנתרחקו משורשם, ולא יכלו לחזור לשורשם, שהוא הבטן דאימא שמשם יצאו, **ולכן**[163] **אין להם כח לעלות למעלה** לשורשם בבטן דאימא. **אבל**[164] **אור התפארת** דנקודים **אשר עמד במקומו** בכחו וגבורתו, אפילו שנשבר הכלי שלו, כי[165] לא היה לאור שלו מקום לרדת, מפני שהכלים דנה"מ דנקודים היו ממולאים באורות

יפה שעה (ג(— אבל עם כל זה בהיותם למטה ממקומם נחלש כחם כו', ואף על גב דלקמן הוא אומר כי בתחילה היה זה הכלי נהנה בהיות הדעת למטה, והאור אינינו חסר, וכאן הוא אומר שנחלש כחם. ואפשר כי זה חלישות כח אינו נקרא חסרון.
161

בית לחם יהודה ש"ט פ"ג דכ"ט ע"א — עם כל זה בהיותם למטה ממקומם נחלש כחם. מסיבת שנתרחקו מהכתר ברדתם למטה כמבואר בסמוך, שכתב כי עתה בעלותו במקומו יש לו כלי, ושם יוכל לקבל האור לעצמו מן המאציל, ומן הכתר בקירוב גדול וכו'.
162

שער ההקדמות, דרוש בסדר ירידת ז' מלכים ונפילתם ויירדת אחוריים דאו"א ואיך נעשה הכל ביחד דכ"ב ע"א — ואין ספק כי שאר האורות שירדו למטה ממקומם, אין ספק שנחלש כחם וגבורתם והארתם, ואין להם כח לעלות למעלה.
163

בית לחם יהודה ש"ט פ"ג דכ"ט ע"ב — ולכן אין להם כח לעלות למעלה. ר"ל למעלה ממדרגתם שהוא בבטן אימא, אבל למקומו יכול לעלות, כנזכר אחר כך)כתב יד חכם רבי אליהו מני(. ואם תאמר ומעיקרא אמאי לא חזרו לבינה, כדי שיהיו קרובים למאציל, וגם לא ייחלש כחם, וכמו שרצה התפארת לעשות. ויש לומר כי גם אור התפארת הוה ניחא ליה להאיר בכלי שלו, לולי ההכרח שראה עצמו ערום בלא כלי, ואינו יכול להאיר בכלי שלו כל זמן שהוא ערום בלא כלי,)כי גם נשמות בני אדם כל זמן שהם ערטלאין בלא מלבוש לא פקדן לבי קברייהו כנודע ממעשה הרוחות(, ואין כלי למטה פנוי להתלבש בו. אבל שאר האורות שמלאו להם כלי פנוי למטה, ואיכא תרתי לטיבותא. חדא, שהלבישו עצמם. והשני, שמאירים בכליהם. לכן בחרו להם לירד למטה, מלעלות אל אמם אשר נולדו ממנה, עד אשר הוכרחו אחר כך לצאת בבוא אורות הנהי"ם למלוך בכלים שלהם)עיין יפה שעה (.
164

יפה שעה (ד(— אבל אור התפארת בראות את עצמו בלתי כלי, אפשר שיעלה אל המקום אשר יצא משם. ואם תאמר, ואורות דעת חסד וגבורה, תכף כשנשברו הכלים, ועדיין הם למעלה ונשארו ערומים, למה לא עלו למעלה אל המקום אשר יצאו משם, כי קרוב הוא אצל עצמו יותר מלהאיר בכלי שלו. ויש לומר שאין רצונם להעלות אל מקום אשר משם יצאו, כי משם יצאו, ולמה יחזרו לשם, אלא שברבאות את עצמן ערומים איכא למיחש שמא שלא מרצונם וטובתם יחזרו אל המקום הראשון, לכן אורות מלכי הדעת והחסד וגבורה, כיון שימצאוהו תיקונם לירד בכלים דמלכי נה"י, ואיכא תרתי לטיבותא, חדא שהלבישו עצמם. וחדא שמשם מאירים לכלים שלהם, בחרו להם יותר טוב לידו למטה, מלחזור אל המקום אשר הוצבו משם. אבל אור התפארת, אשר אין לו זאת התקנה, כדי להלבישו את עצמו, והרי הוא ערום, מה יעשה ולא יחזור אל המקום אשר עמד שם בראשונה. ואם תאמר ולמה רז"ל נתן טעם לשבח, מה שאין שאר האורות עולים למעלה, יען נחלש כחם, תיפוק ליה כי מצאו להם לבושים. חדא ועוד קאמר, כיון שסוף סוף אין לבושיהם מבחינתם, כי הם בחינת חג"ת, ולבושיהם בחינת נה"י, אי לאו חלישות כח, היה להם שאחד שהאירו בכליהם, לחזור למעלה.
165

כרם שלמה ש"ט פ"ג אות ד' — מה שכתב כולם ירדו ממקומם חוץ מן התפארת שנשאר במקומו. מפני שלא היה מקום לירד למטה, שמקום הנהי"ם הם ממולאים מן אורות הדעת והחסד והגבורה, ולכן לא ירד הוא ממקומו.

דדעת, חסד וגבורה דנקודים, **ולכן לא נשתנה טעמו, וכזזו בו זזק** כי לא נתרחק משורשו, ויש[166] בו כח לעלות לשורשו בבינה.

ועל כן בראותו עצמו ר"ל אור התפארת דנקודים **בלתי כלי, אפשר לו שיעלה למקום אשר יצא משם** שהוא בטן הבינה, **כי לא יזזפוץ** אור התפארת דנקודים **להישאר ערום מגולה,** משולל ומופשט **בלי לבוש,** ולכן יזזזור **אל** בטן **הבינה, אל המקום אשר עמד שם בראשונה** לפני שיצאו האורות דנקודים ויתלבשו בכלים שלהם, ואז יקבל אור התפארת הארה משורשו, **ואם**[167] **ככה יעשה**[168] אור התפארת דנקודים, **נמצא**[169] **שיהיה מרוזזק**[170]

166

שער ההקדמות, דרוש בסדר ירידת ז' מלכים ונפילתם וירידת אחוריים דאו"א ואיך נעשה הכל ביחד דכ"ב ע"א – אבל אור התפארת שנשאר במקומו, חזק בכל כחו. אפשר כי בראותו את עצמו משולל ומופשט ערום מן הכלי שלו, כדי שלא יישאר ערום, ירצה להסתלק ולעלות למעלה אל הבינה, למקום שיצא משם.

167

יפה שעה)ה(– ואם ככה יהיה, נמצא שיהיה מרוחק מן הכלי שלו מאד, וימות, ויתבטל לגמרי כו'. ואם תאמר הלא רז"ל כתב למטה גבי אור הדעת, ז"ל - ויש לומר דאפילו בספירות דאצילות עצמו. אין כל כך הפסד, זולת בהיות ביניהם בין האור והכלי שלוש ספירות ריקניות בלי אור כלל, לא הוא, ולא זולתו, הנה יש אורות אחרים עומדים בסוף האצילות יע"ש. ואיך כתב כאן, שאם היה אור התפארת עולה, יתבטל כלי שלו לגמרי, אחר היות כמה אורות בסוף האצילות דדעת והחסד וגבורה. ויש לומר שאין אחרים מועלים אלא כשגם מקבל הארה מהאור שלו של בחינתו, אלא שהוא רחוק יותר משלוש ספירות, אבל אם יעלה אור התפארת ויתעלם ותיטמר תוך הבינה, ולא יאיר לכלי שלו כלל, מה יועיל אורות משל אחרים, אין זה כדי שלא ימות ויתבטל הכלי לגמרי.

168

בית לחם יהודה ש"ט דכ"ט ע"ב – ואם ככה יעשה נמצא שיהיה מרוחק מאד מן הכלי שלו וימות לגמרי. לפי שיש עכשיו הרחק שבעה תחתונות בין אור התפארת לבין הכלי שלו, והם דעת וחג"ת ונהי"ם, ואף על פי שיש בכלים דנהי"ם אורות הדעת וחסד וגבורה, על כל זה אינם מועילין לכלי התפארת אלא כשגם מקבל הארה מאור התפארת עצמו כמבואר בסמוך, והכא אינו יכול לקבל הארה מאור התפארת, לפי שיש הפסק ארבע ספירות ריקנים בין אור התפארת לבין האורות שבכלי הנהי"ם, והם ספירות דחג"ת,)עיין יפה שעה(.

169

איפה שלימה, שער הנקודים פ"ט די"ג ע"ד)ז(– עיין מה שכתב מהרנ"ש ז"ל באות קט"ו, שהקשה שגם אם יעלה אור התפארת לבינה, לא יישאר ספירות ריקניות כי אם חג"ת וכו', יעוש"ב. משמע מדבריו שסובר שדעת דנקודים היא למעלה מחו"ב כפירוש הרב יפה שעה בפרק ג' משער זה, יעו"ש. ועיין שם באש"ל באות יו"ד מה שכתבתי על דבריו באורך, וכן הכא בפרקין מפורש בהדיא דלא כדבריהם. שהרי כתב רז"ל וז"ל - ואם תאמר הרי יש הרחק בין הכלי דדעת לאור שלו, שבעה ספירות דאצילות כי הרי היא עומד למעלה בדעת דאצילות וכו'. משמע שבלע שהוא מלך הראשון דעת דנקודים, הוא למטה מחו"ב, דאם היא כסברתם היה צריך הרב ז"ל לומר הרי יש הרחק בין הכלי דדעת לאור שלו, תשעה ספירות דאצילות, ולא שבעה ספירות. גם מה שכתב הרב יוסף סדבון ז"ל על דברי מהרנ"ש הנזכר, וז"ל - ואיך ירד כלי הגבורה מחכמה דבריאה ליסוד דבריאה, בזמן שמלכו נצח והוד. ואם ירדו דרך קוים, אם כן מתחלה למה לא ירד החסד בחכמה, וגבורה בבינה. ועל השני שכתב ואם תמצא לומר שהריחוק הוא באור התפארת וכו'. כוונת הרב ז"ל לומר שאם היה עולה התפארת לבינה למקומו הראשון, אז גם במלוך הנהי"ם יהיו כולם עולים לבינה, ויחרב העולם, לפי שיהיה מרחק רב בין האורות והכלים. אבל ברצות המאציל שימשך קו האמצעי, יהיה בנין אב לכולם שיתפשטו הצדדים]ר"ל אחוריים דאו"א[גם כן, עד כאן לשונו. הנה מדלא הקשה הרב יוס"ד ז"ל על

מאד מכלי שׂלו, וימות הכלי דתפארת דנקודים הנמצא בכלים דכתר דבי"ע **לגמרי**[171] ויתבטל לגמרי, ולא יוכל הכלי דתפארת דנקודים להתקן ולחיות בזמן התיקון, כי האורות של הדעת, חסד וגבורה דנקודים הנמצאים בכלים דנהי"ם דנקודים, אינם יכולים להאיר לשברי הכלי דתפארת דנקודים, ולכן[172] נמצא כי יש מעלה לאור התפארת, מהאורות שירדו לכלים דנהי"ם דנקודים ◆

מהרנ"ש, שאיך יהיה מרחק שלושה ספירות חג"ת, והרי יש מרחק ארבע ספירות, שהם דחג"ת וימות הכלי, וכמו שתרצנו משמע שגם הרב יוס"ד ז"ל סבירא ליה שההדעת הזה הוא למעלה מחו"ב. ואינו כן, אלא כמו שפירשנו. וכן השיב על דברי מהרנ"ש הנזכר הרב שפת אמת בפרק ג' משער השבירה אות א', יעו"ש. אמנם מה שעשה הרב שפת אמת שם הכרח לתירוצו שעל קושיא הראשונה של הרנ"ש ז"ל, וז"ל - דאם לא כן כשנשבר כלי הדעת בראשית כולם, וכן כשנשברו חסד וגבורה, מהיכן היה מקום לשברי כליהם ליפול בעולם הבריאה וכו', יעו"ש. אינו הכרח גמור, שהלא הכלים של שבעה מלכים היו כולם עומדים זה על גבי זה בקו האמצעי, וקו ימין ושמאל היו פנויים לגמרי, ואם כן יכולים שברי הכלים לירד מצד ימין ושמאל.
170

שפת אמת ש"ט פ"ג אות א' די"א ע"ג – נמצא שירחק מאור הכלי שלו וימות ויתבטל לגמרי, ולכן וכו'. וכתב מהרנ"ש ז"ל בזה וקשה שאף אם יעלה אור התפארת למעלה ממקומו, אין הכלי שלו יכול להתרחק עוד ולירד מהכתר דבריאה, שהרי דעת וחסד וגבורה כבר מלאו חב"ד דבריאה, ואין לו מקום לירד, ואם בעבור כי נתרחק האור של התפארת יהיה יותר משלוש ספירות ריקנין באמצע זה אינו כי נהי"ם, הם מלאים מאורות של חסד דעת גבורה, ולא יישאר ריקני בלבד רק ג' ספירות חג"ת. אם כן מה פחד יהיה לכלי אם תפארת עולה לבינה, לכן נראה לי וכו', יעו"ש. ואני קטינא דארעא אחרי נשיקת ידי ורגלי קודשו איני מבין דבריו ז"ל, דהקושיא אחת נראה דכוונתו להקשות ממה שכתב רז"ל בדרוש ג' דקבלת שבת, ז"ל - הקדמה עיקרית בעניין חכמה זאת והיא, כי הנה פרצוף א"א הנה רוחבו הוא מתפשט עד תכלית המרחב שיש עשר ספירות העולם, והוא ממלא כל המרחב ההוא, ואין מקום ממנו פנוי בכל המרחב ההוא, ועל דרך זה פרצופים דאו"א וזו"ן, עו"ש. והכא נמי הבין מהרנ"ש ז"ל שהנקודות אלו מלאו כל אותו רוחב מקום ואין מקום פנוי ממנו, ולכן הקשה היאך יכול לירד מכתר דבריאה, שהרי דעת חסד גבורה כבר מלאו חב"ד דבריאה, ואין לו מקום לירד, וזה פשוט למבין. אמנם אנכי הרואה דאינה קושיא, דמה שכתר רז"ל בדרוש ג' דקריאת שמע כל זה מיירי אחר התיקון, שאז נעשו בחינת תיקון הפרצופים אשר כל פרצוף הוא קשר עשר ספירות, וכל ספירה מהם שלימה מאבי"ע שבה, מה שאין כן הכא שבנקודות עסקינן שכשיצאו היו עדיין קטני הכמות, שהיא עשיה שבספירה ההיא, ואם כן יש מקום פנוי מארבע רוחות העולם, ויוכל לירד. וזה מוכרח הוא לאומרו, דאם לא כן כשנשבר כלי הדעת בראשית כולם, וכן כשנשברו חסד וגבורה, מהיכן היה מקום לשברי כליהם ליפול לעולם הבריאה, והלא שאר הנקודות היו תחתיהם, זה תחת זה כשלשלת, וממלאים כל רוחב המקום ההוא, אלא ודאי כמו שכתבתי. ומה שהקשה עוד - ואם בעבור וכו', גם זה ליתא דמה שכתב רז"ל לקמן דבעינן יותר משלוש ספירות, ספירות ריקניות הכא לא יכון, שהרי אם יעלה התפארת וגבורה וחסד ודעת שהם יצאו מן הדעת ולמטה, זה תחת זה כשלשלת כזה

דעת

חסד

גבורה

תפארת

וכל שכן הכא שרוצה לעלות ולהתמר תוך בינה, וזה ריחוק גמור, ועוד דמה שכתב מועיל אם יש אורות קרובים אליו היינו כשיכול לקבל הארה מן האור שלו עצמו כמו שכתב רז"ל לקמן וז"ל - וגם תוכל לקבל הארה מאור תפארת שלה עצמו על ידי האורות ההם הקרובים, וזכור זה וכו'. והכא שעלה יותר משיעור ארבע ספירות ותטמר בבינה, ודאי זה ריחוק גמור, ודו"ק.
171

הגירסא באוצרות חיים – **ויתבטל לגמרי.**
172

הרב ז"ל מבאר כאן איך מנע המאציל העליון את חזרת אור התפארת דנקודים לשורשו בבטן דאימא, ר"ל[173] הפחד הוא שאחרי שהאיר אור התפארת דנקודים לשברי הכלים שלו, ירצה בהנאת עצמו, ויחזור להתלבש בכלי הבינה. ולכן הגדיל המאציל את הכתר דנקודים עד מקום אור התפארת, ונתלבש חלק מאור התפארת דנקודים, בכלי הכתר דנקודים. **וצריך**[174] **לדעת** כי התפשטות זאת של הכתר דנקודים, הנקרא פרצוף א"א, היא[175] לא התפשטות החו"ג שלו באחוריים או"א, אלא הוא לפי הפשט התפשטות חדשה, בקו האמצעי, כך נראה דעת הרב יפה שעה אות ו', והרב שמן ששון אות ז'. **אבל**[176] **בעומק הדברים** מדובר בחינת האחוריים דנה"י דכתר שנפגם[177] וד"ל[178], ועיין בפרקין **טוב טוב** בהגה"ה.

כרם שלמה ש"ט פ"ג אות ג' — וכפי זה, אור התפארת הרוויח שלא נחלש כוחו, מה שאין כן השאר הקודמין לו, שנחלש מעט כוחם בירידתם מעט למטה ממקומם.
173

כרם שלמה ש"ט פ"ג אות ד' — אבל אור התפארת, הואיל ועדיין הוא בכוחו עומד, חיישינן שמא לא יחוש עוד להאיר להכלי שלו, **מפני שכבר האיר בו זמן מה, ועכשיו הוא יבקש להנאת עצמו יותר**, ויחזור לעלות למקום שיצא משם בבינה, כדי להלביש עצמו בכלי ולא יישאר ערום, כל אריכות זמן של השבירה, עד שיהיה התיקון. כי כלי הבינה הוא עכשיו קיים, ולא נשבר, ויתעלה ויכלל עמה.
174

שמן ששון ש"ט פ"ג אות ז' ד"כ ע"ג — לכן רצה המאציל העליון, והמשיך והגדיל את כלי הכתר כו'. וצריך להבין המשכה זו ומה עניניה, **אם הוא בבחינת הפשטות החו"ג דא"א באחוריים דאו"א**, כנזכר בשער הנקודים פרק ג' ופרק ו', או אם הוא בחינת התפשטות אחר חדש. אמנם נראה לעניות דעתי **דזה התפשטות אחר חדש**, דרך קו אמצעי)יותר למטה(עד התפארת דנקודות.
175

ע"ח ש"ח פ"ג מ"ק דל"ז ע"ג — כאן מקום קושיא, שכתב שיש פגם בנה"י דא"א המתלבשים באבא ואימא. והנה ידענו כי אבא ואימא מלבישין חג"ת דא"א. ואולי קודם שמתו היו בנה"י למטה, ואחר התיקון עלו בחג"ת דא"א. **או אפשר כי נה"י דא"א הם באחוריים דאו"א**, שהם ישראל סבא ותבונה, ואינם אלא נגד נה"י דא"א אך או"א עצמם הנקרא פנים, למעלה בחג"ת.

ע"ח ש"ח פ"ו מ"ו דט"ל ע"ב — והנה מה שכתוב שנפלו האחוריים דאו"א, **הוא על בחינת חו"ג המגדילים האחוריים**, ומחזיריים פנים בפנים, לכן אל תתמה אם אנו אומרים ומכנים בחינה זו פעם פנים בפנים, ופעם אחור באור, **והוא על בחינת החו"ג אלו**,)שהם הבחינה שהגדילו האחוריים, וכל זה נפל למטה(**והוא**)על(**בחינת חו"ג שלוקחים או"א מן הכתר, שהוא א"א**, כדי להחזירם פנים בפנים, כי גם באו"א היה בהם בחינת אחור באחור כמו שנבאר בע"ה.
176

מבוא שערים ש"ב ח"ב פ"ה ד"ז ע"ד — ונראה לי חיים, כי כמו שמבואר לקמן, כי סיבת התפשטות או"א עד חסד וגבורה לבד, היה מן האחוריים שלהם שירדו שם. **הנה כן יהיה בכתר, כי מה שנתפשט ממנו, היה בחינת נה"י שלו שנפגמה כנודע, כנזכר לעיל**, ואמנם אחר התיקון יתפשט כולו למטה עד סיום כל האצילות, לצורך ז"א, כי שם מקומו.
177

תרשים ג – כ.
178

נהר שלום די"ח ע"א — ובעולתם אל זו"ן דאצילות נתקנים יותר. ואז הזו"ן מתעוררים ומבררים ממה שנשאר מכלים דאחוריים דאו"א וישסו"ת שעדיין לא הוברר, שנפלו במיתת המלכים במקום זו"ן, אחורי או"א עד חזה דז"א, ואחורי ישסו"ת במקום הנוקבא מחזה דז"א עד סוף האצילות, ובתוכם נתונים שארית האורות של המלכים, אותם המדריגות העליונות של האורות, שלא ירדו עם הכלים לבי"ע, וכפי שיעור הבירורים העולים מבי"ע, כך נבררים ועולים מאחוריים דאו"א, שהם אותם החלקים שבהם מלובשים חלקי האורות העליונות, של אלו הבירורים של הכלים והרפ"ח דאורות שנבררו היום, ועלו מבי"ע. כפי זכות הזמן, וכח המכוין, וזכותו, ועוצם כוונתו, כך ריבוי או מיעוט הבירורים שעולים מבי"ע, ובערכם מתבררים גם כן מהאחוריים ההם דאו"א וישסו"ת, ועולים עם חלקי האורות שבתוכם הראויים לבירורים אלו דמלכים שעלו, ואז בתוכם נכללים ועולים גם הברורים דחח"ן בג"ה דמלכים אלו שעלו, ומתחברים עם אורותיהם, ועולים אחוריים הנזכר למקומם. ואז מתעוררים או"א, ומבררים ממה שנשאר מאחורי נה"י דאריך, שעדיין לא

לשד"ה אות ח'. **ועוד צריך לדעת** כי כל ספירה וספירה מתחלקת לג' שלישים, כך גם ספירת התפארת מתחלקת לג'
שלישים, עם כל זאת הרב ז"ל כותב לפעמים את המוסג **חצי התפארת**, ובחינת [179] חצי התפארת סובלת [180] ג' פרושים,
והם **א.** חצי התפארת ממש, **ב.** השליש העליון דתפארת, הנקרא חזה דאותו פרצוף, **ג.** והשליש התחתון דתפארת,
הנקרא הטבור דאותו פרצוף, והמשכיל **והחכם יבין וידע** על איזה בחינה מדובר לפי הסוגיא.

ולכן [181] **רצה** [182] [183] **המאציל העליון, והמשיך** [184] [185] **והגדיל את** [186] **כלי** דאחורי
הכתר דנקודים, **אשר לא נשבר כנודע** והיה בו רק פגם בעלמא, **ונמשך דרך** [דמ"ג ע"ג

הוברדו שנפלו במיתת המלכים, **עד מקום סיום כל התפארת דאצילות, ובתוכם נתונים אורות דתי"ם**
דמלכים, ואז בתוכם עולים ונכללים הבירורים דדתי"ם דמלכים אלו שעלו, ומתחברים עם אורותיהם,
ועולים אחורי הנה"י הנזכר למקומם, וכן על דרך זה מא"א לעתיק.
179

בית לחם יהודה ש"ח פ"ב דכ"ג ע"ב – כי כל מקום שכותב רז"ל חצי תפארת הוא סובל ג' פירושים. או
מחצית ממש, כמו שמצינו בפרק ג' דשער השבירה, שכתב רז"ל שנתפשט כלי הכתר דנקודים עד מחצית
התפארת. וכן בפרק ה' דשער י"ג ריש כלל א', ששם קרי למחצית התפארת מחצית בדקדוק ממש, יעו"ש. או
שליש או ב' שלישים כמו שמצינו בשער ההקדמות דף כ"ט ע"ב דקרי לב' שלישים בשם מחצית, ולשליש
בשם מחצית, שכתב שם וז"ל – עוד יש תועלת שלישית עליית האורות דנה"י דאימא למעלה, כי הנה הם
עולים עד חצי העליון דתפארת דאימא תחת החזה, ונמצאו עומדים בחצי התחתון ותפארת דאימא יעו"ש. הרי
דלשליש העליון דתפארת שהוא עד החזה, קרי ליה חצי העליון, ולב' שלישים התחתונים ותפארת קרי להו
חצי התחתון. ובסוף פרק כ"ה דשער ג' קרי לשליש החחתון דתפארת בשם מחצית, שכתב שם וז"ל – אך כתר
דז"א נעשה מחצי התפארת דתבונה מטבורא ולמטה. וכתב עלה מהרח"ו ז"ל – ונראה לי חיים כי במקום אחר
נתבאר שמתחיל מהחזה, שהם ב' שלישים דתפארת דתבונה, עד כאן לשונו. הרי מבואר להדיא דשליש
התחתון שהוא מטבורא דגופא ולמטה, נקרא בשם חצי תפארת. וטעם לשנויים אלו, נראה לענ"ד דעתי לפי
ששליש האמצעי דתפארת הוא כלול מחצי העליון ומחצי התחתון של התפארת, ולכן לפעמים כוללו עם חצי
העליון, ולפעמים כוללו עם חצי התחתון, והענין יתפרש כפי הדרוש ההוא.
180

תרשים ג – כ"א.
181

יפה שעה)ו(– ולכן רצה המאציל העליון, והמשיך והגדיל את כלי הכתר כו'. דע, כי בספר מבוא שערים
ש"ב ח"ב פרק ו' כתב רז"ל וז"ל – ונמצאו עתה אחורי או"א עילאין יושבין פה למטה באופן זה, כי אחורי אבא
יושבין בקו ימין במקום שהיה חסד דז"א, שהוא המלך השני. ואחורי אימא במקום שהיה המלך השלישי,
שהיא גבורה דז"א, כנודע. ובכח היות אלו האחוריים שנפלו עד פה, זהו בחינת הכלי החדש שעשו אבא ואימא,
שנתפשטו עד פה ועלו אחר כך כו'. וההתפשטות ההוא הוא עצמו בחינת האחוריים האלו שנפלו, יע"ש. ולפי
זה מתבאר, שאחורי נה"י דכתר שנפלו, ואחוריים דאו"א הוא עצמו בחינת ג' קוין שנתפשטו מכ"ב, וכן
מתבאר ממה שכתב רז"ל לקמן פרק ד'. אלא שקשה לזה, שהרי יש שינוי רב וגדול בין נפילת אחוריים דאו"א,
להתפשטות ג' קוין כ"ב, שהרי בהתפשטות היה קו הכתר ראשון, ואחריו קו הבינה, ואחריו קו החכמה,
כמפורש בדברי רז"ל. ואילו נפילת אחוריהם לא כן היה שהאחוריים דאבא ירדו ראשונים, כאשר מלך החסד.
ואחר כך ירדו אחוריים דאימא כאשר מת ונשבר מלך הגבורה. ונמצא שקו של חכמה נתפשט ראשון לקו הבינה,
ולא כך כתב רז"ל הסדר. ועוד מה זה רצה המאציל העליון שכתב רז"ל, כאילו הוא דבר חדש. ונראה לענ"ד
דעתי, שמה שכתב רז"ל רצה המאציל העליון והמשיך, ר"ל שהעמידם וקיימם בהמשכה ההיא שהרי תכף אחר
נפילתם שם, היה יכול לחזור להעלותם למעלה, כמו שהיה לבסוף, כי חזר והעלם כמו שכתב רז"ל בשער
התיקון, אלא שעלה ברצונו יתבאר והניחם שם פשוטין ועומדין, כדי שיהיו מוכנים שיתלבשו שם האורות אחר
כך, ולעולם הכל אחד הוא. והענין כמו שכתב רז"ל לעיל פרק ב', וגם כתבו בספר מבוא שערים, יע"ש ז"ל –
והענין הוא, שאף על פי שבעמית החסד ירדו אחורי אבא, עם כל זה אין אלו נקראים אחוריים גמורים, לפי
שעדיין הבינה בבחינת פנים עמו, והיתר, מאירה באחוריו, ונמצא שעדיין לא ירדו בעצם כל בחינת אחורי
אבא, רק כשירדו גם אחורי אימא, אז ירדו שניהם לגמרי יע"ש, ואחורי נה"י דכתר שירדו, נודע שהוא עם

גמר אחורי אבא ואימא ליפול, שהרי הוא היה מתלבש בתוכם בסוד מוחין, כמו שכתב רז"ל לעיל פרק ו' דנקודים. ונמצא שעם שכשמת מלך החסד, ירדו אחורי אבא, מכל מקום לא נקרא עדיין נפילה ואחוריים, אחר היות הבינה מאירה בהם, ולא נקרא ירידה ונפילה באחורי אבא ואימא, רק כשמת גם מלך הגבורה, ונפלו גם אחורי אימא, וחזרו אבא ואימא להיותם אחור באחור. ואם תרצה יותר תראה לפי מה שכתב רז"ל לעיל פרק א', שלא נגמר נפילת אחורייהם דאו"א גמר גמור, שלא נשאר שום דבר, אלא כשמת שליש עליון דמלך התפארת יע"ש. באופן, שהאמת הוא, שאחורי נה"י דכתר, ואחורי או"א יחד כולם שלשתם, ירדו ונפלו כאחד, וגמר נפילתם ברגע אחד. ולפי זה ג' קוי כח"ב שכתב רז"ל, גם הם כאחד וברגע אחד נתפשטו בודאי, אלא שרז"ל כתבם לפי סדר ותועלת הנמשך מהם, שלפי המצטרך היה הענין הולך, ובתחילה הוצרך קו הכתר, כדי שיתלבש אור התפארת. ואחר כך הוצרך קו הבינה, כדי שיתלבש אור הגבורה. ואחרון שבכולם הוצרך התפשטות קו החכמה. לכך כתבו רז"ל שלו אחרון. ולא שהיה התפשטות שלו אחרון. וכשנשבר מלך הנצח הוד, שעלו האורות דנצח והוד להתפשטות קו כלי הבינה, היינו טעמא שלא עלה מתחלה בקו החכמה מדרגתו של נצח קו ימני, מפני שעדיין לא היה אור החסד עולה, ואיר יעלה הנצח קודם החסד, ודוק.

182

שער ההקדמות, דרוש בסדר ירידת ז' מלכים ונפילתם ויירדת אחוריים דאו"א ואיך נעשה הכל ביחד דכ"ב ע"א — ולכן המאציל העליון המשיך את כלי של כתר העומד בקו אמצעי והגדילו, ונתפשט וירד ונמשך דרך קו האמצעי עד למטה, במקום שעומד בו אור התפארת כנזכר לעיל. כי ג' ראשונות עומדות בסדר ג' קוים, ועל ידי כך נמשך למטה עד אמצעיות מחצית אור התפארת לבד, שהוא במקום הטבור. ואז חצי האור התפארת התחתון נתעלה למעלה תוך הכלי של הכתר הנזכר, ועל ידי כך לא יצטרך לעלות אל הבינה כנזכר.

183

מבוא שערים ש"ב ח"ב פ"ה ד"ז ע"ז — ולכן מה עשה המאציל העליון, **הגדיל והמשיך את כלי הכתר דנקודים שלא נשבר**, ונמשך דרך קו אמצעי, כי כבר ביארנו פרק ו' מחלק א', שג' הראשונות יצאו מתוקנות בדרך קוים, ונמשך הכלי ההוא עד חצי מקום התפארת, שהוא עד הטיבור דז"א לבד, כמו שנבאר הסיבה לקמן. ואז נתעלה אור התפארת כולו במקום מחציתו העליון, כי עד שם הגיע התפשטות כלי הכתר, ונתלבש בו.

184

שפת אמת ש"ט פ"ג אות ב' די"ב ע"א — והמשיך והגדיל את כלי הכתר שלא נשבר וכו'. וכתוב בהגה"ה אם"ן לעניות דעתי שנראה מכאן שלצורך אור התפארת הוא שנתפשט והגדיל כלי הכתר, וכפי הנזכר לעיל שגם אחורי נה"י דכתר המלובשים באו"א נפלו. אם כן בלאו הכי מוכרח הוא לירד, ואפשר דאין הכי נמי דאחורי דכתר ירדו לסבת עצמן כנזכר לעיל. ומה שכתב כאן שהוא לצורך התפארת, הוא על תפארת דכתר שלא היה לו שום צורך לירד, כי אם לסבת אור התפארת דז"א להלבישו וכו'. הנה משמע מדבריו דמה שנתפשט מכתר הוא תפארת שלו, והלביש תפארת דנקודים, וכן כתב לקמן הרב המגיה הנזכר פרק ד' וז"ל - אם"ן, לעד שאין תמיהה זו על התפשטות כתר בכללו, כי באמת אחר התיקון הוא מתפשט עד סוף האצילות, ולמטה מאו"א רק כל עיקר התמיהה היא על התפארת שלו, שאי אפשר שיתפשט עתה יותר למטה, עד כאן לשונו. ואחרי נשיקת ידי ורגלי קודשו דבריו הם קשים עלי, ואם נאמר שתפארת דכתר נתפשט עד התפארת דנקודים, אם כן בחינת נה"י שלו שהם מהתפארת ולמטה מוכרח שיתפשטו יותר למטה, ואם כן יסוד ומלכות דנקודים למה להם לעלות עד הדעת, הרי היה להם מלבוש במקומם להתלבש בו. ועוד דהגהת רבינו מהרח"ו ז"ל לקמן בריש פרק ד' מכחישים דבריו ז"ל, שכתב וז"ל ונראה לעניות דעתי חיים, שמה שנתפשט מן הכתר הוא נה"י שלו, שגם הם נפלו, עד כאן. ואף שדברי רז"ל אלה צרכים עיון לב, לעניות דעתי לפי מה שכתב רז"ל בספר מבוא שערים שער ב' ח"ב שלהי פ"ד וז"ל - כיון שאלו חו"ג של או"א נפלו ונתבטלו, ודאי שגם מלבושים שהוא החיצונית נהי"ם דכתר, שהיו מלובשים תוך או"א בשני הקנים ימין ושמאל, גם הוא ירד עמהם ונתבטל, והרי זה וכו', יע"ש. ואם כן כיון שנפלו חיצוניות נהי"ם דכתר שהיו מלובשים תוך או"א, בשני הקוים ימין ושמאל, עם בחינת החו"ג למטה, היאך חזרו לירד למטה ולהתפשט מכתר עד התפארת דנקודים, והיאך נעשה הדבר הזה דאחר שנפלו חזרו ונתפשטו. מכל מקום זאת תורת העולה מדברי רז"ל, דמה שיתפשט מכתר הוא נה"י שלו, והיאך נאמר אכן על בחינת התפארת שלו הפך דברי רז"ל. ולעניות דעתי אפשר ליישב הכל, **אם ניחא קמיה** דקדוש ברוך הוא ושכינתיה, והוא דלעולם חיצוניות נה"י שלו שנתפשטו

תוך או"א בסוד מוחין, הם מוכרחין לירד מצד עצמן, והם שנפלו למטה עם החו"ג בשני הקוים עם אחורי או"א כמו שכתב רז"ל שם במבוא שערים, וכמו שכתב רז"ל הכא, והמשיך והגדיל את כלי הכתר שלא נשבר, ופירש בו רבינו מהרח"ו ז"ל לקמן דמה שנתפשט מכתר הוא נה"י שלו שגם הם נפלו, ר"ל הנה"י עצמן שלא היה בהם שום שבירה, לא בחינת האחורים שנפלו, אלא לפי שבחיצוניותם היה בהם קצת פגם, בסוד התלבשותם תוך או"א. ומוכרח הכתר להתפשט להלביש התפארת, לכן בחר המאציל העליון שלא יתפשט מכתר רק בחינת נה"י שלו, שגם בהם היה קצת פגם, והם שנפלו למטה, ומה שהקשה לקמן כי באמת אחר התיקון הוא מתפשט עשר ספירות האצילות, כבר תירץ יתיב רבינו בספר מבוא שערים וז"ל - ואמנם אחר התיקון יתפשט כולו למטה עשר ספירות כל האצילות לצורך ז"א, כי שם מקומו וכו', יעו"ש ודו"ק.
185

איפה שלימה, שער הנקודים פ"ט די"ג ע"ד)ח(- והגדיל את כלי הכתר אשר לא נשבר וכו'. כתוב בגיליון ע"ח בכתב יד וז"ל - אמ"ן לעניות דעתי קשה, שנראה שלסיבת התפארת הוצרך כלי הכתר להגדל ולהתפשט למטה, ולא ירד למטה מחמת פגם, והלא הרב כתב שגם נה"י דכתר המלובשים באו"א נפגמו, ואם כן נמצא דבלאו הכי מוכרח לירד. ואפשר לייישב דאין הכי נמי דאחורים שלו נפלו משום פגם. אמנם כאן, ר"ל על מה שלא הגיע הפגם דהיינו התפארת דיליה, ולכן דייק לומר והגדיל את כלי הכתר שלא נשבר, לרמוז על בחינה זו. וכל מקום ממה שכתב לקמן שהגדלה זו היתה עד מקום שיהיה תפארת דכתר אחר התיקון, ולא יותר. ולכך הוצרכו אורות יסוד ומלכות לעלות אל הדעת. אבל נה"י דכתר כבר כתוב בפירוש שגם לאחר התיקון הם מגיעים עד סוף האצילות, וזו"ן הם מלבישים אותם. אבל תפארת דא"א כיון שגם לאחר התיקון אינו מתפשט יותר, לכן לא נגדל עתה להתפשט כי אם עד מקום התפארת דנקודים, שהוא עצמו מקום תפארת דא"א לאחר התיקון. ועיין בפרק ד' הכרח לזה בהגהתי שכתבתי שם, עד כאן לשונו. והקשה עליו הרב שפת אמת בשער השבירה פרק ג' אות ב' וז"ל - אם נאמר שתפארת דא"א נתפשט עד תפארת דעקודים, אם כן בחינת נה"י שלו מוכרח שנתפשטו יותר למטה, ואם כן יסוד ומלכות דנקודים למה להם לעלות עד הדעת, הרי היה להם מלבוש במקומם להתלבש בו. ועוד שהגהתה מרח"ו ז"ל הנזכרת לקמן בריש פרק ד' משער השבירה, ובמבוא שערים בש"ב ח"ב פ"ה ד"ז ע"ד בהנדפס מחדש, ובשער הקדמות דכ"ב ע"ג הם מכחישים דבריו, שכתב וז"ל - ונראה לעניות דעתי שמה שנתפשט מן הכתר הוא נה"י שלו, שגם הם נפלו, עד כן לשונו. ואף שדברי רז"ל אלו צריך עיון רב וכו', יעו"ש. מה שתירץ הרב שפת אמת באורך ותכלית תירוצו הוא, כי הנה"י דא"א שנתפשטו לא הם בחינת האחורים דנה"י, שירדו עם אחורי או"א, רק הם בחינת שנשארו מהנה"י שלא ירדו כלל, יעו"ש. **ברם** מדברי הרש"ש זיע"א שכתב בספרו הטהור נהר שלום בדף י"ד ריש ע"א וז"ל - ואז מתעוררים או"א, ומבררים ממה שנשאר מאחורי נה"י דא"א שעדיין לא הובררו, שנפלו במיתת המלכים, עד מקום כל התפארת דאצילות ובתוכם נתונים אורות דתי"ם דמלכים. ואז בתוכם עולים ונכללים הבירורים דדתי"ם דמלכים אלו שעלו, ומתחברים עם אורותיהם, ועולים אחורי הנה"י הנזכרים למקומם וכו'. וכך כתב שם בדף כ"א ע"ד וז"ל - כי הכלים והאורות דמלכי חסד ונצח עולים ונכללים באחורי אבא וישראל סבא, והכלים והאורות דמלכי גבורה והוד עולים ונכללים באחורי אימא ותבונה, והכלים והאורות דמלכי דתי"ם עולים ונכללים באחורי נה"י דא"א וכו', יעו"ש. משמע שהסכמת הרש"ש ז"ל הוא כפי הנראה לעניות דעתי דמהרח"ו ז"ל, שהאחוריים של הנה"י דכתר שירדו בהם עצמם נתלבשו אורות דתי"ם. וטעמו של הרש"ש ז"ל שהניח דברי הרב, וסמך על והנגלע"ד של מהרח"ו ז"ל, הוא לפי שנמצא בספר מבוא שערים שם ח"ג פ"א דף י"א ע"ד וז"ל - כבר ביארנו איך האורות הנפשות של השבעה מלכים עלו למעלה, באותו התפשטות שנתפשטו ג"ר בסוד האחוריים ההם כנזכר שם, ועתה כשרצה לעלות משם מ"ן האסיף אליו כל ההתפשטות ההוא, ועלה כל ההתפשטות, שהם כל האחוריים ההם עם כל האורות שבתוכם של שבעת מלכים, ועלה הכל במקום הג"ר וכו', יעו"ש. נמצא שהסכמת הרב בעצמו, שהתפשטות הזה להלביש את האורות הוא עצמו אחוריים נה"י דכתר, שנפגמו ואחוריים דא"א שנתבטל.
186

מבוא שערים ש"ב ח"ב פ"ה ד"ז ע"ד - עוד יתבאר בשערים הבאים בע"ה, כי הנקודה הראשונה של העשר נקודות, אשר ממנה נעשה כתר האצילות, הוא א"א, והוא מתפשט עד סיום האצילות אחר התיקון, וכל שאר הפרצופים דאצילות מקיפים ומלבישים אותו, זה על גבי זה. **ונמצא כי במקום שנתפשט עתה זה הכתר, שהוא עד חצי התפארת דז"א**, שם יהיה ממש אחר כך בעת התיקון מקום התפארת שלו עצמו, וטיבורו.

86] **קו האמצעי**, כמו שנתבאר, כי[187] **הג"ר** כבר היו מתוזלה בציור ג' קוין, **ונמשך**[188] כלי הכתר דנקודים **דרך הקו האמצעי, עד מקום התפארת,** ר"ל אחורי הנה"י דכלי הכתר דנקודים לא[189] התפשט זה עד סיום אור התפארת דנקודים, אלא **עד אמצעיתו לבד** שהוא[190] השליש התחתון דאור התפארת, **שהוא עד הטיבור** דנקודים לבד.

ואז[191] בראות השליש התחתון דאור התפארת דנקודים, שחלקו העליון של אורו נתלבש תוך הכלי דכתר דנקודים, **עלה**[192] גם השליש התחתון ד**אור התפארת** דנקודים, **ונעלם תוך כלי הנזכר לעיל של**

187

ע"ח ש"ט פ"ב מ"ת ד"מ ע"ד – ואמנם הענין הוא, כי ודאי שמכל עשרה נקודות נפלו מהם בחינות, ובכולם היה ביטול. רק זו"ן נפלו כולם, בין בבחינת היותן אחור באחור, ובין בבחינת היותם פנים בפנים, **והנה זו נקרא מיתה**, כי הכל ירד לגמרי. אבל אבא ואימא, שלא ירד מהם רק בחינת אחוריים, **יקרא ביטול**, ולא מיתה. וכתר שלא נפלו ממנו רק בחינת נצח הוד יסוד שלו, שנכנסו בסוד מוחין דאבא ואימא כנזכר לעיל, אשר אין זו בחינה זו נכנסה אפילו בערך אחוריים, לכן לא נקרא ביטול בכתר, רק **פגם בעלמא**.

188

תרשים ג – כ"ב.

189

ע"ח ש"ט פ"ד מ"ת דמ"ד ע"ג – והטעם למה נתפשט הכתר עד הטבור אמצע התפארת עד יותר, ולא יותר, הנה זה צריך ביאור רחב. אמנם בקיצור נמרץ, הענין הוא כי הנה מקום כל התפשטות הלא הוא כנגד רגלי הא"ק הנזכר לעיל, מטבורו עד רגליו, והנה כאשר יבא אחר כך התיקון האמיתי של האצילות, הנה הכל הוא עומד במקום הזה כנודע, ושם הוא מקום האצילות בלבד, ומשם ולמטה הוא עולם הבריאה. והנה כאשר נעריך כל אלו הפרצופים מתלבשים זה תוך זה, עד שנמצא הכל פרצוף אחד לבד, ופרצוף אחד דא"א שהוא כתר, הוא הכולל כל האצילות מלמטה למעלה. ונמצא כי הכתר כולל כל המקום הזה, ונעשה פרצוף אחד. והנה כאשר הוא עתה מתפשט עד התפארת, הוא בעצמו מה שיהיה אחר כך בעת התיקון מקום התפארת שלו ממש. והנה או"א היו מלבישין שני זרועותיו, ימין ושמאל, עד מקום הטבור שלו. ולכן איך יתפשט הכתר עתה יותר ממקום אשר א"א להתפשט לאו"א, אפילו אחר התיקון, ואיך יהיה כתר קטן ושפל למטה מהם, כי הלא מקום התפשטות האמיתי של או"א, אפילו אחר התיקון אינו רק עד טבור, תפארת דא"א, ואיך עתה מתפשט כתר יותר תחתון למטה מהם. **ולכן זו היתה הסבה שלא נתפשט הכתר עתה רק עד הטבור תפארת לבד.**

190

ע"ח ש"ט פ"ג מ"ת דמ"ב ע"ד – והנה לטעם זה עצמו היה גם כן שינוי אחר בין ג"ר שהם כח"ב, אל השבעה מלכים התחתונים. כי הג"ר יצאו בקצת תיקון בראשונה, **והוא כי כאשר יצאו בראשונה נתפשטו כסדר ג' קוין**. מה שאין כן שבעה תחתונות שיצאו זו למטה זו. וזה שכתוב באדרא רבא – עד אימת ניתב בקיימא דחד סמכא, ר"ל נתקן התיקון שהוא דרך קוין. אבל קודם שהיו זה על גבי זה הוי קיומא דחד סמכא. וכבר ביארנו כי התיקון האצילות הוא בהיות כח"ב ו"ק עשוי בבחינת ג' קוים קשורים זה בזה, בסוד השלישי המכריע ביניהן, ואז נקרא רשות היחיד, אבל בהיותן זה על גבי זה, והם נפרדין אחת מחברתה, אז נקרא רשות הרבים.

191

כרם שלמה ש"ט פ"ג אות ד' – ונמצא כי חצי העליון של האור נתכסה בתוך הכלי הזה של הכתר, כי נתפשט עד מקומו. אבל חצי התחתון עדיין הוא למטה, ואז בראותו כי היה כלי בחציו העליון, **אז נתעלה החצי אור התפארת התחתון, ונתכלל בחציו העליון.** ואז נתכסה ונתלבש כולו בתוך התפארת **[אח"י** – ר"ל בתוך כלי הכתר דנקודים]. וזהו מה שכתב, ואז עלה אור התפארת ונעלם תוך כלי הנזכר לעיל, שנתפשט עד מקומו.

192

אחורי הנה"י של **הכתר** דנקודים, **שֶׁנִּתְפַּשֵׁט עַד מְקוֹמוֹ**, כדי[193] שלא יצטרך לחזור השליש התחתון של אור התפארת להתלבש בתוך כלי הבינה דנקודים. **וְנִמְצָא כִּי לֹא נִתְעַלָּה רַק** זֹזֵ"י ר"ל שליש **אוֹר הַתִּפְאֶרֶת הַתַּחְתּוֹן**, כי זֹזֵ"י ר"ל שני שלישי אור התפארת **הָעֶלְיוֹן עוֹמֵד בִּמְקוֹמוֹ**, שֶׁכְּבָר נִתְפַּשֵׁט דֶּרֶךְ בּוֹ כְּלִי הַכֶּתֶר דנקודים.

הרב ז"ל מבאר כאן[195] מה קרה לאור הדעת דנקודים, שנמצא בכלי המלכות דנקודים בזמן שהתפשט כלי הכתר דנקודים, ונתלבש בו אור התפארת דנקודים. **הסיבה העיקרית לזה** היא כמו[196] שיתבאר לקמן, כי[197] אדם קרוב לעצמו

תרשים ג – כ"ג.
[193]

שער ההקדמות, דרוש בסדר ירידת ז' מלכים ונפילתם וירידת אחוריים דאו"א ואיך נעשה הכל ביחד דכ"ב ע"א – ולכן המאציל העליון המשיך את כלי של כתר העומד בקו אמצעי והגדילו, ונמשך דרך קו האמצעי עד למטה, במקום שעומד בו אור התפארת כנזכר לעיל. כי ג' ראשונות עומדות בסדר ג' קוים, ועל ידי כך נמשך למטה עד אמצעיות מחצית אור התפארת לבד, שהוא במקום הטבור. **ואז חצי האור התפארת התחתון נתעלה למעלה למעלה תוך הכלי של הכתר הנזכר, ועל ידי כך לא יצטרך לעלות אל הבינה כנזכר.**
[194]

איפה שלימה, שער הנקודים פ"ט די"ד ע"א)ט(– רק חצי אור התפארת וכו'. לכאורה נראה שר"ל שנתקפל, וכן נראה מפשט מבוא שערים ש"ב ח"ב פ"ה בדף ז' ע"א וז"ל - ואז נתעלה אור התפארת כולו במקום מחניתו העליון, כי עד שם הגיע התפשטות כלי הכתר, ונתלבש בו וכו', יעו"ש. אבל עיין בע"ח פרק ג' משער השבירה, שכתב שם הרב חיים ויטאל ז"ל, וז"ל - נראה לעניות דעתי עלה התפארת במקום הדעת, כנודע כי עד הטבור היה סיומו, ובהעלות אור הדעת לקחת מקומו, הוצרך עוד להגדיל הכלי עד סיום תפארת כנזכר לעיל, עד כאן לשונו. וכך כתב גם כן מהרח"ו ז"ל במבוא שערים ש"ב ח"ב פ"ה דף ז' סוף ע"ג, יעו"ש. אם כן משמע שמפרש דברי הרב ז"ל, שמחציתו התחתון עלה במקום שהיה כבר מחציתו העליון, ומחציתו העליון עלה למעלה ממקומו. אברא במה שכתב מהרח"ו ז"ל נראה לעניות דעתי, שעלה במקום הדעת לא זכינו להבינו, והלא למעלה הוא מקום חסד וגבורה, שהיו בתחלה זה על זה בקיומא דחד סמכא, ולפי זה די לחצי התפארת העליון שישב במקום חצי הגבורה. ולמה הוצרך לעלות עד הדעת, ויש ליישב בדוחק דמה שכתב מהרח"ו ז"ל שעלה במקום הדעת, ר"ל במקום הדעת דא"א של אחר התיקון, שיהיה אחר כך בין תרין כתפין, שמקומו למעלה מתפארת של המלכים.
[195]

כרם שלמה ש"ט פ"ג אות ה' – ר"ל הואיל ואמרנו לעיל, כל אחד ואחד קרוב לעצמו, יותר מלהועיל לזולתו. לכן בראות אור הדעת שכבר נתפשט כלי במקומו, והוא הכלי של התפשטות הכתר, שנתפשט לצורך התפארת, והגיע עד חצי התפארת, והדעת הוא תמיד מקומו למטה מן הכתר, ולמעלה מן התפארת, והוא גם כן בקו האמצעי כמו הכתר והתפארת. לכן כדי שלא יישאר הוא ערום, ועוד כדי לקבל עוד הארה יתירה, מפני שאם האור הוא מתלבש בלבוש אחד, אז יוכל לקבל הארה העליונה. ולכן עלה ונתלבש בכלי הכתר, כדי לקבל הארה עליונה משם, וכדי שלא יישאר ערום. והוא גם כן לא חש להכלי שלו מלהאיר לו, כמו שרצינו לומר על אור התפארת, אלו לא היה מתפשט כלי הכתר למקומו, והוא מפני שהוא מקבל הארה מזולתו, כמו שמתרץ הרב ז"ל לקמן. ולכן עלה ונתלבש בכלי הכתר, שהוא למעלה מן מקום התפארת. ואז הכלי שלו כיון שנתרחק האור ממנו, גם הוא ירד אל מקום המלכות דבריאה, שהוא במקום היותר תחתון דבריאה.
[196]

ע"ח ש"ט פ"ג מ"ת דמ"ג ע"ג – אמנם כאשר ראה שיש בחינת כלי במקומו, **קרוב הוא אל הנאת עצמו ותועלתו יותר מלהועיל אל הכלי שלו**, כי עתה בעלותו למעלה במקומו, יש לו כלי ושם יוכל לקבל האור לעצמו מלמעלה, מן המאציל, ומן הכתר בקירוב גדול, ולכן עלה למעלה.
[197]

פרקי אבות, פ"א משנה י"ד - הוא היה אומר, **אם אין אני לי מי לי.** וכשאני לעצמי, מה אני. ואם לא עכשיו, אימתי.

יותר מאשר לאחרים, ורוצה לקבל שפע יותר מאשר להשפיע. כל עוד לא היתה ברירה לאור הדעת דנקודים שירד לכלי המלכות דנקודים, וכוחו היה חלש לעלות לשורשו בבטן דאימא, לכן הוא השפיע מאורו לשברי הכלי שלו הנמצאים בדעת דבי"ע, בבחינת[198] זה נהנה וזה לא חסר, ר"ל שברי הכלי דדעת הנמצאים בבי"ע נהנים מאור הדעת דנקודים הנמצא קרוב אליהם. אבל כשראה אור הדעת שהוא יכול שהיות מקבל ההנאה, עזב את שברי הכלים שלו, ועלה לקבל שפע להנאת עצמו.

[199] **ואז**[200] בראותו[201] **אור הדעת** דנקודים **שירד למטה** כאשר נשבר הכלי שלו, ונתלבש **בכלי המלכות דאצילות** שלפני התיקון, **בראותו כי כבר היה כלי וזדש במקומו** והוא האחורי נה"י של כלי הכתר דנקודים, שנתפשט עד שליש התחתון דתפארת דנקודים, **כי הנה** כלי הכתר דנקודים **גם** הוא נתפשט ב**מקומו** של כלי הדעת דנקודים, שנמצא גם **הוא בקו האמצעי, בין** כלי הכתר דנקודים **ובין** כלי **התפארת** דנקודים שלפני מקרה המלכים, **ואז**[202] **גם הוא** ר"ל אור הדעת דנקודים שנמצא בכלי המלכות דנקודים **נתעלה** לכלי הכתר דנקודים שהתפשט עד שליש התחתון דתפארת, כי[203] חפץ אור הדעת דנקודים בהנאת עצמו, יותר מאשר להשפיע לשברי הכלי שלו, כי כל עוד היה אור הדעת דנקודים קרוב לשברי

גמרא סנהדרין ד''ט ע''ב – רבא אמר, **אדם קרוב אצל עצמו.**
198

גמרא בבא קמא ד''כ ע''ב – אמר רבא.... זה נהנה וזה חסר, והאי **זה נהנה וזה לא חסר הוא.**
199

שמן ששון ש''ט פ''ג אות ו' ד''כ ע''ג – ואז אור הדעת שירד למטה במלכות דאצילות, בראותו כי כבר היה כלי חדש במקומו, גם הוא נתעלה ועלה במקומו כו'. נמצא דהכל היה על סדר, דאחר שבירת התפארת אז נתפשט הכתר, ולזה לא עלה הדעת קודם התפארת למקומו, ומה שעלה לכתר ולא לבינה הוא שנחלש כחו, ואין כח לעלות למקורו הראשון, וגם מה שהניח מליהיות למטה להאיר לכלי שלו, היה לטעם המתבאר לקמן, דיותר יחפוץ להנאת עצמו, ועיין בספר מקור בינה דף כ''ח, וכל זה הם דברים פשוטים.
200

שער ההקדמות, דרוש בסדר ירידת ז' מלכים ונפילתם וירידת אחוריים דאו''א ואיך נעשה הכל ביחד דכ''ב ע''ב – ואז בראות אור הדעת שירד בתחילה למטה במלכות דאצילות, אז גם הוא נתעלה למעלה למקומו תחת הכתר, ולמעלה מן התפארת. וכאשר נתעלה ירד הכלי שלו למטה עד המלכות של הבריאה. מה שאין כן בכלי התפארת שנשאר במקומו בכתר דבריאה, לפי שהאור שלו נשאר במקומו באצילות כנזכר.
201

תרשים ג – כ''ד.
202

בית לחם יהודה ש''ט פ''ג דכ''ט ע''ב – ואז גם הוא נתעלה ועלה במקומו. היינו שעלה על גבי התפארת, ולא על גבי החסד בזמן המלכים. ואם תאמר והלא אמרינן לעיל כי בירידת האורות למטה נחלש כחם, ואין להם כח לעלות למעלה, ואם כן כמאי החליף הדעת כח, והיה יכול לעלות למעלה. ויש לומר כי על ידי שנתפשט הכתר עד למטה, היה מאור בקו האמצעי כח באור הדעת, ועל ידי כך היה יכול לחזור ולעלות, או שנחלש כחם לעלות לאימא, אבל למקומם יכולים לעלות.
203

שער ההקדמות, דרוש בסדר ירידת ז' מלכים ונפילתם וירידת אחוריים דאו''א ואיך נעשה הכל ביחד דכ''ב ע''ב – והרי עתה מצינו שנתרחק אור הדעת מן הכלי שלו מדרגות רבות מאד. התשובה לזה, כי היכא דאפשר אפשר, **וכאשר אור הדעת אינו חסר והכלי נהנה,** היו עומדים קרובים, כי לא היה כלי במקומו לעלות, ולכן נתעכב שם להאיר אל הכלי. **אבל עתה יותר הוא חפץ בהנאת עצמו מליהנות את הכלי שלו,** וכיון שיש כלי במקומו, רצה לעלות שם לקבל אור מן הכתר, ובפרט בהתקרבות גדול, ולכן אינינו חפץ לחסר את עצמו, וליהנות את הכלי שלו.

הכלי שלו, היו שברי הכלי דדעת נהנים מאור הדעת דנקודים, בבחינת זה נהנה וזה אינו חסר, **ועתה עלה** אור הדעת

דנקודים **במקומו** ר"ל במקום שהיה הכלי שלו לפני שנשבר, כדי לקבל שפע מהנאה מכלי הכתר דנקודים, עם כל

זאת אור הדעת דנקודים השאיר רשימו דיליה בכלי המלכות דנקודים, כמו[204] שיתבאר לקמן· **ואז**[205] [206] שברי

הכלי שלו[207] ר"ל של הדעת דנקודים שנמצאים בדעת דבי"ע, נחשך אורו, **כיון שנתרחק אורו**

ממנו ועלה למקומו הראשון במקום כלי הדעת דנקודים, שלפני מקרה המלכים, ואינו מאיר בו בקרוב כבתחילה, לא

היה לשברי הכלים של דעת דנקודים הנמצאים בכלים של הדעת דבי"ע כח לעמוד במקומם, לכן **ירדו**[208] שברי הכלי

דדעת **עד למטה,** במלכות[209] דבי"ע, שברי הכלי הפנימי דדעת דנקודים בכלי **המלכות דבריאה,**

204

ע"ח ש"ט פ"ג מ"ד דמ"ד ע"א – כי המלכות)נ"א לפי שהמלכות להיות(נקראת עטרת בעלה, ועולה

למעלה מן התפארת, **ובפרט עתה אשר היה לה רשימו מן הדעת,** כי כאשר ירד אור הדעת עד מקום המלכות

דאצילות, בעת שנשבר הכלי שלו כנזכר לעיל, **הניח שם רשימו דיליה.**

205

יפה שעה)א(– ואז הכלי שלו, כיון שנתרחק האור ממנו ירד למטה במלכות דבריאה כו'. ואם תאמר, בשלמא

האור נתעלה יותר, כדיהיב טעם רז"ל, כי קרוב הוא אצל עצמו יותר מלהאיר לכלי שלו. אלא הכלי למה לו

לרדת יותר למטה, מי דחקו, ולמה לא עמד שם לקבל הארה יותר קרובה כמה דאפשר. וכן כלים דחו"ג, שירדו

פעם שנית עוד יותר למטה, למה ירדו ומי גרם להם נפילה שנית, אם תאמר כדי ליתן מקום מעבר לכלים

דמלכי נה"י לכשישברו, ימצא להם מקום פנוי למעבר, אין זה, שהרי כלי התפארת עומד בכתר דבריאה, ולא

זז משם.

206

בית לחם יהודה ש"ט פ"ג דכ"ט ע"ב – ואז הכלי של הדעת כיון שנתרחק אורו ממנו ירד למטה במלכות

דבריאה. כי מחמת שנתרחק ממנו אור הדעת, הוחשך הכלי מאד, ונתעבה ולא היה יכול לעמוד במקומו

הראשון, וירד למטה)שפת אמת(.

207

שפת אמת ש"ט פ"ג אות ג' די"ב ע"ב – ואז הכלי שלו כיון שנתרחק, האור ממנו ירד למטה במלכות

דבריאה וכו'. והקשה מהרש"ך זלה"ה בספרו יפה שעה וז"ל - ואם תאמר בשלמא האור וכו', אלא הכלי למה

לו לירד יותר למטה, מי דחקו, ולמה לא עמד שם לקבל הארה יותר קרובה כמה דאפשר וכו', יעו"ש. אחרי

נשיקת ידי ורגלי קודשו איני מבין קושיא זו, שהרי כיון שעלה אורו למעלה, ולא היה מקבל הארה כבתחילה

והוחשך, לכן לא היה לו כח לעמוד במקום גבוה, וירד למטה, שהמשעטת אורו גורמת ירידתו, כמו שמיצינו

בענין הדעת דז"א, להיות שבכתרו היה אור גדול יותר משל כתר דנוקבא, ומקבל הדעת שלו הארה גדולה מן

הכתר, לכן היה לו כח לעלות ולעמוד למעלה למעלה תחת חו"ב בראש שלו, מה שאין כן הנוקבא שיש בכתר שלה

אור מועט, ואין הדעת שבה מקבל הארה גדולה, לכן עמד בכתפין דיליה, ועיין בשער המוחין. וא"ש את"מ.

208

תרשים ג – כ"ה.

209

הגהות הרמ"ז והרנ"ש, אות קט"ז – נראה לעניות דעתי נתן, שנודע, שהשבעה מלכים יצאו בסוד מלכות

לבד, וזה סוד פסוק אני ראשון ואני אחרון. **רזא דמלה,** שהכלי והאור דדעת, נקראים פנימי וחיצון דמלכות

דדעת. וזה שאמר - אני ראשון, ר"ל בעת שאור מלכות דדעת הנקרא אני, חזר אל מקום הראשון, שהיה בעת

אצילות, אזי - אני שהוא הכלי דמלכות דדעת ירדה בספירה אחרונה במלכות דבריאה, יותר מכל המלכים, וזה

שאמר - ואני אחרון מכולם. או נוכל לומר - אני ראשון, ר"ל במלכות דאצילות הנקרא אני, ירד בראשונה אור

דעת דאצילות. ואני אחרון ר"ל במלכות דבריאה הנקראת גם כן אני. והנה בעת שירד לשם הכלי של הדעת,

אז נעשה כלי של הדעת אחרון על כלם, עד כאן לשונו.

שברי הכלי האמצעי דדעת דנקודים במלכות דיצירה, ושברי הכלי החיצון דדעת דנקודים במלכות דעשיה, שהם המקומות היותר תחתונים בבי"ע.

אמנם[210] שברי[211] **הכלי** של **התפארת** דנקודים **נשאר במקומו, שהוא** בכלים בכלים ד**כתר דבריאה**, יצירה עשיה, **לפי שלא נתעלה כל אורו רק זווציו** ר"ל שליש תחתון של התפארת מהתבור ולמטה ב**לבד, וזיזציו העליון** ר"ל שני שלישים העליונים דתפארת, שהם מהתבור ולמעלה **נשאר במקומו.**

הרב[212] ז"ל כתב[213] בפרקין, כי האורות דדעת חסד וגבורה דנקודים נחלשו כאשר נתלבשו בכלים דנהי"ם דנקודים, וכאן ביאר הרב ז"ל כי אור הדעת דנקודים עלה למקומו, כאשר כלי הכתר דנקודים התפשט למטה, וכן יעשו האורות דחסד וגבורה דנקודים כמו שיתבאר לקמן. אם כן איך זה שעלו אורות אלו, והם חלשים. אלא הכוונה שאורות אלו לא יכלו **לעלות למעלה** כשהם חלשים, **למקומם הראשון**, שהוא הבטן דאימא, שהיא העליונה. עם כל זאת למקום הכלי שלהם, אפילו שהוא נשבר, הם יכולים לעלות.

עוד[214] כתב הרב ז"ל בפרקין, כי צריך שיהיה מרחק של לא יותר משלוש מדרגות בין האור אל שברי הכלי שלו, ואם יש יותר משלוש מדרגות, האור לא יכול להאיר לשברי הכלי שלו. **והשאלה** כאן איך הסתלק אור הדעת דנקודים אל מקומו, והשאיר את שברי הכלי שלו למטה בכלים דדעת דבי"ע, ולא זאת בלבד, אלא שברי הכלי דדעת דנקודים ירדו עד הכלים של המלכות דבי"ע.

210

כרם שלמה ש"ט פ"ג אות ה' – ולא תחשוב שגם כלי התפארת שהיה בכתר דבריאה, גם הוא ירד ממקומו, כיון שעלה חציו התחתון ונתכלל בחציו העליון. ולזה אמר אין זה נקרא רחוק, הואיל ועדיין חציו העליון במקומו עומד. וזהו שכתב **אמנם הכלי של התפארת נשאר במקומו, שהוא הכתר דבריאה, לפי שלא נתעלה כל אורו, רק חציו לבד, וחציו העליון נשאר במקומו.** ובזה מספיק להמשיך אורו למטה לכתר דבריאה, ואין זה נקראת הרחוק יותר משלוש, הואיל ובמקצת התפארת שהוא בחציו העליון עדיין האור קיים שם, כאילו הוא מתפשט בכל המקום שלו, ולכן אין זאת נקראת הרחקה.

211

מבוא שערים ש"ב ח"ב פ"ה ד"ז ע"ד – ואמנם הכלי של התפארת שנפל בכתר הבריאה נשאר שם, כי גם בתחילה שנתעלה אור התפארת במחיצתו העליון, הנה עדיין הוא עומד בספירת התפארת, ואינו נקרא ריחוק גדול. ומה גם אחר כך שרצה אור התפארת לחזור למקומו. אך כלי הדעת שהיה בדעת של בריאה, בהתרחק עתה אור הדעת ממנו כנזכר, ירד הכלי עד סוף הבריאה במלכות דעשיה כי שם תכלית הירידה.

212

כרם שלמה ש"ט פ"ג אות ה' – ואם תאמר, והרי כתב הרב ז"ל לעיל כי האורות של הדעת והחסד וגבורה, הואיל והם ירדו באצילות עצמו, אף על פי שלא ירדו מחמת פגם, עם כל זה נחלש כוחם, ואין יכולים לחזור ולעלות למעלה, חוץ מאור התפארת שלא נשתנה טעמו וכו'. ואם כן תקשה, איך עכשיו נתעלה אור הדעת למעלה, איך יכול לעלות למעלה ולא נחלש כוחה. אלא מה שכתב **למעלה**, שלא יכולים לעלות למעלה, הוא אל מקומם הראשון, **שהוא מקום הבינה, שהיא עליונה, שהוא המקום שיצאו משם.** שם אין יכולים לעלות, מפני שנחלש כוחם, אבל למקומם העיקרי שהוא מקום הדעת כמו הכא, ולמקום החסד וגבורה, כמו לקמן על אורות החסד וגבורה, שם יכולים לעלות.

213

ע"ח ש"ט פ"ג מ"ת דמ"ג ע"ג – אף על פי שביארנו שהיתה ירידתם לצורך הכלים, להאיר להם, עם כל זאת בהיותם למטה ממקומם, נחלש כוחם מעט, ולכן אין להם כח לעלות למעלה.

214

ע"ח ש"ט פ"ג מ"ת דמ"ג ע"ב – והנה עתה לא יש הרחק בין שום אור מן האורות הנזכרים לעיל, אל הכלים שלו, יותר מג' מדרגות, **כי יותר מג' מדרגות הוא הרחק גמור, ואינו יכול להאיר בו.**

ואם[215] **תשאל** והרי אמרנו למעלה בפרקין, **שהוא מוכרז** כדי שלא יתבטל הכלי, וגם כדי לתת חיות לשברי הכלים שירדו לבי"ע **שלא יהיה הפרש בין הכלים** דנקודים שנשברו ונפלו לבי"ע, ולבין **האור שלו** ר"ל שלהם **רק ג' ספירות** ולא יותר, כדי שיוכלו שברי הכלים דנקודים לקבל הארה מהאורות שלהם, **ואם**[216] **כן איך** ירדו שברי **הכלי של הדעת** דנקודים, עד המלכויות דבי"ע, כאשר חזר האור דדעת דנקודים למקומו למעלה, במקום הכלי שלו, **ונתרחק אורו מדרגות רבות** משברי הכלי שלו, **ועתה הוא הרחק נפלא**. כאשר פנימיות הכלי דדעת דנקודים ירד **למלכות דבריאה**, ושברי הכלי האמצעי דדעת דנקודים ירד למלכות דיצירה, וחיצוניות שברי הכלי דדעת דנקודים ירד למלכות דעשיה.◄

התשובה[217] **הוא** צ"ל היא, **כי**[218] **ודאי הוא דהיכא דאפשר** לאור ליהנות על ידי התלבשות בכלי המלכות דנקודים, וגם להאיר לשברי הכלים שלו שירדו לבי"ע לדעת דבי"ע **אפשר** ואינו מונע להטיב לזולתו, **והנה**[219] **תזכה** לפני שהתפשט כלי הכתר דנקודים עד מקום התפארת דנקודים, **היה זה** ר"ל שברי הכלים דדעת שירדו לבי"ע **נהנה, וזה** ר"ל אור הדעת דנקודים הנמצא בכלי המלכות דנקודים **אינו זוסר, כי בתזילה היה הכלי** שברי **הכלי** דדעת דנקודים **נהנה מאורו** של הדעת דנקודים **בהיות אור הדעת למטה** בכלי המלכות דנקודים, **והאור** הדעת דנקודים **אינו זוסר גם כן** במה שירד להאיר

215

מבוא שערים ש"ב ח"ב פ"ה ד"ז ע"ד – ואם תאמר הרי אמרנו לעיל, שצריך שלא יהיה מרחק בין האור אל הכלי, יותר משלוש ספירות, כדי שלא יתבטל הכלי לגמרי, **הרי עתה הרחק נפלא**, מן הדעת של אצילות ששם נתעלה האור, עד המלכות דבריאה הוא ירד הכלי.

216

שער ההקדמות, דרוש בסדר ירידת ז' מלכים ונפילתם וירידת אחוריים דאו"א ואיך נעשה הכל ביחד דכ"ב ע"ב – ואף על פי שביארנו לעיל כי אם יתרחק האור מן הכלי שלו יותר משלוש ספירות, איננו מקבל שום הארה כלל, והרי עתה מצינו שנתרחק אור הדעת מן הכלי שלו מדרגות רבות מאד.

217

שער ההקדמות, דרוש בסדר ירידת ז' מלכים ונפילתם וירידת אחוריים דאו"א ואיך נעשה הכל ביחד דכ"ב ע"ב – התשובה לזה כי היכה דאפשר אפשר, וכאשר אור הדעת אינו חסר והכלי נהנה, היו עומדים קרובים, כי לא היה הכלי במקומו לעלות, ולכן נתעכב שם להאיר אל הכלי. אבל עתה הוא חפץ בהנאת עצמו, מליהנות את הכלי שלו, וכיון שיש כלי במקומו, רצה לעלות שם לקבל אור מן הכתר, ובפרט בהתקרבות גדול, ולכן איננו חפץ לחסר את עצמו וליהנות את הכלי שלו.

218

כרם שלמה ש"ט פ"ג אות ו' – וכתב **התשובה הוא כי ודאי הוא דהיכא דאפשר אפשר**. ר"ל האור עצמו **דהיכא דאפשר** לו להנות ולהאיר להכלי שלו, **אפשר** ואינו מונע עצמו להיטיב לכלי שלו. ולכן **והנה בתחילה היה זה נהנה וזה אינו חסר**. ומפרש ואזיל, מהו זה **נהנה וזה אינו חסר**, לזה כתב **כי בתחילה היה הכלי נהנה מאורו בהיות הדעת למטה, והאור אינו חסר** גם כן.

219

כרם שלמה ש"ט פ"ג אות ה' – ולכן בתחילה בראותם שאם יעלו במקומם העיקרי, אין נהנים משם התלבשות כלי, ואם יישארו שם למטה, הם מהנים לכליהם, לכן מפני שזה נהנה וזה אינו חסר, לכן נשארו במקומם כדי להאיר לכליהם. אבל עכשיו, שנתפשט כלי במקומם, ואז יכולים לעלות למקומם העיקרי, לכן עלו. אף על פי שהכלים שלהם מפסידים מעט, דהיינו שאינם מקבלים הארה מהם, אלא מזולתם, כמו שכתב לקמן.

לכלי שלו, **כי גם אם** אור הדעת יעלה במקומו בדעת האצילות ר"ל במקום הדעת דנקודים, **אין לו שום כלי** להתלבש שם, ולכן היה חפץ להאיר בכלי שלו בקירוב, וירד אור הדעת דנקודים ויתלבש בכלי המלכות דנקודים, **וכיון שירד** אור הדעת דנקודים בכלי המלכות דנקודים **שוב לא יעלה** למעלה למקומו, כי אין לו כלי להתלבש בתוכו.

אמנם[220] **כאשר ראה** אור הדעת דנקודים **שיש**[221] **בבזינת כלי במקומו** שהוא כלי אחור"י הנה"י של הכתר דנקודים, שהתפשט עד מקום התפארת דנקודים, **קרוב**[222] **הוא** אור הדעת דנקודים **אל הנאת עצמו ותועלתו**, יותר **מלהועיל אל** שברי **הכלי שלו** הנמצאים בעולמות בי"ע, לכן עלה אור הדעת דנקודים למעלה, **כי**[223] **עתה בעלותו למעלה במקומו, יש לו כלי** שהוא התפשטות הכתר דנקודים, **ושם יוכל לקבל** אור הדעת דנקודים את **האור** והשפע **לעצמו מלמעלה, מן המאציל, ומן הכתר בקירוב גדול,** ואם היה נשאר למטה בכלי המלכות דנקודים, היה מפסיד שפע זה, **ולכן עלה למעלה** בכלי הכתר דנקודים, מעל אור התפארת, ששם מקומו האמתי.

עד כאן ביאר הרב ז"ל את הטעם מדוע עלה אור הדעת דנקודים לכלי הכתר דנקודים, אשר התפשט עד מקום התפארת דנקודים. עוד ביאר הרב ז"ל כי שברי כלי הדעת דנקודים שהיו בכלי הדעת דבי"ע, ירדו למלכויות דעולמות בי"ע, כאשר הסתלק אור הדעת דנקודים למעלה. אם כן ההפרש בין אור הדעת דנקודים לשברי הכלים שלו הם יותר משלוש מדרגות, ונמצאים שברי הכלי הדעת דנקודים י"ז מדרגות לאור שלהם, שהם[224] שבעה מדרגות דאצילות ועשרה מדרגות דבריאה, ומרחק זה הוא יותר מלבוד. אם כן איך יכלו שברי הכלי דעת להתקיים, הרי חיותם הסתלקה.

והנה טעם זה הנזכר של הסתלקות אור הדעת דנקודים למקומו להנאת עצמו, **יספיק לבבזינת תועלת (נ"א מעלת) האור** דעת דנקודים **לעצמו**, עם כל זאת עדיין למה לא חשש אור הדעת

220

מבוא שערים ש"ב ח"ב פ"ה ד"ז ע"ד – הענין, כי האמת הוא דהיכא דאפשר אפשר. כי בתחילה אור הדעת אינו חסר בהיותו למטה במלכות דאצילות, כיון שסוף סוף גם למעלה לא היה לו כלי אחר להתלבש בו, וכלי הדעת היה נהנה בהיותו קרוב. **אך עתה שכבר יש לו כלי למעלה**, יותר יבקש הנאת עצמו, מהנאת כלי שלו. וגם כי גם הפסד הכלי אינו כל כך גדול.

221

כרם שלמה ש"ט פ"ג אות ו' – אמנם כאשר ראה שיש בחינת כלי במקומו, ר"ל כלי הכתר.

222

כרם שלמה ש"ט פ"ג אות ו' – קרוב הוא אל הנאת עצמו ותועלתו יותר מלהועיל אל הכלי שלו. ר"ל ולכן עלה למעלה.

223

כרם שלמה ש"ט פ"ג אות ו' – כי עתה בעלותו למעלה במקומו יש לו כלי. ר"ל שהוא הכלי של התפשטות הכתר, שנתפשט עד מקום התפארת, והואיל ויש שם כלי, ויוכל ליישב שם, אז יוכל לקבל הארה, וזה שכתב - ושם יוכל לקבל האור לעצמו מלמעלה, מן המאציל ומן הכתר בקירוב גדול, ולכן עלה למעלה.

224

תרשים ג – כ"ו.

דנקודים לשברי הכלי שלו, שירדו עד המלכויות דבי"ע, **ואמנם**225 **גם לבחינת זוסרון** שברי הכלי שלו, ברדתו למטה במלכות דבריאה יצירה עשיה כנזכר, אינו הפסד גדול כל כך לשברי הכלי, כי מה שאנו אומרים שצריך שלא יהיה הרחוק בין האור, ובין הכלי שלו שלוש ספירות לבד, הוא כשיעור שלוש ספירות דאצילות, אשר שיעורם גדול וזהו כלבוד דמי.

הרב ז"ל מבאר כאן, כי כל עולמות בי"ע הם לא בערך ספירה אחת דאצילות. ולרב יפה שעה **יש כאן קושיא**, אם אנחנו אומרים כי כל בי"ע לא ספירה אחת דאצילות, איך נפלו כל שברי הכלים דנקודים לבי"ע, הרי כל אחד מהכלים הוא ספירה אחת, ואיך כל השבעה ספירות דנקודים נפלו למקום שהוא פחות מספירה אחת. **והתשובה היא** שהרב ז"ל מבאר226 בכל המקומות על שבירה, מיתה, וירידת **פנים ואחור** דשבעה התחתונות דנקודים, לפי פשט הדברים נראה

225

שער ההקדמות, דרוש בסדר ירידת ז' מלכים ונפילתם וירידת אחוריים דאו"א ואיך נעשה הכל ביחד דכ"ב ע"ב – גם בענין בחינת הכלי שלו צריך לתרץ, כי האמת הוא שאף על פי שעתה נתרחק אורו מעליו רחוק גדול, אין כל כך חסרון והפסד בזה. לפי שמה שאנחנו צריכים הוא שלא יהיה רחוק בין האור אל הכלי יותר משלוש ספירות דאצילות. אבל בבריאה היכא דלא אפשר לדקנין ולא דייקינן כל כך, כי הנה העשר ספירות דבריאה אינה אפילו בערך ספירה אחת דאצילות. ואם כן הרי היא כאלו עומד הכלי ההוא בראש הבריאה.

226

ע"ח ש"ח פ"ב מ"ת ל"ו ע"ג – אמנם השבעה מלכים תתאין מתו, לפי שכליהם נעשו מהסתכלות עין בחוטם פה לבד, והיה חסר מהם אור האזן העליונה. והנה גם בג"ר עצמם יש בהם חילוק בין זו לזו, והוא)נ"א והנה(כי מן הכתר לא ירד ממנו אפילו האחוריים, אלא האחוריים של נה"י בלבד. אבל באו"א של הנקודים ירדו האחוריים שלהם לבד, ונשארו הפנים במקומם. וטעם הדבר הוא כי אלו האורות שנמשכים עד שבולת הזקן נחלקו לשלושה, כי הכתר לקח מבחינת האזן עצמה ממה שהראייה שואבת בהסתכלות באור האזן, ומכל שכן שנכללים בו שני אורות אחרים, ומזה נעשה כלי לכתר נקודים. ואבא לקח ממה שהראייה שואבת מאורות החוטם, וגם אור הפה נכלל בו. והנה הכתר שלקח מן האזן הארתו גדולה מאד לא נשבר כלי שלו, אבל או"א שאין לוקחין רק מן החוטם ופה נשברו האחוריים של כליהם. והנה או"א אם היו מקבלים אור זה של חוטם ופה של א"ק, בהיותו למעלה קרוב אל מקום נקבי האזן, אף על פי שלא היו מקבלין מאורות האזן עצמה, רק קצת הארה היו מתקיימין האחוריים של כליהם, אבל כיון שאין מקבלין רק מסיום האזן שהוא מקום שבולת הזקן, לכן אף על פי שלוקחין קצת הארה אינו מועיל להם, ולכן נשברו האחוריים של כליהם. אבל הכתר כיון שלוקח אור האזן ממש אף על פי שלקחו סיומו כיון שהוא לוקח עצמותו, די בזה ולא נשבר אפילו כלים דידיה. מה שאין כן באו"א שאינם לוקחין רק הארה בעלמא, וגם שהוא ברחוק מקום. והרי נתבאר שלושה בחינות אלו, והם כי הכתר נתקיים כולו. ואו"א נשברו ונפלו האחוריים שלהם. **וזו"ן נפלו פנים והאחוריים שלהם**. והנה זהו הטעם שנרמז בפסוק והארץ היתה תהו ובהו, אשר הוא מדבר בענין מיתת המלכים של הנקודים כנזכר לעיל.

ע"ח ש"ח פ"ו מ"ת דט"ל ע"ג – וכבר נתבאר לעיל כי אלו שבעת מלכים לקחו אורם מגוף א"ק שתחת שבולת הזקן, ולא מלעלה. נמצא שהם חסרים בחינת שלושה אורות עליונים שהם אח"פ, **כי לכן נשברו הפנים והאחוריים שלהם**, ואלו הם בחינת ג' תגין שיש למעלה על כל אות מאלו השבעה הנזכר לעיל. כי הם מורים על הסתלקות האורות והחיות מן הכלים, שהם אותיות, ונשאר האור למעלה מהם ולא בתוכם, כדרך צורת התגין על האותיות. אבל האותיות בד"ק חי"ה הם אחוריים דאו"א שירדו.

ע"ח ש"ט פ"ג מ"ת דמ"ב ע"ד – ונבאר עתה איך בעת מיתת המלכים אלו ירדו הכלים שלהם לעולם הבריאה כנזכר לעיל, משאין כן בארבעה אחוריים דאו"א. כי הנה נתבאר החילוק שהיה בין או"א לשבעה המלכים, שהם זו"ן, ואמרנו כי השבעה מלכים שהם זו"ן מתו ממש, וירדו אל עולם הבריאה, הכלים שלהם ואחוריים של או"א נתבטלו ולא מתו, אלא שירדו למטה בעולם אצילות עצמו, ושם ביארנו טעם לזה, ואמרנו

שהב"ד חג"ת ונה"י דמלכים נשברו ומתו וירדו לעולמות בי"ע. עם[227] כל זאת רק חג"ת נהי"מ דמלכים נשברו ומתו, שהם הבחינה החיצונה והאמצעית, והסיבה[228] שהרב ז"ל קורא לחג"ת נה"י פנים ואחור היא שמדובר בערכין, **כי חג"ת נקראים אחור בערך חב"ד, ונקראים פנים בערך הנה"י**. לכן צריך **לזכור ולדעת** כי בכל מקום שנזכר פנים ואחור דז"א דמקרה המלכים, מדובר אך ורק בו"ק דז"א. **זאת ועוד** כאשר מבואר כי המלכים הם בחינת ב"ן דעסמ"ב דב"ן, שהוא בחינת המלכיות דעסמ"ב דב"ן, הכוונה היא שהב"ן הזה כולל את **מ"ה וב"ן דב"ן**, כי[229] אין לך ניצוץ שנברא, שאינו כלול מזכר ונקבה. ולכן[230] בחינת המלכים דמיתו הם מ"ה וב"ן דב"ן דעסמ"ב דב"ן, רק שאנחנו מזכירים רק את

שהיה לסיבה שהשבעה מלכים לא קבלו אורות אח"פ דא"ק, רק מגופא דיליה ואילך. והנה לטעם זה עצמו היה גם כן שינוי אחר בין ג"ר שהם כח"ב, אל השבעה מלכים התחתונים, כי הג"ר יצאו בקצת תיקון בראשונה, והוא כי כאשר יצאו בראשונה נתפשטו כסדר ג' קוין, מה שאין כן שבעה תחתונות שיצאו זו למטה זו, וזה שכתוב באדרא רבא ‐ עד אימת ניתב בקיימא דחד סמכא, ר"ל נתקן התיקון שהוא דרך קוין, אבל קודם שהיו זה על גבי זה, הוי קיומא דחד סמכא. וכבר ביארנו כי התיקון האצילות הוא בהיות ששה קצות עשוי בבחינת ג' קוים קשורים זה בזה, בסוד השלישי המכריע ביניהן, ואז נקרא רשות היחיד. אבל בהיותן זה על גבי זה והם נפרדין אחת מחברתה, אז נקרא רשות הרבים. ולכן הג"ר נתבטלו אחוריהם ולא מתו, **ושבעה מלכים מתו פנים ואחור**, כי יצאו בלי תיקון כלל.

ע"ח ש"ט פ"ז מ"ב דמ"ו ע"ד ‐ ויצאו שבעה תחתונות מדעת ולמטה בלבד, וכולם יצאו מן בינה דז"א הכלולה תוך אימא עילאה כנזכר לעיל, שלא יצאה, **ואז כל השבעה מתו פנים ואחור**, וירדו בבי"ע.
227

ע"ח ח"ב ש"ל דרוש א' מ"ב דכ"ו ע"ד ‐ גם תבין כי פרצוף האמצעי אף כי נקרא אחור בערך השלישי הפנימי מכולם, **אמנם לפעמים נקרא פנימי בערך החיצון שבכולם**. ובזה תבין מה שנתבאר אצלינו כי בעת מיתת המלכים של ז"א היה בו אחור ופנים, והוא לסבת היות בו תמיד נה"י חג"ת, ו"ק, שהם פרצוף החיצון ואמצעי כנזכר לעיל, **ואז החיצון נקרא אחור, ואמצעי פנימי בערך החיצון**, והבן זה.
228

נהר שלום די"ב ע"ד ‐ והענין בקיצור נמרץ, ידוע כי כל העולמות מראש א"ק עד סוף העשיה, כלולים מחיצוניות ופנימיות, וכל אחד משניהם נחלק לחיצוניות ופנימיות, **ואין לך שום בריה שאינה כלולה מחיצוניות ופנימיות**, אמנם החיצוניות דכללות כל העולמות הם העיגולים דכל העולמות, והפנימיות הוא היושר דכל העולמות, וכל אחד נחלק לחיצוניות ופנימיות, שהם הכלים והאורות, גוף ונשמה, כי הכלים שהם העשר ספירות דכל פרצוף, נקרא חיצוניות בערך הפנימיות, שהם האורות והנרנח"י, המלובשים בהם. וכן בפרטות העשר ספירות הנחלקים לשלשה פרצופים, נה"י חג"ת וחב"ד, מתלבשים זה בתוך זה. **כי פרצוף דנה"י המלביש לפרצוף חג"ת נקרא חיצוניות בערך פרצוף החג"ת המתלבש בתוכו, ופרצוף החג"ת נקרא פנימיות אליו**. ופרצוף החג"ת נקרא חיצוניות בערך פרצוף החב"ד המתלבש בו, והחב"ד הוא פנימיות אליו. וכל זה הפרצוף הכלול מחב"ד וחג"ת ונה"י נקרא חיצוניות בערך הפרצוף העליון המתלבש בו, וכן על דרך זה מפרצוף לפרצוף, עד א"ס.
229

ע"ח ש"ט פ"ז דמ"ו ע"ב ‐ דע כי אין לך ספירה וספירה, אפילו בעשר ספירות הפרטיות שבכל פרצוף ופרצוף, שאין בו **בחינת זכר ונקבה, והם ב"ן דנקודות ומ"ה החדש**, ואמנם אין ענין ב"ן הזה והנקבה זו בחינת מלכות העשירית שיש בכל ספירה וספירה, שהיא בחינה עשירית שבכל ספירה וספירה, אלא שיש בכל ספירה עשר בחינות, וכולם דמ"ה, ועשר בחינות וכולם דב"ן, והתשע ראשונות דמ"ה וב"ן הם נקרא ט' בחינות הראשונות של ספירה ההוא, והבחינה עשירית שהוא מלכות שבאותו ספירה עצמה, היא כלולה ממ"ה וב"ן. **כלל הדברים בקיצור נמרץ כי אין לך שום ניצוץ קטן בכל האצילות, שאין בו מ"ה וב"ן**.
גמרא בבא בתרא דע"ד ע"ב ‐ אמר רב יהודה, אמר רב, כל מה שברא הקדוש ברוך הוא בעולמו, **זכר ונקבה בראם**.
230

רחובות הנהר ד"ג ע"ב ‐ ובתחילה יצא שם ב"ן, שהוא שבעה קצוות זו"ן, שהם **מ"ה וב"ן דב"ן** דא"ק, והם הם השבעה מלכים דב"ן דמיתו, ואינם רק שבעה מלכים, אלא נפרטו לעשר ספירות, שהם עסמ"ב, והם

בחינת הב"ן בלי המ"ה. ובתיקון יצא מ"ה החדש, הכולל **מ"ה וב"ן דמ"ה**, וכן בשם מ"ה החדש אנחנו מזכירים רק את שם מ"ה בלי הב"ן, ופשוט הוא. **גם צריך לדעת** כי שמבואר לפי פשט דברי הרב ז"ל, שנשברו ומתו הכלים דמלכים, מובן כי לכל הבחינת הפנים ואחור שהם חג"ת נה"ים דשבעה המלכים, קרה מקרה המלכים, אבל[231] **בעומק דברי** הרב ז"ל מדובר רק בפרצוף האחור, והוא פרצוף נה"י. יוצא מזה כי המלכים שנשברו ומתו הם **מ"ה וב"ן דב"ן דעסמ"ב דב"ן דחג"ת דהג"ת נה"י דנה"י דנקודים.** ר"ל המלכים דמיתו הם רק בחינת המלכות)ב"ן(הנקראת **נקודה**, של עשרה הספירות של אותה נקודה)עסמ"ב דב"ן(, **ולא כל** הנקודה הזאת יצאה שלימה, אלא יצאו רק בחינת הו"ק)חג"ת נה"י(דאותה נקודה, ולא כל בחינת הו"ק, אלא הו"י של פרצוף האחור)נה"י(דאותה נקודה. הבל"י מתרץ - שכאשר יורדת איזה בחינה מעולם העליון ותתלבש בעולם התחתון, גם היא מתמעט משיעורה ברדתה למטה, ותהיה כשיעור עולם התחתון, בסוד[232] - לכי ומעטי את עצמך. הילכך בנפול הכלים דשבעה מלכים לבריאה, נתמעטו מבחינתם, והיו כשיעור עולם הבריאה.

[233] **אבל**[234] [235]**בבריאה**, כל[236] **העשר ספירות דבריאה**[237] **אינן שיעורם אפילו כשיעור ספירות אזזת דאצילות,** ר"ל[238] כי כל העשר ספירות דבריאה הם **כגרגיר חרדל** בערך

עתיק, וא"א, ואו"א, וזו"ן דב"ן דאצילות. ואחר כך בתיקון יצא שם מ"ה החדש, שהוא שבעה קצוות זו"ן, שהם **מ"ה וב"ן דמ"ה** דא"ק, ונפרטו גם הם לעסמ"ב על דרך הנזכר לעיל.

231

ע"ח ח"ב שי"ל דרוש ה' מ"ב דכ"ח ע"ב – ונבאר עתה מה שהיה בעת מיתת המלכים, קודם העיבור, כי היה אז ז"א מבחינת ו"ק לבד, של זה הפרצוף הראשון, שכל עצמו אינו רק נה"י לבד. **ונמצא שהוא חג"ת נה"י של פרצוף דאחור.** ונמצא שהם ו"ק, אבל אינם רק נה"י לבד, ובזה לא יחלקו הדרושים הכתובים אצלינו.

232

גמרא חולין ד"ס ע"ב – רבי שמעון בן פזי רמי, כתיב - ויעש אלהי"ם את שני המאורות הגדולים, וכתיב - את המאור הגדול ואת המאור הקטן. אמרה ירח לפני הקדוש ברוך הוא, ריבונו של עולם אפשר לשני מלכים שישתמשו בכתר אחד, **אמר לה לכי ומעטי את עצמך.**

233

שפת אמת ש"ט פ"ג אות ד' די"ב ע"ב – אבל כל העשר ספירות דבריאה אינם אפילו כשיעור ספירה אחת דאצילות, ואם כן וכו'. וכתוב בהגה"ה - א"מ צריך עיון אם זה בכמות או באיכות, וגם כן איך יהיה מציאות עליית העולמות כפי הקדמה זו, וצריך עיון רב, עד כאן. ואחרי נשיקת ידי ורגלי קודשו אשמטיה מה שכתב רבינו ז"ל בשער הגלגולים פרק י"ו וז"ל - אך צריך שתדע, כי מה שיש לנו כלל אמיתי שהכתר ככל ממה שלמטה ממנו, וכן בכל מדרגה ומדרגה אין באורו גודל מקום, רק בענין מעלות האורות, כי האור של מדריגה העליונה כוללת בערכה כל מה שלמטה ממנו, אך בענין המקום אינו כן, והראיה לזה וכו'. **גם** נראה לעניות דעתי ששמעתי מפי מורי זלה"ה החשובה אחרת, והוא כי אין כלל הנזכר זולתי בהיות כל המדרגות כסדרם ובמקומם, אמנם כאשר תעלה התחתונה למקום העליונה, נגדלת כמוה ממש וכו', יעו"ש. ובזה נחו שקטו שתי הקושיות, ומה שהקשה הרש"ך וז"ל - הא ודאי קושיה אם שיעור ספירה אחת דאצילות הרי היא ככל הבריאה כולה, אם כן כשנפלה ספירה אחת נתמלאה כולה, ואין כאן מקום וכו', וצריך עיון לכשתעיין תמצא, עד כאן לשונה. ליכא קושיא כלל, דהכא באיכות דהיינו באורות עסקינן, ואפשר לרמוז להקדמה זו כתב בסוף דבריו לכשתעיין תמצא. וא"ש את"מ. ועיין עוד מאמרי רשב"י פרשת קדושים דפוס ישן דף כ"ו ע"ד. **ודע** שלא נאמר ענין זה אלא בפנים היסוד כמו שכתוב במקום אחר, כי משליש העליון של היסוד ממנו נעשה בחינת תפארת וכו', הנה לכאורה עדיין יש להקשות כי שליש העליון דיסוד ממנו, נעשה שליש תחתון דתפארת, כנודע מחילוק השלישים בכל מקום ולאה, אינה מנעת כי אם עד שליש העליון, ואין לה מגע בשליש התחתון, ואם כן במה מזדווג עמה. ועוד דברי רז"ל אינם מחוורים זה בזה שבתחילה אמר שלא נאמר ענין זה אלא בפנים היסוד, מה שכתב שבפנים היסוד דז"א הוא העולה למעלה לשליש עליון, כדי שיזדווג עם לאה, ואיך סיים ואמר כי משליש העליון של היסוד וכו', דמה שכתב שהוא על הכלי דיסוד עצמו דז"א. אך הנראה לעניות דעתי שיובנו דברי רז"ל אלו במה שכתב בשער פרצופי זו"ן דרוש ג' וז"ל - כי ג"ר דחסד שכל אחד מהם

כלולה מו"ק לבד, נקרא פרק עליון דחסד, וכן ג' אמצעיות שבו, הם פרק אמצעי, וג' תחתונות שבו הם פרק התחתון דחסד. וכן על דרך זה וכו', יעו"ש. נמצא שהפרק עליון דיסוד נקרא ג"ר, וכבר נודע שהג"ר נקרא פנים בערך החג"ת ונה"י, שנקראים חיצונים, שהם השני פרקים דיסוד, וכתב רז"ל בדרוש הדעת ובדרוש השופר וז"ל - ונודע כי הכלים דז"א אינם אלא רק ו' ספירות, חג"ת נה"י, אלא שבזמן ההגדלה נתחלק כל ספירה מהם לשלוש פרקים, ועל ידי כן היו תשעה כלים. ונמצא כי ג' פרקים עליונים, וג' אמצעיים חג"ת הראשונים דזעיר גדלו שלישי. ונעשו ג' כלים שלמים לתלת מוחין חב"ד, ואלו נקראים ראש, ומוחין של הנשמה. אחר כך תלת פרקין תתאין דחג"ת הראשון נעשו תלת כלים לתרין עטרין דדעת החתונים, ואלו נקראים חג"ת של הנשמה, שהם גוף שלה, אלא שהן כלי מוח אחד השלישי הכלול מחו"ג, ודעת תחתון הנקרא תפארת, ומן תלת פרקים על יד דנה"י נעשו כלים לנה"י של המוחין. אלא שהם בחינת חג"ת של ז"א, ומתרין פרקין אמצעי ותתאין שבכל אחד מנה"י נעשו נה"י דז"א, ושם נתפשטו גם כן נה"י של המוחין, עד כאן. נמצא כי תפארת דז"א כולו נעשה משלישי העליון דיסוד ז"א, הנקרא ג"ר דיסוד, ונקרא פנים דיסוד, ובבחינת השליש העליון דתפארת דז"א הנעשה משליש השלישי דיסוד הוא מזדווג עם לאה, ובזה באו דברי רז"ל על מכונם, ודו"ק. וא"ש את"מ.)א"ה מפשט דברי הרב מורה באצבע שפנים היסוד, היינו האור של היסוד, וכן הוא בהדייא בשער הקדמות דף כ"ב ע"ג, ומה שכתב הרב במה שכתב כי משליש עליון וכו', צריך לומר אגב קודם תיבת כמו שכתב, והוא תירץ שני, וכן נזכר הוא באוצרות חיים צ"ח מדפוס וק"ל ליוורנו(.
234

יפה שעה)ב(– אבל בבריאה כל העשר ספירות דבריאה אין שיעורם, אפילו שיעור ספירה אחד דאצילות, ואם כן הרי הוא כאילו עומדת בראש הבריאה כו'. הא ודאי קשה, אם שיעור ספירה אחד דאצילות, הרי היא ככל הבריאה כולה, אם כן כשנפל ספירה ראשונה, נתמלאה כולה, ואין כאן מקום לשאר. ורז"ל כתב שכלים דמלכי חג"ת בתחלה ירדו במקום כחב"ד דבריאה. ולבסוף נפלו פעם שנית לנה"י דבריאה, ואיה מקום כבוד לכל אלה שבעה מלכים דאצילות, שירדו ונפלו בבריאה. ועוד, מה שמבואר שיצירה ועשיה יהיו יותר קטני השיעור מבריאה, ורז"ל כתב לקמן שחיצוניות הכלים נפל בבריאה וביצירה ועשיה, וצריך עיון, לכשתעיין תמצא.)וכן הקשה ספר אור זרוע. ולעניות דעתי לא קשיא, שהרי דרבינו דקדק בלשונו וכתב, דבריאה כולה אין שיעורה אפילו ספירה אחת דאצילות, ונודע דכל מה שיצאו בעולם האצילות אינו אלא בסוד נקודות, ועיין בשער התיקון נוקבא פרק ב' כלל ט' וז"ל - אמנם חמשה כלים אלו היו קטנים, ונקרא נקודות, יעיין שם טעם שבירתם וכו'. ועיין שער ל' פרק ז', דשם נתבאר החילוק בין ספירה ונקודה ופרצוף. ומכיון שכן יכול לסבול הנקודות דאצילות. עיין בשער מאמרי רשב"י פרשת קדושים, בעניין קבלת שבת, דקודם חטא דאדם הראשון, ודאחר החטא, ומשם תבין תירוץ אחד, עיין שם. שמן ששון(.
235

ע"ח ח"ב שמ"ז פ"ו מ"ק דק"ח ע"ב – עולם הבריאה יש בה עצמות וכלים, והנה בעניין הכלים דבריאה נחלקין על דרך זה, כי הכלים דאו"א דבריאה הם סוד שמות אכתריא"ל י"ה הוי"ה צבאו"ת, וכמו שידעת שהשמות אלו הם סוד כסא עצמו, וגם ידעת כי ג"ר דבריאה הם כסא עצמו, ואלו הם סוד גופא ממש דאו"א דבריאה. גופא דז"א דבריאה נקרא מטטרו"ן. גופא דנוקבא דז"א דבריאה נקרא סנדלפו"ן. והרי ביארנו בחינת הכלים דבריאה. והנה עצמות בריאה נחלק לשלוש בחינות נר"ן, והנה הנפש של בריאה כולה נמשך על ידי הכאת עשר כלים דאצילות במסך הבריאה, ומהם נתנוצצו עשר ניצוצות, ואורות דרך המסך ונתהוו נפש לעשר כלים של הבריאה, **כי כלים דאצילות מעולים מן נפש דבריאה**, כי האור שלהם העובר דרך מסך, מספיק לעשות נפש אל הבריאה. ורוח של בריאה נמשך על ידי הכאת של בינה דאצילות החיצוניות שלה, במסך הבריאה, ומהעשר ספירות שלה נעשה רוח לכל העשר ספירות דבריאה. ונשמות הבריאה נמשכת מהכאה פנימית דבינה דאצילות במסך, ועשר ספירות שלה נעשה נשמה לעשר ספירות דבריאה, וכנגד רוח ונשמה אלו נאמר אימא מקננא בכורסייא. **אמנם רישא דא"א דבריאה, שהוא סוד אותה נקודה דאצילות שירדה**, הנה זאת לא נתהווית על ידי מסך, כי להיותה נקודה נוקבא דאצילות ממש, שברה ובקעה המסך לגמרי, וירדה בבריאה ברישא דא"א דבריאה, **ואפילו חיצוניות שלה בקעה המסך**, להיותה אצילות עצמה ולא הארה כשאר עשר ספירות דאצילות. לכן היה בה כח לשבור ולבקוע המסך, ולירד באופן זה, כי הכלי ועצמות שלה ירדה לבריאה, ומהם נתהוו רישא המגולה דא"א דבריאה.
236

ספירה אחת דאצילות, **זאת**[239] **ועוד** כל עולמות בי"ע הם רק חיילות דמלכות דאצילות. **ואם**[240] **כן** מה שירדו שברי הכלי דדעת דנקודים עד המלכויות דבי"ע, נחשב כאילו הוא לא ירדו שברי הכלי כלל וכלל, כאילו ירד ממקום למקום

בית לחם יהודה ש"ט פ"ג דכ"ט ע"ב – כל העשר ספירות דבריאה אין שיעורם אפילו כשיעור ספירה אחת דאצילות. שהרי כל ג' עולמות בי"ע הם עומדים בעובי עשרה עיגולי א"א מצד מטה, כמבואר בשער הקדמות דף י' ריש ע"ד, יעו"ש. וכל שיעור העובי דעשר עיגולים דא"א אינם כי אם שיעור ג' ספירות דג"ר דא"א בלבד. כי הם מתעגלים סביב כח"ב דא"א, כמבואר באמצע פרק א' דשער מ"ג, ובמבוא שערים דף י"ג ע"ד, יעו"ש. אם כן נמצא שכל עולם מבי"ע אינה כי אם שיעור ספירה אחת מהאצילות. ועיין להרב יפה שעה ז"ל שהקשה דאי כל עשר ספירות דבריאה הם שיעור ספירה אחת דאצילות, אם כן כשנפל ספירה אחת נתמלאה כולה, ואין מקום לשאר, ורז"ל כתב שכלים דהג"ת נפלו בכח"ד דבריאה, ומסיק בצריך עיון. ועיין בשמן ששון אות ט' שתירץ כי עולם הנקודות צאו בסוד מלכויות בלבד, ומשום הכי הכילה אותם עולם הבריאה, יעו"ש. ואין תירוצו עולה יפה, דהא גם חיצוניות א"ק נפלו לבי"ע, כמבואר במבוא שערים דף י"ג ריש ע"ב, ובשער הקדמות דף י' ריש ע"א, יעו"ש. ואיך הכילה אותם בי"ע, וכי יתכן לומר שגם שם היו בסוד מלכויות לבד, ומה גם שכל ג' עולמות בי"ע אינם כי אם קצות רגלי א"ק לבד, כמבואר בשער הקדמות דף י' ריש ע"ד, יעו"ש. אמנם יתכן לתרץ כל פי מה שכתב רז"ל במאמרי רשב"י פרשת קדושים, וז"ל - גם נראה לעניות דעתי ששמעתי ממורי ז"ל תשובה אחרת בזה, והיא כי אין הדבר הזה אמור אלא בהיות כל מדרגה ומדרגה במקומה הראוי לה, כי אז שיעור מדרגה התחתונה שבעולם העליון, גדולה מכל אשר למטה ממנה, אבל כאשר עולם הבריאה עולה אל עולם האצילות, אז חוזר הבריאה להיות במדרגת האצילות עצמו, וצריך כל כך שיעור מקום כאילו הוא עצמו אצילות, וכן כיוצא בזה בשאר עולמות, יעו"ש. ונראה שהוא הדין בהיפך, שכאשר יורדת איזה בחינה מעולם העליון ותתלבש בעולם התחתון, גם היא מתמעט משיעורה ברדתה למטה, ותהיה כשיעור עולם התחתון, בסוד - לכי ומעטי את עצמיך, וכמו שכתוב בתיקונים, תיקון כ"א דף ס"א ע"ב - ואף על גב דאיהי זעירא לתתא, לעילא לית לה סוף, יעו"ש. וכדאמרי אינשי אי אזלת לקרחא, זיל בנימוסה. הילכך בנפול הכלים דשבעה מלכים לבריאה, נתמעטו מבחינתם, והיו כשיעור עולם הבריאה. ועיין עוד בפרק ה' דשער המלכים במ"ב ד"ה - כי פרצוף גמור וכו'. ובריש פרק ב' דשער ט' ד"ה - כפי ערכה וכו'. ובפרק ה' דשער מ' ד"ה - ושם תיקח עולם העשיה וכו'. ובפרק י"ד דשער מ"ב ד"ה - כי כל דבר וכו'. ובד"ה וכולם משמן ששון.
237

איפה שלימה, שער הנקודים פ"ט די"ד ע"א)י(– אין שיעורם אפילו כשיעור ספירה אחת דאצילות וכו'. עיין בהרב שפת אמת בפרק ג' משער השבירה אות ד', שתירץ קושיה. א"מ, וקושיא הרב יפה שעה ז"ל באות ב', במה שכתב רז"ל בספר הגלגולים פרק י"ו, ובשער מאמרי רשב"י פרשת קדושים דף ל"ו ע"א, בהנדפס מחדש, יעוש"ב.
238

מבוא שערים ש"ב ח"ב פ"ה ד"ז ע"ד – וגם כי גם הפסד הכלי אינו כל כך גדול, כי מה שאנו חושֹשׁין הוא אם יהיו שלוש ספירות גמורות דאצילות רחוקים ביניהם, אך כל העשר ספירות דבריאה אינן נחשבים כגרגיר חרדל, בפני ספירה אחת דאצילות והיכא דלא אפשר, לא דייקינן כולי האי אף בבריאה. ואם תאמר והרי מדעת דאצילות ועד ראש הבריאה, הם שבעה מלכים גמורים דאצילות, ויש בניהם כל מרחק זה. ויש לומר כי אין אנו חושֹשין רק בהיות שלוש ספירות דאצילות ריקניות בניהם. אמנם פה הנה כל מקום האצילות מלא מאורות האחרים שירדו שם בהיותם, אשר בהיותם שם יוכל הכלי שלו לקבל הארה מהם, או גם מאור הדעת שלה ממש על ידיהם. אך עיקר החששא האמיתית הוא, שלא יהיו בין האור והכלים שלשה ספירות דאצילות ריקנית, כי אז ודאי היה מתבטל הכלי לגמרי. ומזה תקיש לשאר הכלים הנופלים בבריאה, משאר המלכים התחתונים כמו שנבאר.
239

ע"ח שכ"ג פ"ב דק"ו ע"ג – ונודע כי חצי תפארת גדול מכל הנה"י כולה, כמבואר אצלנו בהקדמה הידועה. **כי הבחינה הקטנה שבכל ספירה העליונה היא גדולה מכל מה שלמטה ממנה.**
ע"ח ח"ב שמ"ד פ"א דצ"ו ע"ג – כי כל השלושה עולמות בי"ע, הם דוגמת עולם האצילות כנ"ל. והענין הוא כי כל כל השלושת עולמות בי"ע, הם חלקי אצילות, **כי הם חיילות המלכות.**

באותה ספירה עצמה, **הרי הוא** ר"ל שברי הכלי **כאלו עומדת בראש הבריאה, כי כל העשר ספירות דבריאה,** אפילו **כשיעור ספירה אחד** אין **נחשבין.**

עד כאן ביאר הרב כי כל בי"ע הם כגרגיר חרדל בערך ספירה אחת דאצילות, דרך משל, ר"ל שכל שברי הכלים שירדו לבי"ע אפילו לא יעמדו בכתר דבריאה, עדיין קרובים לאצילות. ועוד ביאר הרב ז"ל כי המרחק בין האור לכלי צריך להיות פחות משלוש ספירות ספירות ביניהם, והוא הנקרא כלבוד דמי. **עם כל זאת יש שאלה,** והיא הרי אור הדעת דנקודים עלה למקומו, שהוא שבעה מדרגות מהמלכות דנקודים. אם כן איך יאיר אור הדעת דנקודים לשברי הכלי שלו הנמצאים בראש עולם הבריאה, הרי המרחק ביניהם הוא שבעה ספירות. ומבאר הרב ז"ל כי שברי הכלים דנקודים הנמצאים בבי"ע, מקבלים הארה מהמאורות האחרים הנמצאים בכלים דנהי"ם דנקודים, וגם אור הדעת דנקודים שעלה למקומו למעלה, מעביר הארה לשברי הכלי שלו דרך שאר הספירות שמתחתיו. [נראה לעניות דעתי **אח"י**, בסוף[241] הפרק הזה, מבואר כי אור הדעת דנקודים שהסתלק מהכלי דמלכות דנקודים, השאיר הרשימו בתוך הכלי דמלכות דנקודים, ולעניות דעתי נראה **רשימו זה האיר** אל שברי הכלי דדעת דנקודים הנמצאים בבי"ע, וכן בשאר האורות ושברי הכלים שלהם. ועיין בדברי הרב יפה שעה אות ב' בפרקין].

ואם[242] **תאמר**[243] עדיין תירוץ זה לא מתורץ, **הרי יש הרזוק בין** שברי **הכלי דדעת** דנקודים, **לאור שלה**[244] צ"ל **שלו,** ר"ל לאור הדעת דנקודים שעלה למקומו מעל לתפארת דנקודים,

---

שער מאמרי רשב"י, פרשת קדושים דל"ו ע"א – כי כבר נתבאר אצלנו, **כי המדרגה התחתונה שבכל האצילות מעולה מכל מה שלמטה ממנו עד סוף העשיה,** וכן על דרך זה בכל המדרגות. כי גם המדרגה תחתונה דבריאה, גדולה בכל מה שלמטה ממנה שהם יצירה ועשיה.

ע"ח ש"ו פ"ח מ"ב דכ"ט ע"ד – כי החיצוניות והאחוריים של עליון הם הפנים של תחתון.

רחובות הנהר ד"ב ע"א – אמנם צריך להבין מה שכתב הרב ז"ל, כי בכל פרצופי אבי"ע היה מקרה המלכים ההוא. איך אפשר שהמקרה ההוא היה בבי"ע, והלא שלושה עולמות בי"ע אינם עולמות גמורים כמו עולם האצילות, **כי אינם אלא התפשטות כוחות הנוקבא דאצילות, וחיילייה, וצבאיה,** וכולם בחינת נוקבא, ואין בהם דכורא כלל, כמו שכתוב במבוא שערים ש"ב ח"ג פ"ח, וכמו שנבאר בע"ה. וכל קיומם והעמדתם, הוא בכח שארית בירורי הכלים ורפ"ח אורות דמלכים דאצילות, וכשיושלמו להתברר כל הבירורים, אז נאמר - הנה ישכיל עבדי ירום ונשא וגבה מאד. ואז השמים כעשן נמלחו, והארץ כבגד תבלה, כמו שמבואר בע"ח שער ג' סוף פרק ב', עיין שם.

240

כרם שלמה ש"ט פ"ג אות ו' – ולכן מה שירד הכלי מן הדעת עד המלכות דבריאה, **כאלו ירד ממקום למקום באותה ספירה עצמה.** וזה שסיים כאלו עומדת בראש הבריאה, כי כל העשר ספירות דבריאה כשיעור ספירה אחת נחשבין. ולאו דווקא כספירה אחת דאצילות נחשבין, אלא פירושו אפילו כספירה אחת אין נחשבין.

241

ע"ח ש"ט פ"ג מ"ת דמ"ד ע"ב – ועתה נבאר טעם אל המלכות למה היא גם כן עלתה עד הדעת, למעלה מן התפארת. והענין הוא כי המלכות)נ"א לפי שהמלכות להיות(נקראת עטרת בעלה, ועולה למעלה מן התפארת, ובפרט עתה אשר היה לה רשימו מן הדעת, **כי כאשר ירד אור הדעת עד מקום המלכות דאצילות, בעת שנשבר הכלי שלו כנזכר לעיל, הניח שם רשימו דיליה.**

242

מבוא שערים ש"ב ח"ב פ"ה ד"ז ע"ד – ואם תאמר, והרי מדעת דאצילות ועד ראש הבריאה, הם שבעה מלכים גמורים דאצילות, ויש בניהם כל מרחק זה. ויש לומר, כי אין אנו חוששין רק בהיות שלוש ספירות דאצילות ריקניות בניהם. אמנם פה, הנה כל מקום האצילות מלא מאורות האחרים שירדו שם כנזכר, אשר בהיותם שם יוכל הכלי שלו לקבל הארה מהם, או גם מאור הדעת שלה ממש על ידיהם, אך עיקר החששא האמיתית הוא, שלא יהיו בין האור והכלי, שלושה ספירות דאצילות ריקנית, כי אז ודאי היה מתבטל הכלי לגמרי. ומזה תקיש לשאר הכלים הנופלים בבריאה, משאר המלכים התחתונים כמו שיתבאר.

245**שִׁבְעָה סְפִירוֹת דַּאֲצִילוּת** שהם חג"ת נהי"ם, **כִּי הֲרֵי הוּא** אור הדעת דנקודים **עוֹמֵד לְמַעְלָה בְּדַעַת דַּאֲצִילוּת** שלפני התיקון, ושברי הכלי דדעת דנקודים בראש הבריאה, ויש ביניהם מרחק של שבעה ספירות מלבוד, שהוא יותר מלבוד, ונתבאר כי אי אפשר שיהיה מרחק של יותר משלוש ספירות בין האור לכלי, וכאן יש שבעה ספירות, ואיך יוכלו שברי הכלי דדעת דנקודים לקבל הארה מאור הדעת דנקודים. **וְיֵשׁ**246

לוֹמַר כִּי אֲפִילוּ בִּסְפִירוֹת דַּאֲצִילוּת עַצְמָן המבדילות בין האור לכלי, **אֵין כָּל כָּךְ הֶפְסֵד**, זוּלָתִי בִּהְיוֹתוֹ בֵּינֵיהֶן בֵּין הָאוֹר וְהַכְּלִי, שִׁיעוּר שָׁלוֹשׁ סְפִירוֹת גַּם כֵּן רֵיקָנִיּוֹת יחד **בִּלְתִּי אוֹר כְּלָל**, שאין שם **לֹא הוּא** ר"ל האור דאותה ספירה, **וְלֹא זוּלָתוֹ** ולא אור של ספירה אחרת, וזה הוא כלבוד דמי. **אֲבָל כָּאן** בשברי הכלי דדעת דנקודים הנמצאים בבי"ע **אַף עַל פִּי שֶׁהָאוֹר שֶׁלָּה עַצְמוֹ** שהוא אור הדעת דנקודים, **עָלָה** מכלי המלכות דנקודים **לְמַעְלָה** מעל לתפארת דנקודים.

247**הִנֵּה יֵשׁ אוֹרוֹת אֲחֵרִים** שהם אור החסד דנקודים הנמצא בכלי היסוד דנקודים, ואור הגבורה דנקודים הנמצא בכלי נצח הוד דנקודים, ואור התפארת דנקודים הנמצא במקומו, שהם **עוֹמְדִים בְּסוֹף** עולם **הָאֲצִילוּת** שלפני התיקון, **קְרוֹבִים אֶל הַבְּרִיאָה**, עולם הבריאה, **וְתוּכַל** ר"ל יוכלו שברי הכלי דדעת דנקודים **לְקַבֵּל הָאָרָה** [דמ"ג ע"ד 86] **מֵהֶם** ר"ל מאורות חג"ת דנקודים. **וְגַם תּוּכַל** ר"ל יוכלו שברי הכלי דדעת דנקודים **לְקַבֵּל הָאָרָה מִן הָאוֹר** דדעת דנקודים **שֶׁלָּה בְּעַצְמָהּ, עַל יְדֵי הָאוֹרוֹת הָהֵם הַקְּרוֹבִים אֵלֶיהָ**, שדרכם מעבר אור הדעת דנקודים הארה אל שברי הכלי דיליה

243

כרם שלמה ש"ט פ"ג אות ו' — ומה שכתב, ואם תאמר והרי יש הרחק בין הכלי לאור שבעה ספירות. פירוש, תרצתה [**אח**"**י** — מלשון תרוץ] על **כלי** של הדעת, כאילו לא ירד. ועדיין קשה על האור, אם אנן בעינן שלוש ספירות מרחק ביניהם, והלא יש בין האור אל הכלי מרחק יותר משלוש ספירות, שהוא שבעה ספירות.

244

הגירסא בספר אוצרות חיים — **שלו**.

245

איפה שלימה, שער הנקודים פ"ט די"ד ע"א)**י**"**א**(— שבעה ספירות דאצילות וכו'. עיין מה שכתבתי לעיל בפרקין אות ז', שמלשון זה מפורש יוצא דלא כהרב יפה שעה, יעו"ש.

246

כרם שלמה ש"ט פ"ג אות ו' — אבל כאן יש אורות אחרים שמאירים לו, וגם אור הדעת מעביר הארתו ממקומו, דרך אותם האורות הנשארים למטה, נעשה קרוב לבריאה ולא רחוק. וזהו שכתב ויש לומר כי אפילו בספירות דאצילות אין כל כך הפסד זולתי בהיות ביניהן בין האור ובין הכלי שיעור שלוש ספירות ריקניות, בלתי אור כלל, לא הוא ולא זולתו. אבל כאן אף על פי וכו', ותוכל לקבל מהם, וגם תוכל לקבל מהאור שלה בעצמה על ידי האורות הקרובים אליה.

247

שער ההקדמות, דרוש בסדר ירידת ז' מלכים ונפילתם וירידת אחוריים דאו"א ואיך נעשה הכל ביחד **דכ"ב ע"**ב — והתשובה היא, כי אף על פי שהוא רחוק מן האור שלו עצמו, **הנה הוא קרוב מאד אל שאר** **האורות העומדים ומתפשטים עד סיום האצילות, ומהם תוכל לקבל הארה**, ואין אנו חוששים לקורא הפסד גדול וגמור, אלא בהיות הכלי רחוק מכל מיני אור שיעור שלוש ספירות ריקניות בלי אור כלל.

הנמצאים בבי"ע. **וזכור** כלל זה בכל שאר הספירות, כי לעולם לא יש בין הכלי ובין האור יותר משלוש ספירות דאצילות ריקניות, ולא נצטרך לחזור ולומר הענין בכל אזוד מהם, **ועוד יש לזכור** כי כל בי"ע הם בערך ספירה אחת דאצילות, לפי[248] הכלל כי כל דבר עליון גדול כנגד כל מה שלמטה.

נתבאר[249] לעיל בפרקין כי אחורי הנה"י דכלי הכתר דנקודים התפשט עד השליש התחתון דאור התפארת דנקודים, שהוא מקום הטבור. ואז השליש התחתון של אור התפארת דנקודים שהיה מגולה מבלי כלי, עלה למעלה תוך כלי הכתר דנקודים, כך תפס אור התפארת דנקודים את מקום אור הדעת דנקודים. כאן מבאר הרב ז"ל מה קרה כאשר עלה אור דעת דנקודים למקומו האמיתי. **וצריך**[250] **לדעת** כי כאשר מתלבש היסוד דאימא תוך ז"א אחר תיקון העולמות, ובתוכו החו"ג דדעת, הוא[251] מתפשט עד טבורא דגופא, שהוא מקום החזה, השליש העליון של התפארת. ולכן גם כאן בעולם הנקודים עלה אור הדעת דנקודים למקומו האמיתי, מעל לאור התפארת, ונתן כח והארה, וגרם לכתר דנקודים לגדול ולהתפשט עד סוף מקום התפארת דנקודים.

והנה[252] [253] **בעלות אור הדעת** דנקודים **במקומו** האמיתי **למעלה** מאור התפארת דנקודים, **אז** אור הדעת דנקודים נתן מכוחו הארה, ועל ידי זה **הגדיל** את **הכלי של הכתר** דנקודים.

248

ע"ח ח"ב שמ"ב פי"ד מ"ת דצ"ב ע"ד – והנה ודאי הוא כמו שיש כח באותו לבוש של בינה, כשיורד ממנה להלביש לזו"ן עד מתחת רגליהם, הנה כן יש בו כח להתפשט יותר ולהלביש את כל העולמות אשר תחתיו, שהם בי"ע. והנה ודאי יש כח באצילות נגד כל אשר תחתיו, **כי פשוט כי כל דבר עליון גדול כנגד כל מה שלמטה ויותר.**

249

מבוא שערים ש"ב ח"ב פ"ה ד"ז ע"ג – ואז אור הדעת שירד במלכות דאצילות, בראותו שכבר יש לו מקום גם כן להתלבש, כי הרי מקום הדעת הוא בקו האמצעי, בין כתר לתפארת, ואז גם הוא עלה שם במקומו, ונתלבש בכלי ההוא החדש, כי יותר הוא חפץ מהנאת עצמו, מהנאת הכלי שלו, ואז בעלותו שם, **נתן גם הוא כח והארה בכלי ההוא, והגדילו יותר**, שנמשך עד כל מקום התפארת כולו. ואז גם אור התפארת חזר להמשך בכל הכלי ההוא, כדי להיות יותר קרוב אל הכלי שלו, וזה נהנה וזה אינו מפסיד, כי הרי יש לו גם כן כלי שלם במקומו. ונראה לעניות דעתי חיים, כי בתחילה עלה התפארת במקום הדעת כנודע, כי עד הטיבור הוא סיומו, ובעלות הדעת, לקח הדעת מקומו, והוצרך להגדיל עוד הכלי, עד סיום התפארת כנזכר לעיל.

250

כרם שלמה ש"ט פ"ג אות ו' – לזה כתב מוהרמח"ו בהגהה, ונראה לעניות דעתי חיים **כי בתחילה**, ר"ל כשנתפשט כלי הכתר עד מקום הטבור לצורך אור התפארת, אור התפארת לקח מקומו של הדעת, ועלה למקומו, מפני שתמיד אור הדעת עד הטיבור מסתיים. וזהו שכתב כי בתחילה עלה התפארת במקום הדעת, כנודע כי עד הטיבור הוא היה סיומו, ר"ל של **הדעת**. והוא על ידי התלבשותו ביסוד דאימא, שעד הטיבור מסתיים, שהוא **טיבורא דגופא**, והוא קודם הטיבור.

251

תרשים ג – כ"ז.

252

שער ההקדמות, דרוש בסדר ירידת ז' מלכים ונפילתם וירידת אחוריים דאו"א ואיך נעשה הכל ביחד דכ"ב ע"ב – ונחזור אל ענייננו, כי בעלות אור הדעת למעלה במקומו, אז נגדל הכלי של הכתר, ונתפשט יותר למטה עד סיום מקום כל התפארת דאצילות. ואז חצי תחתון דאור התפארת שהוצרך בתחילה להתעלות עתה לרדת במקומו האמיתי כהלכתו וכמשפטו, וזה לשני סיבות. אם לסיבת ריבוי אור הדעת שנמצא עתה למעלה, והוא גרם אל הגדלה הזו. ואם לסיבת היות הדעת בחינת נשמה אל השישה קצוות כנודע, והוא כולל

ונראה[254] **לעניות דעתי חיים, כי בתחילה** התפשט כלי הכתר דנקודים עד השליש התחתון דתפארת דנקודים, כדי שהתלבש בתוכו אור התפארת, **ועלה** אור **התפארת** דנקודים שהיה מגולה **במקום** כלי **הדעת** דנקודים **כנודע, כי** הדעת של אחרי התיקון מגיע **עד הטבור** דגופא מתפשט, שהוא השליש העליון דתפארת, ועד שם **היה** מקום **סיומו** ר"ל בזמן התיקון, שמתפשט יסוד דאימא לנתינת מוחין, ובתוכו החו"ג דדעת, הדעת מתפשט עד תוך השליש העליון דתפארת, **ועכשיו** לפני התיקון **בעלות הדעת** דנקודים **לקחת** את **מקומו** האמיתי שהוא השליש העליון דתפארת, נתן מכוחו ואורו **והולך להגדיל עוד** את **הכלי** הכתר דנקודים **עד סיום** התפארת דנקודים כנזכר לעיל.

אז[255] **הוגדל כלי של הכתר** דנקודים מהארה דדעת דדעת דנקודים, **ונמשך**[256] כלי הכתר דנקודים **עד נגד מקום סיום כל התפארת** דנקודים, ר"ל עד סוף השליש התחתון של התפארת דנקודים, ולא[257] למטה מזה, כי בזמן התיקון, הכתר שהוא פרצוף א"א התפשט עד קרקע האצילות. **ואו זוצי התחתון** ר"ל השליש התחתון **של**

כולם. וכיון שעלה נתן כח בכלי הנזכר והגדילו, כדי להיטיב עם אור התפארת שיוכל להתפשט בכל שיעור מקומו כמשפטו כנזכר.
253

כרם שלמה ש"ט פ"ג אות ו' – מה שכתב בעלות אור הדעת למעלה הגדיל התפארת. פירוש נתן כח והארה בכלי של הכתר שהיה נמשך עד הטיבור, הגדילו עתה להמשך עד סוף מקום התפארת כלו. והטעם מפורש לקמן, שהסיבה היא מפני ריבוי האור של הדעת, שנכנס באותו הכלי החדש של הכתר, ולזה היה בו כח להגדילו.
254

בית לחם יהודה ש"ט פ"ג דכ"ט ע"ג – ונראה לעניות דעתי חיים. כי בתחילה וכו'. פירוש, כי בתחילה עלה חצי העליון של התפארת במקום הדעת, לפי שלא נתפשט כלי הכתר כי אם עד הטבור של התפארת, ולכן כשעלה התפארת לכתר, עלה חציו העליון במקום הדעת, וחציו התחתון במקום חצי העליון דתפארת, כי מה שחסר לו מלמטה לקח אותו מלמעלה.
255

הגירסא בספר אוצרות חיים – **אז הוגדל כלי של הכתר.**
256

תרשים ג – כ"ח.
257

ע"ח ש"ט פ"ד מ"ת דמ"ד ע"ג – הנה זה צריך ביאור רחב, אמנם בקיצור נמרץ הענין הוא כי הנה מקום כל התפשטות הלא הוא כנגד רגלי הא"ק הנזכר לעיל, מטבורו עד רגליו. **והנה כאשר יבא אחר כך התיקון האמיתי של האצילות**, הנה הכל הוא עומד במקום הזה כנודע, ושם הוא מקום האצילות בלבד, ומשם ולמטה הוא עולם הבריאה. והנה כאשר נעריך כל אלו הפרצופים מתלבשים זה תוך זה, עד שנמצא הכל פרצוף אחד לבד, **ופרצוף אחד דא"א שהוא כתר, הוא הכולל כל האצילות, מלמטה למעלה, ונמצא כי הכתר כולל כל המקום הזה**, ונעשו פרצוף אחד. והנה כאשר הוא עתה מתפשט עד התפארת, הוא בעצמו מה שהיה אחר כך בעת התיקון מקום התפארת שלו ממש, והנה או"א היו מלבישין ב' זרועותיו ימין ושמאל, עד מקום הטבור שלו, ולכן איך יתפשט הכתר עתה יותר ממקום אשר אי אפשר להתפשט לאו"א אפילו אחר התיקון, ואיך יהיה כתר קטן ושפל למטה מהם, כי הלא מקום התפשטות האמיתי של או"א אפילו אחר התיקון, אינו רק עד טבור תפארת דא"א, ואיך עתה מתפשט כתר יותר תחתון למטה מהם, ולכן זו היתה הסיבה שלא נתפשט הכתר עתה רק עד הטבור תפארת לבד.

אור התפארת דנקודים **שעלה למעלה** בתוך הכתר דנקודים **כנזכר לעיל**, חזר עתה לרדת **במקומו האמיתי כבתחלה** במקום כל אור התפארת דנקודים כולו.

וסיבת הגדלת כלי הכתר דנקודים, **היה לסיבת אור הדעת** דנקודים **שנתלבש בו**, ונתן בו מכוחו ואורו **והגדילו** אפילו שקטן אור הדעת דנקודים מהכתר דנקודים, **והוא**[258] שרגא בטיהרא מאי אהני. יש עוד סיבה, והיא **גם כי**[259] **הנה** אור **הדעת** של לפני התיקון ואחריו **הוא כולל כל הו"ק, והוא נשמה להם** ומתלבש **כנודע**[260] בהם על ידי החו"ג כדי להגדיל את ז"א, בסוד[261] המים המגדילין את האילן, **לכן כיון שעלה** אור הדעת דנקודים **נתן כזו בכלי** הכתר דנקודים **והגדילו**, כדי **להטיב את אור התפארת** דנקודים **שירד** ר"ל עם ר"ל למקומו, והתפארת הוא אחד והעיקרי שבו"ק, **ויהיה** אור התפארת דנקודים **במקומו הראוי לו.**

הרב ז"ל מבאר כאן כי אחרי[262] שמלך לפי שעה המלך הרביעי, שהוא אור התפארת דנקודים, ונשבר הכלי שלו, ושברי הכלי דיליה נפלו לכתר דבי"ע, יצאו מתוך כלי תפארת דנקודים האורות נצח והוד עם שאר האורות שתחתיהם, כדי

<hr>

258

גמרא חולין ד"ס ע"ב - רבי שמעון בן פזי רמי, כתיב - ויעש אלהי"ם את שני המאורות הגדולים, וכתיב - את המאור הגדול ואת המאור הקטן. אמרה ירח לפני הקדוש ברוך הוא, ריבונו של עולם אפשר לשני מלכים שישתמשו בכתר אחד, אמר לה לכי ומעטי את עצמך, אמרה לפניו ריבונו של עולם, הואיל ואמרתי לפניך דבר הגון, אמעיט את עצמי, אמר לה לכי ומשול ביום ובלילה, אמרה ליה מאי רבותיה, **דשרגא בטיהרא מאי. ומפרש רש"י** - שרגא בטיהרא, נר בצהרים אינו מאיר.

259

מבוא שערים ש"ב ח"ב פ"ה ד"ז ע"ג – והנה טעם סיבת הגדלת הכלי הזה היה, אם לסיבת ריבוי אור הדעת הנכנס עתה שם, **וגם כי הדעת הוא נשמת הו"ק**, ולכן להטיב את התפארת שהוא אחד מהחמש קצוות שלו העיקרי, לכן נתפשט להיטיב לו, שיישאר במקומו קרוב אל הכלי שלו.
שער מאמרי רשב"י ד"ל ע"א – ודע כי זה שאמרנו **דנשמת תפארת הוא דעת** הגנוז בבינה, וזכה לו משה, היינו נשמתא לגופא, **לשש קצוותיו** לבד.

260

ע"ח ח"ב שט"ל דרוש י"ב מ"ב דע"ו ע"ד – דע שהתחלה לוקח ז"א מ"ה וב"ן שהוא כללות רוחא דבגווה דבינה, שהם שתי הוי"ת פשוטות, גימטריא ב"ן, **והם חו"ג שבדעת שלו.** והחסדים **מגדילין גופא דז"א** כנודע, ואלו הם לצורך עצמו. וחמשה גבורות נשארין ביסוד שלו, אך הארתן לבד יוצאין דרך אחור ומגדילין גופא דנוקבא, לצורך גופה ועצמותיה.

261

ע"ח ח"ב שכ"ה דרוש ח' מ"ב די"ג ע"ד – מפני שעיקר גידול הז"א, הוא חסדים, שהם סוד **המים המגדילין את האילן**, והם גורמין הגדלת ז"א.

262

כרם שלמה ש"ט פ"ג אות ז' – מה שכתב אחר כך מלכו נצח והוד, ר"ל אורות של נצח הוד, ושאר אורות התחתונים כלולים בהם. ופירוש **מלכו, ר"ל יצאו** ממקומם שהיו בו, ורצו לכנוס ולישב בכלים שלהם. והנה הכלים שלהם כבר מלאים מן אור הגבורה, שירד שם כדי להתקרב להכלי שלו שירד בבריאה להאיר לו. ואין ראוי לאורות הנצח והוד לגרש הם בעצמם אור הגבורה ממקומה, שיושבת בו עכשיו, כי אין זה מן הכבוד, כי הם קטנים ממנה, ומוכרח הוא לבוא לישב במקומם האמיתי. כי אף על פי שראו שהעליונים מהם כבר לא יכלו למלוך בכליהם ונשברו, וכל שכן הם. כבר כתב הרב ז"ל במקום אחר כי הואיל והם באים במיעוט אורות מן

למלוך בכלי שלהם, שהוא כלי נצח והוד. וכבר[263] נתבאר לעיל כי נצח והוד הם תרי פלגי דגופא, ולהם יש כלי אחד. עם כל זאת שרצו האורות דנצח הוד להיכנס לכלי שלהם, לא יכלו, כי שם היה נמצא אור הגבורה דנקודים, שירד לשם כדי להאיר לשברי הכלי שלו הנמצאים בחכמה דבי"ע. ואין היה ראוי לאורות דנצח הוד דנקודים הקטנים **לגרש** את אור הגבורה דנקודים שהוא גדול מהם מהכלי שלהם, בסוד[264] - כל מה שיאמר לך בעל הבית עשה חוץ מצא. וכמו[265] שאחרי הנה"י דכלי הכתר דנקודים התפשט, כדי שיתלבש בו אור התפארת והדעת דנקודים. הוצרך כאן כלי הבינה דנקודים להתפשט עד מקום כלי הגבורה שאחרי התיקון, כדי שיכנוס בתוכה אור הגבורה דנקודים, **שהייב** לפנות את הכלי דנצח-הוד דנקודים, כדי שימלוך האור שלהם. וכמו שיתבאר לקמן כאשר גם אור היסוד דנקודים רצה למלוך, והיה בתוך הכלי שלו אור החסד דנקודים, הוצרך האחוריים דחכמה דנקודים להתפשט, כדי שיכנוס בתוכו אור החסד. לכן הוצרכו האחוריים דחו"ב להתפשט, שהאורות דחסד ונצח דנקודים, וגבורה והוד דנקודים יתלבשו בהם. ולכן הוצרך כלי האחוריים דספירת הבינה דנקודים להתפשט עד מקום הגבורה של אחר התיקון. וגם אחורי כלי דחכמה דנקודים שהתפשטו עד מקום החסד של אחר התיקון, כמבואר לקמן. **ולכן** הכלים דחו"ב שהתפשטו לקבל את האורות דחסד, גבורה, נצח והוד הם[266] האחוריים דאו"א[267] שיתבטלו כנזכר לעיל. ואז המלך החמישי, שהוא האור דנצח הוד דנקודים

העליונים מהם, חשבו שיכול הכלי שלהם לסובלם. ובאמת מפני שהיו הכלים שלהם קטנים מן העליונים מהם, לכן לא יכלו לסבול אותם.
263

ע"ח ש"ח פ"ד דל"ח מ"ת דל"ח ע"ח – נצח הוד הם תרי פלגי גופא, והם החמישי. יסוד ששי. מלכות שביעי. **כי הנצח הוד נחשבים כל אחד חצי הגוף**, ובין שניהם הם אחד לבד.
שער הכוונות, דרושי קידוש ליל שבת, דרוש א', ענין תפילת שחרית של שבת דע"ג ע"ב – אבל היכל דנצח אף על פי שהוא קו ימיני, והוא חסד, איננו עולה, לפי שהוא קשור עם היכל ההוד, כי תרווייהו הם תרי פלגי גופא כנודע, ולכך הוא גם כן דין, ואינו עולה. ועוד טעם אחר כנודע כי ירכין אינון לבר מגופא, ולכן אפילו הנצח נקרא דין.
264

גמרא פסחים דפ"ו ע"ב – כל מה שיאמר לך בעל הבית עשה חוץ מצא.
265

חסדי דוד אות צ"ט – והאורות דחסד ונצח נכללו בתוך כלי החכמה, שנתארכה עד מקום החסד, על ידי אחורי אבא. והאורות דגבורה והוד נכללו בכלי הבינה שנתארכו עד מקום הגבורה. והאורות דחצי תפארת ויסוד ומלכות ודעת כולם, נכללו בכלל כלי הכתר שנתארכו על ידי אחורי נה"י דכתר, עד החזה. והדעת עלה במקומו בין כתר לתפארת והאיר בכלי הכתר, והגדילו עד סיום התפארת, וירד חצי התחתון במקומו, ויסוד ומלכות גם כן עלה למעלה מהתפארת ונתכסו בכלי הכתר. והמלכות האירה ברושם הגבורה שהיא מלכות דגבורות הדעת שבו בקו שמאל, והשאיר שם אור ההוד, והדעת האיר חסדים שבו בקו ימין, והמשיך את הנצח בתוך כלי החסד. ומסיבת עליות האורות דחג"ת נהי"ם הנזכר, שעלו ונכללו בכלי הכח"ב שנתפשטו עד מקום חג"ת כנזכר, ירדו הכלים דדעת וחסד וגבורה שהיו בחו"ב ודעת דבריאה יותר למטה, כי הדעת שהיה בדעת דבריאה ירד למלכות דבריאה. והגבורה שהיתה בחכמה, ירדה ביסוד. והנצח והוד, ובנצח והוד. והחסד שהיה בבינה, ירד בתפארת. והיסוד בגבורה. והמלכות בחסד. הרי כי אין פנוי בין כלי לכלי רק שלוש ספירות, שהם חב"ד. כי המלכות הוא בחסד, והתפארת בכתר, ולא נשארו פנויים כי אם חב"ד דבריאה. וכן בין האורות לכלים, לא נשאר כי אם שלוש ספירות פנויים, שהם נהי"ם דאצילות.
266

ע"ח ש"ט פ"ד מ"ת דמ"ד ע"ב – ועתה צריך שנבאר מה היה ענין התפשטות הנזכר לעיל, שנתפשט חו"ב דרך שני קוין, ימין ושמאל, עד מקום החסד וגבורה כנזכר לעיל. והענין הוא כי היה על ידי (אותן) כח האחוריים דאו"א שנפלו עד מקום חסד וגבורה, ואלו הם הבחינת שנתפשטו דרך הקוין, והלבישו את החסד וגבורה, ואת הנצח הוד.
מבוא שערים ש"ב ח"ב פ"ו ד"ח ע"ד – ונמצאו אחורי או"א עילאין יושבין פה למטה. באופן זה, **כי אחורי אבא יושבים בקו ימין**, במקום שהיה חסד דז"א, שהוא מלך השני. **ואחורי אימא, במקום שהיה מלך השלישי, שהוא גבורה דז"א.** כנודע כי **או"א היו בסוד קוים** כנזכר לעיל פרק ו' מחלק א', ובכח היות אלו האחוריים שנפלו עד פה, זהו בחינת הכלי החדש שעשו או"א שנתפשטו עד פה, ועלו שם אחר כך אור החסד והגבורה כנזכר לעיל בפרק ה', **והתפשטות ההוא הוא עצמו בחינת האחוריים האלו שנפלו עד שם**, ולא

בכלי שלו. **עוד צריך לזכור** כי התפשטות האחוריים דאו"א היא עד[268] מקום שליש העליון דתפארת שלאחר התיקון, הנקרא חזה. ומשם ולמטה, עד קרקע האצילות התפשטו אחוריים דיסו"ת.

אזור[269] **כך** ר"ל אחרי שנשבר כלי התפארת דנקודים, יצאו האורות דנצח הוד דנקודים, שם שאר האורות שתחתיהם, מכלי התפארת דנקודים שנשבר, **מלכו** האורות ד**נצח הוד** בכלי שלהם, וכשרצו להיכנס ולמלוך בכלי שלהם **והיו צריכין לבא למלוך במקומם, בכלי הראוי להם** שהוא כלי דנצח הוד דנקודים, **והנה**[270] **לא מצאו מקומם פנוי, כי שם ירד אור הגבורה** דנקודים

נפלו יותר למטה, כי שם נגמרה נפילתם בעת מיתת החסד והגבורה ושליש התפארת, ולכן נשארו שם, ונתעלמו אחר כך **ונתלבשו אורות חסד וגבורה בשתי האחוריים האלו, וגם אורות הנצח וההוד** כנזכר לעיל בפרק ה', אלא שהכל למעלה במקום החסד והגבורה, והבן זה היטב.
267

ע"ח ש"ט פ"א מ"ת ד"מ ע"ב – וכאשר מלך השני, שהוא חסד, המשיך החמשה חסדים שיתפשטו בגופא דאבא כנודע. וכשמת ירד הוא בבריאה, והחמשה אורות ירדו בגבורה, במלך השלישי. ואז נפלו האחוריים דאבא, הנעשין על ידי התפשטות חמשה חסדים כנזכר לעיל...... ואחר כך מלך השלישי, שהוא גבורה, והמשיך התפשטות החמשה גבורות גבורות באימא עילאה)בגופא(. וכשמת ירד לבריאה, והארבעה מלכים)אורות(ירדו בכלי הרביעי, שהוא התפארת, ואז נפל התפשטות הגבורות ביסוד דאימא)נ"א חמשה גבורות דאימא עילאה שהיו בגופה(, **ונפלו גם האחוריים שלה למטה**. ואז גם כן אימא החזירה אחוריה, והיה אחור דאימא באחור דאבא.

ע"ח ש"ט פ"ב מ"ת דמ"ב ע"ב – אמנם האחוריים של אבא הם בצד ימין, בחסד דז"א. והאחוריים דאימא הם בצד שמאל, בגבורה דז"א. וזה הדרוש יצטרך במקומו, ושם יתבאר בע"ה. והנה כאן במקום הזה, הוא מקום ירידת ונפילת אחורי או"א שאמרנו לעיל שירדו באצילות עצמו, כי אף על פי שהכלים דז"א נשברו, **עם כל זה האורות דז"א נשארו מלובשים באלו האחוריים דאו"א עלאין**, כל קו החסד דז"א באחורי אבא, וכל קו הגבורה מלובש באחוריים דאימא, **והבן הקדמה זו מאד**.
268

מבוא שערים ש"ב ח"ב פ"ו ד"ט ע"א – נמצא עתה, כי גמר נפילת אחורי או"א, היה במות המלך הרביעי, שהוא התפארת עד החזה לבד, ואז נגמרו אחוריים דאו"א ליפול, **במקום דעת חסד וגבורה ושליש תפארת בז"א**, ושם נשארו. אמנם אחוריים דישראל סבא ותבונה, לא נגמרו לנפול, עד מות המלך השביעי, היא מלכות נוקבא דז"א, **ולכן גם האחוריים האלו נפלו במקום המלכות נוקבא דז"א. ונודע כי מקום נוקבא דז"א היה מן החזה דז"א ולמטה, כי היא מלבישתו משם ולמטה**, דוגמת ז"א שאינו מלביש את או"א, אלא מהחזה שלהם ולמטה, בבחינה היות כל פרצופים פרצוף אחד. שנמצא בהתחלקם, שיהיו ישראל סבא ותבונה מהחזה שלהם ולמטה. והנה בנפול אלו האחוריים דישראל סבא ותבונה מן החזה דז"א ולמטה, שהוא מקום הנוקבא דז"א, היו באופן זה כי האחוריים דישראל סבא היו בצד הפנים של הנוקבא. והאחוריים דתבונה. היו בצד האחוריים של הנוקבא.
269

שער ההקדמות, דרוש בסדר ירידת ז' מלכים ונפילתם וירידת אחוריים דאו"א ואיך נעשה הכל ביחד דכ"ב ע"ב – אחר כך מלכו הנצח והוד. והנה כדי לבוא במקומם הראוי להם, ולמלוך בכלי שלהם, והנה אין מקומם פנוי וריקם, כי הרי נתבאר שאור הגבורה כשנשבר ירד שם במקומם. ולכן הוצרכה עתה הבינה להתפשט גם היא הכלי שלה, דרך הקו שלה, שהוא בשמאל, שהוא קו הגבורה. ונתפשט עד מקום שראוי להיות שם ספירת הגבורה אחר התיקון. ואז בראות אור הגבורה שנתחדש בחינת כלי במקומו, נתעלה גם הוא במקומו, ואז הכלי שלה שהיה בחכמה דבריאה, בהתרחקו מהאור שלו, ירד עד יסוד דבריאה. ואחר כך יצאו נצח והוד ומלכו ונכנסו בכלים שלהם, במקומם, ונשתברו. ואז עלו שניהם יחד למעלה במקום אור הגבורה, כי גבר יש שם כלי כנזכר. ועמדו שם שלושה אורות יחד, כי להיות נצח והוד תרי פלגי גופא, עולים יחד. ולקמן יתבאר למה לא נתפשט הכלי של עד מקום ההוד נצח והוד גם כן. ואמנם הכלים שלהם ירדו בנצח והוד דבריאה.
270

כנזכר לעיל[271] להאיר אל שברי הכלי שלו הנמצאים בחכמה דבי"ע. **ולכן**[272] **הוצרכה** והקדימה[273] קודם שימלוך אור הנצח-הוד בכלי שלו, גם[274] **הבינה** דנקודים להגדיל את כלי של האחוריים שלה, **ולהתפשט דרך קו שלה** שהוא קו הבג"ה, **שהוא צד שמאלי** דעולם האצילות, **עד מקום הראוי להיות אזור** כך[275] **מקום הגבורה האמיתי אזור התיקון,** שהוא

מבוא שערים ש"ב ח"ב פ"ה ד"ז ע"ד – אחר כך יצא אור הנצח וההוד, תרי פלגי גופא כאחד, ומצאו מקומם בלתי פנוי, כי שם ירד אור הגבורה כנזכר לעיל, ולכן הוצרכה גם הבינה להתפשט כלי שלה עד למטה, עד מקום גבורה כולה, דרך קו שמאל, ואז עלה אור הגבורה שם, כי כבר יש לו כלי במקומו. ואז גם הכלי שלה, בהתרחק אורה ממנו, ירד גם הוא עד היסוד דבריאה, אז כבר כלי הדעת נכנס במלכות דבריאה, אז יצאו אור נצח והוד, עם שאר אורות התחתונים, ונכנסו בכלי שלהם, ונשבר הכלי, וירד בנצח הוד של הבריאה, והאור שלהם עלו, ונתחברו בקו שמאלי, עם אור הגבורה אשר שם, ועלה שם ההוד, כי הוא מן קו השמאלי, ונתחבר עמו גם אור הנצח, להיותם תרי פלגי גופא, והיו שם יחד בכלי הגבורה החדש.
271

ע"ח ש"ט פ"ג מ"ת דמ"ג ע"א – ואחר כך יצאה גבורה, ונשברה, וירד הכלי בחכמה דבריאה, **והאור ירד בכלי דנצח הוד דאצילות,** שהם תרי פלגי דגופא.
272

בית לחם יהודה ש"ט פ"ג דכ"ט ע"ג – ולכן הוצרכה הבינה להתפשט דרך קו שלה שהוא צד שמאלי עד מקום הראוי להיות אחר כך מקום הגבורה האמתי אחר התיקון. כבר נתבאר בפרק ב' דלעיל כי אחוריים דאבא הם נפלו בצד ימין, בחסד דז"א. ואחוריים דאימא הם נפלו בצד שמאל, גבורה דז"א, יעו"ש. וענין ביטול אחורי או"א, היינו שנתבטלו מתורת כלי, ולא יועילו עוד להתלבש בהם שום אור מהמשבעה מלכים, ולכן הוצרכו או"א להתפשט למטה, ונתחברו עם אחוריים שלהם, ועל ידי כך נתקנו אחוריהם קצת בבחינת כלים, ונקראו כלים חדשים, כמבואר במבוא שערים דף ח' ע"ד וז"ל – ונמצא אחורי או"א עלאין יושבין פה למטה באופן זה, כי אחורי אבא יושבים בקו ימין, במקום שהיה חסד דז"א, שהוא מלך השני. ואחורי אימא במקום שהיה מלך השלישי, שהוא גבורת דז"א כנודע. כי או"א היו בסוד קוין ובכח היות אלו האחוריים שנפלו עד פה, זהו בחינת כלי החדש שעשו או"א שנתפשטו עד פה. ועלו שם אחר כך אור החסד והגבורה וההתפשטות ההוא, הוא עצמו בחינת האחוריים האלו שנפלו עד שם, יעו"ש. ועיין עוד בריש פרק ד' שבסמוך, ובהגהות השמ"ש שם.
273

כרם שלמה ש"ט פ"ג אות ז' – ולכן אם הבנים, שהיא הבינה, **כבר הקדימה קודם שיגיעו אורות הנצח הוד במקומם,** והגדילה הכלי שלה להתפשט עד מקום הגבורה, כדי להריק הכלים דנצח הוד מן אור הגבורה שיושב שם, ולמלוך אורות הנצח הוד במקומם האמיתי. כי אין מן הכבוד לגרשם הם.
274

תרשים ג – כ"ט.
275

איפה שלימה, שער הנקודים פ"ט די"ד ע"ד)י"ב(– מקום הגבורה האמתי אחר התיקון וכו'. ר"ל גבורה דז"א שהוא עתה כנגד מקום נצח והוד של התיקון, כמו שנכתוב לקמן בתחילת פרק יו"ד, בהגהת השמ"ש ז"ל, ובהגהת אמ"ן יעוש"ב. וכן אחוריים דאבא שנתפשטו עד החסד של אחר התיקון וכו', ר"ל שהוא כנגד נצח והוד של קודם התיקון. ובזה יובן מה שכתב הרב ז"ל לקמן בסמוך, וז"ל – ונמצא שאין מקום פנוי בין כלי לכלי בבריאה עצמה יותר משלשה מדרגות, שהם חב"ד. ובאצילות אין מקום פנוי רק שני מדרגות לבד, שהם מקום יסוד ומלכות, עד כאן לשונו. והוא לפי שאחוריים דאו"א נתפשטו עד חו"ג דז"א של אחר התיקון, שהם כנגד מקום נצח והוד של קודם התיקון. ונמצא שלא יש מקום פנוי רק דוקא שתי ספירות, שהם יסוד ומלכות. ובזה יתורץ מה שהוקשה בהגהות אורות חיים כתב יד וז"ל – אמר אברהם גם מקום נצח והוד הוא פנוי, עד כאן לשונו.

מקום הגבורה דז"א דאצילות, לאפוקי בעולם הנקודים הגבורה היא כמו כל השבעה תחתונות באמצע. **כי עַתָּה** לפני התיקון **הָיוּ כוּלָם** ר"ל כל השבעה מלכים דנקודים, עומדים, זֶה עַל גַּבֵּי זֶה.** בחד סמכא זֶה עַל גַּבֵּי זֶה.**

וְאָז[277] **כִּרְאוֹת**[278] **אוֹר הַגְּבוּרָה** דנקודים, הנמצא בכלי הנצח הוד דנקודים, **כִּי כְּבָר הָיָה בְּזוִֹיַנת כְּלִי** הבינה דנקודים שנתפשט **בִּמְקוֹמָה** שהוא במקום הגבורה שלאחר התיקון, לכן רצה אור הגבורה דנקודים להיות קרוב לשורשו, כמו שנתבאר[279] בפרקין בענין אור הדעת, כי כל אחד קרוב לעצמו מלהועיל לזולתו, ומקום אור הגבורה הוא מתחת לבינה. אז יצא אור הגבורה דנקודים מהכלי דנצח הוד דנקודים, **עָלְתָה לָהּ** אור הגבורה דנקודים אל תוך כלי הבינה דנקודים, **בִּמְקוֹמָה** ובגלל שהסתלק אור הגבורה דנקודים מהכלי דנצח הוד, נפסקה הארת הגבורה דנקודים בשברי **הַכְּלִי שֶׁלָּהּ** הנמצא בחכמה דבי"ע, **בְּהִתְרַזֵּק הָאוֹר** הגבורה דנקודים **שֶׁלָּה מִמֶּנּוּ** ר"ל משברי הכלי דגבורה דנקודים, **נִתְרַזֵּק** שברי כלי הגבורה דנקודים הנמצא בחכמה דבי"ע **גַּם הוּא, וְיָרֵד עַד הַיְסוֹד** דבי"ע, שברי[280] הכלי הפנימי דגבורה דנקודים, ביסוד **דִבְרִיאָה,** שברי הכלי האמצעי דגבורה דנקודים, ביסוד דיצירה, ושברי הכלי החיצוני דגבורה דנקודים, ביסוד דעשיה.

וְאָז[281] **יָרְדוּ** האורות דְּנֵצַח הוֹד[282] דנקודים הנקרא בתורה שמלה ממשרקה, עם האורות שתחתיהם **בִּמְקוֹמָם**[283] **הָאֲמִיתִי** שהוא הכלי דנצח הוד דנקודים, **וּמָלְכוּ**[284] **שָם** לפי שעה **בַּכְּלִי שֶׁלָהֶם,**

276

ע"ח ש"ט פ"ג מ"ת דמ"ב ע"ד – והנה לטעם זה עצמו היה גם כן שינוי אחר בין ג"ר, שהם כח"ב, אל השבעה מלכים התחתונים. כי הג"ר יצאו בקצת תיקון בראשונה, והוא כי כאשר יצאו בראשונה נתפשטו כסדר שלושה קוין, **מה שאין כן שבעה תחתונות, שיצאו זו למטה זו**, וזה שכתוב באדרא רבא – עד אימת ניתב **בקיימא דחד סמכא**, ר"ל נתקן התיקון שהוא דרך קוין, **אבל קודם שהיו זה על גבי זה הוי קיומא דחד סמכא**. וכבר ביארנו כי התיקון האצילות הוא בהיות ו"ק עשוי בבחינת ג' קוים, קשורים זה בזה, בסוד השלישי המכריע ביניהן.
277

תרשים ג – ל.
278

כרם שלמה ש"ט פ"ג אות ז' – ואז כראות אור הגבורה כי כבר היה בחינת כלי במקומה עלתה לה במקומה. **כראות דייקא**, ר"ל ולזה רצתה לעלות. ואף על פי שידעה כי הכלי שלה יפסיד, כי ירד יותר למטה. כבר כתב לעיל, **כל אחד קרוב אצל עצמו יותר מלהועיל לזולתו**, ולכן נתרחקה מן הכלי שלה. והכלי שלה נחלש כוחה בהרחק ממנה אורה יותר, והיא ירדה יותר למטה, שהוא בכלי היסוד דבריאה.
279

ע"ח ש"ט פ"ג מ"ת דמ"ג ע"ג – אמנם כאשר ראה שיש בחינת כלי במקומו, **קרוב הוא אל הנאת עצמו ותועלתו, יותר מלהועיל אל הכלי שלו**, כי עתה בעלותו למעלה במקומו, יש לו כלי ושם יוכל לקבל האור לעצמו מלמעלה מן המאציל, ומן הכתר בקירוב גדול, ולכן עלה למעלה.
280

תרשים ג – ל"א
281

מבוא שערים ש"ב ח"ב פ"ה ד"ח ע"א – אז יצאו אור נצח והוד, **עם שאר אורות התחתונים**, ונכנסו בכלי שלהם. ונשבר הכלי, וירד בנצח הוד של הבריאה, והאור שלהם עלו, ונתחברו בקו שמאלי, עם אור הגבורה

ולא[285] יכלו כלי הנצח הוד לסבול את האורות בתוכם, **וְנִשְׁבְּרוּ** כלי נצח הוד דנקודים, ונפלו לכלים דנצח הוד דנקודים לכלים דנצח הוד דבי"ע, **וְאָז**[286] **הָאוֹרוֹת שֶׁלָּהֶם** לא רצו להישאר ערומים בלי כלי אפילו במקומם, ולכן[287] **עוֹלָה** צ"ל[288] **עלה** האור דנצח הוד ונכלל בכלי האחוריים דבינה, שנתפשט **עַד** מקום **הַגְּבוּרָה** שלאחר התיקון. ואף[289] על פי שאור ההוד דנקודים לבדו היה צריך לעלות בקו השמאל, עלה גם אור הנצח דנקודים יחד עם אור ההוד דנקודים, כי[290] הם תרי פלגי דגופא, כי בהדי הוצי לקי כרבא, ולכן עלה אור הנצח דנקודים **כִּי עָלָה שָׁם** אור **הַהוֹד** דנקודים, **לִהְיוֹתוּ גַּם הוּא קַו שְׂמֹאל, וְאָז**[291] **גַּם** אור **הַנֵּצַח** דנקודים **עָלָה עִמּוֹ שָׁם** ונתלבשו אלו בתוך כלי הבינה, **כִּי** האור **דְּנֵצַח הוֹד תְּרֵי פַּלְגֵי דְּגוּפָא**

אשר שם, ועלה שם ההוד, כי הוא מן קו השמאלי, ונתחבר עמו גם אור הנצח, להיותם תרי פלגי גופא, והיו שם יחד בכלי הגבורה החדש
282

בראשית ל"ו ל"ו – וימת הדד וימלך תחתיו **שמלה ממשרקה.**
283

תרשים ג – ל"ב.
284

שער ההקדמות, דרוש בסדר ירידת ז' מלכים ונפילתם ויירדת אחוריים דאו"א ואיך נעשה הכל ביחד **דכ"ב ע"ב** – ואחר כך יצאו נצח והוד, **ומלכו** ונכנסו בכלים שלהם במקומם, ונשתברו. ואז עלו שניהם יחד למעלה במקום אור הגבורה, כי כבר יש שם כלי כנזכר, **ועמדו שם שלושה אורות יחד**, כי להיות נצח והוד תרי פלגי גופא עולם יחד.
285

כרם שלמה ש"ט פ"ג אות ז' – אז ירדו האורות דנצח הוד, ומלכו במקומם, שהוא בכלים דנצח הוד דאצילות. **ואז גם הם לא יכלו לסבול**, ונשברו הכלים שלהם, וירדו עד נצח והוד דבריאה.
286

כרם שלמה ש"ט פ"ג אות ז' – ואז האורות דנצח והוד עלו ונכללו בכלי הבינה שנתפשט עד מקום הגבורה, כי הואיל ושם יש בחינת כלי, **לא רצו לישאר אפילו במקומם בלי כלי וערומים.** ולכן עלו שניהם בכלי דגבורה.
287

תרשים ג – ל"ג.
288

הגירסא באוצרות חיים – **עלה.**
289

כרם שלמה ש"ט פ"ג אות ז' – ואף על פי **שההוד דווקא הוא בחינת קו שמאל**, והוא לבדו ראוי לעלות עד הגבורה, ולא הנצח שהוא בחינת קו ימין, עם כל זה הואיל ועכשיו הם תרי פלגי גופה אינון, לכן נכלל הנצח עם ההוד, ושניהם עלו שם בכלי הגבורה.
290

ע"ח שער הכללים פ"ג ד"ו ע"ד – אמנם יש לראות כי כל שתי שוקיים נבררים על ידי היניקה, ונגדלין. והרי נצח הוברר בתוך העיבור, אך הטעם כי **בהדי הוצי לקי כרבא**, כי נצח הוד בסוד תרי פלגי גופא, וכיון שלא הוברר הוד, גם בירור נצח אינו מתגלה, עד שיגמור הוד להתברר ביניקה.
291

כרם שלמה ש"ט פ"ג אות ז' – ואף על פי **שההוד דווקא הוא בחינת קו שמאל**, והוא לבדו ראוי לעלות עד הגבורה, ולא הנצח שהוא בחינת קו ימין, עם כל זה הואיל ועכשיו הם תרי פלגי גופה אינון, לכן נכלל הנצח עם ההוד, ושניהם עלו שם בכלי הגבורה.

אִינוּן כַּנִזְכָּר לְעֵיל, ויתבאר[292] לקמן כי אור הנצח דנקודים יעזוב את אור ההוד דנקודים שנמצא כלי הבינה, כאשר אחורי כלי החכמה יתפשט. **וְהַכֵּלִי שֶׁלָּהֶם יָרַד בַּנֵּצַח הוֹד** דבי"ע, כלי[293] פנימי **דְ**נצח הוד דנקודים, ירד בנצח הוד **דִבְרִיאָה,** כלי אמצעי דנצח הוד דנקודים, ירד בנצח הוד דיצירה, וכלי חיצון דנצח הוד דנקודים, ירד בנצח הוד דעשיה.

הרב ז"ל מבאר כאן כי אחרי שמלך המלך החמישי דנקודים, שהוא אור דנצח הוד בכלי שלו, ונשבר הכלי דיליה, ונפלו שברי הכלי לנצח הוד דבי"ע, יצא אור היסוד דנקודים מהכלי דנצח הוד שנשבר, ועמו יצא גם האור שתחתיו, שהוא אור המלכות דנקודים. ורצה למלוך במקומו, אבל במקומו היה אור החסד דנקודים, שנתלבש בכלי דיסוד דנקודים, כי רצה אור החסד דנקודים להיות קרוב לשברי הכלי שלו כדי להאיר לו. ועכשיו כאשר צריך למלוך אור היסוד דנקודים במקומו, ובמקומו[294] היה אור החסד דנקודים. לכן הוצרכה האחוריים של החכמה דנקודים להתפשט עד מקום כלי החסד שאחרי התיקון, כדי לקבל בתוכה את אור החסד, בדומה לאחוריים של הבינה דנקודים שהתפשט, כדי שיכנוס בתוכו אור הגבורה. וכאשר התפשט האחוריים של החכמה דנקודים, עלה אור החסד דנקודים בכלי החכמה דנקודים. ובגלל שנתרחק אור החסד דנקודים משברי הכלי שלו, ירדו שברי הכלי דחסד דנקודים שהיו בכלי הבינה דבי"ע, עד כלי התפארת דבי"ע. ומלך אור היסוד דנקודים במקומו הראוי לו.

וְאַזַר[295] כַּךְ ר"ל אחרי שנשבר כלי הנצח הוד דנקודים, **יָצָא אוֹר הַיְסוֹד** דנקודים מכלי הנצח הוד, ועמו[296] יצא האור שתחתיו, והוא אור המלכות דנקודים, רצה אור היסוד דנקודים למלוך במקומו, **וְהִנֵּה[297] הָיָה בִּמְקוֹמוּ** נמצא **אוֹר הַחֶסֶד** דנקודים המאיר לשברי הכלי דחסד שנמצאים בבינה דבי"ע **כַּנִזְכָּר לְעֵיל.**

292

ע"ח ש"ט פ"ג מ"ת דמ"ד ע"ד – ועתה **נפרד הנצח מן ההוד** והלך ועלה עם החסד בקו ימין שבו.

293

תרשים ג – ל"ד.

294

כרם שלמה ש"ט פ"ג אות ח' – מה שכתב, אחר כך יצא אור היסוד. ר"ל וגם אור המלכות כלול עמו, ורצה היסוד לכנוס במקומו, שהוא בכלי שלו, אבל במקומו היה יושב החסד מעת שנשבר הכלי שלו. וזהו שכתב **היה במקומו אור החסד כנזכר לעיל.** וכדי להסתלק משם אור החסד, ויבא אור היסוד לישב במקומו, הוצרכה כלי החכמה להתפשט הכלי שלה, עד מקום שעתיד להיות חסד אחר כך בעת התיקון, והוא בקו ימין, תחת מקום החכמה, כדי להראות אור החסד שנעשה כלי במקומו, ויעלה למעלה, ויתפשט מכלי היסוד, ויבא אור היסוד, וימלוך במקומו.

295

שער ההקדמות, דרוש בסדר ירידת ז' מלכים ונפילתם וירידת אחוריים דאו"א ואיך נעשה הכל ביחד דכ"ב ע"ב – אחר כך יצא היסוד, ולפי שאור החסד ירד במקומו כנזכר לעיל. לכן גם החכמה הוצרכה להתפשט הכלי שלה, דרך קו הימין, עד מקום הראוי להיות אחר התיקון מקום ספירת החסד. כי הנה עתה כל שבעת המלכים הם זה למטה מזה כנזכר לעיל.

296

מבוא שערים ש"ב ח"ב פ"ה ד"ח ע"א – אחר כך יצא אור היסוד ואור המלכות עמו, ויען היה במקומו אור החסד כנזכר לעיל. לכך הוצרכה גם החכמה להתפשט בקו הימין, עד מקום החסד שאחר התיקון, ואז עלה שם אור החסד, כי כבר יש לו שם כלי חדש, והכלי שלו ירד בתפארת דבריאה..

297

ע"ח ש"ט פ"ג מ"ת דמ"ג ע"א – ואחר כך יצא החסד, ונשבר הכלי, וירד בבינה דבריאה, והאור ירד במקום כלי היסוד דאצילות.

וְאָז[298] **הוּצְרְכָה כְּלֵי** האחוריים של **הַחָכְמָה** דנקודים **לְהִתְפַּשֵּׁט דֶּרֶךְ קַו יְמִינִי** הנקרא חח"ן, **עַד מָקוֹם הָרָאוּי לִהְיוֹת** כלי **הַיְסוֹד הָאֲמִיתִי אֵזוֹר הַתִּיקוּן** שהוא במקום השליש העליון דתפארת. **וְאָז**[299] **עָלָה שֵׁם אוֹר הַיְסוֹד** דנקודים, **וְנִכְלָל בְּכְלֵי** האחוריים של **הַחָכְמָה** דנקודים, **ושֶׁבְּרֵי**[300] **הַכְּלִי שֶׁל הַיְסוֹד** דנקודים, שהיה בכלי הבינה דבי"ע, **יָרַד עַד הַתִּפְאֶרֶת** דבי"ע, כאשר הכלי הפנימי דחסד דנקודים, ירד לתפארת **דַבְרִיאָה,** הכלי האמצעי דחסד דנקודים, ירד לתפארת דיצירה, והכלי החיצון דחסד דנקודים, ירד לתפארת דעשיה.

וְאָז[301] [302] הוֹאִיל[303] ונתרוקן כלי היסוד דנקודים, מאור החסד שהיה בתוכו, אז[304] **יָצָא** אור **הַיְסוֹד** דנקודים הנקרא[305] בתורה שאול מרחבות הנהר, עם אור המלכות דנקודים ממקום הכלי נצח הוד דנקודים, **וְנִכְנַס בְּכְלִי שֶׁלּוֹ, וּמָלַךְ בִּמְקוֹמוֹ** לפי שעה, וגם כאן הכלי דיסוד דנקודים לא היה יכול לסבול את האורות שנכנסו בתוכו, מפני שהיה כלול בו אור המלכות דנקודים, **ולֶכֵן גם** הכלי היסוד דנקודים **נִשְׁבַּר, וְעָלָה הָאוֹר** היסוד דנקודים **דֶּרֶךְ קַו הָאֶמְצָעִי** הנקרא כדתי"ם, **וְעָלָה עַד מָקוֹם דַּעַת הָעֶלְיוֹן** הנמצא תוך כלי האחור דנה"י של הכתר, שנתפשט עד מקום התפארת, ולא ירד אור היסוד דנקודים לכלי המלכות, שהיה ריק מאור הדעת, כדי להיות קרוב לשברי הכלי שלו, שנפלו בגבורה דבי"ע, כמו שעשו האורות דדעת חסד וגבורה דנקודים. אלא

298

תרשים ג – ל"ה.

299

תרשיים ג – ל"ו.

300

תרשים ג – ל"ז.

301

מבוא שערים ש"ב ח"ב פ"ה ד"ח ע"א – ואז יצאו אור היסוד והמלכות, ונכנסו בכלי היסוד דאצילות שלו, ונשבר, וירד הכלי בגבורה של בריאה, והאור שלו עלה בדעת האצילות, ונכלל עמו בכלי ההוא, כי הוא מקו האמצעי.

302

שער ההקדמות, דרוש בסדר ירידת ז' מלכים ונפילתם ויידת אחוריים דאו"א ואיך נעשה הכל ביחד דכ"ב ע"ב – ואז מלך היסוד בכלי שלו במקומו, ואחר כך נשבר, והכלי שלו ירד בגבורה דבריאה. והאור שלו עלה דרך קו אמצעי, עד מקום דעת עליון שעלה גם הוא, ועמדו שם יחד.

303

כרם שלמה ש"ט פ"ג אות ח' – ואז הואיל ונתרוקן כלי היסוד, אז בא היסוד, ונכנס למלוך במקומו, וגם כאן לא היה יכול הכלי שלו לסובלו, מפני שהיה אור אור המלכות כלול עמו. וגם הוא נשבר, וירד בגבורה דבריאה, מפני שמתפארת ולמטה מהם הם מליאים מן הכלים אחרים. ואור היסוד מן הראוי היה לירד ולייישב בכלי של המלכות, כדי להתקרב אל הכלי שלו שירד בבריאה, אבל לא כך עשה, אלא הואיל וראה שיש בידו כח לעלות עד מקום עליון, עלה תכף ולא נתעכב, ולא עשה מה שעשו החסד וגבורה שישבו לפי שעה בהכלים שלמטה מהם, ואחר זמן בראותם שנעשה כלי במקומם עלו למעלה, אלא תכף עלה בפעם אחת, עד מקום דעת העליון, כי שם יש בחינת כלי, והוא גם כן בחינת קו האמצעי, כמו הדעת, ולכן עלה עד הדעת.

304

תרשים ג – ל"ח.

305

בראשית ל"ו ל"ז – וימת שמלה וימלך תחתיו שאול מרחבות הנהר.

הואיל וראה כי בכוחו לעלות עד מקום הדעת שנמצא בכלי הכתר דנקודים, עלה לשם הנאת עצמו ותועלתו, **ושברי**[306] **הכלי** של היסוד דנקודים **ירד** בכלי **בגבורה ש'ל** בי"ע, כאשר[307] כלי פנימי של היסוד דנקודים, נפל בכלי הגבורה ד**בריאה,** וכלי אמצעי של היסוד דנקודים, נפל בכלי הגבורה דיצירה, וכלי חיצון של היסוד דנקודים, נפל בכלי הגבורה דעשיה. **ואזור כך נבאר** לקמן בפרקין **למה עלה אור היסוד** דנקודים **למעלה מן התפארת עד הדעת** הנמצא בנה"י דאחוריים של כלי הכתר דנקודים, ולא עלה למקום שמתחת לתפארת, שהוא מקומו האמיתי.

הרב ז"ל ביאר לעיל, כי[308] סיבת מיתת המלכים היתה בגלל ריבוי האור שנתלבש בתוך הכלים שלהם, והכלים לא יכלו לסבול גם את האור שלהם, וגם את האורות האחרים שנתלבשו בכלים שלהם, ולכן הכלים נשברו. כאן מבאר הרב ז"ל את התלבשות אור המלכות דנקודים, בכלי המלכות דנקודים. האור המלכות דנקודים התלבש לבדו תוך הכלי שלו, עם כל זאת הכלי שלו לא סבל את האור שלו, וגם כלי המלכות דנקודים נשבר. **והשאלה**[309] **היא למה,** הרי כל כלי אמור להכיל את אורו. הסיבה היא כי השורש[310] דכלי המלכות דנקודים נעשה מכח כלי המלכות דעקודים, אשר[311] אין לה

306

תרשים ג – ט"ל.

307

תרשים ג – מ.

308

ע"ח ש"ח פ"ה מ"ת דט"ל ע"א – ונחזור לבאר סדר יציאת שבעה מלכים אלו מתוך הבינה, ואיך נשברו. הנה ראשונה יצאו כולם מתוך הבינה, והיו כלולים באור הדעת, ונכנסו עמו בכלי שלו. והנה נודע כי ששה (נ"ב שבעה) מלכים אלו הם בחינת ששה קצוות דז"א, **וכל אחד אינו גדול מחבירו, כי כל אחד הוא קצה אחד גדול כחבירו,** ולכן **לא היה כח בשום כלי מהתחתונים,** לסבול בתוכו יותר מחלק **אור המגיע לחלקו בלבד.** וכאשר יצא כולם כלולים בדעת, לא היה יכול הכלי **לסבול את כולם,** וירד למטה כמו שנבאר בע"ה. אחר כך יצאו ששה אורות האחרים בכלי חסד, **וגם הוא לא היה יכול לסובלם, ונשבר,** וירד למטה כמו שנבאר בע"ה. וכבר נתבאר לעיל כי שבעה אורות הם, אלא שנצח הוד נחשבין לאחד, כי תרי פלגי דגופא הם. ואחר כך ירדו החמשה אורות בכלי של גבורה.... **ולא יכול לסבול, ומת ונשבר.** ואחר כך ירדו הארבעה אורות.... בכלי התפארת, **ונשבר גם הוא,** וירד. וכן על דרך זה, עד שירדו שני (נ"א ב') אורות..... בכלי היסוד, **ולא היה יכול לסובלם, ונשבר** וגם הוא, ירד. וכשבא אור המלכות לא בא אלא הוא לבדו, ועם כל זה לא היה יכול **לסבול, ונשבר** גם הוא, וירד.

309

כרם שלמה ש"ט פ"ג אות ח' – ומה שכתב, ואחר כך יצא אור המלכות, וגם היא נשברה, אף על פי שאורה לבדו הוא שנכנס בה, ולא גם כן אורות אחרים עמה, כמו שנכנסו בשאר הכלים, ואם כן למה לא יכלה לסבול אותו. הטעם הוא כמו שביאר הרב ז"ל לעיל בסוף פרק ה' דשער הנקודים, **מפני שהכלי שלה היה הרבה תש כח, מפני שנעשה מכח כלי המלכות דעקודים, אשר אין לה מגרמה כלום,** ולכן לא יכלה לסבול אפילו האור לבדו שלה. ולכן נשבר הכלי שלה, וירד בהחסד דבריאה. כי מן הגבורה ולמטה הם מליאין מן כלים אחרים. והאור שלה עלה עד הדעת, כמו שעלה אור היסוד, כי שם יש בחינת כלי, והיא גם כן בחינת קו אמצעי כמו היסוד, ולכן עלתה גם היא דרך קו אמצעי, עד שעלתה עד הדעת.

310

ע"ח ש"ו פ"ה מ"ב דכ"ז ע"ד – ודע כי **במלכות של עולם העקודים נשארו בה עשרה שרשים של עשר הנקודים** כמו שנבאר בע"ה. ועל דרך זה בכל אצילות, כי המלכות של השרשים אשר בפה א"ק היא כלולה מעשרה והם עשרה שרשים אל עשר דעקודים, **ובמלכות דעקודים יש עשרה שרשים אל עשרה ספירות דנקודים,** (וכן במלכות דנקודים יש עשרה שרשים, והם שרשים דעשר ספירות דברודים), ועל דרך זה בשאר העולמות.

מגרמה כלום, ונקראת[312] **אספקלריא שאינה מאירה דלית לה מגרמה כלום**, כמבואר לעיל[313], כי אפילו רשימו שלה לא נשאר בכלי שלה, ומה שמאיר לה זה הרשימו דיסוד. **זאת ועוד**[314] כאשר נעשו הכלים דנקודים, הם נעשו

נהר שלום דכ"ה ע"ד – הנה נודע כי **כל עולם ופרצוף עליון הוא מקור ושורש למה שלמטה ממנו כנודע,** כי במלכות דיצירה נתפשטו עשרה ענפים מעשר ספירות דיצירה, והם שרשים לעשר ספירות דעשיה. וכן במלכות דבריאה נתפשטו עשרה ענפים מעשר ספירות דבריאה, והם שרשים לעשר ספירות דיצירה. וכן במלכות דאצילות נתפשטו עשרה ענפים מעשר ספירות דאצילות, והם שורש עשר ספירות דבריאה. **ובמלכות דעקודים נתפשטו ענפי עשר ספירות דעקודים, והם שורש לעשר ספירות דאצילות.** וכן על דרך זה מעולם לעולם שלמעלה ממנו, עד שנמצא שכולם ענפים מסתעפים מעשר ספירות דא"ק, שהם שורש ומקור לכל העולמות, והם משורשים ביחידה שלו, וכל זה בכללות, וכן הוא בפרטות, מפרצוף לפרצוף, וכן בפרטי פרטות מספירה לחברתה.
311

שער ההקדמות, דרוש שבעה מלכים ד"כ ע"ב – והטעם הוא במה שהודעתיך לעיל בדרוש העקודים, כי כאשר שם חזרו אורותיהם להיכנס בכלים שלהם, נשאר אור הכתר בשורש העליון ולא חזר. ונמצא כי באו האורות שלא במקומם, אור החכמה בכלי הכתר וכו', עד אור מלכות בכלי היסוד, ונשאר כלי המלכות ריקם. ונתבאר שם כי זהו טעם היות לעולם המלכות נקראת **דלה ועניה, אספקלריא דלית לה מגרמה כלום,** לפי שהאור שבא אחר כך לתוכה אינו האור שלה עצמה הראשון, אבל הוא אור חדש מכח זווג או"א כנזכר לעיל, וזהו שאמרו דלית לה מגרמה כלום, פירוש שאינו אור שלה, רק אור נמשך אליה ממקום אחר. ולהיות כי ענין זה אירע במלכות דעקודים, ונודע כי הנקודים כל הכלים שלהם נעשו על ידי הסתכלות אור העין באורות העקודים כנזכר לעיל באורך, ולכן כיון שבעקודים עצמם היה הכלי של מלכות חסר מן האור שלה עצמה, גם זה הכלי של מלכות דנקודים היה חסר, ולא יכול לסבול ולקבל האור שלה עצמה, ולכן נשבר.
312

ספר הזוהר פרשת ויחי דף רמ"ט ע"ב עם תרגום וביאור – **וכתיב** וכתוב בספר ישעיהו **הקשיבי לישה ליש**(ה היא בת זוגו של הליש, והוא האריה, מפרש למה נקראת המלכות לישה, **בגין דאתיא מסטרא דגבורה** מפני שהמלכות באה מצד הגבורה, **כמה דאת אמר** כמו שכתוב בספר משלי, **ליש גבור בבהמה, והאי** המלכות נקראת **לישה,** היא **גבורה, לתברא חילין ותוקפין** כדי לשבור את הכוחות והההזוק של החיצוניים, המקטרגים על בני ישראל, עם כל זאת המלכות נקראת בהמשך הפסוק דספר ישעיהו **עניה ענתות, בגין דאיהי אספקלריא דלא נהרא** מפני שהיא כמראה שאינה מאירה מעצמה, **עניה ודאי** לכן היא עניה ודלה, **לית לה נהורא** אין לה אור **לסיהרא** ללבנה, שהיא המלכות **מגרמה** מעצמה, **אלא מה דיהיב לה** אלא מה שנותן לה **שמשא** השמש, שהוא ז"א.
ישעיהו י' ל' – צהלי קולך בת גלים הקשיבי לישה עניה ענתות.
משלי ל' ל' – ליש גבור בבהמה ולא ישוב מפני כל.
גמרא יבמות דמ"ט ע"ב – ואר7אה את הוי"ה, כדתניא, **כל הנביאים נסתכלו באספקלריא שאינה מאירה,** משה רבינו נסתכל באספקלריא המאירה.
313

ע"ח ש"ו פ"ה מ"ת דכ"ז ע"ב – ונתחיל לפרש לפרש הענין הנה אור המלכות לא השאיר רשימו, וכל בחינתו נסתלקה כולה ועלתה, וזה הטעם שנקראת מלכות **אספקלריא שאינה מאירה דלית לה מגרמה כלום,** כי לא השאיר בה שום רושם, אך מן הרשימו שנשאר ביסוד לבדו מאיר גם כן אליה. עוד יש טעם אחר אל הנזכר והוא מה שהתבאר לעיל כי כאשר חזרו האורות לירד נשאר כתר דבוק במאציל, ולא ירד כלל, נמצא שהחכמה חזרה למקום הכתר כו', ומלכות במקום היסוד, **ונשאר כלי של המלכות בלתי אור כלל,** ולכן נקרא כלי של מלכות אספקלריא דלא נהרא.
314

ע"ח ש"ח פ"ב מ"ת דל"ו ע"ב – והנה עשרה נקודות הם, והג' ראשונים שבהם הם לוקחים אור ממה שנמשך מהסתכלות העין באח"פ ממקום עד מקום התחברות בשבולת הזקן כנודע, ואינם מקבלים אותם רק בשבולת הזקן, כי משם מתחילין הן, ולא ממה שבשבשבולת הזקן ולמעלה,)נ"א בשבולת הזקן ולא ממה שבשבולת הזקן ולמעלה ואינם מקבלין רק בשבולת הזקן כי משם מתחילים הן ולא ממה שכנגד העין עד

87

מהסתכלות העין באורות אח"פ, כל כלי נעשה מהסתכלות העין באור דאח"פ הדומה לו, לכן הכלי המלכות דנקודים נעשה מהסתכלות העין במלכות דעקודים, שהיה חשוך, ולכן[315] כלי המלכות דנקודים הוא כלי חלש ביותר, שאפילו את אורו אינו יכול לסבול.

[316]**וּאזור**[317] **כך יצָא**[318] **אור הַמַלְכוּת** דנקודים הנקרא[319] בתורה בעל חנן בן עכבור, מכלי היסוד דנקודים שנשבר, ונכנס אור המלכות דנקודים **למֶלוֹך** לבדו **בכלי שָׁלֹה** כלי המלכות דנקודים, **וּמלכה**

שבולת הזקן(, **אבל שבעה נקודות התחתונים אין לוקחין רק ממה שנמשך מהסתכלות באורות החוטם והפה משבולת הזקן ולמטה**, כנודע כי החוטם מגיע עד החזה, והפה עד הטבור, ולא משבולת הזקן ולמעלה. ונמצא כי לפי זה ג' נקודות לוקחין הארה הכלים שלהם מן ג' האורות שהם אח"פ בשבולת דוקא, אבל שבעה תחתונות אינן לוקחין רק מב' אורות לבד, שהם חוטם ופה משבולת ולמטה עד הטבור, כי אור אזן העליונה כבר נגמרה ונסתמה בשבולת הזקן, ולכן גדולה היא הארה ג' נקודות עליונים מן השבעה תחתונים. ולסבה זו ג' מלכים הראשונים לא מתו, לפי שיש להם הארה גדולה, והכלי שלהם מעולה מאד, לפי שנעשה מבחינת אזן העליונה ומהחוטם ופה, כי בהסתכלות העין באורות האזן חוטם פה נעשו הכלים שלהם כנזכר לעיל, כי לקחו כליהם ממקום שעדיין אורות האזן שהם בחינת נשמה נמשכים שם, שהוא עד שבולת הזקן כנ"ל. אמנם השבעה מלכים תתאין מתו, לפי שכליהם נעשו מהסתכלות עין בחוטם פה לבד, והיה חסר מהם אור האזן העליונה.

חסדי דוד דמ"ט ע"ד, אות י"א – וכלי הנקודות שהם החיצוניות נת"א דס"ג, וחיצוניות טנת"א דב"ן, נעשו על ידי שעברו אורות הנזכר דרך יציאתם מן העינים, ושאבו מן אורות אח"פ, שעל ידי הסתכלות העין באזן ימין, ואור חוטם ופה כלולים בו, מקו הראיה, נעשה אור מקיף דכתר דנקודים, ומהארת הקו נעשה אור פנימי שלו. ומהסתכלות העין באזן שמאל, מקו הראיה, נעשה חיצוניות הכלי הנזכר, ומהארת הקו פנימיות הכלי. וכלי חכמה דנקודות נעשה מהסתכלות העין באורות החוטם עד הפה, מצד ימין אור מקיף, ומשמאל חיצוניות הכלי. ומהפה ולמטה מצד ימין אור פנימי, ומצד שמאל [פנימיות הכלי]. וכלי הבינה דנקודות נעשה מהסתכלות העין באורות הפה עד הזקן, מצד ימין אור מקיף, ומצד שמאל חיצוניות הכלי, ומהזקן ולמטה מצד ימין אור פנימי, ומצד שמאל פנימיות הכלי. וכל אלו הכלים דג"ר דנקודות, נעשו מהסתכלות העין באורות אח"פ שבשיבולת הזקן. **וכלי השבעה תחתונות דנקודים נעשה מהסתכלות העין באורות החוטם והפה, שמהזקן ולמטה עד החזה, מצד ימין אור מקיף, ומשמאל חיצוניות הכלי, ומהחזה עד הטיבור מצד ימין אור פנימי, ומשמאל פנימיות הכלי.**
315

ע"ח ש"ח פ"ה מ"ת דט"ל ע"א – וכשבא אור המלכות.... **ועם כל זה לא היה יכול לסבול, ונשבר**, גם הוא וירד. וטעם הדבר כמו שהודעתיך למעלה, כי העקודים כאשר חזרו האורות שנית להיכנס בכלים שלהם, לא נכנסו ממש בכליהם, רק בכתר נכנס אור החכמה, וכו', ובכלי היסוד נכנס אור המלכות, ונשאר כלי המלכות ריקם, אשר לסבה זאת נקרא המלכות **אספקלריא דלא נהרא דלית לה מגרמה כלום**, ונקרא **עניה ודלה**.)וכל זה(כי האור שנכנס אחר כך בכלי של המלכות **אינה אור שלה**, רק אור חדש מזווג או"א כמבואר אצלנו. וזה ענין מה שכתוב לעיל אספקלריא דלא נהרא דלית לה מגרמה כלום, רק האור שלה הוא ממקום אחר, וזכור ענין זה. והנה כיון שכל אלו הכלים של הנקודים, נעשים בהסתכלות העין בעקודים כנזכר לעיל, לכן כיון ששם)נ"א שכאן(היה חסר בחינת אור המלכות מן הכלי שלה, **גם זה הכלי של המלכות דנקודים היה חסר**, ולא יכלה לקבל אור שלה ונשברה.
316

שער ההקדמות, דרוש בסדר ירידת ז' מלכים ונפילתם וירידת אחוריים דאו"א ואיך נעשה הכל ביחד דכ"ב ע"ב – אחר כך מלך המלכות בכלי שלה במקומה, ואחר כך נשברה, והאור שלה גם הוא עלה דרך קו אמצעי, עד מקום הדעת, והכלי שלה ירד בחסד דבריאה.
317

שֵׁם לפי שעה, **ואפילו** שנכנס אור המלכות לבדו לכלי שלו, עם[320] כל זאת **נִשְׁבְּרָה** כלי המלכות, **וְאוֹר הָאוֹר שֶׁלָּהּ** ר"ל אור המלכות דנקודים **עָלְתָה גַּם כֵּן בְּ**מקום **הַדַּעַת** הנמצא בכלי דאחוריים דנה"י של הכתר, עם הרשימו שבתוכך הכלי שלה **דֶּרֶךְ קַו הָאֶמְצָעִי** הנקרא כדתי"ם, **ושברי הַכֵּלִי שֶׁלָּהּ** ר"ל שברי הכלי של המלכות דנקודים **יָרַד בְּזזֹסֶד שֶׁל** הבי"ע, כלי[321] פנימי של המלכות דנקודים, בכלי החסד **דְּבְרִיאָה,** כלי אמצעי של המלכות דנקודים, בכלי החסד דיצירה, וכלי חיצון של המלכות דנקודים, בכלי החסד דעשיה.

ואפשר לשאול למה לא כל אור מהשבעה אורות נכנס ישר לכלי שלו, והיו צריכים המלכים למלוך להיכנס בכלים כמבואר, ואחר כך למות ושהכלים ישברו. אחת[322] מהתשובות היא כי רצה המאציל לעשות בחינת קליפות וחיצונים בעולמות שברא, כדי לתת חופש בחירה בידי התחתונים, ובכך לתת שכר לצדיקים ולהעניש את הרשעים, לכן הכלים לא יכלו לסבול את האורות ונשברו, ושבירתן[323] היא טהרתן.

מבוא שערים ש"ב ח"ב פ"ה ד"ח ע"א – אחר כך יצא אור המלכות, ואז האור של הדעת, כבר נתבאר שעלה למעלה בדעת. ולכן מצא מקום פנוי. ומלך בכלי שלו, ונשברה, וירד הכלי בחסד דבריאה, והאור עלה גם הוא, ונכלל עם אור היסוד, בדעת דאצילות, דרך קו אמצעי.
318

תרשים ג – מ"א.
319

בראשית ל"ו ל"ח – וימת שאול וימלך תחתיו **בעל חנן בן עכבור.**
320

תרשים ג – מ"ב.
321

תרשים ג – מ"ג.
322

ע"ח שי"א פ"ה מ"ת דנ"ב ע"א – הסיבה לזה כי תכלית הכוונה היה להוציא ולעשות **בחינת קליפות החיצונים**, כי הם צריכות בעולם, לתת שכר טוב לצדיקים, ולהעניש לרשעים, שהיה עתיד לברוא אחר כך. ועל כן יצאו הנקודות הנזכרים לעיל בלתי תיקון, **כדי שהכלים שלהם לא יוכלו לסבול את האור**, וישברו, **ושבירתן זו היא טהרתן**, כי אז נתבררו הזוהמא והסיגים שבהם, ונעשו קליפות הם הטומאות, כאשר היה בדעתו יתברך. ואחר כך חזר לתקנם, והקדושה שבאותן כלים נתעלו למעלה על ידי התיקון, אך לא הוברר הקדושה לגמרי כמו שנבאר בע"ה.

שער מאמרי רשב"י, פרשת פקודי דל"ג ע"ג – ונבאר עתה בחינת המ"ן אלו מה עניינם. דע כי כל בחינת מ"ן הם דינים וגבורות, **וסודם הוא אותם המלכים של ארץ אדום שמלכו ומתו**, אשר הם מבוארים אצלינו במקומות רבים. ואמנם בחינת המלכים ההם רצון המאציל העליון לברא אותם בתחילה באופן ההוא, שיהיו כוללים בחינת קדושה, אלא שהיא דינים וגבורות, ובהם מעורבים השמרים והקליפות ובכונה גמורה בראם כך, **כדי שיהיה בעולם שכר ועונש, להפרע מן הרשעים וליתן שכר טוב לצדיקים**, ואין זה מקום להאריך בו. אמנם בכונה גמורה בראם כך, כדי לבטלם ולהמיתם, כדי שיתבררו מהם ניצוצות קדושות, ויעלו למעלה, והקליפה המעורבת בהם ישארו למטה, בסוד סגי הזהב ושמרי היין.
323

משנה מסכת כלים פ"ב משנה א' – כלי עץ, וכלי עור, וכלי עצם, וכלי זכוכית, פשוטיהן טהורים, ומקבליהן טמאים. נשברו, טהרו. חזר ועשה מהם כלים, מקבלין טמאה מכאן ולהבא. כלי חרס וכלי נתר, טמאתן שוה. מתטמאין ומטמאין באויר, ומטמאין מאחוריהן, ואינן מטמאין מגביהן, **ושבירתן היא טהרתן.**

הרב ז"ל עושה סיכום ביניים אחרי שכל המלכים מלכו לפי שעה, ומתו, והכלים שלהם נפלו לבי"ע. כאשר[324] שברי הכלי של **התפארת** דנקודים, נמצא בכלי הכתר דבי"ע. שברי הכלי של **המלכות** דנקודים, נמצא בכלי החסד דבי"ע. שברי הכלי של **היסוד** דנקודים, נמצא בכלי הגבורה דבי"ע. ושברי הכלי של **החסד** דנקודים, נמצאים בכלי התפארת דבי"ע. ושברי הכלי של **הנצח הוד** דנקודים, נמצא בכלי הנצח הוד דבי"ע. שברי הכלי של **הגבורה** דנקודים, נמצא בכלי היסוד דבי"ע. שברי הכלי של **הדעת** דנקודים, נמצא בכלי המלכות דבי"ע. ועתה[325] יש שלוש כלים ריקים, שהם חב"ד דבי"ע, בלי שברי כלים, והם[326] כלבוד דמי, כי לפי דברי הרב ז"ל לא יכולים להיות יותר שלוש מדרגות ריקניות בין ספירה לספירה. כמבואר[327] בפרקין, וגם כאן בבי"ע אין יותר משלוש ספירות ריקניות בין הכתר לחסד, והם כלבוד דמי. אפילו שבחינת שלוש מדרגות ריקניות הוא רק באצילות, ולא בעולמות התחתונים, כי הבריאה היא אפילו לא ספירה אחת דאצילות, כל שכן היצירה והעשיה, עם כל זאת גם כאן בבי"ע אין יותר משלוש ספירות ריקניות בין הכלים שנשברו.

והרי[328] עתה **נִמְצָא**[329] שֶׁשִּׁבְרֵי **כלי התפארת** דנקודים נמצא **במקום כתר** [דמ"ד ע"א 87] **דברִיאה** יצירה עשיה, ושברי **כלי המלכות** דנקודים נמצא **במקום זהסד דברִיאה** יצירה

324

תרשים ג – מ"ד.

325

שער ההקדמות, דרוש בסדר ירידת ז' מלכים ונפילתם ויירידת אחוריים דאו"א ואיך נעשה הכל ביחד דכ"ב ע"ב – ונמצא כי כלי התפארת עומד בכתר דבריאה, וכלי המלכות בחסד דבריאה, ונמצא כי אין מקום פנוי וריקים בבריאה בין כלי לכלי רק שלוש ספירות בלבד. ובאצילות אין מקום פנוי רק שני מדרגות, והם היסוד והמלכות.

326

ע"ח ש"ז פ"ג מ"ק דל"ב ע"ב – והענין הוא כי ראוי שתדע שכאשר היה הסתלקות הראשונה לעשות כלי, לא היה החלק ההוא נעשה כלי, ונגמר להקרא כלי, עד התרחק ממנו האור שלוש מקומות. פירוש, כי האור היה מתחיל להסתלק מחלק אשר אחר כך יקרא מלכות, ואז היה מתחיל להתחשך, ואחר שהיה מסתלק האור מן הכלי אשר אחר כך יקרא בשם כלי יסוד, אז היה החלק הראשון מחשיך יותר, עד שנמצא שכאשר היה האור הנוגע אל המלכות, רחוק ממנו שלוש מקומות שלימות, שהוא כאשר נתעלה בחלק הנוגע אל התפארת אז נגמר הכלי דמלכות להעשות כלי. **כי כל פחות משלוש כלבוד דמי.**

327

ע"ח ש"ט פ"ג מ"ת דמ"ג ע"ג – והנה טעם זה יספיק לבחינת תועלת (ה. אור לעצמו, ב"נ מעלת(ואמנם גם לבחינת חסרון הכלי שלו ברדתו למטה במלכות דבריאה כנזכר, אינו הפסד גדול כל כך, כי מה שאנו אומרים שצריך שלא יהיה הרחק בין האור ובין הכלי שלו שלוש ספירות לבד, הוא כשיעור שלוש ספירות דאצילות, אשר שיעורם גדול. אבל בבריאה כל העשר ספירות דבריאה אינן שיעורם אפילו כשיעור ספירות אחת דאצילות.

328

מבוא שערים ש"ב ח"ב פ"ה ד"ח ע"א – והרי עתה, כי כלי התפארת הוא בכתר הבריאה, וכלי המלכות בחסד הבריאה, ואין מקום פנוי בבריאה עצמם בין כלי לכלי, רק שלוש מדרגות, שהם חב"ד. וגם באצילות אין מקום פנוי, רק שני מדרגות, שהם מקום יסוד ומקום מלכות, שעלו בדעת שלא במקומם, מה שאין כן בזולתם שכולם במקומם, כי אף החסד נמשך במקומו עתה כמו שמבואר.

329

כרם שלמה ש"ט פ"ג אות ח' – ועכשיו כשנגמרו הכל לירד לבריאה, לכן כותב הרב ז"ל עכשיו **תמצא** שכלי התפארת במקום כתר דבריאה, מפני שאורו לא נתרחק ממנו, ולכן נשאר במקומו הראשון, שירד בתחילה בו, ובמקום החב"ד דבריאה הם פנים, בלי כלים. והכלי דמלכות במקום חסד דבריאה, ולכן נמצא כי אין פנוי בין כלי דבריאה רק שלוש מדרגות, ור"ל ועל ידי זה נמצא שהם כלבוד, ואין נקרא ריחוק, ולכן יכלו

עשיה, **נמצא כי אין מקום פנוי בין כלי לכלי דבריאה רק שלוש מדרגות לבד** והם כלבוד דמי, **שהם** הכלים של חב"ד דבי"ע. **ובאצילות** אין מקום פנוי רק שתי מדרגות, שהם מקום[330] **שהם** כלי **יסוד**[331] דנקודים ומקום כלי ה**מלכות** דנקודים, הרב ז"ל לא מונה את הכלי נצח והוד דנקודים בתור מדרגה. **והמשכיל מבין** כי הכלי נצח הוד דנקודים הם כלי אחד, ויחד עם הכלים דיסוד ומלכות דנקודים, נחשבים הם שלוש מדרגות, וזה גם כן **כלבוד דמי**. הרב[332] כרם שלמה מתרץ תרוץ נפלא, והוא כי הרי הנצח הוד דנקודים יושבים הם בצדדים של היסוד דנקודים, נצח בימין היסוד, והוד בשמאל היסוד, לפי כך הקו האמצעי נמצאים רק הכלים דיסוד ומלכות, ומעליהם אור התפארת, לכן הם רק שתי מדרגות. **עם כל זאת** יש מגדולי המפרשים שטוענים שהגירסא כאן היא טעות סופר, ויש לגרוס **שלוש מדרגות**, וכך כתב הגהות וביאורים אות א' וז"ל - א"ה בספר כתב יד, הגירסא רק שלוש מדרגות לבד, כי הם במקום נהי"מ. וכן[333] הרב דברי שלום, וכן[334] הרב שם משמעון, וכן משמע מדברי הבל"י בפרקין.

הרב ז"ל מבאר כאן איך עלו האורות דיסוד ומלכות דנקודים, מעל אור התפארת דנקודים, עד מקום אור הדעת דנקודים. הרי היסוד והמלכות הם למטה מהתפארת בכל מקום. **צריך לדעת** כי הסוגיה הזאת היא **בעולם התיקון**, ולא בעולם

הכלים שיושבים מן החסד ולמטה דבריאה לקבל הארה מן האורות דאצילות, מפני שנחשבים כל הכלים דעשר ספירות דבריאה כאילו הם כלבוד, כי אין ביניהם כי אם שלוש מקומות פנויים, ואין זה נקרא רחוק. וזהו שכתב **נמצא כי אין מקום פנוי בין כלי דבריאה רק שלוש מדרגות לבד**, שהם חב"ד.
330

בית לחם יהודה ש"ט פ"ג דכ"ט ע"ג – ובאצילות אין מקום פנוי רק שני מדרגות שהם מקום יסוד ומלכות. כן הגירסא בספרי ע"ח, ובאוצרות חיים, ובמבוא שערים ד"ח סוף ע"א, ובשער הקדמות דף כ"ב ריש ע"ג, ובספר תולדות אדם כתב יד. ולגירסא זו קשה, כי אף על פי שנתפשטה החכמה אחר כך וחזר הנצח ונתלבש בקו החכמה, כמו שכתב רז"ל בסמוך. מכל מקום עמידת הנצח והוד הוא למעלה במקום החסד והגבורה דזמן התיקון, כי התפשטות החו"ב לא היה כי אם עד מקום החסד והגבורה דלאחר התיקון, ואם כן יש שלושה מדרגות פנויים באצילות. ומסיבת קושיא זו הגיה מהרנ"ש ז"ל באוצרות חיים שלושה מדרגות שהם נהי"ם. ונראה שכן היתה גירסת הדב"ש כנזכר שם בפרק ג' דשער ט' דף ל"ד סוף ע"ג. וכן הגירסא בע"ח כתב יד שכתב - ונמצא כי אין מקום פנוי רק שלושה מדרגות לבד, שהם מקום נהי"ם וכו'. ונראה לעניות דעתי שגרסת שלושה מדרגות שהם נהי"ם היא עיקר.
331

הגהות וביאורים)א(– א"ה בספר כתב יד, הגירסא רק שלוש מדרגות לבד כי הם במקום נהי"ם)יצחק, כאן טעה הגה"ה הנזכרת לעיל בהבנת הפשט, כי כאשר עלה המלכות בדעת, כבר נתקן נה"י כל אחד במקומו הראוי לו, כמבואר אחר זה, ואם כן לא נשאר לא נשאר מקום פנוי באמצע, כי אם היסוד והמלכות, ודו"ק. מע"ח כתב יד הנזכר לעיל(. ועיין בדברי שלום ומה שהקשה ומה שתירץ, דף כ"ב ע"ג.
332

כרם שלמה ש"ט פ"ג אות ח' – אלא יש לומר שנצח והוד הם בחינת ימין ושמאל, והם בצדדים יושבים, **בצדדי היסוד**. והרב ז"ל הוא מונה מדרגות שהם רחוק זה למטה מזה, וזה למעלה מזה. ובשלמא היסוד והמלכות הם שניהם בקו האמצעי, והם שפיר שתי מדרגות, שזה למטה מזה, ונקראים קצת ריחוק. **אבל הנצח והוד, הואיל והם בצדדי היסוד, בבחינת ימין ושמאל**, מה ריחוק יש בהם.
333

דברי שלום דל"ד ע"ד ע"ג – מלכות דאצילות ירד בחסד דבריאה, **ונמצא כי אין מקום פנוי רק שלוש מדרגות**, כי הם מקום נהי"ם.
334

שם משמעון ע"ח ש"ט פ"ג ד"כ ע"א – ובאצילות אין פנוי, רק **שלוש מדרגות**, שהם נה"י. נ"ב - נצח והוד הם תרי פלגי דגופא, ואינם חשובים אלא אחד, ופשוט.

הנקודים. **ועוד צריך לדעת** כי[335] בחינת היסוד ביכולתו לעלות עד הדעת דז"א, כדי[336] להמשיך משם את טיפת החסדים שבדעת לו"ק, ומשם לנוקבא, כמו שמבואר בכוונות דנטילת הלולב. ושם[337] מבואר כי הלולב עצמו הוא בחינת היסוד.

וְעַתָּה[338] **צָרִיךְ לָתֵת טַעַם לָמָה**[339] **אוֹר הַיְסוֹד** דנקודים **וּמַלְכוּת** דנקודים, שהיא העטרה דיליה, בסוד[340] פסיעה לבר, **שְׁנֵיהֶם עָלוּ עַד הַדַעַת** דנקודים **לְמַעְלָה מִן הַתִּפְאֶרֶת** והחסד

335

שער הכוונות, דרושי חג הסוכות, הקדמה דק"ג ע"ג – הנה בעת נטילת הלולב שלא על ידי זמן [**שמן ששון** שלא בזמן] ההקפה, צריך לנענע הלולב, והנענועים הנודעים **להמשיך החסדים ממקורם ושרשם אשר בדעת דז"א**, כמו שיתבאר בדרושים. אבל בזמן ההקפה, אין צורך לנענע הלולב, כי הוא בסוד אור המקיף הנגלה, ואין צריך לנענעו. גם צריך שלא להפריד כלל את האתרוג מן הלולב, אלא שתי ידיו סמוכות זו לזו, ומתדבקין יחד הלולב והאתרוג.

336

מבוא שערים ש"ב ח"ב פ"ב ד"ח ע"א - וסיבת עלייתו למעלה מהתפארת, עם שהוא גדול ממנו, והוא במה שמבואר אצלינו בענין תפילת המנחה, שמזדווג לאה עם ישראל מחציו ולמעלה. והנה אין שם בחינת יסוד להזדווג עמה, ושם הארכנו בענין. ועיין שם היטב, איך יש כח בבחינת יסוד לעלות עד הדעת להמשיך טיפת החסדים לתתא, אל הנקבה, וכמו שכתוב בפרשת פקודי דף רכ"ה. כי יוסף סליק לעילא ונחית לתתא וכו'. **ובזה נתבאר איך היסוד יכול לעלות עד הדעת, למעלה מהתפארת, כי כך דרכו לעלות שם.** ועוד, כי כוונתו לקשר כל הו"ק ביחד. כי הוא תחתון מכולם, **ועולה עד למעלה מכולם, שהוא הדעת, לקשרם ולהמשיך להם משם הארה.**

337

שער הכוונות, דרושי חג הסוכות דרוש ה' דק"ה ע"ג – ונבאר עתה פרטי הלולב ומיניו, היכן רמוזים בדרך קצרה, כדי שתבין סוד הנענועין. ואחר כך נשלים ביאור פרטיו. הנה למטה יתבאר כי ארבעה מינין שבלולב הם רומזים אל ארבעה אותיות ההוי"ה. והנה הוי"ה זו כולה היא בז"א לבדו, בזה האופן. יו"ד חסד גבורה תפארת, והם שלוש הדסים. ה"ה נצח והוד, והם שני ערבי נחל. ו' **יסוד והוא הלולב.** ה"ה האחרונה אתרוג, **והיא מלכות שבו, שהיא העטרה שביסוד, הנקרא ראש צדיק**, אבל אינו נוקבא דז"א כמו שחשבו רבים, כי זהו טעות מפורסם, כי המלכות דז"א עצמו המחוברת עמו)גם היא(נרמזת בחיבור בסוד אות ה"ה האחרונה של הוי"ה, אבל הנקבה יש לה שם שלם בפני עצמה, והוא אלהי"ם או אדנ"י כנודע. ולכן נקרא פרי עץ הדר, ר"ל פרי של היסוד, הנקרא עץ הדר, והפרי שבו הוא העטרה. גם נקרא יסוד הדר, בסוד הדרת פני זקן, וכמו שכתוב בפרשת תצוה. ובזה יתייישבו לך כמה מאמרים בספר הזוהר שנראין דבריהם כסותרין זה את זה, כי נמצא בזוהר שהאתרוג הוא יסוד, גם נמצא במקום אחר שהוא המלכות, ושניהם אמת כי היא מלכות שביסוד דז"א. וזהו טעם איסור הפרשת האתרוג מן הלולב בעת נטילתו, וצריך לחברם יחד. כי הלולב הוא היסוד, **והאתרוג הוא העטרת הדבוקה עמו**, בלי פירוד.

338

שער ההקדמות, דרוש בסדר ירידת ז' מלכים ונפילתם ויירידת אחורייים דאו"א ואיך נעשה הכל ביחד דכ"ב ע"ג – ועתה צריך ליתן טעם למה האורות של היסוד והמלכות נתעלו למעלה מן אור התפארת, ועלו עד מקום הדעת כנזכר. והנה היסוד נקרא **משכיל לאיתן האזרחי**, כנזכר בפרשת משפטים, במאמר הסבא דף ק"י וז"ל - משכיל לאיתן, בזמנא דההוא גבר קם בתיובתא, כל שייפין חדאן ומתחברן לגביה, ואי הוא סליק דסליק, עד דמוחא עלאה וכו'. ובפרשת פקודי דף רנ"ח ע"א וז"ל - יוסף הצדיק, עמודא דעלמא, איהו נטיל ברשותא היכלא טמיר וגניז, וברשותיה קיימא היכלא שביעאה, ואף על גב דקא אמרן דלבנת הספיר ברשותיה קיימא וכו'.

339

כרם שלמה ש"ט פ"ג אות ט' – פשוט הוא מה שהוא תמיה על אור היסוד והמלכות, מפני שהם למטה מן שאר הספירות, **ואיך עלו למעלה מן כל הו"ק, אפילו מן התפארת והחסד**, עד הדעת. לזה כתב והאריך בטעמו, וכוונתו לומר כי מעיקרא נתנו בו או"א כח שיכול לעלות עד הדעת, כדי להמשיך משם טיפת החסדים,

ואמנם הטעם הוא כי[341] **היסוד נקרא** בכל מקום **משכיל**, והוא משכיל **לאיתן** דנקודים.

שהם האבות, חג"ת, **האזרחי** הוא[342] אברהם אבינו, איש החסד, **כמו**[343] **שמבואר** בזוהר הקדוש

ולכן נקרא **משכיל**, ר"ל מלשון **שכל, שהוא הדעת**, והוא על שם שיכול לעלות עד מקום הדעת, לכן נקרא על שם הדעת. וזהו שכתב - ואמנם הטעם הוא כי היסוד נקרא משכיל לאיתן האזרחי, ר"ל כי **משכיל** מלשון **שכל, שהוא הדעת. ואיתן** הם **האבות** שהם **החג"ת**, כמו שאמרו רז"ל **איתנים** אלו האבות. **ואזרחי** הוא **אור החסד**, כי **הטיפה הנמשכת היא בחינת חמשה חסדים**, שנמשכת מן **הדעת שהוא השכל**, על ידי **היסוד** שנקרא **משכיל**, על שם הדעת. **לאיתן** שהם **החג"ת**. האזרחי שהיא טיפת החסד, שהוא אור, כמו שכתוב - זרח אור לישרים. וכמו שכתוב על יובב בן **זרח**.
340

ע"ח ש"י פ"א מ"ת דמ"ז ע"ב – והנה כאשר עלה ברצון המאציל להחיות את המתים, ולתקן את המלכים האלו הנשברים והנפולים בעולם הבריאה, גזר והעלה מ"ן מתתא לעילא. ועל ידי כך היה זווג עליון דחו"ב דא"ק פנימיות, והוציא שם מ"ה החדש, ונתקנו המלכים. וכבר נתבאר לעיל כי שבעה אורות של מלכים דב"ן, נתעלו ונתכללו ונתלבשו בשלשה קוי חו"ב וכתר, שנתפשטו עד סוף המקום הנזכר לעיל, שהם חג"ת. והנה עתה חזר התפשטות הנזכר לעיל להאסף למעלה, וחזר להיות כבראשונה, שלא היו רק ג"ר במקומן למעלה, והעלה עמהן למעלה במקומן את השבעה אורות התחתונים. ונמצא עתה כל השבעה אורות התחתונים למעלה במקום הבינה, כי היא אם הבינה, ושם הוא מציאת מקום הריון ועיבור. וכאשר עלו השבעה אורות למעלה, עלו גם הכלים שירדו בבריאה למעלה באצילות, אך לא נתחברו יחד. וכמו שהשבעה אורות היו בבחינת עיבור, וג' כלולין בג', **ונקודה מלכות היתה שביעית אליהם בסוד פסיעה לבר**, כמו שנבאר למטה בע"ה.

ע"ח שי"א פ"ז מ"ת דנ"ד ע"ב – והוא כי חסד נכלל בנצח, וגבורה בהוד, ותפארת ביסוד. ואין)ועניין(זה נקרא ג' כלולין בג' כנזכר לעיל, עד שיעברו שלוש ימי קליטה, ואז נתחברו כולם יחד חיבור אחד, יותר מעולה, והוא שכל חלק וחלק מהם נכלל מכל שבעה תחתונות, כמבואר אצלינו בעניין התפילין שיש בהם כ"א אזכרות, לפי שבהיותן שם בסוד עיבור ראשון, היו בסוד ג' כלולין בג', ולא נשאר)נ"א ניכרו(רק השלוש לבד, והיה כל אחד מהם כלול מכל השבעה, הרי כ"א. **כי השביעית היא נקודת המלכות**, ואז הז"א בסוד **ו'** שבתוך אות **ה'** ראשונה שהיא אימא, והם ו"ה'ק, **והמלכות היתה נקודתה בסיום הוא'"ו**)נ"א הו'"ק(, בסוד **אושיט פסיעה לבר** הנזכר בפרשת בלק דף ר"ג, בפסוק אשורנו ולא קרוב, כמבואר אצלינו. ואז נעשה רשות היחיד, כי נעשו כולם יחוד ואחדות אחד.

שער מאמרי רשב"י דל"י ע"ד – אבל זה יובן במה שביארנו בעניין תפלת שמנה עשרה, כי השלשה ראשונות והשלשה האחרונות הם בחינת ז"א בזמן היניקה, אשר אין לו אז רק שית סטרין בלבד, **והמלכות היא עמו בסוד פסיעה לבר**, בסוד נקודה בסוף רגל אות וא'"ו.
341

בית לחם יהודה ש"ט פ"ג דכ"ט ע"ג – כי היסוד נקרא משכיל לאיתן האזרחי. איתן האזרחי הוא אברהם אבינו ע"ה, שהוא החסד, והמשכיל ליה ומודע ליה הוא היסוד, שהוא למעלה מאיתן הנזכר, ורז"ל מביא ראיה מזוהר משפטים דף ק"י סוף ע"א, ומזוהר פקודי דף רנ"ח על בחינת אור הפנימי של היסוד, שעולה למעלה מהתפארת, ולא על כלי היסוד, כדי ליתן טעם על אור הפנימי דיסוד דשבעה מלכים שעלה מהמעלה מהתפארת, כי גם בזוהר הנזכר הוא קאי על אור הפנימי דיסוד. וכל כוונת רז"ל השתא הוא לפרש דברי הזוהר עצמו, ואינו מפרש כוונת פרקין עד סוף דבר שכתב - ונחזור לעניינינו וכו'.
342

גמרא בבא בתרא דט"ו ע"א – אמר רב, איתן האזרחי זה הוא אברהם.
343

זוהר, סבא דמשפטים דק"י ע"א עם תרגום וביאור – **דכתיב** כתוב - משכיל לאיתן האזרחי, **ודא איהו אברהם סבא** זה הוא אברהם סבא, **ואקרי איתן** שנקרא איתן, **ואי אברהם איהו איתן** ואם אברהם אבינו נקרא איתן, גם **יצחק ויעקב איתנים** אקרון נקראים איתנים. ...... **פתח הסבא ואמר, משכיל לאיתן האזרחי, אלו כתיב משכיל לדוד כדקאמרת** אילו כתוב שאמרת שמשכיל הוא היסוד, המשכיל ומשפיע שפע למלעות הנקראת דוד, **אבל** כתוב משכיל לאיתן. ומבאר **אית משכיל ואית משכיל** יש משכיל ויש משכיל, **אית**

בסבא דמשפטים דק"י ע"ב **שאמר** - כי זה המשכיל שהוא יסוד, הוא לעילא

הוא למעלה, **והוא לתתא** והוא למטה. **גם רמזו** בספר[344] **הזוהר** פרשת **פקודי** דרנ"ח ע"א

בביאור ההיכלות דקדושה, **כי**[345] **יוסף** שהוא היסוד **איהו לעילא** הוא למעלה, **ואיהו לתתא**

והוא עומד למטה, במקומו האמיתי. ולשון[346] זה לא נמצא בזוהר פקודי.

הרב ז"ל נותן דוגמא לעליית היסוד דז"א כדי להזדווג עם לאה, וסוגיה זאת היא אחרי התיקון עולם האצילות, ולא
בעולם הנקודים. לפי פשט דברי הרב ז"ל מבואר כי[347] זווג זה הוא של ז"א עם לאה שהוא קשר של תפילין, העומדת מאחורי
ז"א, כאשר הפנים שלה באחורי ז"א. **והמשכיל** יודע כי אין זיווג בעולם הנקודים, כי כלו הוא בחינת נוקבא, שם ב"ן.
אבל בעומק הדברים צריך[348] לדעת כי כל פרצוף ופרצוף כלול מזכר ונקבה, הנקראים מ"ה וב"ן דאותו פרצוף, ויש

משכיל לעילא יש משכיל למעלה, שהוא הדעת, **ואית משכיל לתתא** ויש משכיל למטה, שהוא היסוד. ומה
שכתוב **משכיל לאיתן**, דהיינו **בזמנא דההוא גבר** שהוא הנהר, והוא היסוד **קם בתיובתא** קם בתשוקה עם
המלכות, ואז **כל שייפין חדאן ומתחברן לגביה** כל האברים שמחים ומתחברים ומתקשרים איתו, **ואיהו**
סליק הוא עולה, **עד דסליק עד דמוחא עלאה** והוא עולה עד המוח העליון, שהוא הדעת, **אתפיס לגביה**
וחדי לקבליה והדעת מתרצא אליו ושמח לקבלו, **וכדין** ואז אפשר לומר **משכיל לאיתן** שהם חג"ת, ומשם
לחסוד הנקרא **האיזרחי**. ר"ל **משכיל ליה** משכיל אותו **ואודע ליה** וממשיכה לו את טיפת הייחוד, הנקרא
ידיעה, **על ידא לאברהם רחימוי** על ידי אברהם אהובו, שהוא החסד הנקרא איתן, ונותן לו **כל מה דאצטריך**
לצורך הייחוד, והרי **וההוא מוחא עילאה** זה המוח העליון, שהוא הדעת **משכיל לאיתן** משכיל את היסוד
בטיפת החסדים לצורך הייחוד.
344

זוהר פקודי דרנ"ח ע"א עם תרגום וביאור – **יוסף הצדיק עמודא דעלמא** יוסף הצדיק שהוא עמוד העולם,
דהיינו היסוד דז"א, **איהו נטיל ברשותא היכלא טמיר וגניז** הוא לקח ברשותו היכל הנסתר והגנוז,
וברשותיה קיימא היכלא שביעאה וגם ברשותו עומד היכל השביעי.
345

כרם שלמה ש"ט פ"ג אות ט' – כי היסוד נקרא יוסף, על שם שיש י"ו אורות, וס"ף אורות, וחיבור כולם
הם יוסף, כמו שמבואר בשער ל"ג בסופו, ועיין שם באורך. וקיצור לשונו הוא כך, הנה יוסף הוא בחינת יסוד
דז"א כנודע, וסיבת קריאתו כך הוא כנזכר לעיל, כי יסוד הוא ו' והעטרה הוא י', והוא לסיבת היות שם הארת
חמשה חסדים העליונים שבשלישי המכוסה, וממתיקת לשמונה אורות הגדלות, ושניהם י"ו מיוסף. ושאר
האורות התחתונים שהם **ע'** חסדים **וע'** גבורות הנמתקים עם החסדים, הם **ק"מ** מיוסף, שהוא כמנין שלוש
חסדים ושלוש גבורות, שהם פעמים ב"ן. והנה נחלקים **י"ו** לבד, שהם האורות הבאים על ידי הפריעה, לכן
נרמזו בשתי אותיות ראשונות יחד. **והס"ף** שהם אורות הבאים על ידי המילה, הם נרמזו באחרונה, בשתי
אותיות אחרונות **ס"ף**. נמצא כי **יוסף** הוא בחינת הארה של החסדים וגבורות, שהם ששה הוי"ת, גימטריא
יוס"ף, עד כאן לשונו.
346

מבוא שערים ש"ב ח"ב פ"ה ד"ח ע"א הגהה (ט) צמח – לא מצאתי לשון זה בדף הנזכר, ובספר עב"י דף
ל"ו כתוב הנזכר בסבא דמשפטים דף ק"י, שאמר כי זה המשכיל, שהוא היסוד הוא לעילא והוא לתתא. וגם כן
רמזו בזוהר פקודי בהיכלות, כי יוסף הוא לעילא והוא לתתא, ולא נזכר דף, ואולי שמשמעות קאמר הרב ז"ל
על דף רנ"ט ריש ע"ב.
347

תרשים ג – מ"ה.
348

ע"ח ש"ט פ"ז מ"ב דמ"ו ע"ד - נמצא כי יש באבא וישראל סבא מ"ה וב"ן, בכל אחד מהם. וכן באימא
ותבונה. וכן בזו"נ **רחל עילאה)שהיא לאה(.** ויעקב ונוקבא רחל תתאה, מהחזה ולמטה, **יש מ"ה וב"ן בכל**

לפעמים זיווג **מניה וביה** באותו פרצוף. **וידוע** שהרב ז"ל תמיד[349] **מעלים** את סוד[350] בחינת זיווג של זו"ן הגדולים, הנקראים ישראל[351] ולאה הגדולה, והנקראים[352] ו"ק דמ"ה וב"ן, ולפעמים נקרא זווג זה בדברי קודשו ישראל ורחל

אחד מהארבעה פרצופים. אמנם בא"א לא היה כן, יען אין לו נוקבא נפרדת, לכן כל צד ימין היה מ"ה לבד, וכל צד שמאל היה ב"ן. או אפשר שצד ימין כלול מ"ה וב"ן ושניהם זכרים, וצד שמאל מ"ה וב"ן ושניהם נוקבא.
349

ע"ח שי"ט פ"ט דצ"ה ע"ד – אך בא"א יש מ"ה וב"ן, אלא שהם שני פרצופים דבוקים יחד תמיד פנים בפנים, דוגמת עתיק, וכל כך הם דבוקים עד שנחשבין שניהן לפרצוף אחד, ונקרא אבא. וכן באימא היא כך כי הם שני פרצופים דמ"ה וב"ן, אלא שהם דבוקים מאד פנים בפנים, דוגמת עתיק כנזכר לעיל. ובזו"ן יש גרעון אחר כי כל מה שהולכין הפרצופים ויורדין ממדרגתן מתגלה מאד פירודם, בחינת המ"ה מבחינת הב"ן, ולכן נתוסף פירוד בחלק מ"ה וב"ן שבזו"ן, והענין כי הז"א כולו בחינת מ"ה, והנוקבא כולה בחינת ב"ן, והם נפרדים לזמנין אחור באחור, ולזמנין פנים בפנים, והנה דוגמת או"א הם **ז"א ורחל השוין בקומתן**, ודוגמת ישראל סבא ותבונה הם **יעקב ורחל הקטנים** מהחזה דז"א ולמטה, והבן זה. ודע כי יש יעקב שהוא חצי תחתון דז"א, והוא המזדווג עם רחל הקטנה.

ע"ח ח"ב ש"מ דרוש ז' דפ"ב ע"א – ודע והבן מאד כי אז כל בחינת מלכות דז"א עצמו, שהוא ב"ן שלו כנזכר במקום אחר, הוא דוגמת בינה עליונה, והיא דוגמת תבונה. וכל אחוריים שלו ננסרין וניתנין אליה, ועל ידי זה נשלמה, כי היא דוגמת התבונה הנעשית פרצוף גמור בהתחברה עם הבינה.

רחובות הנהר ד"ז ע"ד – ואחר כך יוצא הארת הבינות והגבורות המוחין שנתפשטו בזו"ן, ובונים ומתקנים את יעקב ורחל, כמו שנבאר בכוונת ברכת אבות בע"ה, ואלו יעקב ורחל הם המלכיות, הנקראת עטרת היסוד דו"ק דמ"ה וב"ן **דזו"ן הגדולים עצמם**, לא המלכיות דמ"ה וב"ן הנזכר לעיל, שהם המלך השביעי, כי אותם יש להם בחינת אותיות ומספר, וכמו שמבואר בפרק ז' משער י"ד שער או"א, עיין שם. והם דוגמת בינות דאו"א, וכל אלו הזו"ן הגדולים, עם הנוקבא שהם יעקב ורחל הגדולים, הגדולים עם הקטנים.
350

תרשים ג – מ"ו.
351

זוהר כי תצא, רעיא מהימנא דרפ"א ע"ב עם תרגום וביאור – **כגוונא דאית בישראל ארבע אנפין** כעין שיש בישראל שהוא כללות ז"א, ארבעה פרצופים, שהם <u>צד הימין דז"א</u>, הנקרא בכללות ו"ק דמ"ה דז"א, כאשר **יעקב** הוא בחינת מ"ה דעטרת היסוד דז"א, ונקרא יעקב הקטן, ו**ישראל** הוא בחינת מ"ה דז"א. ו<u>צד השמאל דז"א</u>, הנקרא בכללות ו"ק דב"ן דז"א, כאשר **רחל** היא בחינת ב"ן דעטרת היסוד דז"א, ונקראת רחל הקטנה, ו**לאה** היא בחינת ו"ק דב"ן דז"א, ונקראת לאה הגדולה, ולפעמים נקראת רחל הגדולה. וזיווגם הוא **ישראל עם לאה** הגדולה, ונקראים זו"ן הגדולים, וזיווגם הוא **יעקב** הקטן **עם רחל** הקטנה, ונקראים זו"ן הקטנים, ונקראים עטרות היסוד. והם **לקבל** כנגד מה שכתוב - **ופני נשר** שהוא התפארת, הנקרא ז"א, **לארבעתם** ר"ל לארבע הפרצופים האלו דז"א.
352

רחובות הנהר ד"ז ע"ד - וזו"ן נתקנו ונעשו משבעה תחתונות דמ"ה, ומשבעה תחתונות דב"ן, כי יצאו ונתוספו להם תשעה ספירות עליונות, להשלים עשר ספירות לכל מלכות משבעה מלכיות תחתונות דשבעה תחתונות דב"ן. ומאלו התשעה ספירות העליונות שניתוספו לכל מלכות, הוא שלקח העתיק אותם השבעה כתרים דשבעה תחתונות דב"ן כנזכר לעיל, אלא שהוא ספק אם לקחם אם לאו. ונתחברו ו"ק שהם ז"א דמ"ה, עם ו"ק שהם ז"א דב"ן, ונכללו אלו באלו, ונתלבשו אלו באלו, והלבישו לתנה"י דא"א מהטיבור ולמטה מכל צדדיו, פנים ואחור, **ונקראים זו"ן הגדולים**, כי ו"ק דב"ן נקרא רחל הגדולה, מלכות שבגופו, ולפעמים נקרא בשם לאה, ובכללותם נקרא ז"א, וו"ק דמ"ה נקרא אותיות עצמם ממש, וו"ק דב"ן נקרא בחינת חשבון דאותיות דז"א. וכן נתחברו מלכות אנפין דזעיר נוקבא דמ"ה, עם מלכות נוקבא דז"א דב"ן, ונכללו אלו באלו, ונתלבשו אלו באלו, והלבישו לתנה"י דזו"ן הגדולים, **ואלו נקראים יעקב ורחל** דז"א, ובכללותם נקראים נוקבא דז"א. וכשנמשכים צלמי המוחין מא"א לזו"ן, הנה הצלם דמוחין דאבא נמשך ומתפשט בו"ק דמ"ה, הנקרא בו"ק דז"א דכורא, והם בחינת אותיות עצמם. וצלם דמוחין דאימא נמשך ומתפשט בו"ק דב"ן, הנקרא נוקבא דז"א, והם

הגדולה[353], **שהוא בעצם זיווג מניה וביה, שהם**[354] שווים בקומתם, וקורא[355] לזיווג זה זיווג עם לאה מהחזה שלו ולמעלה. כך שהלומד את פשט דברי הרב ז"ל יבין שמדובר בזיווג של ז"א הנקרא ישראל עם לאה החיצונית, הנקראת

בחינת מספר וחשבון דאותיות דז"א, וזה בערך ו"ק דמ"ה. אמנם בערך מלכות דב"ן בערך ו"ק דמ"ה. ואחר כך יוצא הארת הבינות והגבורות מוחין שנתפשטו בזו"ן, ובונים ומתקנים את יעקב ורחל, כמו שכתוב בכוונת ברכת אבות בע"ה, **ואלו יעקב ורחל הם המלכיות הנקרא עטרת דיסוד דו"ק דמ"ה וב"ן דזו"ן הגדולים עצמם**, לא המלכיות דמ"ה וב"ן הנזכר לעיל, שהם המלך השביעי, כי אותם יש להם בחינת אותיות ומספר, וכמו שכתוב בפרק ז' משער י"ד, שער או"א, עיין שם. והם דוגמת בינות דאו"א וכל אלו הזו"ן הגדולים, עם הנוקבא שהם יעקב ורחל הגדולים, עם הקטנים, כולם תיקונם וזיווגם נתקן ונעשה על ידי האנשים לבד, וכולם נקראים בחינת דכורא, בערך הנוקבא הכוללת הנתקנת על ידי הנשים, אשר יש בה כל הפרטות הנזכר לעיל, **ועיין מאד להבין ענין זה היטב.**

ע"ח ח"ב של"א פ"א מ"ת דל"ב ע"ב - ועתה צריך לבאר ענין זו"ן מי הם, ואחר כך נבאר בחינת עיבור שני שלהם לצורך המוחין דגדלות, גם יתבאר ענין ארבעה בחינות שמצינו, והם ישראל, ויעקב, רחל, ולאה, מה עניינם. **הנה נודע כי ישראל ויעקב הם בחינת ז"א, ורחל ולאה הם בחינות הנקבות שלהם.**
353

ע"ח שט"ל דרוש י"ד מ"ב דע"ח ע"א – נמצא שבתחלה מזדווג **האדם מניה וביה**, להוציא הטפה שלו ממוחין שלו. ואחר כך יורדת עד היסוד בו, ואז נותנה לאשתו ביסוד שלה.
354

נהר שלום דל"ד ע"ג – נחזור אל הענין, כי כשנתקן פרצוף כתר דאריך דאצילות, נתקן מהכתרים דכתרים דחכמות, דכל פרצופי האצילות, ושני כתרים דכתרים דחכמות דמ"ה וב"ן דז"א, ניתנו בשני פאות ראשו, והם שרשים דזו"ן, ר"ל הו"ק דמ"ה ודב"ן דז"א, דכר ונוקבא, ועליהם נאמר שני המאורות הגדולים, **שווים בקומתם.**
355

שער הכוונות, דרושי חזרת העמידה, דרוש ה' ד"מ ע"א – דע כי ענין נשיאות כפים הוא לצורך תיקון פרצוף לאה, כמו שנבאר. והענין הוא כמו שכתוב לעיל בסוד ברכת שים שלום דתפלת לחש, כי שני זיווגים נעשים עתה, האחד הוא זיווג הז"א הנקרא ישראל בי"ג מידות דרחמים של ויעבור כו', עם לאה **מן החזה שלו ולמעלה.**

שער הכוונות, דרושי העמידה, דרוש ו' דל"ח ע"א – האמנם עתה אנו צריכים לבאר ענין אחד, והוא כי הנה בסוף ברכת אבות ביארנו שהזיווג הזה הוא זווג יעקב ברחל, וכפי מה שנתבאר עתה בברכה זו נראה שהיא זווג ז"א עצמו עם נוקבא, וממנו אנו ממשיכין ומורידין טפה זרעית של החסדים בברכת שים שלום. אמנם ענין זה הוא בזה האופן, דע כי אף על פי שאנו אומרים שזה הזיווג הוא דיעקב עם רחל, עם כל זה עוד זווג אחר גם כן, **והוא זווג ז"א עצמו הנקרא ישראל עם לאה מן החזה ולמעלה.** ובזה נתיישבה שאלה הנזכרת. עוד יש טענה אחרת והוא כי הנה אי אפשר ליעקב להזדווג ברחל אם לא על ידי מה שמקבל מן ז"א כנודע, **ולכן צריך שכל תיקון תפילותינו תהיה בז"א עצמו**, כדי שממנו ימשך ויירד שפע אל יעקב בהזדווג עם רחל. והנה בביאור של י"ג מדות של ויעבור נתבאר ענין זה היטב בתכלית הביאור, ועין שם. אמנם קיצורו של דבר הוא כי הנה בתחלת הכל נכנסין המוחין ברישא דז"א, ואחר כך בשים שלום יורדת הטפה של החסדים ממוחין דז"א, ואמנם אינה יורדת לגמרי עד סיום פי היסוד שבו, והנה שם גם כן הוא פי היסוד דאימא המתלבש בז"א, ועד שם שם היו מחיצות יסוד דאימא מעכבות את הטפה מלירד במרוצה, ובהגיע שם טרם תרד למקום המגולה מן החזה ולמטה, שאין שם מחיצות, ותרוץ בכח למטה עד היסוד בו, אז אנו מקדימין לקחת את הטפה ההיא בהגיעה אל החזה, ועל ידי תיקון י"ג מידות של רחמים דויעבור, אנו מחלקין אותה לשלוש חלקים, חלק אחד **לחיבוק ראשון, והוא מעולה מאד.** וחלק השני לצורך זווג ז"א עם לאה מן החזה ולמעלה, אשר זה סוד תיקון י"ג מידות של רחמים, כמבואר אצלנו שם במקומו. וחלק השלישי יורד למטה עד פי היסוד דז"א, ומשם יוצא וניתן **בדעת דיעקב, ומשם יורד אל פי היסוד שלו, וניתנו אל רחל טפת מ"ד.**

שערי רחמים קי"ד - <u>שאלה</u>. כתוב בשער הכוונות וז"ל - דע כי אף על פי שאנו אומרים שזה הזווג הוא דיעקב עם רחל, **עם כל זה יש עוד זיווג אחר גם כן, והוא ז"א עצמו הנקרא ישראל, עם לאה מהחזה**

קשר של תפילין, והיא עומדת מאחורי ז"א ממקום הדעת דז"א עד מקום החזה דיליה, כי[356] פרצוף לאה הזה, וגם פרצוף יעקב העומד לפני ז"א, נעשו מנפילת האחוריים דאו"א. **וצריך[357] לדעת כי לעולם אין זווג של ז"א עם לאה קשר של תפילין.** ועוד **צריך לדעת** כי כל הסוגיה זאת היא אחרי תיקון עולם האצילות, ולא בעולם הנקודים.

כדי להבין את דברי הרב ז"ל כאן, צריך **להבין** את סוגית עלית פרקין, הנקראת **שנים אחד שנים.** והוא[358] כי ז"א הוא ו"ק, וצריך מוחין כדי להיות בן תשע ספירות. בסוגית עליית פרקין כאשר ז"א מקבל בחינת מוחין דגדלות, המוחין דז"א מתלבשים תוך נה"י דבינה)אשר בתוכו מלובש נה"י דחכמה, ובתוכם מוחין דז"א עם הצלמים(לפני שהם ניתנים לז"א. כל[359] חלק נה"י דבינה מתחלק לג' פרקים, כאשר הפרק הראשון, הנקרא דנצח חכמה דבינה מתלבש בב' פרקין עליונים דחסד דז"א, ועל ידי ג' בחינות אלו, שהם פרק עליון דנצח בינה ובב' פרקין עליונים דחסד דז"א נעשה חיצוניות ספירת חכמה דז"א. פרק אמצעי דנצח בינה, הנקרא חסד דנצח בינה מתלבש בפרק תחתון דחסד דז"א ובפרק עליון דנצח דז"א, ועל ידי ג' בחינות אלו נעשה חיצוניות חסד דז"א. פרק תחתון דנצח בינה, הנקרא נצח דנצח בינה, מתלבש בב' פרקים תחתונים דנצח דז"א, ועל ידי ג' בחינות אלו נעשה חצוניות דנצח דז"א. ועל דרך זה בג' פרקים דהוד דבינה, וג' פרקים דיסוד דבינה. לכן, לפני שז"א מקבל מוחין הוא במצב של קטנות, והוא בבחינת ו"ק, ויש בו ג' פרקין בכל ספירה, וביחד הם י"ח פרקין. ומוחין דגדלות דז"א עומדים מעליו בתוך נה"י דאימא. בשלב[360] זה י"ח פרקין דז"א נחלקים לתשע חלקים, כאשר ב' פרקין עליונים דחסד הם חלק אחד. פרק ג' דחסד ופרק א' דנצח, הם חלק שני. ב' פרקים תחתונים דנצח הוא חלק ג'. וכן הוא בתפארת ויסוד, ובגבורה והוד. השלב[361] הבא הוא ששלוש פרקין דנה"י דאימא מתלבשים בז"א, והם בחינת ג"ר דכל חלק מתשעה חלקי ז"א. כך ז"א הופך להיות פרצוף שלם של בעל

ולמעלה. עם כן צריך עיון, שמעולם לא מצינו בשים שלום זווג ישראל עם לאה, אלא יעקב ורחל. והדרבא מפורש בסדר הזיווגים בהקדמת סידור הרש"ש שבשחרית דחול **לאה וישראל הם אחור באחור**, אבל זווג ישראל ולאה מהחזה ולמעלה הוא במנחה, יעו"ש. **תשובה.** אין נראה לפרש שבשים שלום דשחרית יש שני זווגים, שלעולם הזווג דשים שלום דשחרית הוא יעקב ורחל דוקא. וזווג **דישראל ולאה** הנעשה באמירת **ויעבור** אינו לענין לכאן, דהתם הוא זווג דכללות כ"ד שעות דתמול שלשום. אבל אפשר לפרש שמה שכתב עוד יש זווג אחר דישראל ולאה, כוונתו על זווג הנעשה במנחה, **ישראל ולאה דכלים פנימיים**, שהוא מעניין זווג דשחרית, דזווג דמנחה הנעשה על ידו הוא דיעקב ורחל דכלים אמצעיים, מהרה"ג שד"ה יץ"ו.
356

ע"ח ח"ב של"א פ"א מ"ת דל"ב ע"ג – ואמנם יעקב ולאה הם הבחינת של המלכים והכלים של או"א, מבחינת אחוריים שלהם, שנפלו במקום נוקבא דז"א דרחל דאצילות, ונשארו שם, ולא למטה בבריאה. ולמטה בע"ה נבאר, כי אף על פי שז"א הוא פרצוף אחד שלם, ונקרא ישראל, עם כל זאת, גם הוא נחלק לשתי בחינות, כי עד החזה נקרא ישראל, ומשם ולמטה עד רגליו, נקרא ישורון, וכמו שכתוב - ויהי בישורון מלך. ושתי בחינות אלו שהם ישראל וישורון, הם נקרא ז"א, ולמטה יתבאר בע"ה. ונתחיל לבאר ענין זו"ן, **שהם ישראל ורחל**, ואחר כך נבאר **יעקב ולאה.**
357

כלל – לעולם אין זווג של ז"א עם לאה קשר של תפילין.
358

ע"ח ש"ה פ"ו מ"ב דכ"ד ע"א – גם דע כיון שכללות ז"א אינו רק ו"ק, בחינת גופא, אלא שבבחינת רוח נשלם לעשר.... אך בבוא הוי"ת שהם רוח, והם סוד המוחין דז"א כידוע, אז נגדל הז"א, ואז נעשו בן עשר ספירות גמורות.
359

תרשים ג – מ"ז.
360

תרשים ג – מ"ח.
361

תרשים ג – מ"ט.

97

תשעה ספירות, וזה בחינת גדלות ראשונה דז"א. **לפי זה יוצא** כי[362] הפרק העליון דיסוד דז"א, הוא הפרק התחתון דתפארת דז"א. ומסוגיה זאת של עליית פרקין, אפשר להבין את דברי הרב ז"ל לקמן, איך[363] יש בחינת יסוד בתפארת.

וְהָעִנְיָן[364] **הוא כמו שמבואר אצלנו בעניין**[365] **תפלת המנחה, כי או ז"א** הנקרא ישראל, ו"ק דמ"ה **מזדווג עם לאה** הגדולה, ו"ק דב"ן, **וְרָגְלֵיהָ**[366],[367] שהוא[368] לשון נקיה ליסוד **דלאה**

362

ע"ח שכ"ג פ"ז מ"ק דק"ח ע"ג – ונראה כי הג"ר שהם חב"ד דז"א עצמו, הם המוחין, והם הנקראו פנימית, אך החיצוניות אפילו בראש עצמו נקרא ו"ק דז"א, ובזה תבין מה שכתוב במקום אחר כי לעולם אינו רק ו"ק דחיצוניות, ונגדלין ונחלקים לפרקים, ומהם עצמן נעשה ג"ר. נמצא כי בחינת החיצונית אינו רק ו"ק לבד, אלא שנחלקים לעשרה ספירות, אך המוחין הם הפנימים הם עשרה ספירות גמורות. נמצא שמתלבשים עשרה ספירות גמורות פנימים בו"ק חיצונים, ועל ידי הרושם שעושין עשרה ספירות פנימים המתלבשות בתוכם נרשם בו"ק בחינת עשרה ספירות גם כן, אך אינם רק ו"ק לבד בחיצונית. נמצא כי החסד הקצה הראשון דחיצוניות, נכנס ספירת החכמה שלימה דפנימית בשתי שלישים הראשונים שבו, ונקרא ספירה גמורה אחת אף בחיצוניות, עם שאינו רק שתי שלישים. ושליש התחתון דחסד עם שליש ראשון דנצח דחיצוניות, נכנס בהם ספירה שלימה דחסד דפנימיות, ונקרא החיצונית גם כן ספירה גמורה על ידי הפנימיות. ושתי שלישים תחתונים דנצח דחיצוניות, נכנס בהם ספירה שלימה דנצח דפנימיות, ונקראו חיצוניות גם כן ספירה גמורה על ידי הפנימיות. ועל דרך זה בקו שמאל, **ובקו האמצעי**, והבן זה היטב.

ספר הלקוטים, ויחי דכ"ז ע"א – פורת יוסף בן פורת עלי עין וכו'. לפי שיש **שני בחינות ביסוד**, כי יש בחינות לזווג לאה למעלה, ויש בחינת לזווג רחל לתתא. וזה כי כשתגדיל מבחינת שש קצוות לתשעה. ונעשו מכל מדה השני שלישים, מדה אחת, נעשה ממדת התפארת, השני שלישים העליונים דעת. **והשליש התחתון דתפארת עם שליש עליון דיסוד, נעשה מדת התפארת**. ונשארו שתי שלישי יסוד ליסוד עצמו. והנה אלו השני שלישים התחתונים, הם בחינת יסוד לרחל, **והשליש דיסוד שעלה להצטרף אל התפארת, הוי בחינת יסוד ללאה.**

נהר שלום די"ג ע"ב – גם הו"ק דכל פרט נקרא חיצוניות בערך הג"ר, והכל ענין אחד, כי הו"ק נקראים כלים, כי הכלים דכל העשר ספירות הם מן הו"ק, שנחלקין לתרין תרין פרקין, להית כלים לכל העשר ספירות כנודע, וכל אורות הם מן הג"ר שמתפשטים ומתלבשים בכל העשר ספירות, שהם אותם התרין תרין פרקין. וגם אחר ההתחלקות וההתפשטות הנזכר לא נשתנו האורות והכלים מכמו שהיו, כי התרין פרקין דכל כלי כלי מן הו"ק שנעשו כלי לכל פרט, אינם אלא בחינת ו"ק לאותו הפרט, והאור שהוא פרק א' מן הג"ר הוא הג"ר דאותו הפרט. וכן על דרך זה הולכים ומתחלקים ונפרטים הכלים והאורות הנזכרים לאין קץ, ואינם משתנים כלל מכמו שהיו, אלא שבזה שהם עולים ומתבררים יותר, ומזככים יותר.

363

תרשים ג – נ.

364

שער ההקדמות, דרוש בסדר ירידת ז' מלכים ונפילתם ויירדת אחורייים דאו"א ואיך נעשה הכל ביחד דכ"ב ע"ג – והענין יובן במה שנתבאר אצלינו, כי ז"א מזדווג עם לאה בתפילת מנחה דימי החול. והנה מקום התפשטות לאה הוא בחצי עליון דז"א, ומסתיימת עד התחלת ראש יעקב, העומד מן חצי תחתון דתפארת דז"א ולמטה. וצריך לבאר איך יזדווג מחצית עליון דז"א עם לאה. ועם שכבר נתבאר זה במקומו, נבאר פה עתה בקיצור, והוא כי יסוד דז"א עולה למעלה בשליש העליון דתפארת בזעיר. ובהיותו שם מזדווג עם לאה. והנה מעלה זו יש אל היסוד יותר משאר הספירות, כי הוא לבדו יכול לעלות למעלה עד מוח הדעת כשרוצה.

365

שער הכוונות, דרושי תפילת המנחה, דרוש א' דנ"א ע"ד – כי הנה זווג דתפלת המנחה הוא ישראל עם לאה שהוא בחצי העליון דז"א, מחזה ולמעלה. וכבר נודע כי שם במקום החזה הוא מקום היסוד הראשון דז"א כי שם מסתיימים שש קצוות העיקריות של ז"א עצמו, כי מה שהיו תחילה חג"ת ונה"י, נעשו לו עתה חב"ד וחג"ת, **ובבחינת היסוד ההוא אשר שם מזדווג עם לאה.**

שמואל א' כ"ד ג' – ויבא אל גדרות הצאן על הדרך ושם מערה ויבא שאול **להסך את רגליו** ודוד ואנשיו בירכתי המערה ישבים.

שמואל א' ב' ט' – **רגלי חסידיו ישמר** ורשעים בחשך ידמו כי לא בכח יגבר איש.

שמואל ב' י"א ח' – ויאמר דוד לאוריה רד לביתך **ורחץ רגליך** ויצא אוריה מבית המלך ותצא אחריו משאת המלך.

שמואל ב' י"ט כ"ה – ומפבשת בן שאול ירד לקראת המלך **ולא עשה רגליו** ולא עשה שפמו ואת בגדיו לא כבס למן היום לכת המלך עד היום אשר בא בשלום.

תהילים נ"ו י"ד – כי הצלת נפשי ממות הלא **רגלי מדחי** להתהלך לפני אלהי"ם באור החיים.

תהילים קט"ז ח' – כי חלצת נפשי ממות את עיני מן דמעה את **רגלי מדחי**.

תהילים קי"ט ק"א – מכל ארח רע **כלאתי רגלי** למען אשמר דברך.

שיר השירים ה' ג' – פשטתי את כתנתי איככה אלבשנה **רחצתי את רגלי** איככה אטנפם.

בית לחם יהודה ש"ט פ"ג דכ"ט ע"ד – ורגלי לאה. כלומר ויסוד לאה, ולפי שהיסוד הוא בין הרגלים, אמר ורגלי לאה וכו'. וכמו שאמר דוד לאוריה - רד לביתך ורחץ רגליך וכו'. שהוא כינוי לתשמיש, וכן ותחת רגליו כמעשה לבנת הספיר, כמו שמבואר בפרק ג' דשער מ"ו. וכן לא עשה רגליו, ולא עשה שפמו האמור במפיבושת בן שאול, כמבואר במאמרי רז"ל דף ח' ע"ג, יעו"ש. אבל רגלי לאה העיקרים הם למטה מהחזה, כי הם נכנסין בכתר דרחל, כמבואר בפרק ג' דשער ל"ח, יעו"ש.

שער מאמרי רז"ל ד"ח ע"ג – ונמצא כי הז"א בהתחברותו למעלה לא יקרא זולתי גופא, שהוא סוד ו' דשמא קדישא. והנה ו' זו נחלקת לשנים, ג' ראשונות חג"ת, ג' שניות נה"י, ושני אלו הם ששה. והנה השלש ראשונות חג"ת, הם נקראים בבחינת ידים, ושלש שניות נקראים בבחינת רגלים. והענין, הוא כי חג"ת הם שני ידים, ובהתכללותם במכריע הוא התפארת באמצעיתא, יקרא גם הוא יד אחרת, כי הוא הכולל שני ידים האחרות, שהם חסד וגבורה. וזה סוד יד הגדולה, יד החזקה, יד רמה באמצעיתא, כנזכר בהרבה מקומות בספר הזוהר ובתיקונים. **וכן כנגדם הם נה"י, הם שלש רגלים, כי נצח והוד הם שני רגלים, ונכללים במכריע והוא יסוד, ונעשה רגל שלישי.** וזה סוד מה שאמר הכתוב - שלש רגלים תחוג לי בשנה, ר"ל כי המלכות נקראת חג דכולהו, כנזכר בריש הקדמת התיקונים דכתיבת יד, והיא נאחזת בנה"י כנזכר לעיל. נמצא כי שלש רגלים אלו הם המאירים בה, שלש פעמים בשנה, ובכחם נעשית שלושה חגים, בשלושה זמנים אלו. והגם כי שלושה חגים הם חג"ת, עם כל זה הוא הארת חג"ת בנה"י, ועל ידי נה"י מאירים במלכות. וזה סוד חובת ראיה ברגלים. והענין הוא, כי מצות ראיה שיעלה כל אדם לעזרת ישראל לראות שם בחגים, **ואין חייב מצוה זו אלא לאנשים זכרים**. והענין הוא **להעלות ברגליהם ולהמשיך כח הרגלים העליונים שהם נה"י**, בשלש רגלים, ולכן לא נאמר שלש מועדים, אלא שלש רגלים, לרמוז כי ענין הארת שלושה חגים אלו הם על ידי הרגלים העליונים נה"י, המאירים במלכות, שהיא עזרת ישראל. והאמת כי עזרת נשים הוא שעור קומתה בבחינת המלכות שבה, ועזרת ישראל הוא שעור קומתה כנגד נה"י, אלא שעתה בחגים היא פנים בפנים כנגד נה"י. וזה סוד ולא יראו פני ריקם, ולכן כל חובת מצוה זו היא ברגלים, כי מטעם זה החגר והסומא פטורים כנודע, וכולהו יליף מלשון רגלים, כנזכר במשנה חגיגה פרק קמא כו', גם הקטן שיוכל לעלות ברגליו מחנכים אותו, שהוא בבחינת ז"א בהיותו יעקב הקטן, צורת ו' בלבד. גם אז צריך להמשיך הארה מרגלי אותה הבחינה, וכל זה עדיין הם החצרות ועזרות בתי בראי, כי עד שם יכולות הנשמות לעלות, כנזכר בפרשת ויקהל, על פסוק מי יעלה בהר הוי"ה, ועיין שם. **ואל תתמה אם גם היסוד נקרא רגל**, כי זהו הטעם שהזווג נקרא בלשון רחיצת רגלים, כמו שאמר דוד המלך ע"ה לאוריה - רד לביתך ורחוץ רגליך, אשר כונתו היתה שיזדווג עמה. גם זה סוד - רחצתי את רגלי איככה אטנפם, והוא סוד רחיצת המילה אפילו בשבת, להעביר זוהמת הקליפה הנדבקת שם. וזה סוד - ומפיבושת לא עשה רגליו ולא שפמו, לפי שדוד הוא סוד מלכות, היה בצער, ואינו עת הזווג, לא זווג תחתון שהם רגליו, ולא זווג עליון שהם שפמו. **שכמו שיש ביסוד התחתון בחינת רגלים, גם ביסוד העליון והוא הלשון, הנקרא בשם רגליו**, כמו שאמר הכתוב - לא רגל על לשונו, כי גם הלשון עם השפתים הוא דוגמת יסוד בין נצח הוד.

הגדולה **מסתיימים במקום הַחֹזֶה דז"א, ואם כן איך מזדווג ז"א** שהוא ישראל

מזווגיו למעלה עם לאה[369] הגדולה (**צריך**[370] לגרוס **שֶׁאֵינָה**[371] **מַגַּעַת רַגְלֶיהָ** ר"ל היסוד

דלאה הגדולה **אלא כנגד** לי"ג[372] **הַיְסוֹד** אלא גורסים **כנגד הַחֹזֶה שֶׁלוֹ**). **אבל** הָעִנְיָן[373]

בן איש חי דרושים, פרשת עקב – שמלתך לא בלתה מעליך ורגלך לא בצקה. נראה לי בס"ד שמלתך על מלבוש הנשמה, כאשר מכוונים כל יום בברכת מלביש ערומים, וברכת הנותן ליעף כוח, כנזכר בספר הכוונות, ועיקר החלישות המגיע ללבוש הנשמה הוא מעוונות שאדם דש בעקביו, כי העוונות החמורות לא ימצא שיעבור עליהם סתם האדם בכל יום. ולזה אמר לא בלתה, היינו מפני שרגלך לא בצקה, רמז לעוונות שדש בעקביו. או יובן בס"ד ורגלך לא בצקה, על **אבר התשמיש המכונה בשם רגל**, וכמו שכתב רבינו האר"י ז"ל על מה שאמר דוד המלך עליו השלום לאוריה - רד לביתך ורחוץ רגליך. ר"ל מה שלא בלתה שמלתך, זה מלבוש הנשמה, **מפני שרגלך, אבר התשמיש, לא בצקה בביאה של איסור**, או בשפיכת זרע לבטלה, כי דבר זה נוגע יותר לקלקל לבוש הנשמה. ואמר זה ארבעים שנה, **זה** כינוי ליסוד שלם בארבעים שנה, רמז לארבעה יודי"ן דשם ע"ב.

ברכת הרי"ח, פרשת משפטים – שלש רגלים תחוג לי בשנה. ידוע מה שכתוב בספר יצירה - גלגל השנה כמלך במדינה. ופירש קהילת יעקב בשם הפרדס, שזה היינו בתקופת הששה ימים במקומם בתפארת, שהם סוד ו"ק, חג"ת נה"י, ובמצאותם במקומם בפועל יקראו שנה, והתפארת בתוקפו עמהם יקרא גלגל, וזהו גלגל השנה, עיין שם. **והנה ידוע כי הנה"י הם נקראים שלש רגלים, כי לאו דוקא הנצח והוד נקראים רגלים, אלא גם היסוד נקרא רגל.** כי זהו הטעם שהזווג נקרא בלשון רחיצת רגלים, כמו שאמר דוד המלך ע"ה לאוריה - רד לביתך ורחוץ רגליך, אשר כונתו היתה לומר לו שיזדווג עם בת שבע. גם זה סוד - רחצתי את רגלי איככה אטנפם, והוא סוד רחיצת המילה, אפילו בשבת והעביר זוהמת הקליפה הנדבקת שם. וזה סוד - ומפיבושת לא עשה רגליו ולא שפמו כנזכר כל זה בדברי רבינו האר"י זלה"ה. והנה בעילוי המדרגות שבקדושה, צריך להעלות הנה"י לעשותם חג"ת. וזה שכתוב שלש רגלים, שהם נה"י, **תחג** לי, תעלה אותם במקום **חג"ת, אותיות תח"ג.** בשנה, הוא סוד הששה קצות שנקרא שנה וכנזכר לעיל. ודוק.

369

הגהות וביאורים)ב(– המוקף לא גורסים, והוא טעות סופר. כך כתב השמן ששון.

370

הגירסא באוצרות חיים – **שאינה מגעת רגליה אלא כנגד החזה שלו.** [**אח"**י - עיין בכרם שלמה ובבל"י, ולא כהגוב"י]

371

בית לחם יהודה ש"ט פ"ג דכ"ט ע"ד – שאינה מגעת רגליה אלא כנגד החזה שלו. כך צריך לגרוס. וכך הוא באוצרות חיים ובע"ח כתב יד דשנת ע"ת.

372

כרם שלמה ש"ט פ"ג אות ט' – ומה שגורס כאן)**שאינה מגעת רגליה אלה כנגד היסוד החזה שלו(** והם מוקפים בשתי חצאי לבנה. צריך לגרוס - **שאינה נגעת רגליה אלא החזה שלו**, ומלת **היסוד** יתירה היא כאן עכשיו, ואין כאן מקומה.

373

שער הפסוקים, פרשת ויצא די"ד ע"ד – ויאהב יעקב את רחל ויאמר וכו'. ועתה נבאר ענין זווג ז"א עם לאה, כי בשלמא עם רחל, שהיא למטה, מזדווג עמה יסוד ביסוד. אבל עם לאה, איך מזדווג. והנה זה עצמו סיבת, ויאהב יעקב את רחל, ולאה היתה שנואה, כי זווגו עמה אז נעלם מיעקב בראשונה, קודם שנקרא ישראל כנזכר, וזה רמוז בספר הזוהר פרשת ויצא, וז"ל - וירא הוי"ה כי שנואה לאה, מהכא דסני בר נש עריין דאימא וכו'. ובאורו הוא זה, וצריך שנודיעך ענין יסוד דלאה, וענין יסוד דזעיר המזדווג יחד מה מה ענינים. הנה היסוד דאימא מתפשט עד החזה דזעיר כנודע, אשר מבחינת שתי צירים ושתי דלתות שביסוד שלה, נתהוו כנגדם שתי דדים בחזה דז"א, כמבואר אצלינו במאמר ספר הזוהר פרשת ואתחנן, בענין והיה מלגאו שדי מלבר. וביארנו שם, כי זהו ענין פסוק והיה שדי בצריך וכו'. והנה מקום היסוד דלאה, הוא גם כן באחור זעיר,

בקיצור הוא, כי שליש[374] הראשון של היסוד[375] התחתון דז"א שהוא[376] השליש העליון דיסוד, עולה בשליש עליון דתפארת[377] ונעשה שם השליש התחתון של התפארת דז"א,

---

כנגד הדדים דז"א שבחזה שבו. ועתה נבאר בחינת היסוד המזדווג ביסוד דלאה מה ענינו. כבר נתבאר אצלינו כי ז"א בתחלתו, לא היו בו רק ו"ק, חג"ת נה"י. ואחר כך בגדלותו, נתעלו חג"ת ונעשו חב"ד, **ונתעלו נה"י ונעשו חג"ת**, ואחר כך נתוספו לו נה"י חדשים. ונמצא ראשית התפארת דגדלותו, הוא בחינת יסוד דקטנותו. ונמצא, כי יסוד דאימא, **ויסוד דלאה, ויסוד הראשון דזעיר**, שלשתם הם במקום החזה דזעיר. וכאשר לאה חוזרת פנים בפנים עמו, מתחברים יסוד דאימא תוך יסוד דלאה, ונעשים יסוד אחד דנוקבא, **ובהם מזדווג היסוד דז"א אשר שם בחזה כנזכר**. ובפסוק ויוסף הורד מצרימה, נתבאר זה היטב. וזה סוד מה שמבואר בספר הזוהר בפרשת ויצא, מהכא דסני בר נש עריין דאימיה, והדבר מובן ממש כפשוטו. ופעם אחרת שמעתי ממורי ז"ל, **כי ז"א מזדווג עם לאה בבחינת הדעת שבו**, והוא נעשה בחינת יסוד להזדווג עם לאה. וזה סוד פסוק - והאדם ידע את חוה אשתו, כי זווג הזה העליון על ידי הדעת, נקרא בלשון ידיעה. ונודע, כי זווג הדעת הוא בטמירו באתכסיא, ולכן נעלם מיעקב זווגו עם לאה בלילה ראשון, כנודע. ונראה לעניות דעתי, כי הכל ענין אחד, **כי דעת דזעיר מתפשט עד החזה, והוא היסוד אשר שם.**
374

בית לחם יהודה ש"ט פ"ג דכ"ט ע"ד – כי שליש הראשון שלה היסוד התחתון דז"א. כך צריך לגרוס, וכן הגירסא באוצרות חיים, וכן כתב בהדיא בסמוך ז"ל - כי משליש עליון של היסוד ממנו נעשה בחינת תפארת ז"א וכו'. ומאי דקרי ליה יסוד התחתון, לאפוקי יסוד העליון שבחזה דז"א. והכא קאי על בחינת כלי היסוד, ולא על בחינת אור הפנימי דיסוד כדלעיל. כי מה שעלה היסוד ונעשה תפארת, הוא בבחינת הכלים ולא בבחינת אור הפנימי. ופירושו מבואר בשער הפסוקים פרשת ויצא דף ל"ח ע"א וז"ל - והנה מקום היסוד דלאה הוא גם כן באחורי ז"א, כנגד הדדים דז"א שבחזה שבו, ועתה נבאר בחינת היסוד המזדווג ביסוד דלאה מה ענינו, כבר נתבאר אצלינו כי ז"א בתחילתו לא היה בו רק ו"ק, שהם חג"ת נה"י, ואחר כך בגדלותו נתעלו חג"ת ונעשו חב"ד, ונתעלו נה"י ונעשו חג"ת, ואחר כך נתוספו לו נה"י חדשים. ונמצא כי ראשית התפארת דגדלותו)שהוא עד החזה שבו(הוא בחינת היסוד דקטנותו. ונמצא כי יסוד דאימא, ויסוד דלאה, ויסוד הראשון דז"א, שלשתם הם במקום החזה דז"א, וכאשר לאה חוזרת פנים בפנים עמו, מתחברים יסוד אימא תוך יסוד דלאה, ונעשים יסוד אחד דנוקבא, ובהם מזדווג יסוד דז"א אשר שם בחזה. והיינו שאמר בזוהר ויצא דף קנ"ד ע"ב - מהכא דסני בר נש עריין דאמיה, דכתיב - וירא הו"ה כי שנואה לאה. והדבר מובן כפשוטו, עד כאן לשונו, יעו"ש. וכמו כן כתב בפרק ב' דשער ל"ח, יעו"ש. והשתא תני רז"ל בסתמא, ולא פירש שתחילת דבריו על אור פנימי של היסוד, וסוף דבר הוא על בחינת הכלי דיסוד, עד סוף דבריו דמסיק - ודע כי אין ענין זה וכו', וכמו שנפרש בעזרת השם.
375

ע"ח ח"ב של"ח פ"ב מ"ת ד"ס ע"ד – וכבר ביארנו במקום אחר כי הז"א יש בו שתי בחינות, אחד מהראש עד החזה, ויש לו שם בחינת יסוד הראשון, אשר בו מזדווג עם לאה. וחציו האחרון מהחזה ולמטה, ששם מקום חסדים המגולין. נמצא כי יש לו שני שמות של מ"ה דאלפי"ן, כנזכר בפסוק הודיעני הוי"ה קצי, ומשניהן יוצאין שני מלויין, שכל אחד מהם גימטריא חוה.
376

ע"ח שכ"ג פ"ז מ"ק דק"ח ע"ג – ונראה כי הג"ר שהם חב"ד דז"א עצמו, הם המוחין, והם הנקראו פנימית, אך החיצוניות אפילו בראש עצמו נקרא ו"ק דז"א, ובזה תבין מה שכתוב במקום אחר כי לעולם אינו רק ו"ק דחיצוניות, ונגדלין ונחלקים לפרקים, ומהם עצמן נעשה ג"ר. נמצא כי בחינת החיצונית אינו רק ו"ק לבד, אלא שנחלקים לעשרה ספירות, אך המוחין הם עשרה ספירות גמורות. נמצא שמתלבשים עשרה ספירות גמורות הפנימים בו"ק חיצוניים, ועל ידי הרושם שעושין עשרה ספירות פנימים המתלבשות בתוכם נרשם בו"ק בחינת עשרה ספירות גם כן, אך אינם רק ו"ק לבד בחיצונית. נמצא כי החסד הקצה הראשון דחיצוניות, נכנס ספירת החכמה שלימה דפנימית בשתי שלישים הראשונים שבו, ונקרא ספירה גמורה אחת אף בחיצוניות, עם שאינו רק שתי שלישים. ושליש התחתון דחסד עם שליש ראשון דנצח דחיצוניות, נכנס בהם ספירה שלימה דחסד דפנימיות, ונקרא החיצונית גם כן ספירה גמורה על ידי הפנימיות. ושתי שלישים

בסוד[378] הגדלת ז"א, והיסוד הוא בחינת חלק מהנה"י שבתפארת, **ושם**[379] **מזדווג**[380] פנימיות היסוד דישראל,

שהוא ו"ק דמ"ה **עם לאה** הגדולה, שהיא ו"ק דב"ן **מניה וביה**, ויסוד זה המתייחד עם לאה הגדולה נקרא **יסוד**

עליון.

תחתונים דנצח דחיצוניות, נכנס בהם ספירה שלימה דנצח דפנימיות, ונקראו חיצוניות גם כן ספירה גמורה על ידי הפנימיות. ועל דרך זה בקו שמאל, **ובקו האמצעי**, והבן זה היטב.

ע"ח ח"ב שכ"ה דרוש שישי מ"ב די"ב ע"א – ועתה נבאר צ' דצלם שנעשית מנה"י הראשונים דתבונה השלישית, שהיא השניה. והנה האורות שהם המוחין דז"א מתלבשין בתוכם, והלבוש נגרר אחר הרוחניות וטפל לו, ולכן הכל נחשב ומתייחס לגוף הז"א ולא אל התבונה, והלבוש מסתלק מטבעו הראשון שהיה של תבונה, ונעשה טבע הז"א עצמו, וחוזרין להיות גופא דז"א ממש, ונקרא עצם מעצמו ובשר מבשרו, כי הגוף מתנהג אחר הרוחניות אשר בתוכם. לכן העשרה ספירות דז"א הם נחשבין מחכמה ולמטה הנקרא ראשית כנזכר לעיל, ולא מן הכתר, וגם לא מן החסד ולמטה, אלא מהחכמה למטה, כי הכל נחשב כגוף הז"א עצמו, והם חב"ד חג"ת נה"י, והבן זה הכלל. ובזה תבין מה שאכתוב לך בסוד הגדלות דז"א על ידי כניסת המוחין האלו, כי בתחלה היו ו"ק לבד, ונגדלו ונעשו תשעה ספירות, והוא על ידי שלוש ספירות דנה"י אימא שנכנסו לתוכו, ונעשה תשעה ספירות, ולולי שנחשבין מגוף ז"א עצמו ובשר מבשרו, איך יגדל על ידם. אמנם אחר שאינם עתה בשר אימא, אלא בשר ז"א לבדו, לכן נגדל הז"א הגדלה ממשית, כי פרק ראשון דנצח דתבונה מתערב עם שתי פרקים דחסד דז"א, ונעשה חכמה דז"א. ופרק אמצעי דנצח מתערב עם פרק תחתון דחסד, ופרק ראשון דנצח חסד ז"א, ונעשית חסד דז"א. ופרק תחתון דנצח אימא מתחבר עם שתי פרקים תחתונים דנצח ז"א, ונעשה נצח דז"א. **וכן על דרך זה בשני ספירות אחרות**, עד שנעשה בן תשעה ספירות גמורות שלו ממש, ונמצא כי אלו המוחין הם מתפשטין בכל תשעה ספירות דז"א, ויש להם שני לבושין, אחד לבושי נה"י דתבונה, ושני לבושין מגופא דז"א, אשר בתוכם מתלבשים נה"י דתבונה. ונמצא היותן לבוש תוך לבוש, ועם כל זה עיקר המוחין אינם רק אותן שבחב"ד דז"א, כי שאר המוחין המתפשטין דרך קוין אינם מוחין ממש, ונתבאר זה במקומו בע"ה.
[377]

הגהות וביאורים)ג(– אשר שם יורד לפעמים בחינת הדעת, כמו שכתוב לקמן בשער לאה ורחל פרק ב' ד"ה - ואפשר כי היסוד הזה העליון שהוא ראש התפארת וכו'.
[378]

תורה לשמה, שאלה תמ"ו דש"ו ע"ב - <u>שאלה</u>. למדתנו רבינו מקדמת דנא על זקן התחתון שבאדם, שיש לו רמז למעלה, והודעתנו הסוד שלו על פי כתבי רבינו האר"י זיע"א. ועתה באנו לשאול, על שער בית השחי, אם יש לו איזה רמז וסוד למעלה, ולמה ניתן כאן, ומה גם כי אנחנו רואים דבר פלא בעינינו כי באשה, מוכרח גם כן שיהיה לה שערות גדולות בבית השחי, כמו בית הערוה, ומזה נראה דיש שייכות הכרחי לשערות בבית השחי. על כן ילמדנו הסוד שיש בזה, ושכרו כפול מן השמים. <u>תשובה</u>. כתב הרב ז"ל בליקוטי תורה בפרשת בראשית, בפסוק וכל שיח השדה טרם יהיה בארץ. וז"ל - ודע כי גם למעלה בהתחברות שתי הזרועות עם הגוף, שהם בחינת חג"ת נקרא בית השחי כנודע. והענין הוא, **במה שנודע כי בתחלה היה ז"א בן ו"ק לבד, ואחר כך נתעלו חג"ת שבו, ונעשו חב"ד, ונה"י שבו נעשו חג"ת, וניתוספו לו נה"י חדשים. ונמצא כי החג"ת שבו עכשיו, הם בחינת נה"י הראשונים הנקראים שי"ח כנזכר לעיל, ולכן עתה נקרא שח"י**, ואותם השערות הגדולים במקום ההוא נקרא בית השחי, והם סוד שערות בית הערוה עצמם בהיותם למטה בנה"י והבן זה, עד כאן לשונו זלה"ה. הרי מבואר הסוד של המקום הזה מפי רבינו האר"י זלה"ה, שיש שייכות לשערות במקום הזה. מכח שערות של זקן התחתון. ולכן תראו שהאשה כיון שיש לה שער בית הערוה, מוכרח שיהיה לה שער גם בבית השחי, דהא בהא תליא. ולכן כמו שמסירה קודם טבילתה שער של בית הערוה, כן מסירה שער בית השחי. והיה זה שלום......
[379]

גם כאן[381] יש **ערבוב** בסוגיא. והוא, שהרב ז"ל מבאר כאן את עליית **פנימיות היסוד דז"א לדעת דז"א אחרי התיקון**, כדי להוליד, ולא עליית היסוד דנקודים לדעת דנקודים, שהיה לפני התיקון. כי לפני התיקון לא היה בחינת זכר להוליד, וכל הנקודים יצאו מבחינת שם ב"ן, שהוא נוקבא[382]. ורק אחרי התיקון שיוצא מהמצח שם מ"ה החדש, ונתחבר שם מ"ה, שהוא בחינת הזכר, עם שם ב"ן, שהוא בחינת הנוקבא, ובחבור זה גרם את האפשרות לזווג והולדה. **עם כל זאת** מכאן מביא הרב ז"ל ראיה שיש יכולת ליסוד לעלות עד הדעת, גם בעולם הנקודים. **ועוד צריך לדעת** כי[383] תמיד היסוד של הפרצוף העליון, הוא הדעת של הפרצוף התחתון, **והמשכיל יבין**.

נמצא שכאשר עולה שליש העליון של היסוד ונעשה שליש תחתון לתפארת, נשאר בו הכח והיכולת להזדווג. **כי זֹאת**

היא הַמַּעֲלָה שֶׁיֵשׁ אֶל הַיְסוֹד דז"א, יוֹתֵר מִשְׁאָר סְפִירוֹת, שֶׁהוּא יָכוֹל

בית לחם יהודה ש"ט פ"ג דכ"ט ע"ד – ושם מזדווג עם לאה כי זאת היא המעלה שיש אל היסוד יותר משאר ספירות וכו'. קרינן שם דבריו השתא, כי מה שכתבת כי זאת המעלה וכו', היא קאי על מאי דקתני ושם מזדווג עם לאה וכו', שהוא על בחינת כלי היסוד שעלה ונעשה תפארת, ולא על אור פנימי שבו. ובאמת בכלי היסוד אין בו מעלה יותר משאר הספירות, כי כמו שכלי היסוד עלה ונעשה תפארת, כמו כן עלו חג"ת חב"ד, ועלו נצח והוד ונעשו חסד וגבורה, כמו שכתוב בדיבור הקודם, ואין ביניהם הפרש כלל, ולכן קאמר אחר כך ודע כי אין ענין זה נאמר אלא בפנימיות היסוד וכו'.
380

שער ההקדמות, דרוש בסדר ירידת ז' מלכים ונפילתם וירידת אחוריים דאו"א ואיך נעשה הכל ביחד דכ"ב ע"ב – ואמנם כוונת דברינו הוא בבחינת האור, **שהוא פנימיות היסוד**, כמו שנתבאר אצלנו במקום אחר, כי מן שליש העליון של היסוד נעשה תפארת דז"א, כנגדל ז"א, ובבחינת היסוד הזה שנעשה תפארת של ז"א כנזכר, יש לו יכולת להזדווג עם לאה כנזכר.
381

ע"ח ש"א ענף ה' מ"ב דט"ו ע"א מ"ב – צריכים אנו לעורר אל המעיין הבא לעיין בספר הזוהר, שימצא מאמרים רבים שונים, ורחוקים זה מזה בתכלית הריחוק, ואם לא יהיה לו הקדמות אלה יסתר מעיונו. כי לא ידע להבחין באיזה מציאות)בחינה(הוא מדבר המאמר אשר הוא בו, ולא ידע להבחין באיזה בחינה הוא מדבר המאמר ההוא. אם הוא בא"ק עצמו. ואם בכל אותן האורות שיצאו, והאירו ממנו. אם בבחינת אורות האוזן. אם בבחינת אורות החוטם. ואם בבחינת אורות הפה, הנקרא עקודים. ואם בבחינת אורות העין, **הנקרא עולם הנקודים שהוא עולם האצילות טרם תיקונם**. ואם בבחינת אורות המצח, **שהוא בחינת עולם האצילות אחר שנתקן**.
382

ע"ח ש"י פ"ג מ"ת דמ"ח ע"ג – והנה מציאת מקום התפשטות כל אלו פרצופי הזכרים והנקבות הנעשין **מהתחברות מ"ה וב"ן** כנזכר לעיל. הנה מקומם במקום שהיו תחלה הנקודות שיצאו דרך נקבי העינים, והוא מטבורא דא"ק עד סוף רגליו, **ואור המצח הנקרא שם מ"ה**, אף על פי שיצא מלמעלה מן המצח, הנה מתפשט משם ולמטה, ומתחיל מציאותו מן הטבור עד סוף סיום רגליו כנזכר לעיל..... והנה האור הזה **דמ"ה החדש היוצא מן המצח** כנזכר לעיל, הוא סוד המלך השמיני הנזכר בפרשת וישלח, **הנקרא הדר, אשר לא נזכר בו מיתה בתורה**, כי לא מת כמו האחרים, **אדרבא הוא מתקן ומקיים השבעה מלכין קדמאין שמתו**, הקודמין אליו כנזכר לעיל. כי כבר הודעתיך כי אלו המלכים כולם הם מלכים הנזכר בפרשת וישלח, ואלה המלכים אשר מלכו בארץ אדום, ולפי שכאשר יצא התחיל לברר בחינת אלו המלכים, **לעשות בחינת נוקבא אליו, שהם נקרא עתה ב"ן דההי"ן כנזכר לעיל**, לכן נאמר בו וימלוך תחתיו הדר, ושם אשתו מהיטבאל.
383

ספר הלקוטים, פרשת אמור דמ"ט ע"א – כי הדעת מקבל אור גדול מחו"ב, שמתרבה אורה בדעת, חוץ ממה שבא לו בקו ישר, לעצמו כידוע במקומו. וכשתדקדק בענין תמצא, **שיסוד לעולם הוא דעת**, שיסוד עתיק דעת לאריך, ויסוד דאריך לאו"א, ויסוד דאו"א לזעיר, ויסוד זעיר דעת למלכות. נמצא, **שהיסוד הוא דעת**, וזה נעלם וזה נעלם. ולזה נקרא אילנא רברבא.

לַעֲלוֹת עַד הַדַּעַת דז"א, כי הדעת הוא נשמת הו"ק, **בְּכָל**[384] זְמַן שֶׁרוֹצָה לַעֲלוֹת להמשיך משם נשמות. **וְזֶה**[385] סוֹד **תְּפִלַּת יוֹצֵר דְּשַׁחֲרִית דְּשַׁבָּת שֶׁתִּקְּנוּ**[386] **בּוֹ** לֵ"ג[387] **שִׁבְעָה**[388], אֶלָּא[389] צריך לגרוס **שִׁשָּׁה פְּעָמִים הַכֹּל**[390] כאשר עולה היסוד[391] דז"א דבריאה דאצילות

384

בית לחם יהודה ש"ט פ"ג דכ"ט ע"ד – בכל זמן שירצה לעלות. כדי להמשיך משם בחינת נשמות, כי רוב הנשמות הם נמשכין מבחינת החו"ג המתפשטין בגוף, ואין צריך לעלות היסוד עד הדעת. ומיעוט נשמות הם באים מחו"ג שבדעת עצמו, כמבואר בפרק ט' דשער ט"ל, יעיין בהרב בפרק י"ד שעה יפה בפרק י"ד דשער ט"ל. ולכן אמר בכל זמן שירצה לעלות.

385

שער ההקדמות, דרוש בסדר ירידת ז' מלכים ונפילתם וירידת אחוריים דאו"א ואיך נעשה הכל ביחד דכ"ב ע"ג – וזהו סוד מה שאנו אומרים ביוצר דשבת שבעה פעמים תיבת הכל, כמבואר שם, הכל יודוך, והכל ישבחוך וכו', כי אם לא היה בו יכולת לעלות עד הדעת, שהוא נשמת השש קצות, וגם הוא מקום החמשה חסדים, שהם סוד טפת הזרע, לא היה בו כח להמשיך ולהוריד הטפה משם ולמטה בעת הזווג.

386

בית לחם יהודה ש"ט פ"ג דכ"ט ע"ד – שתקנו בו ששה פעמים הכל. כך צריך לגרוס באוצרות חיים, ובע"ח כתב יד, וכן בע"ח כתב יד דשנת ע"ת. ור"ל ומטעם שהוא עולה עד הדעת, שהוא נשמת הו"ק, משום הכי תקנו חז"ל ביוצר דשבת ששה פעמים הכל, לרמוז ליסוד שעולה לדעת, שהוא נשמת הו"ק.

387

הגירסה באוצרות חיים – **ששה פעמים.**

388

אמת ליעקב, קונטרס שפת אמת ה' דק"ב ע"ב – שאלה, במה שכתב רז"ל ביוצר של שבת קודש לכוין בשבעה הכל, לשבעה היכלי או"א דבריאה שנפתחים ביום שבת קודש. והקשה מורנו הרב שמואל ויטאל ז"ל, שאינן שבעה הכל, אלא ששה, והניחה בצריך עיון. וראיתי באוצרות חיים שכתב מורנו הרב יעקב צמח ז"ל, דהיכל השביעי נרמז כאין ערוך לך, שהיא כל יעיון שם. **ולעניות לעניות דעתי נינו,** דלא דק דעינן בעינן **הכל** בה', שהכל בה' אין הוא היכל חסר יו"ד, אבל **כל בלא ה' אין לו שחר.** ונראה לי לכוין היכל השביעי בא"ל אדון על **כל** המעשים, דתיבת כל עם **ה'** דהמעשים, הוא **הכל."**)א"ה ואני שמעתי מהרב ח"ק לישראל כמוהר"ח פינסו ז"ל, שהוא מכוין בחינת הא"ל הפותח **בכל** יום, דתיבת בכ"ל עם השלושה אותיות גימטריא **הכ"ל.** ונראה לעניות דעתי דזה יותר נכון מכולם, יען שהיא סמוך ממש עם הששה היכלת(.

389

שער הכוונות, דרושי קידושי ליל שבת, דרוש א', ענין תפילת שחרית של שבת דע"ג ע"ב – דע כי שבעה היכלות הנרמזים בסדר יוצר דימי החול דשחרית, הם שבעה היכלות ז"א דבריאה, ובהם נכללין שבעה היכלין דנוקבא, הנקראים שבעה נערות אסתר. ואמנם ביום שבת ביוצר דשחרית, נפתחין שבעה היכלין עילאין, הנקראים היכלין דשבת, והם שבעה היכלי או"א דבריאה. ואז שבעה היכלי ז"א דבריאה עולים ונכללים בשבעה היכלי או"א, המקבלים משם תוספת קדושת שבת. והנה שבעה היכלי או"א, **הם נרמזים בשבעה פעמים שנזכרו כאן מלת הכל,** כי הכל מלשון היכל, ואלו הם. ובורא את הכל. **יסוד.** הכל יודוך, **הוד.** והכל ישבחוך, **נצח.** והכל יאמרו, **תפארת.** הכל ירוממוך, **גבורה.** יוצר הכל, **חסד.** והרי **הם ששה על הסדר,** ממטה למעלה מיסוד עד חסד, והנם מה שנרמזים במלת הכל, הוא כי כל אחד מהו"ק אלו, הוא כלול מן חמשים שערי בינה, הנפתחים עתה ביום שבת, והנה הם חמשים שערים, כמנין **כ"ל.** האמנם לא כל שבעה היכלין דז"א דבריאה עולים ונכללים בשבעה היכלי או"א לקבל תוספת שבת, רק שלושה היכלות היותר ממותקים, שהם בחינת החסדים. והם היכל היסוד, הנקרא היכל לבנת הספיר, וזה עולה בברכת יוצר מתחילת הברכה עד סדר אין ערוך לך הוי"ה אלהינ"ו כו', והיכל הזה הוא העולה למעלה בשבת מכל שאר היכלי ז"א. כנודע **דיוסף חביבו דכולא, וסליק על כולא,** כנזכר בפרשת שלח לך, והוא מתעלה ועולה עד היכל אהבה דאו"א, כי הנה שם באו"א הוא היכל השביעי העליון עולם דכללות הבריאה כנודע, ובאותו היכל

דאצילות, לשישה היכלות דאו"א דבריאה דאצילות דאצילות, כמבואר[392] בסידור הטהור למרן הרש"ש. **והטעם**[393]
היות לו יתרון ליסוד **זה, הוא כי אם לא היה בו כח שיוכל לעלות עד**
הדעת דז"א, **שהוא נשמת הו"ק, ושם**[394] ר"ל בדעת דז"א **הוא מקום הזמושה**

יש בחינת פרטיות היכל אהבה של או"א, וזה ההיכל דיסוד דז"א עולה עד שם, מתתא לעילא, ומקבל משם
תוספת קדושה בברכת יוצר אור, שהיא כנגד היכל לבנת הספיר, **שהוא יסוד דז"א כנודע**. ועולה בכל שבעה
היכלין דבריאה ממטה למעלה, והם סוד שבעה פעמים **הכ"ל** שנזכר ביוצר דשבת, שהם ובורא את הכל, הכל
יודוך, והכל ישבחוך, כו' כנזכר. והם כסדרן ממטה למעלה, מן היסוד עד החסד, והנה נקשר היכל היסוד
בהיכל אהבה העליון, שבהיכל השביעי הנקרא היכל או"א, ומלת הכל הראשון שנזכר ביוצר דשבת, שהוא
ובורא את הכל כנזכר. הנה הוא היסוד התחתון דז"א, שנכלל בכל שבעה היכלין דיליה, ונקרא הכ"ל, **ואז**
עולה בששה הכ"ל העליונים. היכל השני העולה בסוד תוספת שבת, הוא היכל הרצון התחתון, שהוא
תפארת, ונרמז בסדר אין ערוך לך ואין דומה לך, עד אל אדון כו'. היכל השלישי העולה בסוד תוספת שבת,
הוא היכל אהבה התחתון, שהוא החסד, ונרמז בסדר אל אדון על כל המעשים. אבל היכל דנצח אף על פי שהוא
קו ימיני, והוא חסד, אינינו עולה, לפי שהוא קשור עם היכל ההוד, כי תרווייהו הם תרי פלגי גופא כנודע, ולכך
הוא גם כן דין, ואינו עולה. ועוד טעם אחר כנודע כי ירכין אינינו לבר מגופא, ולכן אפילו הנצח נקרא דין.
בן איש חי, שנה שנית, פרשת תולדות הלכה ח' – אם התחיל המאיר לארץ במקום הכל יודוך כמנהגו בחול,
אם לא נזכר אלא עד אחר שהתחיל אל ברוך גדול דעה וכו', יגמור כל אלפא - ביתא דאל ברוך וכו', ויחזור
ויאמר מן הכל יודוך על הסדר של שבת. ואפילו אם לא נזכר אלא עד אחר שהתחיל לאל ברוך נעימות, כל
שלא חתם עדיין ברוך אתה הוי"ה יוצר המאורות, צריך לחזור ולומר מן הכל יודוך על הסדר, ודלא כמי שכתב
דאינו חוזר לומר אלא אל אשר שבת, או א"ל אדון על כל המעשים. **יען כי באמת**, אמירת **הכל יודוך** וכו',
הוא צורך גדול בשבת, **דכאן נרמזים שבעה היכלות דבריאה הנפתחים ביום שבת**, והם נרמזים **בששה**
פעמים הכל הנזכרים בברכה זו, דהכל לשון **היכל**, וסדר מקום הרמז שלהם מפורש בשער הכוונות, על כן
צריך להתחיל מן **הכל יודוך**. ונראה לי בסעיתא דשמיא לומר עוד טוב להתחיל מן עושה שלום ובורא את
הכל, דאף על פי שתיבות אלו ישנם ביוצר דחול, וכבר אמרם מכל מקום, מאחר שהפסיק ביניהם באמירת
המאיר לארץ ולדרים וכו', יותר טוב ונכון לחזור לאמרם כדי לחברם עם הכל יודוך, **כי הרמז של שבעה**
היכלות מתחיל מן **הכל** של ובורא את הכל, ואחריו רמז של הכל יודוך.

390

הגהות וביאורים)ד(– נוסח אחר שש פעמים, עיין בספר אמת ליעקב בקונטרס שפת אמת דף ק"ב, ושער
ל"א פרק ג'.
391

בָּרוּךְ מַתָּה........., יוֹצֵר מוֹר וּבוֹרֵא חֹשֶׁךְ. עוֹשֶׂה שָׁלוֹם וּבוֹרֵא אֶת הַכֹּל. הַכֹּל יוֹדוּךָ. וְהַכֹּל יְשַׁבְּחוּךָ. וְהַכֹּל
יֹאמְרוּ אֵין קָדוֹשׁ כַּהשֵׁ"ם. הַכֹּל יְרוֹמְמוּךָ סֶלָה יוֹצֵר הַכֹּל. ....
392

תרשים ג – נ"א.
393

מבוא שערים ש"ב ח"ב פ"ה ד"ז ע"ג – וגם כי **הדעת הוא נשמת הו"ק.**
שער ההקדמות, דרוש בסדר ירידת ז' מלכים ונפילתם ויירידת אחוריים דאו"א ואיך נעשה הכל ביחד
דכ"ב ע"ב – ואם לסיבת היות הדעת **בחינת נשמה אל השישה קצוות** כנודע, והוא כולל כולם.
שער מאמרי רשב"י ד"ל ע"א – ודע כי זה שאמרנו **דנשמת תפארת הוא דעת** הגנוז בבינה, וזהה לו משה,
היינו נשמתא לגופא, **לשש קצוותיו** לבד.
394

ע"ח ח"ב כללי כללי מוהרח"ו ז"ל, כלל כ' דקי"ח ע"ג – דע **שהחסדים שבדעת התחתון המתפשטים**
בו"ק ז"א, יש בהם שתי בחינות, והם אור פנימי ואור מקיף. ופנימים הם שבעה, **שהם חמשה חסדים ועוד**
הארתן נכלל ביסוד, ויש שם כללות כל החסדים אחרים. וכן על דרך זה חוזרין להכלל בכללות יותר, גם כן

זַסְדִים וחמשה גבורות כַּנּוֹדָע, המתפשטים[395] בחג"ת ונצח הוד דז"א, וכללותם[396] יורדים ליסוד דז"א, **שֶׁהֵם**[397] **בְּזוִינַת טִיפַת הַזֶרַע** הניתנת לנוקבא על ידי היסוד, שראויה[398] להוליד ממנה. ואם היסוד דז"א לא היה יכול לעלות עד הדעת דז"א, אז **לֹא הָיָה בּוֹ** ר"ל ביסוד **יְכוֹלֶת וְכֹזַז**[399] שניתן לו על ידי או"א **לְהוֹרִיד** את **טִיפַת הַזֶרַע** (נ"א הַזִוּוג) **בַּנְּקֵבָה בְּעֵת הַזִווּג, וּלְהַמְשִׁיכֶם מִשָּׁם מִן הַדַעַת** דז"א.

יֵשׁ[400] **לִשְׁאוֹל** על דברי הרב ז"ל, הלא מבשרי אחזה אלו"ה, ואין אנו רואים שהיסוד עולה בעת הזיווג עד הדעת, אלא נשאר הוא במקומו. לכן מבאר כאן הרב ז"ל כי לא כלי היסוד דז"א עולה עד הדעת דז"א, אלא רק בחינת האור דיסוד,

---

במלכות, שהיא עטרת היסוד. ואף על פי שאין אנו מזכירין תמיד **אלא חמשה, זהו עיקרם,** אך השני כוללים דיסוד ומלכות שנעשים מהארת החמשה חסדים, אינם נזכרים, אבל בוודאי ישנם בהם. והרי הם שבעה פנימית, ואלו הם מתפשטים בחג"ת נהי"מ. וכנגדן יש שבעה חסדים אלו בדעת עצמו במקומו, והם שרשים לשבעה ענפים אלו המתפשטים, והם נשמה להם. וזה שכתוב בתיקונים שהדעת נשמת התפארת, והענין שיש שרשים בדעת של שבעה תחתונות הנכללין בתפארת שהוא שבעה תחתונות גוף דז"א, ואין הגוף דז"א לבדו נקרא תפארת, אלא עם כל בחינות הנאחזים בו, דהיינו זרועות, ושוקיים, ויסוד.
395

ע"ח ח"ב שט"ל דרוש ט' מ"ב דע"ג ע"ב – ונבאר תחלה מה הוא ענין הנשיקין, והוא שהזווג תחתון נקרא זווג גופני, ויש בו ממשות, שהוא טיפת הזרע, **ובפרט עם מה שמבואר במקום אחר שטיפת החסדים שהזכר מזריע אינה נמשכת ממוח הדעת עצמו,** רק מאותו התפשטות של חמשה חסדים המתפשטים בו"ק, ומיעוטן הם אותן הבאים מדעת עצמו, ואלו עשרה טפין שזרק יוסף מבין צפרני ידיו, כנזכר אצלינו.
396

תרשים ג – נ"ב.
397

שער הפסוקים, פרשת בראשית, דרוש ג' ד"ג ע"א – ועוד טעם אחר, כי שאר המוחין הם לצורך האדם עצמו, אבל המוח השלישי של החסדים והגבורות, **משם יוצא טיפת הזרע להוליד ולדות אחרים,** כי חסדים וגבורות נקרא ברא וברתא. ולכן **טיפת הזרע של הזכר, הוא מבחינת החסדים לבד. ושל הנקבה, מטיפת הגבורות לבד.** ומאלו לבד הוא בנין גוף הולד.
398

ע"ח ח"ב שכ"ה דרוש ו' מ"ב די"ב ע"ד – והנה אחר תשע שנים הנזכרים לעיל כבר **נתגלו החסדים המגולין,** שהם שתי שלישי חסד דתפארת, וחסדי נצח הוד כנזכר לעיל, ונתפשטו במקומן האמיתי. לכן ביאת בן תשע שנים ויום אחד ביאתו ביאה, **אמנם עדיין אינו ראוי להוליד,** רק עד אחר שיחזרו לעלות בסוד אור החוזר, עד המוחין ויגדילו, שהם ארבע ספירות כחב"ד, בארבע שנים אחרים. והרי נשלמו י"ג שנים ויום אחד, וכבר נגדלו המוחין שלו, **ואז הוא ראוי להוליד,** מה שאין כן קודם הגדלת המוחין העיקרים, כשהיה בן תשע שנים ויום אחד, כי אז ביאתו ביאה, **ואינו ראוי להוליד אם לא על ידי מקרה.**
399

כרם שלמה ש"ט פ"ג אות ט' – והטעם הוא מפני שמעשהו הוא **להמשיך הטיפה מן הדעת, ולהביאה למטה,** ולכן יש לו כח הזה. **והכח הזה הוא נתנו לו אותו או"א,** כדי לבוא אל הבית לעשות מלאכתו, ואם לא היה לו כח לעלות אל הדעת, כי שם מקור החמשה חסדים, לא היה יכולת בו להמשיך הטיפה של החסדים להנקבה ולתקנה.
400

כרם שלמה ש"ט פ"ג אות ט' – ומה שכתב אחר כך, ודע כי אין ענין זה נאמר אלא בפנימיות היסוד. ר"ל זה שכתבנו כי היסוד דרכו לעלות עד הדעת, ועוד זה שכתבנו לעיל כי מן היסוד נעשה התפארת דז"א, כדי שלא תקשה, והלא מבשרי אחזה אלו"ה, ואין אנחנו רואים כי בעת הזיווג עולה היסוד עד הדעת, כי במקומו הוא

שהוא בחינת פנימיותו ונשמתו של היסוד דז"א העולה עד הדעת דז"א. וכן[401] הוא באדם התחתון, שעולה בדעתו להזדווג, אז היסוד מתקשה, והוא שעלה פנימיות היסוד דיליה עד הדעת, והמשיך את טיפת החסדים, ונעשה קישוי ביסוד של האדם התחתון, מכח פנימיות החסדים שנמשכו בו, כי[402] אין קישוי אלא לדעת.

וּדע כי אין ענין זה[403] שהיסוד דז"א יכול לעלות עד הדעת דז"א **נאמר אלא** בבחינת[404] האור דיסוד, שהוא **בפנימיות**[405] ונשמת **היסוד** דז"א, **כמו שמבואר במקום**[406] **אחר**[407], **כי**[408]

עומד. לזה כתב **כי אין ענין זה נאמר כי אם בפנימיות היסוד**, שהוא האור שלו, כמו שכתב בשער ההקדמות שם, וז"ל - ואמנם כוונת דברינו הוא בבחינת האור שהוא פנימיות היסוד, כמו שנתבאר אצלינו במקום אחר וכו', עד כאן לשונו. ולכן הואיל ופנימיותו לבד הוא עולה, לכן אין קושיה עוד.
401

כרם שלמה ש"ט פ"ג אות ט' – ולכן תמצא כשעולה בדעת האדם להזדווג, אז נעשה לו קישוי, ומנין בא לו זה הקושיו, אלא שכבר אז עלה פנימיות היסוד עד הדעת, והמשיך אז טיפת החסדים עד היסוד, ולכן נעשה בו כח להתקשות, והוא מכח פנימיות החסדים שנמשכו בו אז. ולכן אמרו רז"ל - אין קשוי אלא **לדעת**, והוא על ידי שנמשך הכח החסדים מן הדעת.
402

גמרא יבמות דנ"ג ע"ב – לפי שאין קישוי אלא לדעת.
403

איפה שלימה, שער הנקודים פ"ט די"ד ע"ג)י"ג(– ודע כי אין ענין זה נאמר אלא בפנימיות היסוד וכו'. ר"ל באור הפנימי של היסוד, ולא בכלי שלו, וכמו שמבואר בשער הקדמות דף כ"ב ע"ג וז"ל - ואמנם דברינו הוא על בחינת האור שהוא פנימיות היסוד וכו', יעו"ש. ולפי שעדיין הקושיא במקומה עומדת, שאיך אור היסוד אפשר לו להזדווג עם לאה בלא כלי שלו, משום הכי סיים הרב ז"ל ואמר - וכמו שביארנו במקום אחר כי משליש העליון של היסוד וכו', ופשטיות דבריו הוא שמדבר בהתחלקות פרקין דחג"ת ונה"י בזמן הגדלת הז"א, כי משני שלישים העליונים של החג"ת נעשו מהם חב"ד. ומשליש עליון דנה"י ומשליש תחתון דחג"ת נעשו חג"ת, ועל זה כתב השמ"ש ז"ל בפרק ג' משער השבירה, וז"ל **השמ"ש** - נ"ב עדיין יש להקשות, כי שליש העליון דיסוד ממנו נעשה שליש תחתון דתפארת, ולאה אינה מגעת כי אם עד שליש העליון, ורגליה נתפשטו עד תוך כתר דרחל, עד שליש האמצעי, ולא יותר, ואין לה חלק בשליש התחתון, ואם כן במה מזדווג עמה. אמנם עיין מה שכתבת בשער כ"ט פ"ד וז"ל שם - אמנם קו האמצעי דז"א שהם תפארת ויסוד, לא הוצרכו להתפשט אל ג' בחינות, כי גם התבונה אין בה רק תרין פרקין, יסוד ועטרה, לכן לא נתחלק לשלשה, רק לשני בחינות כמו שהם, אך מה שנתחדש בהם הוא שהשתפארת דז"א נתעלה ונעשה בחינת דעת שבו, והיסוד שבו נתעלה ונעשה בחינת תפארת שבו, כמבואר בפרק ח', עד כאן לשונו. ובזה יובן במה מזדווג דז"א עם לאה, כי כל התפארת נעשה מן כל היסוד, ובשליש עליון שבו הוא מזדווג עמה, עד כאן לשונו. ועיין להרב שפת אמת בפרק ג' משער השבירה בסוף אות ד', שפירש פירוש אחר, ומה שכתבתי שם עליו בהג"ה, יעו"ש.
404

שער ההקדמות, דרוש בסדר ירידת ז' מלכים ונפילתם וירידת אחוריים דאו"א ואיך נעשה הכל ביחד דכ"ב ע"ג – ואמנם כוונת דברינו הוא בבחינת האור, **שהוא פנימיות היסוד**, כמו שנתבאר אצלינו במקום אחר, כי מן שליש העליון של היסוד, נעשה תפארת דז"א, כשנגדל ז"א, ובבחינת היסוד הזה שנעשה תפארת של ז"א כנזכר, יש לו יכולת להזדווג עם לאה כנזכר.
405

הגהות וביאורים)ה(– א"ה, ז"ל שער הקדמות דף כ"ב ע"ג - ואמנם כוונת דברינו היא בבחינת היא האור שהיא פנימיות היסוד ממש וכו'.
406

הגהות וביאורים)ו(– א"ה, עיין שער הכללים פרק י"ב, ושער ל"א פרק ג'.
407

מֵשְׁלִישׁ עֶלְיוֹן שֶׁל הַיְסוֹד כלי היסוד ולא מפנימיות היסוד, **מִמֶּנּוּ נַעֲשָׂה**[409] **בְּזִינַת תִּפְאֶרֶת ז"א**

עד החזה **בְּעֵת הַגְדָלָתוֹ, וְשָׁם הוּא אוֹתוֹ בְּזִינַת הַיְסוֹד, אֲשֶׁר נַעֲשָׂה מִמֶּנּוּ הַתִּפְאֶרֶת, וּבַבְּזִינָה זוֹ הוּא מְזֻוָּוג עִם**[410] **לֵאָה**[411]**.**

עד כאן הראיה של הרב ז"ל שגם אור היסוד דנקודים, יכול לעלות עד הדעת דנקודים, והראיה היא מעולם האצילות שאחרי התיקון, שפנימיות היסוד דז"א עולה עד הדעת דז"א.

אַחֲרֵי[412] שהרב ז"ל הביא ראיה מעולם האצילות שלאחר התיקון, שפנימיות היסוד דז"א שעולה עד הדעת דז"א, **אַחֲרֵי תִּיקוּן הָאֲצִילוּת**, כדי לקשר את הו"ק, ולהמשיך את טיפת החסדים מהדעת דז"א למטה. חוזר הרב ז"ל לעולם הנקודים

ע"ח ח"ב של"א פ"ג מ"ת דל"ד ע"א – ובזה תבין מה שמבואר כי תחלה בזמן היניקה לא היו בז"א, בקו האמצעי שלו, רק תפארת ויסוד בלבד, וכאשר הגדילו המוחין דז"א, אחר עיבור שני, אז נתהווה מאלו השנים ונעשה גם בחינת הדעת דז"א, והיה בקו האמצעי דז"א, שלוש ספירות דת"י. והיה בזה האופן כי הנה מתחלה היה בו תפארת ויסוד לבד, וכל אחד מהם תחלקהו לשלוש שלישים, ונמצא ששה שלישים. וכאשר הוגדלו ונעשו בחינת הדעת היה באופן זה, כי הששה שלישים נחלקו לשלוש חלקים, שני שלישים דת"ת, נעשה ממנו הדעת. **וּשְׁנֵי שְׁלִישִׁים הָאֶמְצָעִים שֶׁהֵם שְׁלִישׁ תַּחְתּוֹן דְּתִפְאֶרֶת וּשְׁלִישׁ עֶלְיוֹן דִּיסוֹד, נַעֲשָׂה מֵהֶם תִּפְאֶרֶת דז"א**. ושני שלישים תחתונים דיסוד, נעשה מהם בחינת היסוד.
408

בית לחם יהודה ש"ט פ"ג דכ"ט ע"ד – כי משליש עליון של היסוד ממנו נעשה בחינת תפארת ז"א. קאי על כלי היסוד ולא על אור הפנימי שבו. ויש לפרש דבריו בשני אופנים, חדא לפי שכתב לעיל - אבל העניין בקיצור הוא כי שליש הראשון של היסוד התחתון דז"א עולה בשליש עליון דתפארת וכו', ולא פירש התם היאך הוא עולה, ולזה בא לפרש הכא כי משליש וכו'. ועוד יש לפרש שכוונתו להביא הכרח על מה שכתב - ודע כי אין ענין זה נאמר בפנימיות היסוד, ועל זה קאמר כי משליש עליון וכו'. כאלו אמר שהרי משליש העליון על היסוד, ממנו נעשה שליש העליון של התפארת וכו', כלומר ולא נעשה ממנו הדעת, ואם כן היאך אפשר לפרש שעולה עד הדעת, אלא ודאי מה שעולה עד הדעת הוא פנימיות היסוד.
409

בית לחם יהודה ש"ט פ"ג ד"ל ע"א – נעשה ממנו תפארת ז"א. עד החזה.
410

הגהות וביאורים)ז(– עיין שער הפסוקים]צ"ל הלקוטים[פרשת ויחי דף נ"ב ע"ד - אם כן]צ"ל אם נאמר[אב"ן ח"ן.
411

השמ"ש]א[– נ"ב עדיין)ז(יש להקשות כי שליש העליון דיסוד ממנו נעשה שליש תחתון דתפארת, ולאה אינה מגעת כי אם עד שליש העליון, ורגליה נתפשטו עד תוך כתר דרחל על חצי שליש האמצעי, ולא יותר, ואין לה חלק בשליש התחתון, ואם כן במה מזדווג עמה. אמנם עיין מה שכתב בשער כ"ט פרק ד' וז"ל - שם אמנם קו האמצעי דז"א שהם תפארת ויסוד, לא הוצרכו להתפשט אל ג' בחינות, כי גם התבונה אין בה רק ב' פרקין יסוד ועטרה, לכן לא נתחלק לשלושה לשני בחינות רק לשני שהם, אך מה שנתחדש בהם הוא שהתפארת דז"א, שנתעלה ונעשה בחינת דעת שבו, והיסוד שבו נתעלה ונעשה בחינת תפארת שבו, ובתוכם נתלבשו יסוד ועטרה דתבונה, והיסוד שבו נתהווה ונעשה על ידי כפיפת ראש א"א]כמבואר בפרק ח'[, עד כאן לשונו. ובזה יובן במה מזדווג ז"א עם לאה, כי כל התפארת נעשה מן כל היסוד, ובשליש עליו שבו הוא מזדווג עמה, ועיין בשער לאה ורחל פרק ב', שכן כתב הרב בפירוש.)כל זה היה חסר מהגהות השמ"ש(. א"ה עיין בשער כ"ט פרק ד', ומה שכתב שם השמ"ש זללה"ה.
412

כרם שלמה ש"ט פ"ג אות ט' – ומה שכתב, **וְנַחֲזוֹר לְעִנְיָינֵנּוּ.** ר"ל כל אלו ההקדמות שהביא אותנו עד עכשיו, הוא כדי להראות שהיסוד יש לו כח לעלות. ואף על פי שכל זה הוא בעת התיקון, עם כל זה הואיל

ומבאר כי גם ליסוד דנקודים היה כח זה לעלות עד הדעת דנקודים, והוא כי[413] **כל עולם הנקודים הם שורש לעולם הברודים**, שהוא עולם האצילות אחרי התיקון, ומה שיש בשורש יש בענף. לכן גם היסוד דנקודים היה לו כח לעלות לדעת דנקודים כי זה הוא טבעו של כל יסוד לעלות עד הדעת של של אותו פרצוף. ואף על פי שכאן בעולם הנקודים, שכולו בחינת שם ב"ן, היסוד דנקודים לא עולה לדעת דנקודים כדי להמשיך את טיפת החסדים, עם כל זאת הוא עולה לשם.

וּנְחֲזוֹר[414] **לְעַנְיָנֵינוּ, כִּי לִהְיוֹת שֶׁאוֹר הַיְסוֹד** דז"א **דַּרְכּוּ לַעֲלוֹת שָׁם אֶל הַדַּעַת** דז"א, בזמן התיקון כדי להמשיך את טיפת החסדים, **לְכָךְ עָלָה עַתָּה אוֹר הַיְסוֹד** דנקודים **עַד הַדַּעַת** דנקודים, כי כך טבעו, ועלה אור היסוד דנקודים **לְמַעְלָה מִן** אור **הַתִּפְאֶרֶת** דנקודים, הנמצא בכלי הכתר דנקודים. **וְעוֹד**[415] סיבה שעלה אור היסוד דנקודים עד הדעת דנקודים, היא **כְּדֵי לִקְשֵׁר כָּל הוּ"ק** דנקודים **יַחַד** שם שורשם, כדי[416] שבזמן התיקון יהיו רשות היחיד, ועוד טעם, כי על ידי עלייה הזאת של האור דיסוד דנקודים לדעת דנקודים, יוכל היסוד דנקודים **וּלְהָבִיא לָהֶם הָאָרָה מִשָּׁם**, ר"ל מן הדעת דנקודים, כי[417] הדעת בכל פרצוף הוא הנשמה דו"ק דאותו פרצוף.

ומיצינו שכך הוא טבעו ודרכו לעלות, לכן מתחילה יש לו כח הזה של העליה, כי טבעו בכך לעלות, אף על פי שאינו ממשיך טיפת החסדים עכשיו בעת השבירה, דרכו הוא לעלות. וזהו שכתב - **כי להיות שהיסוד דרכו לעלות שם אל הדעת**. פירוש, בעת התיקון, **לכן עלה עתה אור היסוד עד הדעת למעלה מן התפארת**, ר"ל מן עכשיו או"א נתנו לו כח של העליה הזאת, שיוכל לעלות עד הדעת.
413

ע"ח ש"ו פ"ה מ"ת דכ"ז ע"ד – ודע כי במלכות של עולם העקודים, נשארו בה עשרה שרשים של עשרה הנקודים, כמו שנבאר בע"ה. ועל דרך זה בכל אצילות, כי המלכות של השרשים אשר בפה א"ק, היא כלולה מעשרה, והם עשר שרשים אל עשר דעקודים. ובמלכות דעקודים יש עשר שרשים אל עשר ספרות דנקודים. (**וכן במלכות דנקודים יש עשר שרשים, והם שרשים דעשר ספירות דברודים**). ועל דרך זה בשאר העולמות.
414

שער ההקדמות, דרוש בסדר ירידת ז' מלכים ונפילתם וירידת אחוריים דאו"א ואיך נעשה הכל ביחד דכ"ב ע"ג – ונחזור לעניננו, כי לסיבה זו היה יכולת באור היסוד לעלות עד הדעת, כי כן דרכו תמיד לעלות עד שם, ובפרט כי רצה לעלות עד שם כדי לקשר שם כל השש קצוות ביחד להיותו תחתון מכולם. ואז ממשיך להם הארה משם.
415

בית לחם יהודה ש"ט פ"ג ד"ל ע"א – ועוד כדי לקשר כל הו"ק יחד ולהביא להם הארה משם. יותר מבואר בשער הקדמות דף כ"ב ע"ג וז"ל - ובפרט כי רצה לעלות עד שם, כדי לקשר שם כל הו"ק ביחד, להיותו תחתון מכולם. ואז המשיך להם הארה משם, יעו"ש. מבואר מזה כי שהיסוד הוא תחתון מכל הו"ק, והוא מתקשר עם הדעת, אם כן בהכרח הוא שגם הו"ק שהם עליונים מהיסוד, גם הם יהיו נקשרים עם הדעת, כי אי אפשר להמשיך חו"ק ליסוד אם לא יתפשטו תחלה בחמשה קצוות העליונים מהיסוד, ואינם מתפשטים מן החזה ליסוד שתחתיו בלבד, וכן על דרך זה תפרש גם כן בענין הקשר הנעשה על ידי המלכות בעלייתה אל הדעת.
416

ע"ח שי"א פ"ז מ"ת דנ"ד ע"ב – והנה אחר שנתקן ז"א, נקרא רשות היחיד, כי הנה טעם וסיבת העיבור של ז"א היה מפני זה, לפי שבתחלה היו שש חלקים נפרדין זה מזה, בסוד הרשות הרבים כנזכר לעיל.
417

הרב ז"ל מבאר כאן את הסיבה מדוע גם המלכות דנקודים עלתה עד הדעת דנקודים, לפי פשט דברי הרב ז"ל מובן מכאן כי מדובר במלכות הנקראת נוקבא דז"א, שהיא בת זוגתו. **בעומק**[418] **הדברים** מדובר כאן על[419] המלכות הנקראת[420]

מבוא שערים ש"ב ח"ב פ"ה ד"ז ע"ג – וגם כי **הדעת הוא נשמת הו"ק.**
שער ההקדמות, דרוש בסדר ירידת ז' מלכים ונפילתם וירידת אחוריים דאו"א ואיך נעשה הכל ביחד דכ"ב ע"ב – ואם לסיבת היות הדעת **בחינת נשמה אל השישה קצוות** כנודע, והוא כולל כולם.
418

ע"ח ח"ב של"ד פ"ד כלל ט' דמ"ת דמ"ו ע"ב – והנה בצאת המלכים, יצאו מבחינת ב"ן מעיני א"ק, והיו בו עשרה אורות של עשר ספירות דב"ן, שהם כללות כל עולם אצילות. ותחלה נעשה בחינת כלים, ואחר כך יצאו האורות לכנוס בכלים. ואמנם העשרה כלים האלו היו קטנים, ונקרא נקודות, פירוש כי לא היה כל כלי וכלי מהם גדול, כדי שיוכלו כל העשר חלקי האור הנקודה ההיא להתפשט בתוכו דמות צורת אדם, כמו שהוא עתה אחר זמן התיקון, **רק חלק העשירית שבה לבד**, באופן שכל כלי מהם היה גדול כשיעור כלי של כתר של עתה, של הנקודה ההיא, שהיא עשירית אחת מעשר חלקי הכלי, ואותו עשירית נקרא נקודה, כי הנקודה היא י' שהיא עשירית. ולכן נקרא עשר נקודות, וכולן בחינת הכתרים לבד וכנ"ל. והנה שרשם אינם רק חמשה נקודות לבד, אלא שהג"ר כל אחד יש בו עשר אורות, אך הכלי)ב"א הכל(הוא שיעור אור אחד מהם לבד. והשש נקודות אחרות אינם רק נקודה אחת לבדה, שהוא כנגד ז"א דאצילות, והטעם שנקרא שש נקודות הוא בבחינת כל המוסיף גורע אל אותו הנקודה דז"א, ור"ל כי אותה הנקודה שהיא ראויה שיהיה בו עשרה אורות, כמו שיש לכל אחת לשלושה נקודות העליונים כנזכר לעיל. הנה בו לא היה כך, כי לא יצאו רק שש חלקי נקודה ההוא אחרונות, מדעת חסד ואילך. ואורות השלושה נקודות עליונים לא יצאו, כי נשארו בשרשם למעלה. והרי יש בנקודה זו שש חלקי הנקודה בבחינת האור, וכן אין כח בכלי שלה רק שש חלקים מן חלק אחד לבד של הנקודה, שהיא כתר שבו לבד, באופן כי ששה נקודות אלו אינם רק מעט יותר ממחצית נקודה אחת בלבד. ונקודה החמישית, שהיא עשירית שבכולן מן העשרה נקודות הכללות כנזכר לעיל, הוא נקודה מלכות דאצילות נוקבא דז"א. ואמנם אף על פי שאנו קורין אותה נקודה, אינה כשאר השלושה נקודות ראשונים, שכל אחת היתה הכללות מעשר נקודות אורות, **אמנם אין בה רק חלק אחד**, חלק האור הנקודה)ההיא(, והיא בחינת אור הכתר שבה. וכן בבחינת הכלי, לא היה בה רק עשירית אחד מעשר חלקי)כלי( )הכתר הראויה אליה אחר התיקון. כלל העולה כי נקודה עשירית של עשר נקודות של המלכים, שאינו רק נקודות לבד כנזכר לעיל. **והנה היא קטנה מכל שאר הנקודות**, בין באור בין בכלי, בין באור עשירית האור, ובכלי אין בה רק עשירית שבעשירית הכלי. והשלשה נקודות העליונים, האור ההוא שלם בכל חלקיו, והכלי אין בה רק עשירית בלבד. והנקודה הרביעית הכוללת ששה נקודות כנזכר לעיל, האור שבו הם ששה נקודות שלימות שלימות בלבד, והכלי הוא שש חלקים של חלק עשירית הראויה אל הכלי אחר התיקון. באופן כי הז"א היה אז ששה נקודות כמנין ו' של הוי"ה, והם מדעת עד יסוד, כי נצח הוד הם תרי פלגי גופא, ונחשבין לאחד, ונמצאו שהם ששה נקודות כמבואר אצלינו. **ואז הנקודה של נקבה היתה בסוף היסוד דז"א, בסוד העטרה עצמה דיסוד, בחינת נקודה שביעית אליו, עטרה בראש צדיק, שהוא היסוד.**
419

ע"ח ש"א ענף ה' מ"ב די"ד ע"ג – רצוני בענף זה להקדים קצת הקדמות, אל כל הבא למלאות את ידו ולהתעסק בחכמה זאת. והוא, כי כבר ביארנו לעיל כי פרצוף אדם כלול מרמ"ח אברים בעשר ספירות פרטיות שבו, באופן זה כי כתר הוא גולגלתא, וחב"ד הם שלש מוחין, וחג"ת הם שני דרועין וגופא, ונה"י שני שוקין ואמה, **ומלכות היא נקבה שלו.** אמנם אם תרצה לחלק לפרט אלו העשר ספירות הכלליות בפרטים רבים, הנה אינם נחלקות רק לחמשה בחינות לבד, אשר כל בחינה מהם הוא פרצוף אחד שלם, כמראה אדם. וזה סדרן הנה הכתר הוא פרצוף אחד שלם מעשר ספירות, ונקרא א"א. והחכמה הוא גם כן פרצוף אחד מעשר ספירות ונקרא אבא. ובינה היא גם כן פרצוף אחד מעשר ספירות ונקרא אימא. והו"ק מחסד עד היסוד הוא פרצוף אחד מעשר ספירות ונקרא ז"א. וספירה עשירית **שהיא מלכות היא פרצוף אחד מעשר ספירות ונקרא נוקבא דז"א.** עוד צריך לדעת כי בחינת המלכות שבכל פרצוף ופרצוף מאלו החמשה פרצופים הוא באופן זה, כי מלכות אשר בפרצוף זעיר כגון אבא וז"א, **הנה המלכות שבו הוא בחינת עטרה שעל הצדיק,** הנקרא יסוד, בסוד ברכות לראש צדיק, הנזכר בספר הזוהר פרשת ויצא דף קס"ב ובז"ל - רבי ייסא זוטא הוה שכיח קמיה דרבי שמעון, אמר ליה, מהו דכתיב ברכות לראש צדיק, לצדיק מבעי ליה וכו'. ואם הוא מלכות

עטרת הגבורה של היסוד דז"א. והוא, בכל דעת יש בחינת חסדים וגבורות, המתפשטים עד היסוד, ונקראים[421] עטרות, והעטרא[422] דחסדים היא לבנין הזכר, והעטרא דגבורות הוא לבנין הנוקבא.

וְעַתָּה[423] **נְבָאֵר** את הַטַּעַם[424] עַלְיָת אור **הַמַּלְכוּת** דנקודים, לָמָּה גַם **הִיא גַם כֵּן עָלְתָה עַד** מקום **הַדַּעַת** דנקודים, **לְמַעֲלָה מִן הַתִּפְאֶרֶת** דנקודים. **וְהָעִנְיָן הוּא, כִּי**[425] בזמן התיקון **הַמַּלְכוּת** (נ"א לפי שהמלכות להיות) **נִקְרֵאת** לפעמים אשת חיל **עֲטֶרֶת בַּעֲלָהּ** בסוד עטרה בראש הצדיק, [דמ"ד ע"ב 87] **וְעוֹלָה לְמַעֲלָה מִן הז**"א[426] הנקרא גם **תִּפְאֶרֶת.**

בפרצוף נוקבא כגון אימא ונוקבא דז"א, הנה המלכות שבה הוא גם כן בחינת עטרת היסוד שבה, כי היסוד שבה הוא הרחם, והעטרה שבה הוא בחינת בשר התפוח שעליה, הנקרא בדברי חז"ל שפולי מעיים בעניני סימני איילונות כנודע. ואמנם ספירת המלכות הכוללת שהוא פרצוף אחרון שבחמשה פרצופים, הנקרא נוקבא דז"א, **הנה היא**)**נקבה גמורה(בפרצוף גמור,** כשאר כל הפרצופים, **וזכור זה.**
420

תרשים ג – נ"ג.
421

תרשים ג – נ"ד.
422

כרם שלמה ש"ט פ"ג אות י' – וכללות החסדים שבדעת או ביסוד נקראת עטרא דחסדים, או עטרא דדכורא, מפני שבנין הזכר הוא ממנה. וכללות הגבורות שבדעת או שביסוד הוא נקרא עטרא דגבורות או עטרא דנוקבא, מפני שבנין הנוקבא הוא על ידה.
423

שער ההקדמות, דרוש בסדר ירידת ז' מלכים ונפילתם ויירדת אחוריים דאו"א ואיך נעשה הכל ביחד דכ"ב ע"ב – ונבאר גם כן טעם עליית המלכות. והוא כי גם המלכות נקראת **עטרת בעלה,** ויכולה לעלות למעלה מן התפארת, ובפרט עתה כאשר ירד בתחילה אור עד מקום המלכות כנזכר לעיל, הניח שם רשימו שלו, והמלכות לקחה הרשימו הזה, ובכוחו עלתה עד הדעת. וכן גם המלכות להיות תחתונה מכולם, מקשרת בעלייתה כל השש קצוות יחד, ועל ידי תיקון זה, וקשר זה, נתוסף תיקון אחר למעלה, והוא כי הנה הרשימו הזה שהשאיר הדעת במלכות, **הנה הוא בחינת המלכות שבדעת מצד הגבורות שבדעת.** ולכן עתה כשעלתה המלכות עם הרשימו הזה, שהוא מבחינת הגבורות אל הדעת למעלה, שהוא בחינת עיטרא דחסד דדכורא, על ידי התקשרות הזה נתפשט הדעת, והאיר בשש הקצוות.
424

מבוא שערים ש"ב ח"ב פ"ה ד"ח ע"א – ולכן תחילה נבאר טעם אל עליית אור המלכות גם היא בדעת, למעלה מהתפארת. ועמו יתבאר הנזכר והוא, כי הנה נודע כי המלכות לפעמים **היא אשת חיל עטרת בעלה כנודע,** וגם כי עתה כוונתה לעלות ולקשר את כל השבעה אורות, כי היא תחתונה מכולם, ובעלייתה למעלה מהם עד הדעת, מקשר את כולם, ונמשך להם הארה נוספת, ותיקון מחודש מבתחילה, וזה בכח הארה נוספת שבה, כמו שנבאר בע"ה.
425

כרם שלמה ש"ט פ"ג אות י' – מה שכתב, ועתה נבאר טעם אל המלכות וכו', ר"ל כי בשלמא היסוד מפני שדרכו לעלות, כדי להמשיך דרכו, לעלות כדי להמשיך הטיפה מן הדעת, לכן מעכשיו גם כן עלה. אבל המלכות אין לה בחינה זאת, כי היסוד עיקר עלייתו הוא עולה בשבילה, אם כן איך עכשיו עלתה. לכן אמר הואיל ויש זמן בעת התיקון לעלות למעלה מן ז"א, ונקראת **עטרת בעלה,** לכן גם כאן עכשיו נתוצץ בה בחינה זה, לעלות למעלה מן התפארת, ולהיות עטרה לבעלה, ולמעלה ממנו. וזה שכתב - **כי המלכות נקראת עטרת בעלה.** ר"ל לפעמים, ולא תמיד.
426

וּבִפְרָט עַתָּה אֲשֶׁר הָיָה לָהּ ר"ל למלכות **רְשִׁימוּ מִן** אור **הַדַּעַת** דנקודים, **כִּי כַּאֲשֶׁר יָרַד אוֹר הַדַּעַת** דנקודים **עַד מְקוֹם** כלי **הַמַּלְכוּת דְּאֲצִילוּת** שלפני התיקון, **בְּעֵת שֶׁנִּשְׁבַּר הַכְּלִי שֶׁלוֹ** ר"ל כלי הדעת דנקודים **כַּנִּזְכָּר לְעֵיל, הִנִּיחַ שָׁם רְשִׁימוּ דִילֵיהּ** כִּי[427] בְּטֶבַע הָאוֹר תָּמִיד לְהַשְׁאִיר רְשִׁימוּ בִּמְקוֹם שֶׁהָיוּ שָׁם בָּרִאשׁוֹנָה, **וְכַאֲשֶׁר מָלְכָה** אוֹר (נ"א **הַמְלִיכָה) הַמַּלְכוּת** דנקודים **בִּמְקוֹמָהּ, לְקְזֹזֹה** אור המלכות דנקודים **אֶת הָרְשִׁימוּ הַזֶּה,** ובכח רשימו זה **עָלְתָה עַד מְקוֹם הַדַּעַת** דנקודים **עַצְמוֹ** מעל לתפארת.

וְגַם[428] **סִיבָּה**[429] **אַחֶרֶת** שָׁאוֹר הַמַּלְכוּת דנקודים לקחה את הרשימו בעלייתה למקום הדעת דנקודים, **כִּי עַל יְדֵי עֲלִיָּיתָהּ** של אור המלכות דנקודים **שָׁם** במקום הדעת דנקודים, בכח הרשימו דאור הדעת דנקודים

ע"ח ש"א עֲנַף ה' מ"ב דִ"יד ע"ד – עוד צריך שנקדים לך הקדמה אחת, והוא כי כל העשר ספירות הכוללות כל עולם ועולם, הנה בכללות יחד כולם כאחד, בחינת הוי"ה אחת בכל מקום, שהוא בין בכללות, בין בפרטות כנזכר לעיל. יוצא מכל אות ואות מהם הוי"ה אחת, והנה קוצו של יו"ד שבאותיות הוי"ה, הוא ספירת כתר. ויו"ד עצמה, הוא בחינת חכמה. וה' ראשונה, בינה. וה**וא' הוא התפארת, כולל שש ספירן, אשר כללותם נקרא בשם ז"א,** כמו שנבאר במקומו בע"ה. וה**ה'** אחרונה מלכות הנקרא אצלינו נוקבא דז"א. וכל זה הוא בדרך הוי"ה הכוללת החמשה פרצופים יחד כנזכר לעיל.

מבוא שערים ש"ג ח"ב פ"ט דכ"ו ע"ב - התפארת נקרא ו'.

רב פעלים, אורח חיים, ח"א ש"א ד"א ע"ד – גם עוד דע, כי באמת כל העשר ספירות נרמזו בשם הוי"ה ב"ה, דהיינו הכתר בקוץ היו"ד, והחכמה ביו"ד, והבינה בה"א ראשונה, **וחג"ת נה"י באות וא"ו,** והמלכות בה"א אחרונה. **אמנם עיקר הרמז דאות וא"ו דשמא קדישא, הוא נקרא על שם התפארת, ולכן מכנים ורומזים לאות וא"ו דשם הוי"ה בשם התפארת** דווקא.
427

ע"ח ש"ו פ"ה מ"ת דכ"ו ע"ד – והנה יש **בטבע האורות להשאיר רושם שלהם למטה, במקום שהיו שם בראשונה,** ולכן כל האורות האלו בעת עלותם, הניחו רשימו למטה, במקום שהיו שם בראשונה. **מבוא שערים ש"ב ח"ב פ"ה ד"ח ע"ב** – כי כבר נתבאר בש"א ח"ג פ"ד, **כי מטבע האורות הרוחניים, להשאיר רשימו במקומם, אף אחר הסתלקותם משם.** ובודאי כי ענין רשימו שמניחים, היא הבחינה התחתונה אשר בהם.
428

כרם שלמה ש"ט פ"ג אות י' – ומה שכתב, **וגם סיבה אחרת.** כבר כתבנו לעיל, שזהו הסיום על מה שנזכר כאן, ושסיבה אחרת חוזרת על מה שעלתה למעלה מן התפארת. כי סיבה ראשונה הייתה מפני שנקראת עטרת בעלה, וכאן נותן **סיבה אחרת,** כי על ידי עלייתה **היא קושרת כל הו"ק ביחד.** וזאת **הסיבה האחרת** היא בכח אותו הרשימו שהניחה הדעת במקומה, שלקחה אותו, ובכוחו קשרה כל הו"ק.
429

מבוא שערים ש"ב ח"ב פ"ה ד"ח ע"ב – וגם כי עתה כוונתה לעלות **ולקשר** את כל השבעה אורות, כי היא תחתונה מכולם, ובעלייתה למעלה מהם עד הדעת, מקשר את כולם, **ונמשך להם הארה נוספת,** ותיקון מחודש מבתחילה. וזה בכח הארה נוספת שבה, כמו שנבאר בע"ה.

שעלה עם אור המלכות דנקודים, ל"ג **הוא** אלא צריך לגרוס[430] **היא קוֹשֶׁרֶת מִלְמַטָּה לְמַעְלָה כֹּל הַשִּׁשָׁה קְצָווֹת, וְעַל יְדֵי זֶה הַקֶּשֶׁר מִתְתַּקֵּן** הו"ק יותר.

וְעוֹד[431] תיקן אור המלכות דנקודים שעלה עם הרשימו דדעת דנקודים, למעלה למקום הדעת דנקודים, היה כי **לְפִי שֶׁהָאוֹרוֹת דְּנֶצַח הוֹד** דנקודים **הָיוּ עֲשִׂיָּתָם בְּקַו הַשְּׂמָאלִי** בכלי האחוריים של הבינה דנקודים, **בִּמְקוֹם גְּבוּרָה** שלשם עלו כאשר נשבר הכלי שלהם, **וְעַתָּה** בכח הרשימו דדעת **נִפְרָד** אור **הַנֵּצַח** דנקודים **מִן** אור **הַהוֹד** דנקודים, **וְהָלַךְ** אור הנצח דנקודים **וְעָלָה עִם** אור **הַחֶסֶד בְּקַו יָמִין שֶׁבּוֹ,** הנמצא בכלי האחוריים דחכמה דנקודים.

כְּבָר[432] נתבאר כי בכל[433] מקום הדעת כלול[434] מחסדים וגבורות. **עוֹד נתבאר** כי[435] כל אור שמסתלק מהכלי שהוא נמצא בו, מניח שם **רְשִׁימוּ,** ובחינה זאת היא הבחינה התחתונה שבאור, והיא בחינת המלכות דאותו אור שמסתלק. נמצא

430

הגירסה בספר אוצרות חיים – **היא.**

431

תרשים ג – נ"ה.

432

נהר שלום, דרוש הדעת דמ"א ע"ב - דע כי אף על פי שהוזכר תמיד היותם עשר ספירות, אינם רק חמשה ספירות, וכל ספירה הוא פרצוף אחד, וכולל עשר מדות. והם א"א, ואו"א, וזו"ן. וזה פרטם, כי ספירת הכתר כוללת עשר מדות, ונקרא א"א. וספירת החכמה כוללות עשר מדות, ונקרא אבא. וספירת בינה כוללת עשר מדות, ונקרא אימא. וספירת **הדעת דחסדים,** כוללת עשר מדות, ונקרא זעיר, **אך כשנאצל** לא היו בו רק שש מדות, חג"ת נה"י שבדעת, והם הם החג"ת נה"י הנקרא אצלינו מכלל העשר ספירות, אבל אינם רק מדות, ולא ספירות כמו כ השלוש ספירות הראשונים. וספירת **הדעת דגבורה,** כוללת עשר מדות, ונקרא נוקבא דזעיר, **אך כשנאצלה** לא היה בה רק מדה אחת לבד, העשירית, **והיא מלכות שבדעת הנזכר,** והיא היא המלכות הנקרא אצלינו מכלל העשר ספירות, אבל אינה רק מדה אחת.

433

תרשים ג – נ"ו.

434

ע"ח ח"ב שכ"ה דרוש א' מ"ב ד"ב ע"ב – ואמנם הדעת הנקרא חו"ג, שני חצאי הדעת הם היו תחלה התרין כתפין דא"א, ומשם נמשכו אל שני העטרות היסודות דאו"א, שהם גבורות דאבא ודאימא, ומשם נמשכו להיות תרין עטרין בדעת דז"א, כנזכר באדרא רבא ואדרא זוטא. ואמנם השני מוחין עצמן שהם חו"ב, אלו נמשכין מתרין מוחין ממוחא דאו"א ממש, ומשם נמשכין אל שתי יסודותיהם, חכמה ביסוד אבא, בינה ביסוד אימא. ושני עטרין שהיו תחלה שני כתפין דא"א, נמשכו בשתי עטרות דיסודות הנזכרים לעיל דאו"א. החסדים בעטרת יסוד אבא, וגבורות בעטרת יסוד אימא. נמצא כי שני מוחין הנקראו חו"ב דז"א, הם בשתי היסודות דאו"א, אשר בחינת היסוד הם לעולם זכרים בין באבא בין באימא. ושתי עטרין דדעת, הם בשתי העטרות של היסודות שלהם, ששתיהן נקבות.

ע"ח ח"ב שכ"ה דרוש ב' מ"ק ד"ד ע"א – סדר ירידת החו"ג של זה הדעת התחתון, הנה כבר נתבאר לעיל כי דעת זה התחתון דז"א, כולל שתי עטרין, שהם שתי מלכיות דאו"א. וכל אחד מהם כולל חמש. ועטרא דחסד כולל חמשה חסדים, הנקראים מים, ועטרא דגבורה כולל חמשה גבורות, הנקרא אש. ונודע כי מקומם הם בעטרת יסוד אימא כדלקמן בע"ה, כי תחלה היו בשתי עטרות דאו"א כנזכר לעיל בדרוש העבר. אך אחר כך נתחלפו, ושניהם הושמו בעטרת יסוד אימא כמו שנתבאר בדרוש ה'.

לפי זה כי שהסתלק אור הדעת דנקודים מכלי המלכות דנקודים, ועלה למקומו, הוא השאיר בכלי המלכות דנקודים את הבחינה התחתונה שבאורו, שהיא בחינת המלכות דאור הדעת דנקודים. והרשימו הנשאר הוא מבחינת המלכות של הגבורה דדעת דנקודים. **וצריך לדעת** את הסיבה[436] למה הדעת דנקודים הניח בכלי המלכות דנקודים את הרשימו מצד הגבורה ולא מצד החסד. והסיבה היא כי תמיד אנחנו מחשיבים שבדעת דז"א יש חמשה חסדים וחמשה גבורות, והם הם בחינת השורשים, ומהם מתפשטים הענפים לחמשה הקצוות חג"ת נ"ה דז"א, וכללותם, שהיא בחינת המלכות של אלו הענפים, מתקבצים ביסוד דז"א או הנוקבא. ויסוד דז"א נותן לנוקבא את בחינת המלכות של מה שהוא קיבל, והיא בחינת המלכות דכללות, שנקראת **גם כללות דכללות.** וזה מצד החסדים שבדעת וגם מצד הגבורות שבדעת. לכן בדעת דז"א עצמו, נמצאים[437] שבעה בחינות, הראשון בחינת החמשה חסדים, השני בחינת כללות דחסדים הניתנים ביסוד דז"א, והשלישי בחינת כללות דכללות החמשה חסדים הניתנים למלכות. וכן[438] הוא על דרך זה בבחינת הגבורות שבדעת. והמלכות עצמה נבנית מהגבורות כנודע, לכן הרשימו שהשאיר הדעת דנקודים בכלי המלכות דנקודים, שהם **כללות דכללות דעיטרא דגבורה שבדעת דנקודים.**

435

מבוא שערים ש"ב ח"ב פ"ה ד"ח ע"ב – והענין, כי כבר נתבאר בש"א ח"ג פ"ד. כי מטבע האורות הרוחניים, **להשאיר רשימו במקומם, אף אחד הסתלקותם משם.** ובודאי כי ענין רשימו שמניחים **היא הבחינה התחתונה אשר בהם.** והנה אור הדעת כאשר ירד בתחילה במקום המלכות כנזכר לעיל, הניח שם רשימו, והוא בחינתו התחתונה, והוא כי הלא הדעת כלול מחסדים וגבורות כמו שנתבאר, ובחינת המלכות של הגבורה, היא הרשימו שהניח שם בעת הסתלקותו למעלה אל הכלי החדש שלו. וכאשר ירד אור המלכות בכלי שלה, מצא שם הרשימו הנזכר. ובהישבר כלי שלה, עלה האור של המלכות עם הרשימו ביחד עד הדעת, ושם נתחבר זה הרשימו, שהיא המלכות של הגבורות שבדעת, עיטרא דנוקבא, עם החסדים שבדעת, שהם עיטרא דדכורא כנודע, ועל ידי חיבור הזה האיר הדעת בשש קצוות של ז"א.

436

כרם שלמה ש"ט פ"ג אות י' – ונבאר ענין זה מפורש יותר, והוא כי הנה רשימו הזה שהניח הדעת במקומה של מלכות, ודאי שהוא בחינת המלכות שבדעת שבצד הגבורות. ר"ל כי הדעת הוא כלול מחמשה חסדים וחמשה גבורות. ועוד כלול מכללות החמשה חסדים שלצורך היסוד, וכללות דכללות החמשה חסדים של צורך המלכות. וכנגדם בגבורות, שכלול בחמשה גבורות, וכללות הגבורות, וכללות דכללות הגבורות של צורך המלכות. ולכן הרשימו שהניח הדעת במלכות, הוא כמו בחינתה שהיא נבנית מן הגבורות, ולכן הניח בה בחינת המלכות של הדעת שבצד הגבורות, ולא המלכות של צד החסדים.

437

ע"ח ח"ב כללים שעשה הרח"ו, כלל כ' דקי"ח ע"ג – דע שהחסדים שבדעת התחתון המתפשטים בו"ק ז"א, יש בהם שני בחינות, והם אור פנימי ואור מקיף. ופנימים הם שבעה. שהם **חמשה חסדים**, ועוד הארתן **נכלל ביסוד**, ויש שם כללות כל החסדים אחרים. **וכן על דרך זה חוזרין להכלל בכללות יותר גם כן במלכות**, שהיא עטרת היסוד. ואף על פי שאין אנו מזכירין תמיד אלא חמשה, **זהו עיקרם.** אך השנים כוללים דיסוד ומלכות, שנעשין מהארת החמשה חסדים אינם נזכרים, אבל **בודאי ישנם** בהם. **והרי הם שבעה פנימית**, ואלו הם מתפשטים בחג"ת נהי"ם. וכנגדן יש שבעה חסדים אלו בדעת עצמו במקומו, והם שרשים לשבעה ענפים אלו המתפשטים, והם נשמה להם.

438

שער הכוונות, דרושי חג הסוכות, דרוש ג' דק"ד ע"ב – ועתה נבאר פרטן, הבחינה הראשונה שהם החסדים שלוקחת מאימא. הנה נודע הוא כי אלו החסדים שלוקחת מאימא עצמה, הם מתפשטים בה על דרך התפשטות החסדים שלוקחת מז"א ממש. כי חמשה חסדים מתפשטים מחסד עד הוד שבה, ואחר כך כללות החמשה חסדים האלו יורדת ביסוד שבה, הנקרא כל כנודע. ואחר כך הארה אחרת מתולדת האירה כללות החסדים דיסוד, וגם היא כוללת כל החמשה חסדים, ויורדת במלכות שבה. והרי הם שבע בחינות חסדים דאור פנימי מתפשטים בשבעה ספירות תחתונות שבה.

114

וּנְבָאֵר[439] **עִנְיָן זֶה** של עליית אור המלכות דנקודים, עם אור הרשימו של הדעת דנקודים. למקום אור הדעת דנקודים **מְפוֹרָשׁ יוֹתֵר, וְהוּא כִּי הִנֵּה רְשִׁימוּ הַזֶּה שֶׁהֵנִּיחַ** אור **הַדַּעַת** דנקודים **בִּמְקוֹמָהּ שֶׁל** כלי **הַמַּלְכוּת** דנקודים, **וַדַּאי**[440] **שֶׁהוּא בְּזוֹינַת** כללות **הַמַּלְכוּת שֶׁבְּדַעַת** דנקודים, **שֶׁבְּצַד הַגְּבוּרוֹת** שבדעת דנקודים, ר"ל **כללות דכללות דעיטרא דגבורה שבדעת** דנקודים, **וְהָבֵן זֶה הֵיטֵב.**

וְכַאֲשֶׁר[441] **עָלְתָה** אור **הַמַּלְכוּת** דנקודים **עַד** מקום **הַדַּעַת** דנקודים, **וְעָלָה עִמָּה גַּם הָרְשִׁימוּ** שהשאיר אור הדעת דנקודים כאשר נתלבש בכלי המלכות דנקודים, שהוא בחינת דגבורה, **הַנִּזְכָּר לְעֵיל, שֶׁהוּא בְּזוֹינַת** כללות דכללות העיטרא של **הַגְּבוּרָה** שבדעת דנקודים, **וְשָׁם נִתְחַבֵּר** זֶה **הָרְשִׁימוּ שֶׁהוּא** כללות דכללות **הַמַּלְכוּת שֶׁל הַגְּבוּרוֹת שֶׁבְּדַעַת** דנקודים, עם שאר חלקי הגבורות שבדעת דנקודים, **וְהִתְבַּסְּמוּ** החסדים והגבורות שבדעת דנקודים, **וְעַל**[442] ידי זה נעשה זיווג בין **הָעֲטָרָה דִגְבוּרָה דְנוּקְבָא** שבדעת דנקודים, **עִם הַחֲסָדִים שֶׁבְּדַעַת** דנקודים, הנקראים **עֲטָרָה דִדְכוּרָא**[443], **וְעַל**[444] ידי חיבור זה נולד מהם הארה של הדעת, **וְאָז נִתְפַּשֵּׁט דַּעַת** דנקודים

439

שער ההקדמות, דרוש בסדר ירידת ז' מלכים ונפילתם וירידת אחוריים דאו"א ואיך נעשה הכל ביחד דכ"ב ע"ג – כי הנה הרשימו הזה שהשאיר הדעת במלכות, הנה הוא בחינת המלכות שבדעת, מצד בחינת הגבורות שבדעת. ולכן עתה כשעלתה המלכות עם הרשימו הזה, שהוא מבחינת הגבורות אל הדעת למעלה, שהוא בחינת עיטרא דחסד דדכורא, על ידי התקשרות הזה נתפשט הדעת והאיר בשש הקצוות, והרשימו הנזכר גם הוא האיר בקו שמאל, והשאיר שם את אור ההוד שעלה שם כנזכר לעיל. והדעת עצמו האיר בקו הימין, והפריד את אור הנצח שהיה עם ההוד בקו שמאל עם אור הגבורה כנזכר לעיל, והמשיכו אל הימין, ונתחבר הנצח עם החסד, ועל ידי זה נעשה קצת תיקון באלו המלכים.

440

כרם שלמה ש"ט פ"ג אות י' – ומה שכתב לשון **ודאי**, מפני שהרשימו שמניח תמיד האור במקום שהשנה בתחילה, הוא חלק הקטון שבו. ולכן גם כאן חלק הקטון שבדעת, הוא בחינת המלכות של צד הגבורה שבדעת.

441

כרם שלמה ש"ט פ"ג אות י' – ומה שכתב, וכאשר עלתה המלכות עד הדעת, ועלה עמה גם הרשימו הנזכר לעיל. פירוש, כי אף על פי שהכלי נשבר וירד לבריאה, אותו הרשימו לא ירד עמו לבריאה, אלא נשאר שם באצילות. ועכשיו מצא מין את מינו, שהוא אור המלכות שזה מלכות וזה מלכות, לכן עלה עמו להדעת. ואז כאשר עלה עמה עד הדעת, אז נתחבר זה המלכות דגבורות, שהוא עטרה דנוקבא. כי הגבורות הם לצורך בנין הנקבה, וגם הם עצמן בחינת נקבה. נתחברה עם בחינת החסדים שבדעת, שהוא עטרא דדכורא, ואז נתבסמו זה בזה, ונזדווגו זה עם זה, כי זה הוא ענין החיבור של החסדים והגבורות, שהוא בחינת הזיווג.

442

כרם שלמה ש"ט פ"ג אות י' – ועתה על ידי חיבור זה של החו"ג שבדעת, שהיא בחינת הזיווג, אז נולד מהם בחינת הארה של הדעת לצורך הקישור והחיבור. ואז אותו אור שנולד מהם נתפשט על ידי הקשר הזה, והאיר בו"ק.

443

עַל יְדֵי הַקֶּשֶׁר הַזֶּה, וְהֵאִיר הדעת דנקודים בְּכָל שֵׁשׁ קְצָווֹת דנקודים. וְהִרְשִׁימוּ[445]

שֶׁהוּא בַּגְּבוּרָה דדעת דנקודים, ר"ל כללות הגבורה דדעת דנקודים, הֵאִיר[446] בְּקַו שְׂמֹאל

בג"ה, וְהִשְׁאִיר שָׁם אֶת הַהוֹד אור הדעת דנקודים בִּמְקוֹמוֹ שעלה שם בראשונה עם אור הנצח דנקודים.

וְאוֹתוֹ הַדַּעַת עַצְמוֹ עֲטָרָא דְחֶסֶד דדעת דנקודים, הֵאִיר בְּקַו יָמִין חה"ן, וְהִמְשִׁיךְ

לְשָׁם ר"ל לצד ימין אֶת הַנֶּצַח אור הדעת דנקודים, וְעַל יְדֵי זֶה נִתְקַן עוד קצת[447] עולם הָאֲצִילוּת[448],

כי עולם האצילות לא ניתקן בפעם אחת, אלא שלב אחר שלב, קודם בעקודים היה רק כלי אחד לעשר ספירות, אחר כך בנקודים היו עשרה כלים לעשרה הספירות, ואחרי שנשברו הכלים דנקודים, נעשה עוד תיקון, והוא[449] שהאורות

הגהות וביאורים (ח) – פירוש דברים אלו הוא, דע הקדמה אחת דכל בחינת אמצעי כולל שני בחינות, שהם חו"ג דעת, וכן תפארת, וכן היסוד כנודע, ואלו נקראים עטרא דחסד ועטרא דגבורה, מ"ה וב"ן, כנזכר בשער כ"ה פרק א', ובהקדמה זו תבין זה, ופשוט. וכל אחד כולל שבעה קצוות. אמנם צריך להבין דנקט רבינו זה שהוא לצורך נצח והוד להפרידם כל אחד בקו שלו, ולמה לא עשה זה על ידי היסוד. ואפשר דנעשה על ידי המלכות, יען היה בו בחינת רשימו כנזכר. ועיין שער הנקודים פרק ה', דשם כתב דכל החמש קצוות נתנו חד רשימו שלו בספירת היסוד. שמן ששון.
444

הגירסא בספר אוצרות חיים – ועל ידי חבור זה.
445

כרם שלמה ש"ט פ"ג אות י' – ואז הרשימו של הגבורה האיר בקו שמאל, והשאיר שם את ההוד במקומו. ר"ל נשאר במקומו בקו שמאל, ולא הלך כבראשונה בקו אמצעי, כמו שהיה קודם השבירה. ועוד אותו חלק של החסדים דדעת האיר בקו ימין, ואז המשיך שם את הנצח, שקודם לכן היה כלול בגבורה עם ההוד בקו שמאל, ועכשיו החזירו למקומו בקו ימין עם החסד.
446

מבוא שערים ש"ב ח"ב פ"ה ד"ח ע"ב – והרשימו האיר בקו של שמאל. והשאיר שם את ההוד. והדעת עיטרא דדכורא שהם החסדים, האירו בקו ימין, והמשיכו את הנצח, שהיה עם ההוד כנזכר לעיל, והמשיכוהו בקו ימין. והרי נתקנו השש קצוות כל אחד במקומו, וכל זה גרם עליית המלכות עד הדעת.
447

מבוא שערים ש"ב ח"ג פ"ז דט"ז ע"ג – ועתה הבן והסתכל, איך עולם האצילות לא נתקן בפעם אחת. אמנם בכל פעם ופעם ניתוסף בו קצת תיקון, ונודע כי עיקר התיקון הוא הכלים והפרצופים כנזכר לעיל. ובעקודים ניתוסף קצת תיקון, להיות בו כלי אחד לבד, לכל העשר ספירות שבהם. ואחר כך בנקודים קודם שנשברו, ניתוסף היות להם עשרה כלים, בכל העשרה ספירות שבהם. ועוד תיקון אחר בג"ר, שיצאו קצת מתוקנות בדרך קוים, כנזכר לעיל בחלק א' פרק ו'. ואחר שנשברו השבעה תחתונות, התחילו האורות להתקן, ונתחברו יחד בשלושה אורות, כנזכר לעיל בחלק ג' פרק א'. ונכנסו גם הם בבחינת קוים של הג"ר.
448

הגהות וביאורים (י) – א"ה מצאתי נוסחא אחת בע"ח כתב בע"ח של החסיד בעל יסוד ושורש העבודה, וז"ל - ושם נתחבר זה הרשימו שהיא המלכות של הגבורות שבדעת עטרא דנוקבא, עם החסדים שבדעת, שהם עטרא דדכורא כנודע. ועל ידי זה החיבור האיר הדעת בו"ק של זעיר, והרשימו האיר בקו שמאל, ומשאיר שם את ההוד והדעת עטרא דדכרא, שהם החסדים, האירו בקו ימין, והמשיכו שם את הנצח שהיה בקו שמאל עם ההוד כנזכר לעיל. והמשיכוהו במקומו בקו ימין, והרי נתקנו הו"ק כל אחד במקומו, וכל זה גרם עליית המלכות עד דעת. מאוצרות חיים.
449

תרשים ג – נ"ז.

דנקודים נתפשטו בג' קוין, עד השלב הבא של גילוי שם מ"ה החדש, שהוא בחינת הזכר. **והרי**[450] **נתקנו כל השש קצוות**

כל אחד במקומו בג' קוין, **וכל זה גרם עליית המלכות** דנקודים **עד** מקום **הדעת** דנקודים ◆

כאן[451] יש הגה"ה מהמרח"ו, שהיא בעצם קושיא, מה קרה עם הרשימו שהניחו שאר המלכים, **ואין גילוי בדברי הרב ז"ל על איזה רשימו מדובר.** והשאלה היא על איזה רשימו מדובר, האם[452] מדובר על הרשימו שנשאר בזמן שבירת הכלים. או האם מדובר על הרשימו שהישאירו האורות בכלים דנקודים בזמן שעזבו את הכלי, כמו שאור הדעת דנקודים השאיר רשימו דיליה בכלי המלכות דנקודים, וכאשר נשבר הכלי דמלכות דנקודים, עלה האור של המלכות דנקודים עם הרשימו של הדעת דנקודים. **אם**[453] **כן** לפי זה מוכרח שגם אור החסד דנקודים שהסתלק מכלי היסוד דנקודים, היה צריך להשאיר בכלי היסוד דנקודים רשימו. וכן אור הגבורה דנקודים שנסתלק מכלי הנצח הוד דנקודים היה צריך להשאיר בכלי הנצח הוד דנקודים רשימו. ועוד צריך לשאול כאשר נשבר הכלים של היסוד ונצח הוד דנקודים, והאורות שלהם הסתלקו ועלו למעלה, האם הם גם השאירו רשימו. הרי[454] פשוט הוא שבטבע כל אור המסתלק הוא מניח רשימו

450

הגירסא בספר אוצרות חיים – **והרי נתקנו כל השש קצוות כל אחד במקומו, וכל זה גרם עליית המלכות עד הדעת.**

451

מבוא שערים ש"ב ח"ב פ"ה – אמר הצעיר חיים, צריך עיון, מה רשימו הניחו שאר המלכים, וכבר נתבאר ריש שער הזה, כי בכל עולם ועולם ניתוסף בו קצת תיקון על שלמעלה ממנו, כי התיקון היא גילוי בחינת הכלי, ואמנם התיקון הנוסף עתה, הוא זה, כי גם השבעה תחתונות, שהם השבעה מלכים, נתקנו בסדר קוים, כמו השלשה ראשונות כנזכר בפרק ו' מחלק א'.

452

ע"ח ש"ח פ"ח מ"ת דט"ל ע"א – ונחזור לבאר סדר יציאת שבעה מלכים אלו מתוך הבינה, ואיך נשברו. הנה ראשונה יצאו כולם מתוך הבינה, והיו כלולים באור הדעת, ונכנסו עמו בכלי שלו. והנה נודע כי שש)נ"א שבע(מלכים אלו הם בחינת ו"ק דז"א, וכל אחד אינו גדול מחבירו, כי כל אחד הוא קצה אחד גדול כחבירו, ולכן לא היה כח בשום כלי מהתחתונים לסבול יותר מחלק אור המגיע לחלקו בלבד, וכאשר יצא כולם כלולים בדעת, לא היה יכול הכלי לסבול את כולם, ונשבר וירד למטה, כמו שנבאר בע"ה. אחר כך יצאו ששה אורות האחרים בכלי חסד, וגם הוא לא היה יכול לסובלם, ונשבר וירד למטה, כמו שנבאר בע"ה. ..... ואחר כך ירדו החמשה אורות בכלי של גבורה, וירד גם כן עמהם **הרשימו** של חסד. פירוש, כי נודע שכל החמשה ספירות מחסד עד הוד, כל אחד מהם נותן חד רשימו שלו בספירת יסוד, כי לסיבה זאת נקרא יסוד **כל**, לפי שהוא כולל כולם, ועל כן כל אחד מוריד רשימו חד ליסוד, ולא יכול לסבול ומת ונשבר. ואחר כך ירדו הארבעה אורות **ושתי רשימין** של חסד וגבורה בכלי התפארת, ונשבר גם הוא, וירד. וכן על דרך זה עד שירדו שני)נ"א שתי(אורות **וחמשה רשימין** בכלי היסוד, ולא היה יכול לסובלם, ונשבר, וגם הוא ירד.

453

כרם שלמה ש"ט פ"ג אות י' – ומה שכתב, אמר הצעיר חיים וכו', בהגה"ה **מה רשימו הניחו שאר המלכים.** הוא מפני שראינו שאור הדעת הניח רשימו בכלי המלכות במקום שהנה שם בתחילה, **לכן מוכרח** הוא ששאר המלכים, שהם האורות שבאצילות, שתנו במקום שישבו בו, שהם בהכלים שבאצילות בעת שבירת וירידת כליהם לעולם הבריאה, **גם כן הניחו רשימו שלהם** שם.

454

ע"ח ש"ו מ"ת דכ"ו ע"ד – והנה יש **בטבע האורות** להשאיר רושם שלהם למטה, במקום שהיו שם בראשונה, ולכן כל האורות האלו בעת עלותם **הניחו רשימו** למטה, במקום שהיו שם בראשונה.
ע"ח שי"ט פ"א מ"ת דפ"ט ע"ד – כנודע אצלינו בהקדמה, שאין לך שום אור, שאינו **מניח רשימו במקומו**, אף אחר **הסתלקותו** משם.
מבוא שערים ש"ב ח"ב פ"ה ד"ח ע"ב – כי מטבע האורות הרוחניים, **להישאר רשימו במקומם**, אף אחר הסתלקותם משם.

במקומו. **לכן**[455] **לפי זה** החכם צריך להבין ולדעת, כי כמו שאור הדעת דנקודים השאיר רשימו בכלי המלכות דנקודים, בשעה שהסתלק, כך גם שאר האורות השאירו רשימו במקום חניתם, ורשימו זה עלה עם האורות דנקודים, כל אחד למקומו.

אמר[456] רבי **חיים** ויטאל, אחרי שביאר את עליית אור המלכות דנקודים, עם הרשימו שהשאיר הדעת דנקודים בכלי דמלכות דנקודים, אם כן **צריך עיון, מה** נעשה מה**רשימו**[458] **הניחו שאר המלכים** דנקודים.

קיצור ותמצית סדר מלוכת המלכים דמיתו, שבירת הכלים שלהם, ונפילתם לבי"ע, וירידת והסתלקות האורות שלהם

א. כל עשרה האורות דנקודים, יצאו דרך העין דא"ק, ונתלבשו בכלי הכתר דנקודים. כלי הכתר דנקודים יכל לסבול את כל האורות בתוכו.

ב. נשאר אור הכתר דנקודים בכלי שלו, ותשעה אורות האחרים התלבשו בכלי החכמה דנקודים. כלי החכמה דנקודים יכל לסבול את כל האורות בתוכו.

ג. נשאר אור החכמה דנקודים בכלי שלו, ושמונה האורות האחרים התלבשו בכלי הבינה דנקודים. כלי הבינה דנקודים יכל לסבול את כל האורות בתוכו.

ד. נשאר אור הבינה דנקודים בכלי שלו, ושבעה האורות התחתונים התלבשו בכלי הדעת דנקודים, ומלך אור הדעת דנקודים.

ה. כלי הדעת דנקודים לא יכל לסבול את האורות בתוכו, ונשבר. ושברי הכלי שלו ירד לכלי הדעת דבי"ע, ואור הדעת דנקודים חנה בכלי המלכות דנקודים, כדי להאיר לשברי הכלי שלו.

455

כרם שלמה ש"ט פ"ג אות י' – עוד **אור החסד** שהנה בכלי היסוד, גם הוא הניח רשימו אחריו, שם בכלי היסוד, ולכן אחר כך בבוא היסוד במקומו, ומצא שם הרשימו של החסד, לכן עלה למעלה ממקומו.......אחר כך **אור בגבורה** שהנתנה בכלי דנצח והוד, גם היא השאירה רשימו דילה שם בנצח הוד, ולכן בבוא האורות בנצח הוד, אז לקחו אותו הרשימו, ובכוחו עלו למעלה ממקומם, שהוא עד הגבורה.

456

איפה שלימה, שער הנקודים פ"ט די"ד ע"ד)י"ד(– אמר חיים צריך עיון מה רשימו הניחו שאר המלכים, עד כאן לשונו. ובאוצרות חיים דפוס קארץ הגירסא שם היא - צריך עיון מה נעשה מהרשימו שהניחו שאר המלכים, עד כאן. ושני הגרסאות הם אמתים. והוא כי לעיל אמר שבנפילת אור הדעת בכלי המלכות הניח שם רשימו. והרשימו הזה הוא מלבד הרשימו שכבר הניח בתוך כלי הדעת עצמו, בזמן שמלך בו. והנה הרשימו שהניח בכלי המלכות אמר הרב לעיל שעלה אחר כך עם אור המלכות אל הדעת. ולזה כתב מהרח"ו ז"ל שצריך עיון, מה רשימו הניחו וכו', ר"ל הנה גם החסד ירד בכלי היסוד, ואור הגבורה ירד גם כן בכלי נצח והוד. ואם כן מה הניחו רשימו שהרב לא הזכיר, שגם הם הניחו רשימו. ולפי גירסא שניה שואל על דרך - ואם תמצא לומר הניחו, מה נעשה מהרשימו שהרב ז"ל לא ביאר, רק מה שנעשה מהרשימו של הדעת.

457

בית לחם יהודה ש"ט פ"ג ד"ל ע"א – אמר חיים, צריך עיון מה רשימו הניחו שאר המלכים. באוצרות חיים דפוס קארעץ הגירסא שם – מה נעשה מהרשימו שהניחו שאר המלכים, עד כאן. ושני הגרסאות הם אמתים, והוא כי לעיל אמר שבנפילת אור הדעת בכלי המלכות, הניח שם רשימו, והרשימו הוא מלבד הרשימו שהניח כבר בתוך כלי הדעת עצמו בזמן שמלך בו. והנה הרשימו שהניח בכלי המלכות אמר הרב לעיל שעלה אחר כך עם אור המלכות אל הדעת. ולזה כתב מהרח"ו ז"ל שצריך עיון מה רשימו הניחו וכו'. ר"ל כי הנה גם אור החסד ירד בכלי היסוד, ואור הגבורה ירד גם כן בכלי הנצח והוד, ואם כן מה הניחו רשימו שהרב לא זכר, שגם הם הניחו רשימו. ולפי גירסא שניה שואל על דרך, ואם תמצא לומר הניחו רשימו, מה נעשה מהרשימו שהרב ז"ל לא ביאר, רק מה שנעשה מהרשימו של הדעת)אש"ל(.

458

הגהות וביאורים)ט(– וצריך לגרוס מה נעשה בהרשימו שהניחו, וכן הוא באוצרות חיים.)ה"ר שב"ח(.

ו. ששה האורות התחתונים התלבשו בכלי החסד דנקודים, ומלך אור החסד דנקודים.

ז. כלי החסד דנקודים לא יכל לסבול את האורות בתוכו, ונשבר. ושברי הכלי שלו ירד לכלי הבינה דבי"ע, ואור החסד דנקודים חנה בכלי היסוד דנקודים, כדי להאיר לשברי הכלי שלו.

ח. חמשה האורות התחתונים התלבשו בכלי הגבורה דנקודים, ומלך אור הגבורה דנקודים.

ט. כלי הגבורה דנקודים לא יכל לסבול את האורות בתוכו, ונשבר. ושברי הכלי שלו ירד לכלי החכמה דבי"ע, ואור הגבורה דנקודים חנה בכלי נצח הוד דנקודים, כדי להאיר לשברי הכלי שלו.

י. ארבעה האורות התחתונים התלבשו בכלי התפארת דנקודים, ומלך אור התפארת דנקודים.

יא. כלי התפארת דנקודים לא יכל לסבול את האורות בתוכו, ונשבר. ושברי הכלי שלו ירד לכלי הכתר דבי"ע, ואור התפארת דנקודים נשאר במקומו, כדי להאיר לשברי הכלי שלו.

יב. אחורי הנה"י דכתר דנקודים התפשט עד שליש התחתון דאור התפארת דנקודים, ואור התפארת דנקודים נכלל בתוך הכלי דכתר דנקודים.

יג. אור הדעת דנקודים החונה בכלי המלכות דנקודים, ראה שהתפשט כלי הכתר דנקודים עד שני שליש העליונים דאור התפארת דנקודים, עלה למקומו הטבעי, מעל אור התפארת דנקודים.

יד. אחורי הנה"י דכתר דנקודים התפשט עד סוף מקום האור דתפארת דנקודים.

טו. שברי כלי הדעת דנקודים הנמצאים בכלי הדעת דבי"ע, ירדו לכלי המלכות דבי"ע.

טז. אחורי כלי הבינה דנקודים התפשט עד מקום הגבורה דנקודים.

יז. אור הגבורה דנקודים החונה בכלי נצח הוד דנקודים, עלה למקומו בכלי הבינה דנקודים, ופינה את הכלי דנצח הוד דנקודים לאורות שירדו בשבירת הכלי דתפארת דנקודים.

יח. שברי כלי הגבורה דנקודים הנמצאים בכלי החכמה דבי"ע, ירדו לכלי היסוד דבי"ע.

יט. שלושה אורות התחתונים התלבשו בכלי נצח הוד דנקודים, ומלך אור הנצח הוד דנקודים.

כ. כלי הנצח הוד דנקודים לא יכל לסבול את האורות בתוכו, ונשבר. ושברי הכלי שלו ירד לכלי הנצח הוד דבי"ע.

כא. אור הנצח הוד דנקודים הסתלק למקום אור הגבורה דנקודים, הנמצא בכלי הבינה דנקודים.

כב. אחורי כלי החכמה דנקודים התפשט עד מקום החסד דנקודים.

כג. אור החסד דנקודים החונה בכלי היסוד דנקודים, עלה למקומו בכלי החכמה דנקודים, ופינה את הכלי דיסוד דנקודים לאורות שירדו בשבירת הכלי דנצח הוד דנקודים.

כד. שברי כלי החסד דנקודים הנמצאים בכלי הבינה דבי"ע, ירדו לכלי התפארת דבי"ע.

כה. שני האורות התחתונים התלבשו בכלי היסוד דנקודים, ומלך אור היסוד דנקודים לפי שעה.

כו. כלי היסוד דנקודים לא יכל לסבול את האורות בתוכו, ונשבר. ושברי הכלי שלו ירד לכלי הגבורה דבי"ע.

כז. אור היסוד דנקודים הסתלק למקום הדעת דנקודים.

כח. אור המלכות דנקודים התלבש בכלי המלכות דנקודים, ומלך אור המלכות דנקודים לפי שעה.

כט. כלי המלכות דנקודים לא יכל לסבול את האור בתוכו, ונשבר. ושברי הכלי שלו ירד לכלי החסד דבי"ע.

ל. אור המלכות דנקודים הסתלק למקום הדעת דנקודים.

לא. אור הנצח דנקודים הנמצא במקום אור הגבורה דנקודים, שהוא כלי הבינה דנקודים, קו השמאל, עבר לקו ימין, במקום אור החסד דנקודים, בכלי החכמה דנקודים.

לב. שברי כלי התפארת דנקודים נשארו במקומם, בכלי הכתר דבי"ע.

לג. נמצא שכל האורות דנקודים, עלו ממקומם, ונעשה קצת תיקון באצילות, שעכשיו עומדים האורות הג' קוין, חח"ן בג"ה כדתי"ם. ושברי הכלים דנקודים ירדו לכלים דבי"ע, כאשר רק הכלים דחכמה, בינה ודעת דבי"ע נשארו ריקים משברי הכלים.

שער ט' פרק ג' שבירת הכלים

עֵץ חַיִּים

לְרַבֵּינוּ חַיִּים וִיטַאל

שֶׁקִּיבֵּל מִמָּרָן הָאֲרִ"י זלה"ה

שַׁעַר ט'

שַׁעַר שְׁבִירַת הַכֵּלִים

פֶּרֶק ג'

חֵלֶק הַתַרְשִׁימִים טַבְלָאוֹת וְצִיּוּרִים

שָׁמוֹת חַיִּים

הקדמה קצרה

דע כי כל התרשימים הציורים והטבלאות, הם אך ורק לשכך את האוזן, ולשבר את העין. וכל הציורים הם לא שלמים.

כתב הרי"ח הטוב ברב פעלים ח"ב בסוד ישרים ה' - אך דע לך כי סדר התלבשות המחצבים שכתב מהרח"ו בשערי קדושה עד עולם הזה שאנחנו עומדים בו. וכן סדר התלבשות הפרצופים אשר בכל מחצב ומחצב, וסדר התלבשות העולמות זה בזה, והיושר והעיגולים, לא אית אינש דכיל למנלע רזא דנא, איך היא עשוי, איך הוא עומד, ולא אפשר לשכל אנושי לצייר כל הנזכר על אמיתתם, ועל בוריין מפני כי שכל האנושי בהיותו עצור ומונח בגוף גשמיי, אי אפשר לי להשיג דבר רוחני, והוא זה דומה לאדם סומא מן הבטן שלא ראה מאורות מימיו, דודאי אי אפשר לו לצייר מראות השמש והירח הנראין לעיני הבריות, וכל שכן מה שיש למעלה למעלה.

וכן כתב ברב פעלים ח"א בסוד ישרים א' - סוף דבר הכל נשמע, ה' אחד ושמו אחד, ואין לו גוף ולא דמות הגוף, ואין לו שום ציור, ותמונה ודמיון כלל ועיקר, וגם כל העולמות וספירות הקדושים למעלה אין להם ציור ודמיון של גופים האלה כלל, ואין מי שיוכל לידע איך הוא עמידתם וסדרם, ואיך עומדים עולמות היושר ועולמות העיגולים, ואיך מתחברים זה עם זה, ואיך נמשך השפע מזה לזה, ואיך הוא תוארם ומראיהם, ואיך הוא מהות השפע המחיה אותם, ומקיים אותם, וכמה הוא שיעור אורכם וגובהן ורחבם, ואיך הם נכללים זה בזה, ומלבישים זה לזה, כי בכל זאת אין שום שכל אנושי יוכל לדעת, ולהבין, ולהשיג, כלל ועיקר.

הרב ז"ל כתב בשער אח"פ תחילת פ"א וז"ל - כבר ידעת כי אין בנו כח לעסוק קודם אצילות עשר ספירות, ולא לדמות שום דמיון וצורה כלל ח"ו, אך לשכך האזן, אנו צריכים לדבר דרך משל ודמיון, לכן אף אם נדבר במציאות ציור שם למעלה, אין הדבר רק לשכך האזן. אמנם דע כי עשר ספירות דאצילות הם שתי עניינים. האחד הוא התפשטות הרוחניות, והשני הוא כלים ואברים אשר העצמות מתפשט בהם. והנה צריך שיהיה לכל זה שורש למעלה לשתי בחינות אלו, ולכן צריכין אנו לדבר בסדר המדרגות מראש עד סוף, והנה נתחיל ונאמר כי הלא הא"ס ב"ה אין בו שום ציור כלל ח"ו כמבואר.

הרב ז"ל כתב בשער טנת"א פ"א - והנה אף על פי שאנו מכנים וקוראים כאן כנויים אלו כגון אדם ראש אזנים וכיוצא אינו רק לשכך האזן לשיובנו הדברים לכן אנו מכנים כנויים אלו במקום גבוה, עד כאן לשונו.

וכן הרמ"ק בפרדס רימונים ש"ו פ"א - וציירו להם המקובלים צורות ביריעות גדולות וקראום אילן. הרב ז"ל כתב בסוף ש"ה פ"ד וז"ל - ואמנם דבר גלוי הוא כי אין למעלה גוף ולא כח גוף חלילה. וכל הדמיונות והציורים אלו לא מפני שהם כך חס ושלום. אמנם לשכך את האוזן לכשיוכל האדם להבין הדברים העליונים הרוחניים בלתי נתפסים ונרשמים בשכל האנושי, לכן ניתן רשות לדבר בבחינת ציורים ודמיונים, כאשר הוא פשוט בכל ספרי הזוהר. וגם בפסוקי התורה עצמה כולם כאחד עונים ואומרים בדבר הזה כמו שאמר הכתוב עיני ה' המה משוטטים בכל הארץ. עיני ה' אל צדיקים. וישמע ה'. וירח ה'. וידבר ה'. וכאלה רבות וגדולה מכולם מה שאמר הכתוב ויברא אלהים את האדם בצלמו בצלם אלהים ברא אותו זכר ונקבה וגו'. ואם התורה עצמה דברה כך גם אנחנו נוכל לדבר כלשון הזה, עם היות שפשוט הוא שאין שם למעלה אלא אורות דקים, בתכלית הרוחניות, בלתי נתפשים שם כלל, וכמו שאמר הכתוב כי לא ראיתם כל תמונה, וכאלה רבות. ואמנם יש עוד דרך אחרת כדי להמשיך ולצייר בה הדברים העליונים, והם בחינת כתיבת צורת אותיות, כי כל אות ואות מורה על אור פרטי עליון, וגם תמונת זו דבר פשוט הוא כי אין למעלה לא אות, ולא נקודה, וגם זה דרך משל וציור לשכך את האוזן כנזכר. ולכן נבאר עתה הקדמה הנזכר על דרך ציור האותיות גם כן ובבחינת ציורים אלו, הן ציור האדם, והן ציור אותיות, שתיהן מוכרחים להבין ענין האורות העליונים, כאשר תראה ספרי הזוהר בנויים על שתי בחינות הציורים האלה, עד כאן לא.

ולכן גם אנחנו הרשינו לעצמינו לצייר ציורים, תרשימים וטבלאות, אך ורק כדי לשכך את האוזן, ולשבר את העין, כדי להבין את הסוגייה.

אח"י

תרשימים שער ט' פרק ג'

<u>סדר שמות שמות ההיכלות והשערים בעץ חיים</u>

שם היכל	שער	שם השער	א	ב	ג	ד	ה	ו	ז	ח	ט	י	יא	יב	יג	יד	טו
אדם קדמון	א	עיגולים ויושר	א	ב	ג	ד	ה										
	ב	השתלשלות י"ס דרך עגו'	א	ב	ג												
	ג	סדר אצילות למהרח"ו	א	ב	ג												
	ד	אח"פ	א	ב	ג	ד	ה										
	ה	טנת"א	א	ב	ג	ד	ה	ו	ז								
	ו	עקודים	א	ב	ג	ד	ה	ו	ז	ח							
	ז	מטי ולא מטי	א	ב	ג	ד	ה										
נקודים	ח	דרושי נקודות	א	ב	ג	ד	ה	ו									
	ט	שבירת הכלים	א	ב	ג	ד	ה	ו	ז	ח							
	י	תיקון	א	ב	ג	ד	ה										
	יא	מלכים	א	ב	ג	ד	ה	ו	ז	ח	ט	י					
הכתרים	יב	עתיק	א	ב	ג	ד	ה										
	יג	א"א	א	ב	ג	ד	ה	ו	ז	ח	ט	י	יא	יב	יג	יד	
או"א	יד	או"א	א	ב	ג	ד	ה	ו	ז	ח	ט	י					
	טו	זווגים	א	ב	ג	ד	ה	ו									
	טז	הולדת או"א וזו"ן	א	ב	ג	ד	ה	ו	ז								
ז"א	יז	ז"א	א	ב	ג	ד											
	יח	רפ"ח נצוצין	א	ב	ג	ד	ה	ו									
	יט	אנ"ך	א	ב	ג	ד	ה	ו	ז	ח	ט	י					
	כ	המוחין	א	ב	ג	ד	ה	ו	ז	ח	ט	י	יא	יב			
	כא	לידת המוחין	א	ב	ג												
	כב	מוחין דקטנות	א	ב	ג												
	כג	מוחין דצלם	א	ב	ג	ד	ה	ו	ז	ח							
	כד	פרקי הצלם	א	ב	ג	ד	ה	ו	ז								
	כה	דרושי הצלם	א	ב	ג	ד	ה	ו	ז	ח							
	כו	צלם	א	ב	ג	ד											
	כז	פרטי עי"מ	א	ב	ג	ד											
	כח	עיבורים	א	ב	ג	ד	ה										
	כט	נסירה	א	ב	ג	ד	ה	ו	ז	ח	ט						
	ל	פרצופים	א	ב	ג	ד	ה	ו	ז								
	לא	פרצופי זו"ן	א	ב	ג	ד	ה										
	לב	הארת המוחין	א	ב	ג	ד	ה	ו	ז	ח	ט						
	לג	אונאה	א	ב	ג	ד	ה										
נוק' דז"א	לד	תיקון הנוקבא	א	ב	ג	ד	ה	ו	ז								
	לה	הירח	א	ב	ג	ד	ה										
	לו	מעוט הירח	א	ב	ג	ד											
	לז	יעקב ולאה	א	ב	ג	ד	ה										
	לח	לאה ורחל	א	ב	ג	ד	ה	ו	ז	ח	ט						
	לט	מ"ן ומ"ד	א	ב	ג	ד	ה	ו	ז	ח	ט	י	יא	יב	יג	יד	טו
	מ	פנימיות וחצוניות	א	ב	ג	ד	ה	ו	ז	ח	ט	י	יא	יב	יג	יד	טו
	מא	חשמל	א	ב	ג												
אבי"ע	מב-א	דרושי אבי"ע	א	ב	ג	ד	ה	ו	ז	ח	ט	י	יא	יב			
	מב-ב	כללות אבי"ע	א	ב	ג	ד											
	מג	ציור עולמות אבי"ע	א	ב	ג	ד											
	מד	שמות	א	ב	ג	ד	ה	ו	ז								
	מה	מקיפין	א	ב	ג	ד											
	מו	כסא הכבוד	א	ב	ג	ד	ה	ו									
	מז	סדר אבי"ע	א	ב	ג	ד	ה	ו									
	מח	קליפות	א	ב	ג	ד											
	מט	קליפת נוגה	א	ב	ג	ד	ה	ו	ז	ח	ט						
	נ	קיצור אבי"ע	א	ב	ג	ד	ה	ו	ז	ח	ט	י					

טבלת ערכים

עולמות	אדם קדמון	אצילות	בריאה	יצירה	עשיה
פרצופים	ע"י וא"א	אבא	אמא	ז"א	נוקבא
ספירות	כתר	חכמה	בינה	חג"ת נה"י	מלכות
הוי"ה	קוץ של י'	י	ה	ו	ה
אורות	יחידה	חיה	נשמה	רוח	נפש
מלוי	שורש הוי"ה	ע"ב - יוד הי ויו הי	ס"ג - יוד הי ואו הי	מ"ה - יוד הא ואו הא	ב"ן - יוד הה וו הה
טנת"א	שורשים	טעמים	נקודות	תגין	אותיות
נקודות	קמץ	פתח	צרי	סגול, שוה, חולם חיריק, קבוץ, שורוק	אין ניקוד
אדם	גולגולתא	מוח ימין	מוח שמאל	גוף וברית	עטרת היסוד
מל"צ	מ - מקיף, יחידה	ל - מקיף, חיה	מוח	לב	כבד
שנגל"ה	שורש	נשמה	גוף	לבוש	היכל
י"ב פרצופים	ע"ו'ן אאו"ן	או"א עלאין	ישסו"ת	זו"ן	יעק"ר
כל צמא	אורות	מוחין	צלמים	לבושים	כלים
אברים	מוח	עצמות	גידין	בשר	עור
חושים	מוח	ראיה	שמיעה	ריח	דיבור
מחצבים	א"ס	ספירות	נשמות	מלאכים	חושך
צלם	מ' מקיף ב'	ל' מקיף א'	צ' מוח	צ' לב	צ' כבד
דהחצ"מ	אלוקות	מדבר	חי	צומח	דומם
יסודות	יולי	מים	אש	רוח	עפר
רקיעים	ערבות	ערבות	ערבות	מכון, מעון, זבול שחקים, רקיע	וילון
גלגלים	גלגל השכל	גלגל היומי	מזלות	ככבים	לבנה
היכלות	קודש קודשים	קודש קודשים	קודש קודשים	אהבה, זכות, רצון, נוגה, עצם השמים, לבנת הספיר	לבנת הספיר
מלוי הוי"ה		מו - וד יי יי י	לז - וד י או י	יט - וד א או א	כו - וד ה ו ה
אהי"ה		קס"א - אלף הי יוד הי	קס"א - אלף הי יוד הי	קמ"ג - אלף הא יוד הא	קנ"א - אלף הה יוד הה

תרשים ג - א

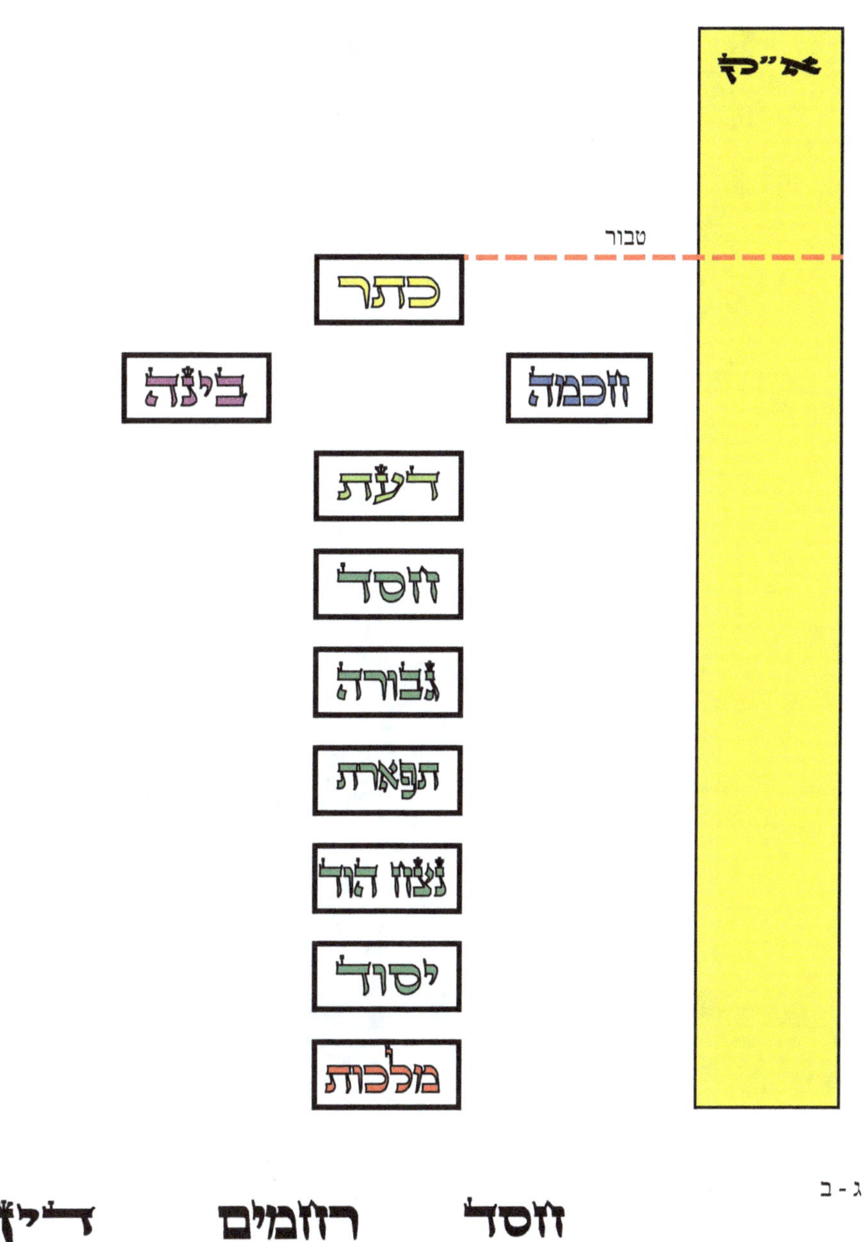

תרשים ג - ב

תרשים ג - ג

אור הכתר
חב"ד חג"ת נה"ים
כלי הכתר
כלי הבינה
כלי החכמה
כלי הדעת
כלי החסד
כלי הגבורה
כלי התפארת
כלי הנצח- הוד
כלי היסוד
כלי המלכות
אור הכתר דנקודים עם האורות
שתחתיו התלבשו בכלי
הכתר דנקודים
כלי הכתר דנקודים יכל לסבול
את כל אורו יחד עם האורות
שתחתיו, ולא נשבר
כתר דבי"ע
חכמה דבי"ע
בינה דבי"ע
דעת דבי"ע
חסד דבי"ע
גבורה דבי"ע
תפארת דבי"ע
נצח הוד דבי"ע
יסוד דבי"ע
מלכות דבי"ע
ב
ל
"
ע

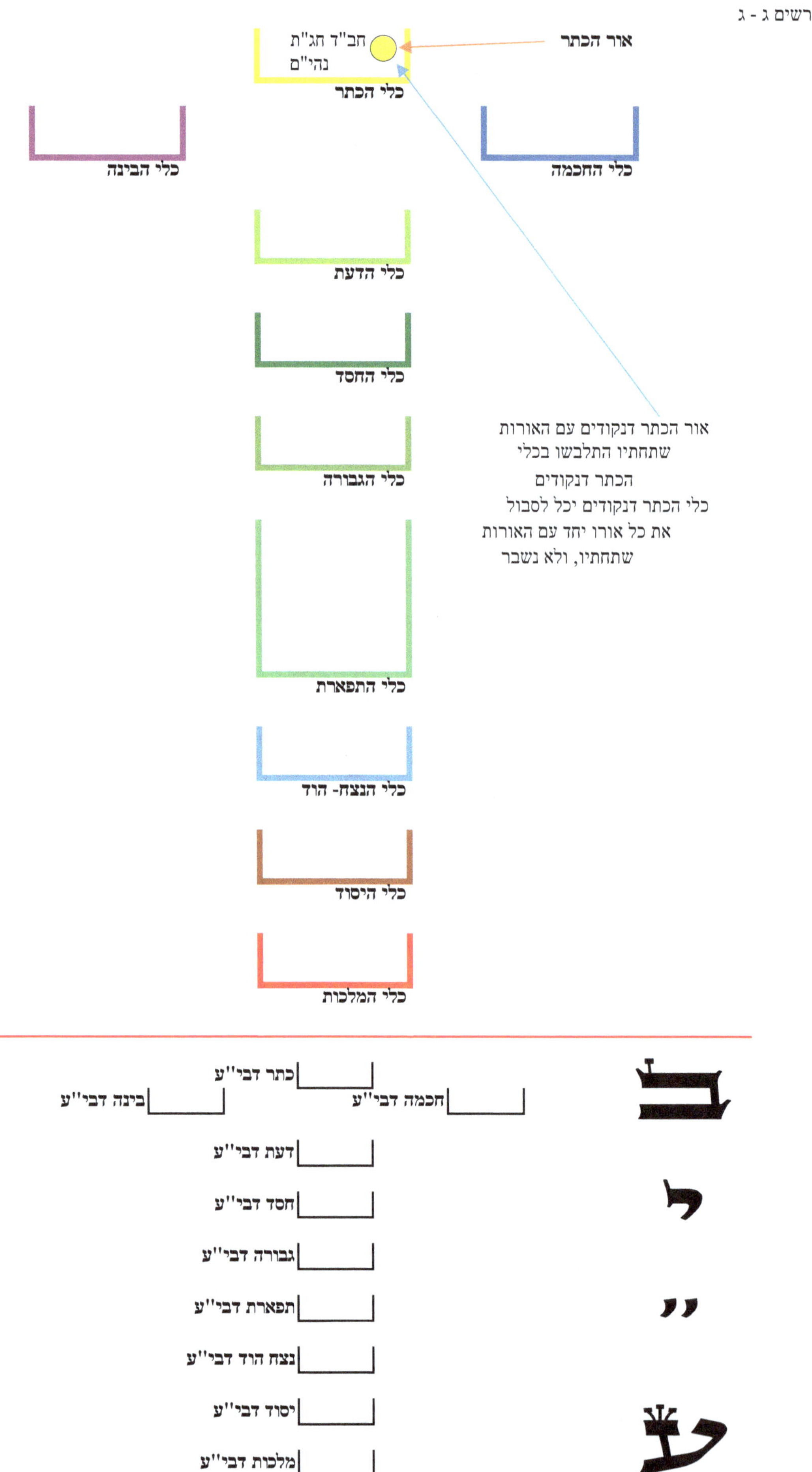

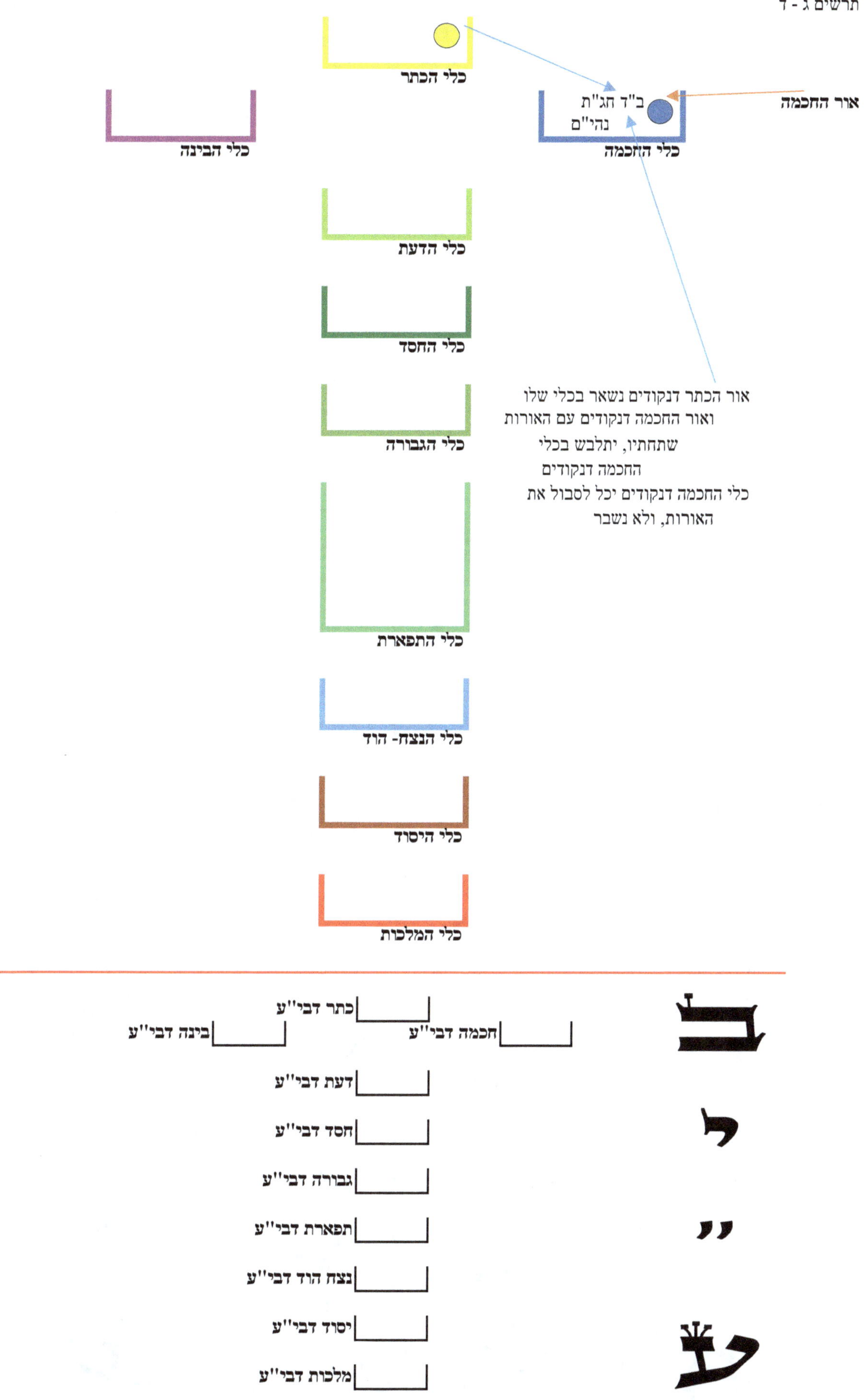
כלי הכתר
אור החכמה
ב"ד חג"ת נה"ים
כלי החכמה
כלי הבינה
כלי הדעת
כלי החסד
כלי הגבורה
כלי התפארת
כלי הנצח- הוד
כלי היסוד
כלי המלכות
אור הכתר דנקודים נשאר בכלי שלו
ואור החכמה דנקודים עם האורות
שתחתיו, יתלבש בכלי
החכמה דנקודים
כלי החכמה דנקודים יכל לסבול את
האורות, ולא נשבר
כתר דבי"ע
חכמה דבי"ע
בינה דבי"ע
דעת דבי"ע
חסד דבי"ע
גבורה דבי"ע
תפארת דבי"ע
נצח הוד דבי"ע
יסוד דבי"ע
מלכות דבי"ע
ב
ל
"
ע

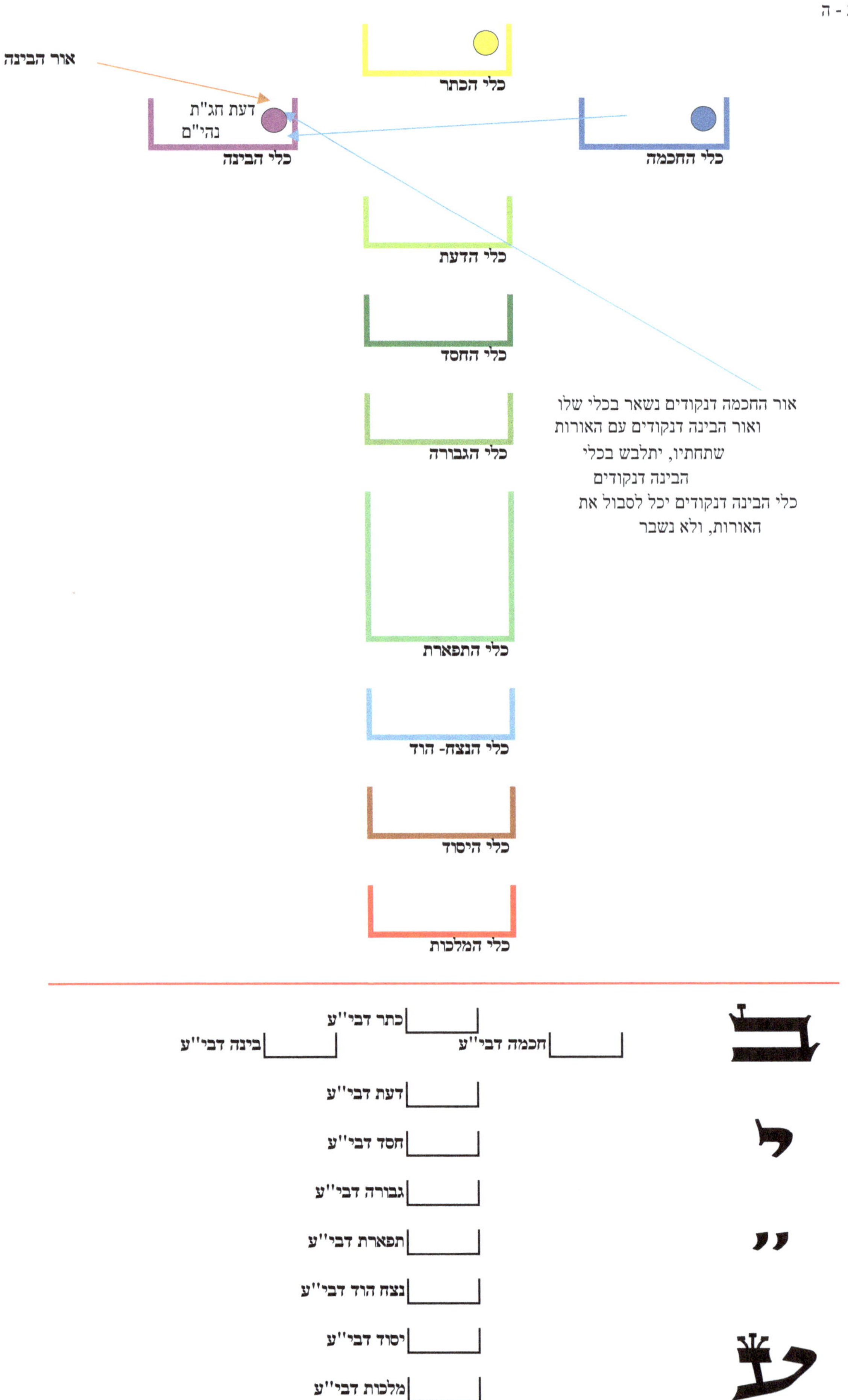
אור הבינה
דעת חג"ת
נהי"ם
כלי הכתר
כלי הבינה
כלי החכמה
כלי הדעת
כלי החסד
כלי הגבורה
כלי התפארת
כלי הנצח- הוד
כלי היסוד
כלי המלכות
אור החכמה דנקודים נשאר בכלי שלו
ואור הבינה דנקודים עם האורות
שתחתיו, יתלבש בכלי
הבינה דנקודים
כלי הבינה דנקודים יכל לסבול את
האורות, ולא נשבר
כתר דבי"ע
חכמה דבי"ע
בינה דבי"ע
דעת דבי"ע
חסד דבי"ע
גבורה דבי"ע
תפארת דבי"ע
נצח הוד דבי"ע
יסוד דבי"ע
מלכות דבי"ע
ב
ל
"
ע

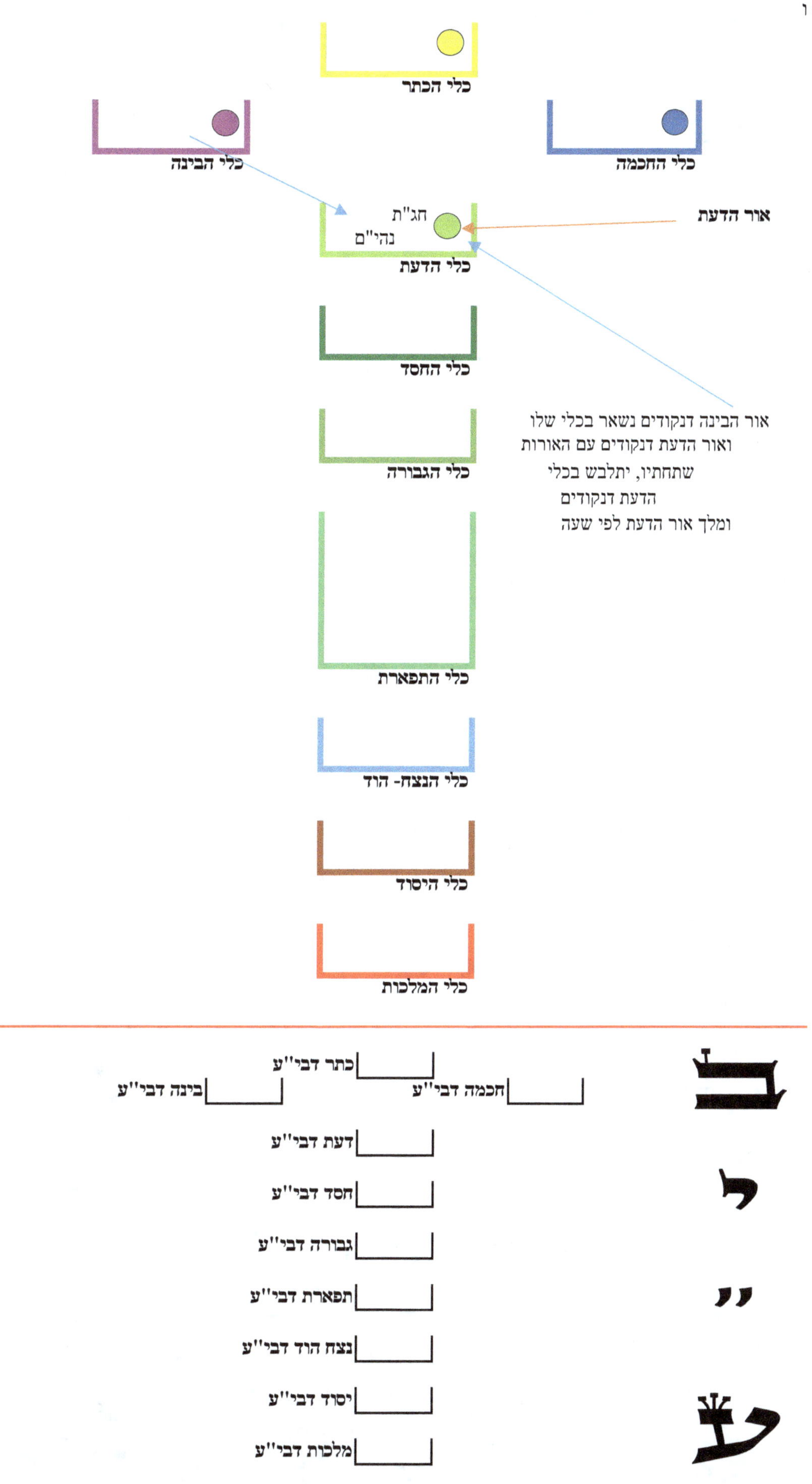

כלי הכתר
כלי הבינה
כלי החכמה
אור הדעת
חג"ת
נהי"ם
כלי הדעת
כלי החסד
כלי הגבורה
כלי התפארת
כלי הנצח- הוד
כלי היסוד
כלי המלכות
אור הבינה דנקודים נשאר בכלי שלו
ואור הדעת דנקודים עם האורות
שתחתיו, יתלבש בכלי
הדעת דנקודים
ומלך אור הדעת לפי שעה
כתר דבי"ע
חכמה דבי"ע
בינה דבי"ע
דעת דבי"ע
חסד דבי"ע
גבורה דבי"ע
תפארת דבי"ע
נצח הוד דבי"ע
יסוד דבי"ע
מלכות דבי"ע
ב
ל
"
ע

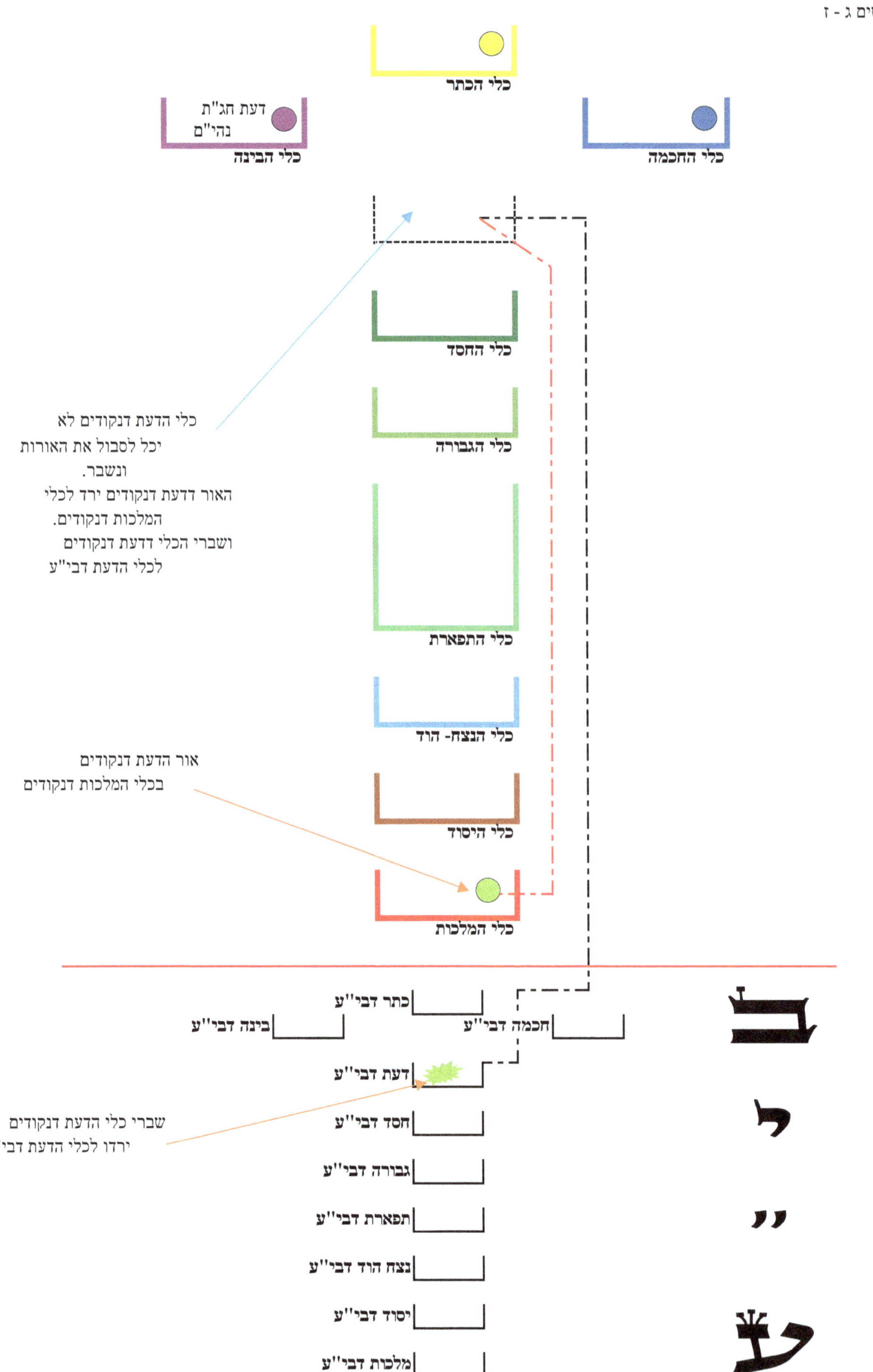

כלי הכתר
דעת חג"ת נהי"ם
כלי הבינה
כלי החכמה
כלי הדעת דנקודים לא יכל לסבול את האורות ונשבר.
האור דדעת דנקודים ירד לכלי המלכות דנקודים.
ושברי הכלי דדעת דנקודים לכלי הדעת דבי"ע
כלי החסד
כלי הגבורה
כלי התפארת
כלי הנצח- הוד
כלי היסוד
אור הדעת דנקודים בכלי המלכות דנקודים
כלי המלכות
כתר דבי"ע
חכמה דבי"ע
בינה דבי"ע
דעת דבי"ע
שברי כלי הדעת דנקודים ירדו לכלי הדעת דבי"ע
חסד דבי"ע
גבורה דבי"ע
תפארת דבי"ע
נצח הוד דבי"ע
יסוד דבי"ע
מלכות דבי"ע
ב ל ” ע

תרשימים שער ט' פרק ג'

תרשים ג - ח

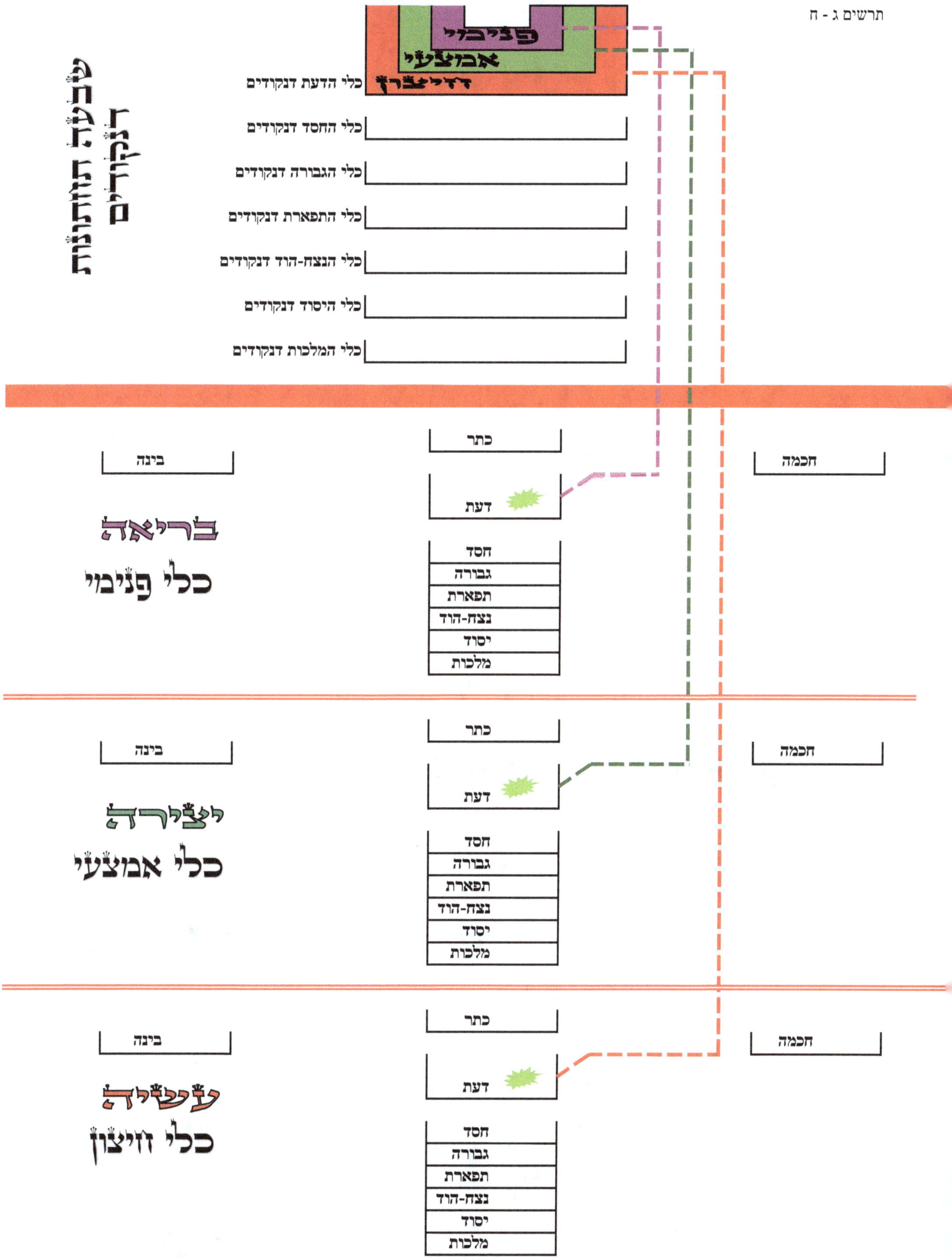

שבעה תחתונות דנקודים
פנימי
אמצעי
חיצון
כלי הדעת דנקודים
כלי החסד דנקודים
כלי הגבורה דנקודים
כלי התפארת דנקודים
כלי הנצח-הוד דנקודים
כלי היסוד דנקודים
כלי המלכות דנקודים
בריאה
כלי פנימי
כתר
בינה
חכמה
דעת
חסד
גבורה
תפארת
נצח-הוד
יסוד
מלכות
יצירה
כלי אמצעי
כתר
בינה
חכמה
דעת
חסד
גבורה
תפארת
נצח-הוד
יסוד
מלכות
עשיה
כלי חיצון
כתר
בינה
חכמה
דעת
חסד
גבורה
תפארת
נצח-הוד
יסוד
מלכות

תרשימים שער ט' פרק ג'

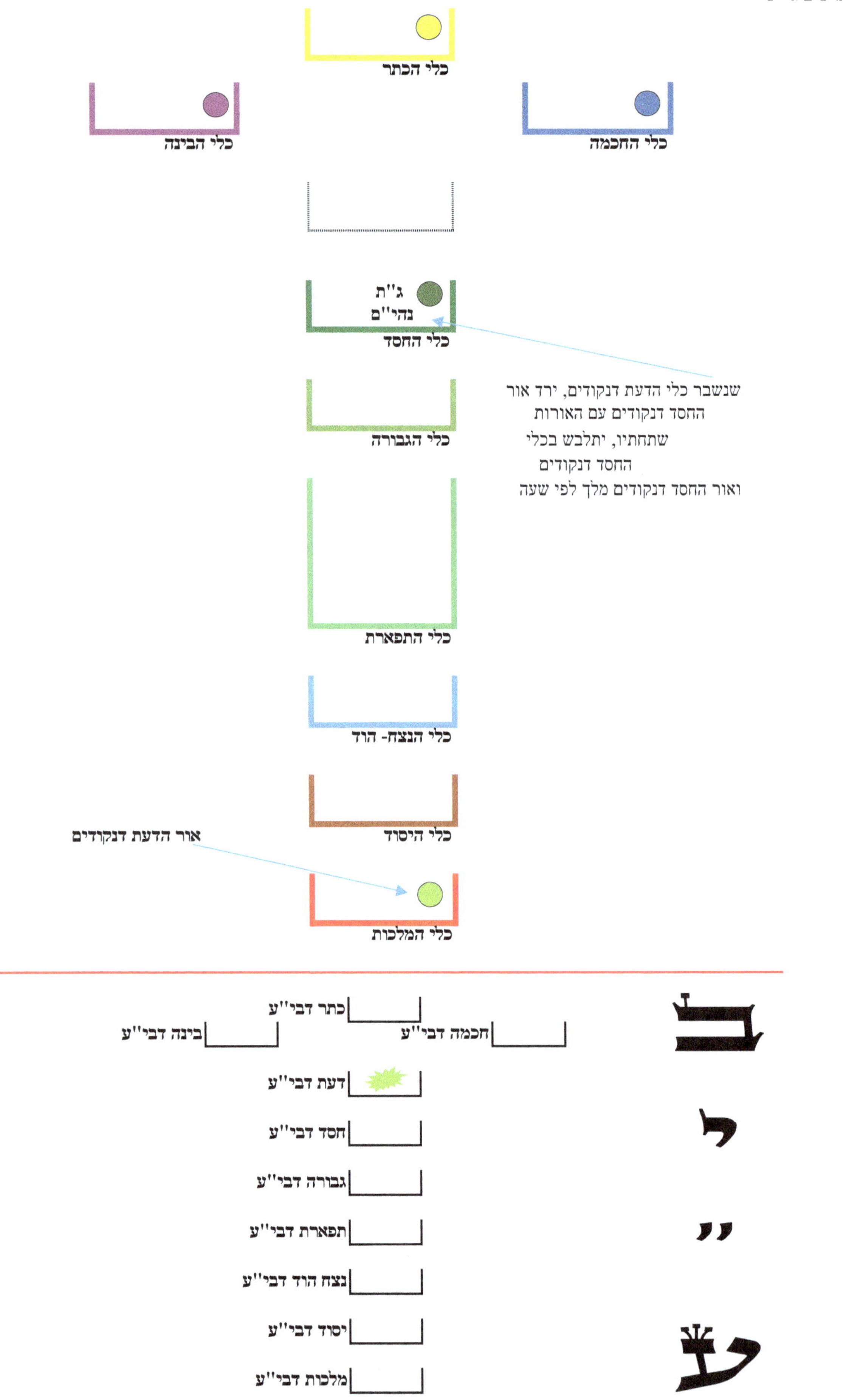

תרשים ג - י

כלי הכתר
כלי הבינה
כלי החכמה
כלי הגבורה
כלי התפארת
כלי הנצח- הוד
כלי היסוד
כלי המלכות
כלי החסד דנקודים לא יכל לסבול את האורות ונשבר.
האור דחסד דנקודים ירד לכלי היסוד דנקודים.
ושברי הכלי דחסד דנקודים ירד לכלי הבינה דבי"ע
אור החסד דנקודים בכלי היסוד דנקודים
כתר דבי"ע
בינה דבי"ע
חכמה דבי"ע
דעת דבי"ע
חסד דבי"ע
גבורה דבי"ע
תפארת דבי"ע
נצח הוד דבי"ע
יסוד דבי"ע
מלכות דבי"ע
שברי כלי החסד דנקודים ירדו לכלי החסד דבי"ע
ב
ל
"
ע

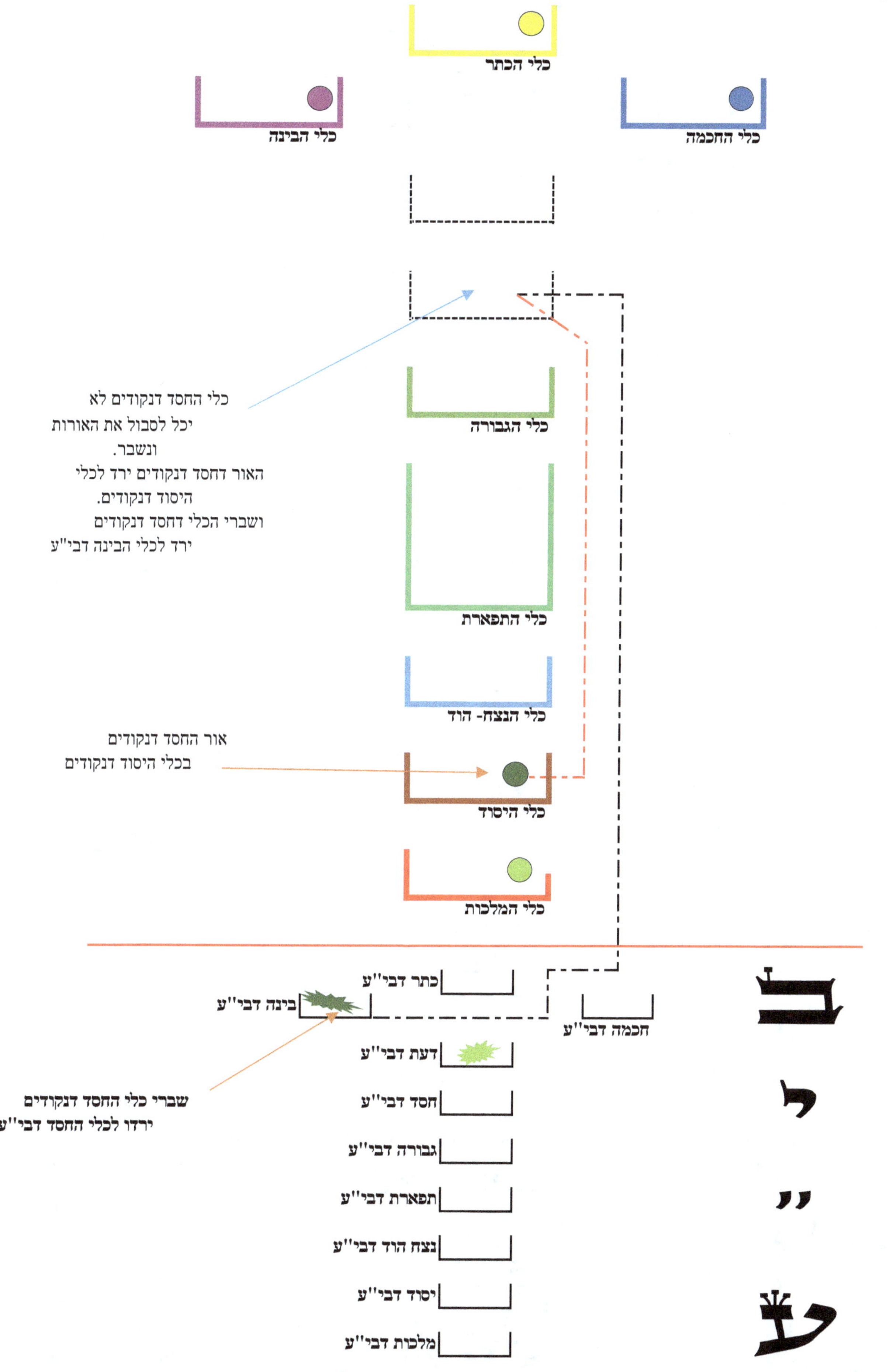

תרשימים שער ט' פרק ג'

תרשים ג - י"א

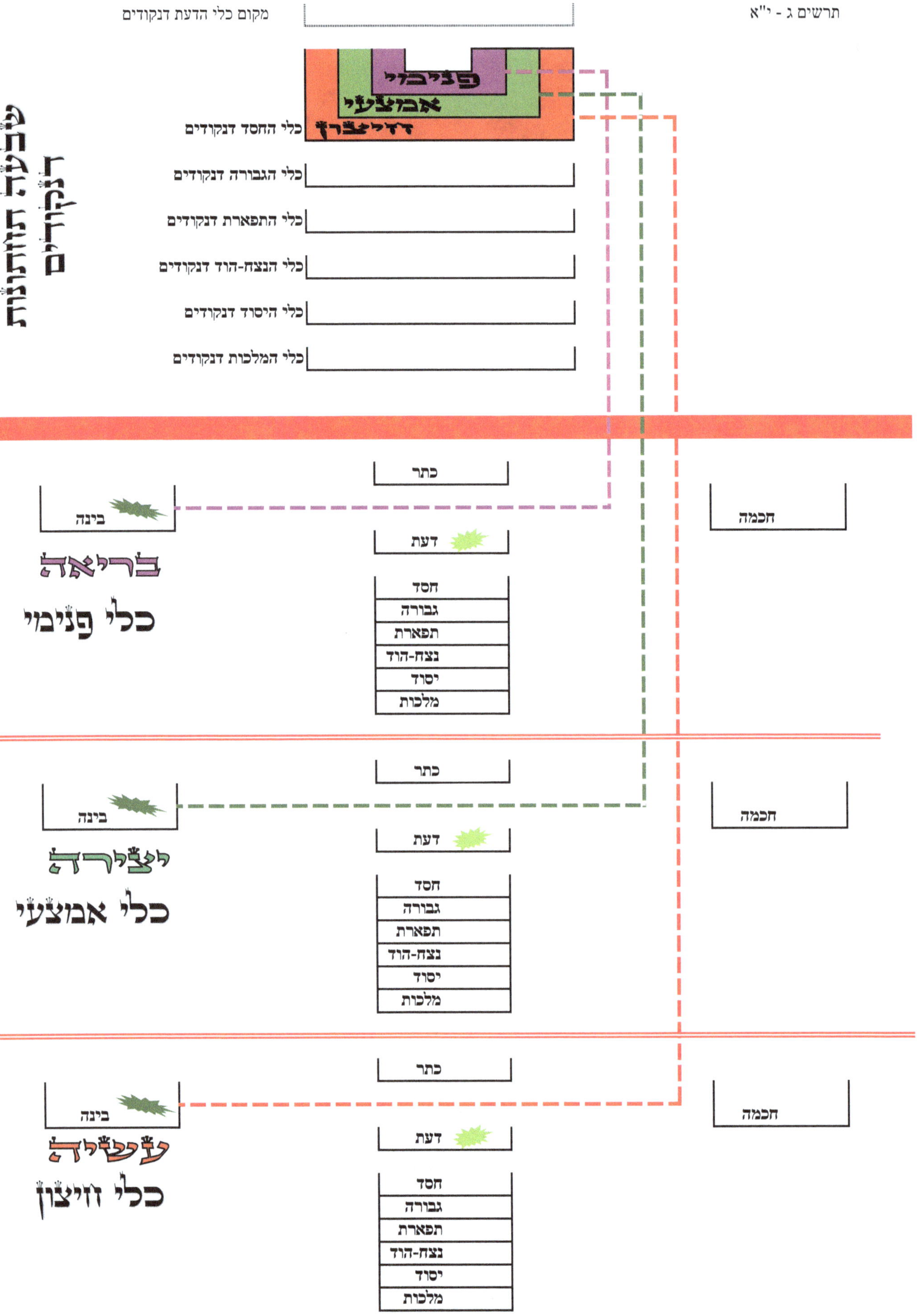

מקום כלי הדעת דנקודים
פנימי
אמצעי
חיצון
כלי החסד דנקודים
כלי הגבורה דנקודים
כלי התפארת דנקודים
כלי הנצח-הוד דנקודים
כלי היסוד דנקודים
כלי המלכות דנקודים
שבעה תחתונות דנקודים
כתר
בינה
חכמה
דעת
חסד
גבורה
תפארת
נצח-הוד
יסוד
מלכות
בריאה
כלי פנימי
כתר
בינה
חכמה
דעת
חסד
גבורה
תפארת
נצח-הוד
יסוד
מלכות
יצירה
כלי אמצעי
כתר
בינה
חכמה
דעת
חסד
גבורה
תפארת
נצח-הוד
יסוד
מלכות
עשיה
כלי חיצון

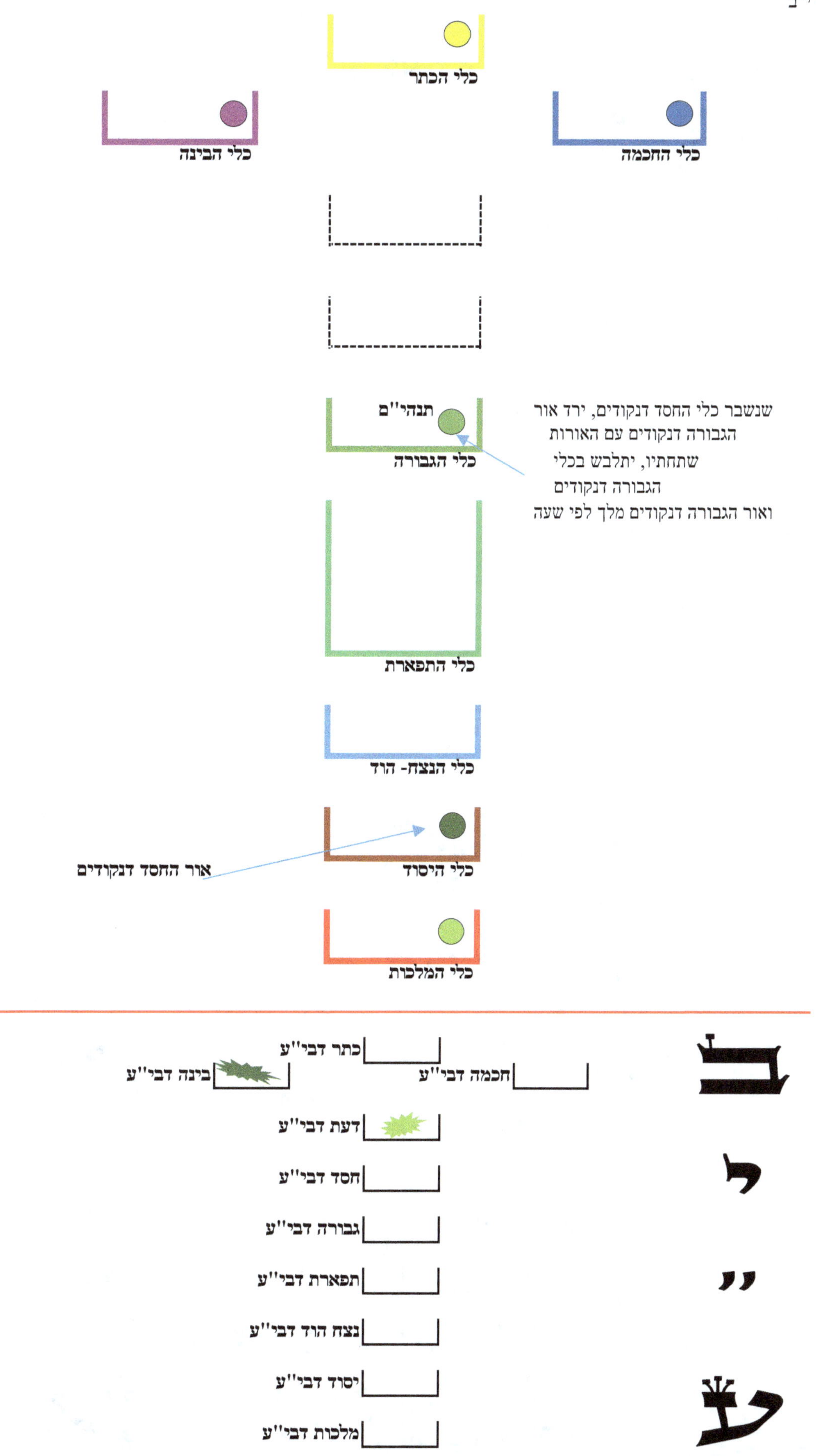

כלי הכתר
כלי הבינה
כלי החכמה
תנהי"ם
כלי הגבורה
שנשבר כלי החסד דנקודים, ירד אור
הגבורה דנקודים עם האורות
שתחתיו, יתלבש בכלי
הגבורה דנקודים
ואור הגבורה דנקודים מלך לפי שעה
כלי התפארת
כלי הנצח- הוד
אור החסד דנקודים
כלי היסוד
כלי המלכות
כתר דבי"ע
חכמה דבי"ע
בינה דבי"ע
דעת דבי"ע
חסד דבי"ע
גבורה דבי"ע
תפארת דבי"ע
נצח הוד דבי"ע
יסוד דבי"ע
מלכות דבי"ע
ב
ל
"
ע

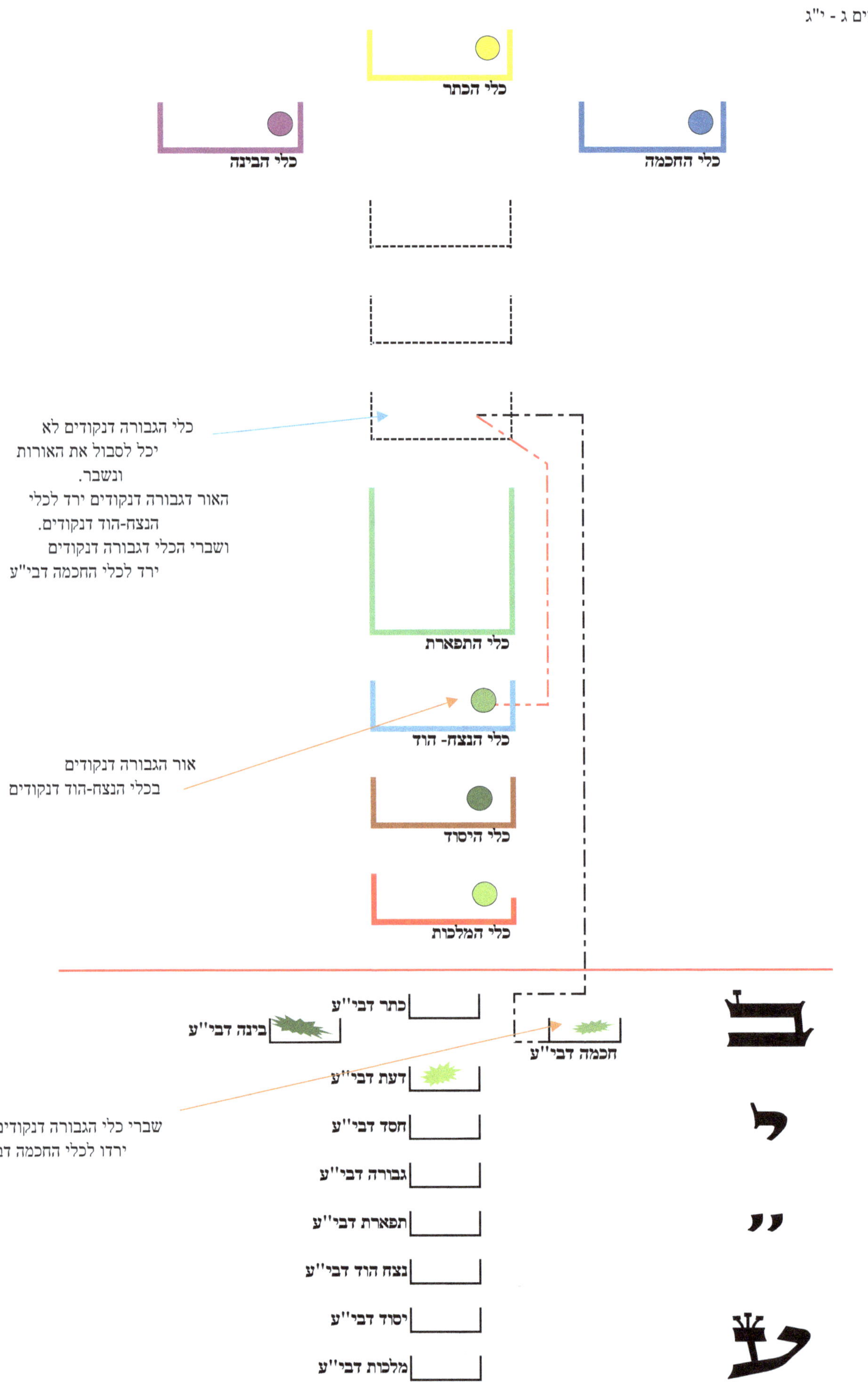
תרשים ג - י"ג
כלי הכתר
כלי הבינה
כלי החכמה
כלי הגבורה דנקודים לא יכל לסבול את האורות ונשבר.
האור דגבורה דנקודים ירד לכלי הנצח-הוד דנקודים.
ושברי הכלי דגבורה דנקודים ירד לכלי החכמה דבי"ע
כלי התפארת
אור הגבורה דנקודים בכלי הנצח-הוד דנקודים
כלי הנצח- הוד
כלי היסוד
כלי המלכות
כתר דבי"ע
בינה דבי"ע
חכמה דבי"ע
דעת דבי"ע
שברי כלי הגבורה דנקודים ירדו לכלי החכמה דבי"ע
חסד דבי"ע
גבורה דבי"ע
תפארת דבי"ע
נצח הוד דבי"ע
יסוד דבי"ע
מלכות דבי"ע
ב
ל
"
ע

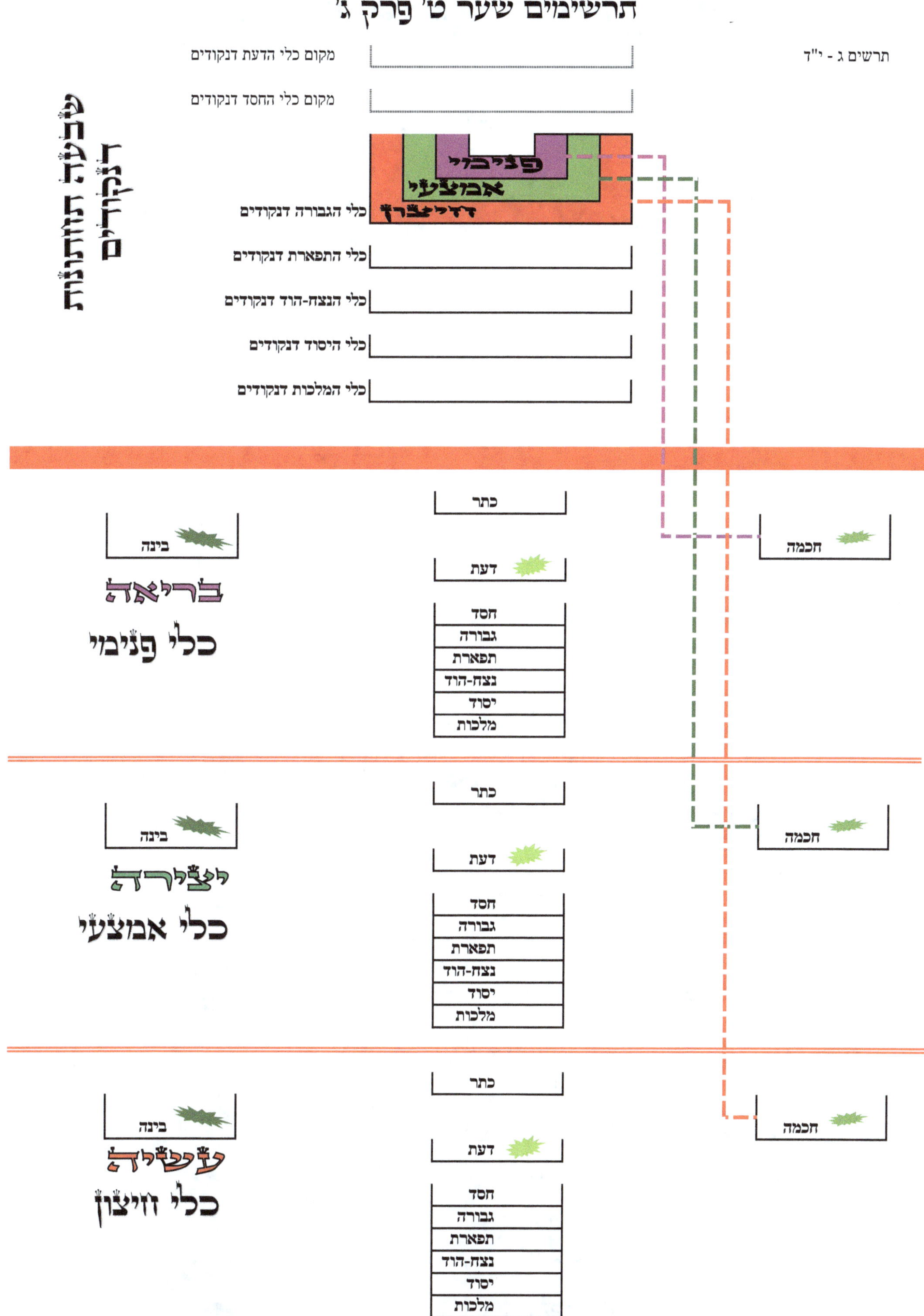
תרשימים שער ט' פרק ג'
תרשים ג - י"ד
מקום כלי הדעת דנקודים
מקום כלי החסד דנקודים
עולם הנקודים תיקון התוהו
פנימי
אמצעי
חיצון
כלי הגבורה דנקודים
כלי התפארת דנקודים
כלי הנצח-הוד דנקודים
כלי היסוד דנקודים
כלי המלכות דנקודים
בינה
כתר
חכמה
דעת
בריאה
כלי פנימי
חסד
גבורה
תפארת
נצח-הוד
יסוד
מלכות
בינה
כתר
חכמה
דעת
יצירה
כלי אמצעי
חסד
גבורה
תפארת
נצח-הוד
יסוד
מלכות
כתר
חכמה
דעת
עשיה
כלי חיצון
חסד
גבורה
תפארת
נצח-הוד
יסוד
מלכות

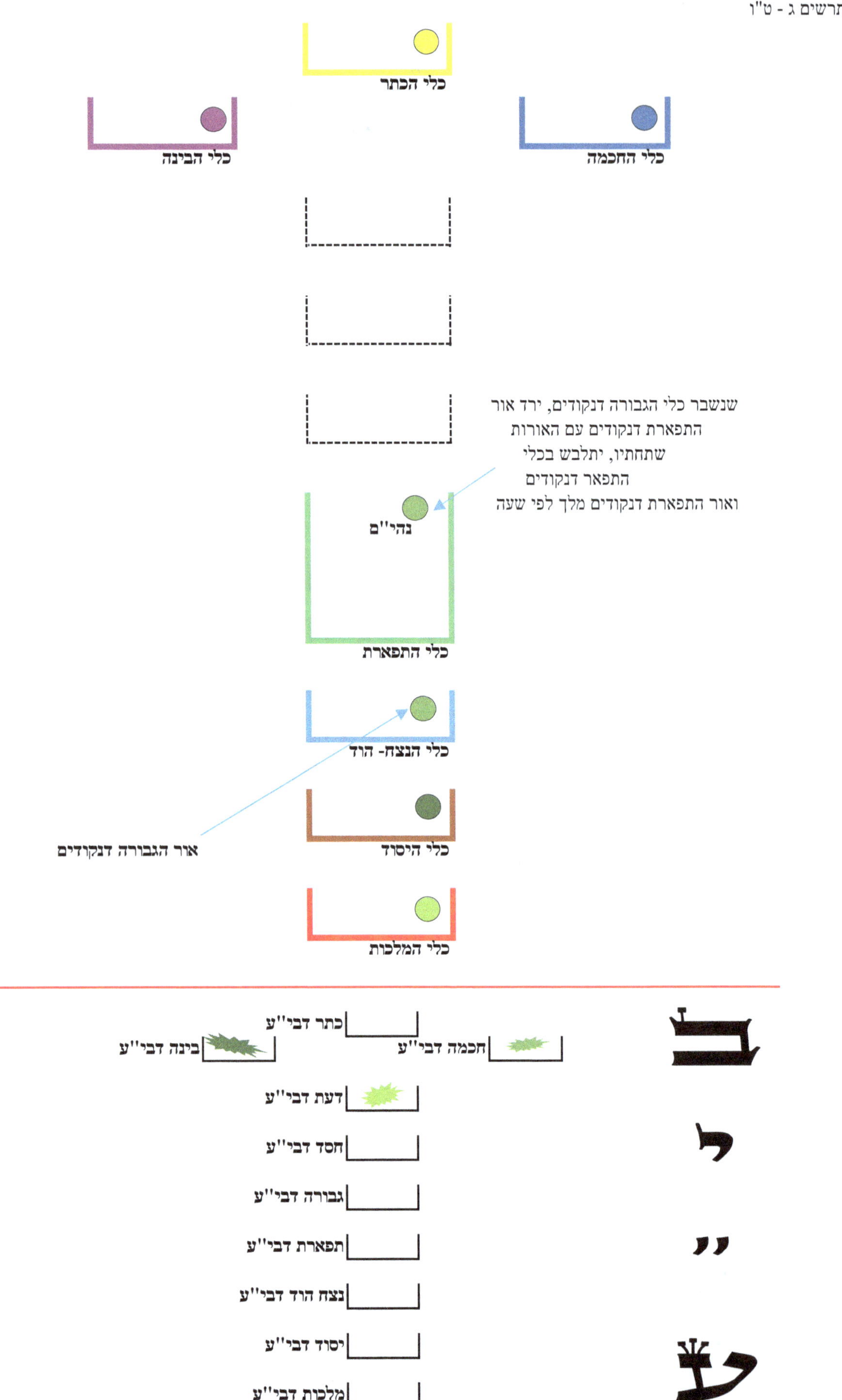
כלי הכתר
כלי הבינה
כלי החכמה
שנשבר כלי הגבורה דנקודים, ירד אור
התפארת דנקודים עם האורות
שתחתיו, יתלבש בכלי
התפאר דנקודים
ואור התפארת דנקודים מלך לפי שעה
בהי"ם
כלי התפארת
כלי הנצח- הוד
כלי היסוד
אור הגבורה דנקודים
כלי המלכות
כתר דבי"ע
חכמה דבי"ע
בינה דבי"ע
דעת דבי"ע
חסד דבי"ע
גבורה דבי"ע
תפארת דבי"ע
נצח הוד דבי"ע
יסוד דבי"ע
מלכות דבי"ע
ב
ל
"
ע

תרשים ג - ט"ז

כלי הכתר
כלי הבינה
כלי החכמה
כלי תפארת דנקודים לא יכל לסבול את האורות ונשבר.
האור דתפארת דנקודים נשאר במקום הכלי שלו
ושברי הכלי תפארת דנקודים ירד לכלי הכתר דבי"ע
כלי הנצח- הוד
אור הגבורה דנקודים בכלי הנצח-הוד דנקודים
כלי היסוד
כלי המלכות
כתר דבי"ע
בינה דבי"ע
חכמה דבי"ע
דעת דבי"ע
שברי כלי התפארת דנקודים ירדו לכלי הכתר דבי"ע
חסד דבי"ע
גבורה דבי"ע
תפארת דבי"ע
נצח הוד דבי"ע
יסוד דבי"ע
מלכות דבי"ע
ב
ל
"
ש

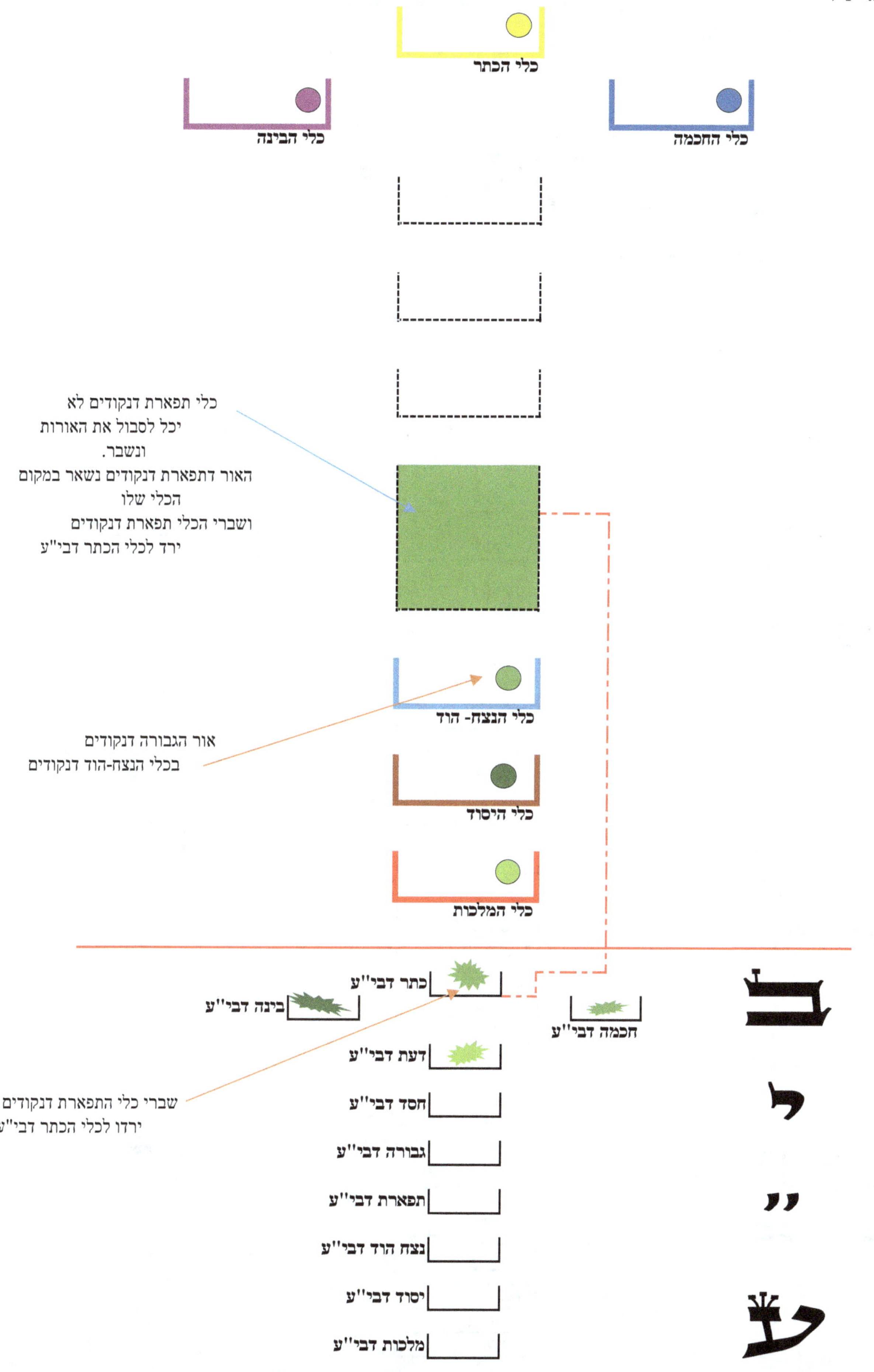

תרשים ג - י"ז

מקום כלי הדעת דנקודים

מקום כלי החסד דנקודים

מקום כלי הגבורה דנקודים

פנימי
אמצעי
חיצון

כלי התפארת דנקודים

כלי הנצח-הוד דנקודים

כלי היסוד דנקודים

כלי המלכות דנקודים

עולמות אבי"ע
הכלים המתלבשים

בריאה
כלי פנימי

בינה

חכמה

כתר

דעת

חסד
גבורה
תפארת
נצח-הוד
יסוד
מלכות

יצירה
כלי אמצעי

בינה

חכמה

כתר

דעת

חסד
גבורה
תפארת
נצח-הוד
יסוד
מלכות

עשיה
כלי חיצון

בינה

חכמה

כתר

דעת

חסד
גבורה
תפארת
נצח-הוד
יסוד
מלכות

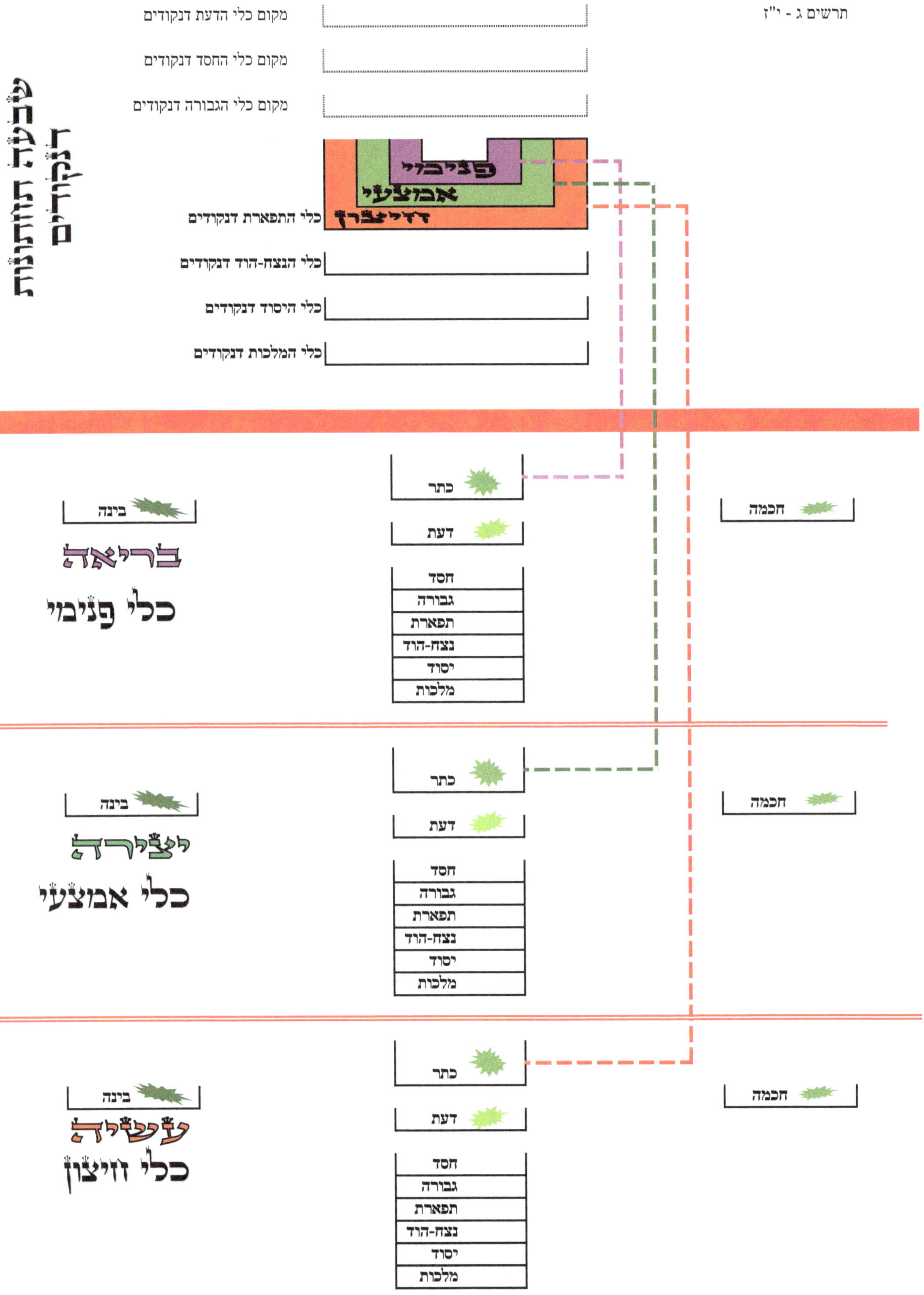

תרשימים שער ט' פרק ג'

תרשים ג - י"ח

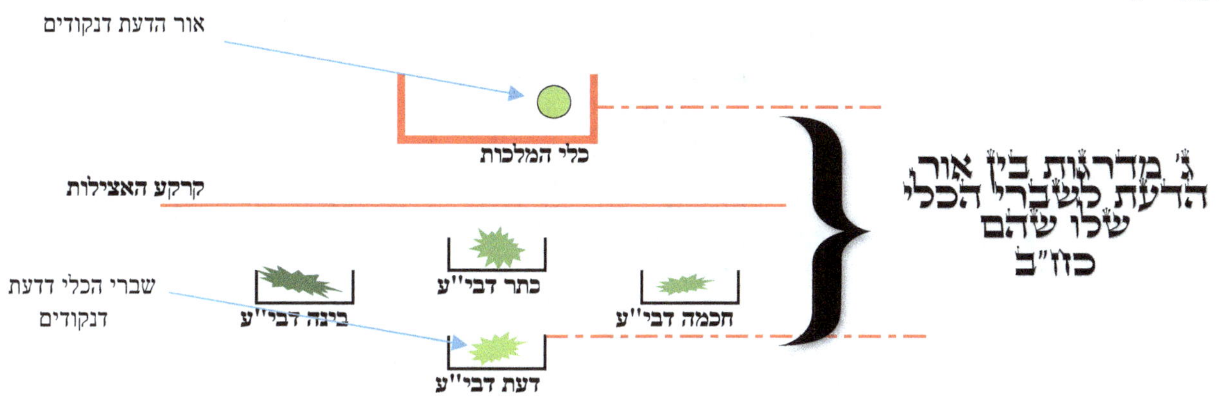

אור הדעת דנקודים
כלי המלכות
קרקע האצילות
ג' מדרגות בין אור הדעת לשברי הכלי שלו שהם כוז"ב
שברי הכלי דדעת דנקודים
כתר דבי"ע
בינה דבי"ע
חכמה דבי"ע
דעת דבי"ע

תרשים ג - י"ט

אור התפארת דנקודים בלי כלי
אור הגבורה דנקודים בכלי נצח-הוד דנקודים
כלי הנצח- הוד
אור החסד דנקודים בכלי היסוד דנקודים
כלי היסוד
אור הדעת דנקודים בכלי המלכות דנקודים
כלי המלכות
קרקע האצילות
ג' מדרגות בין כל אור דנקודים, לשברי הכלי שלו הנמצאים בכוזב"ד דבי"ע
שברי כלי התפארת דנקודים, בכלי הכתר דבי"ע
כתר דבי"ע
שברי כלי הגבורה דנקודים בכלי הבינה דבי"ע
חכמה דבי"ע
שברי כלי החסד דנקודים, בכלי החכמה דבי"ע
בינה דבי"ע
שברי כלי הדעת דנקודים, בכלי הדעת דבי"ע
דעת דבי"ע

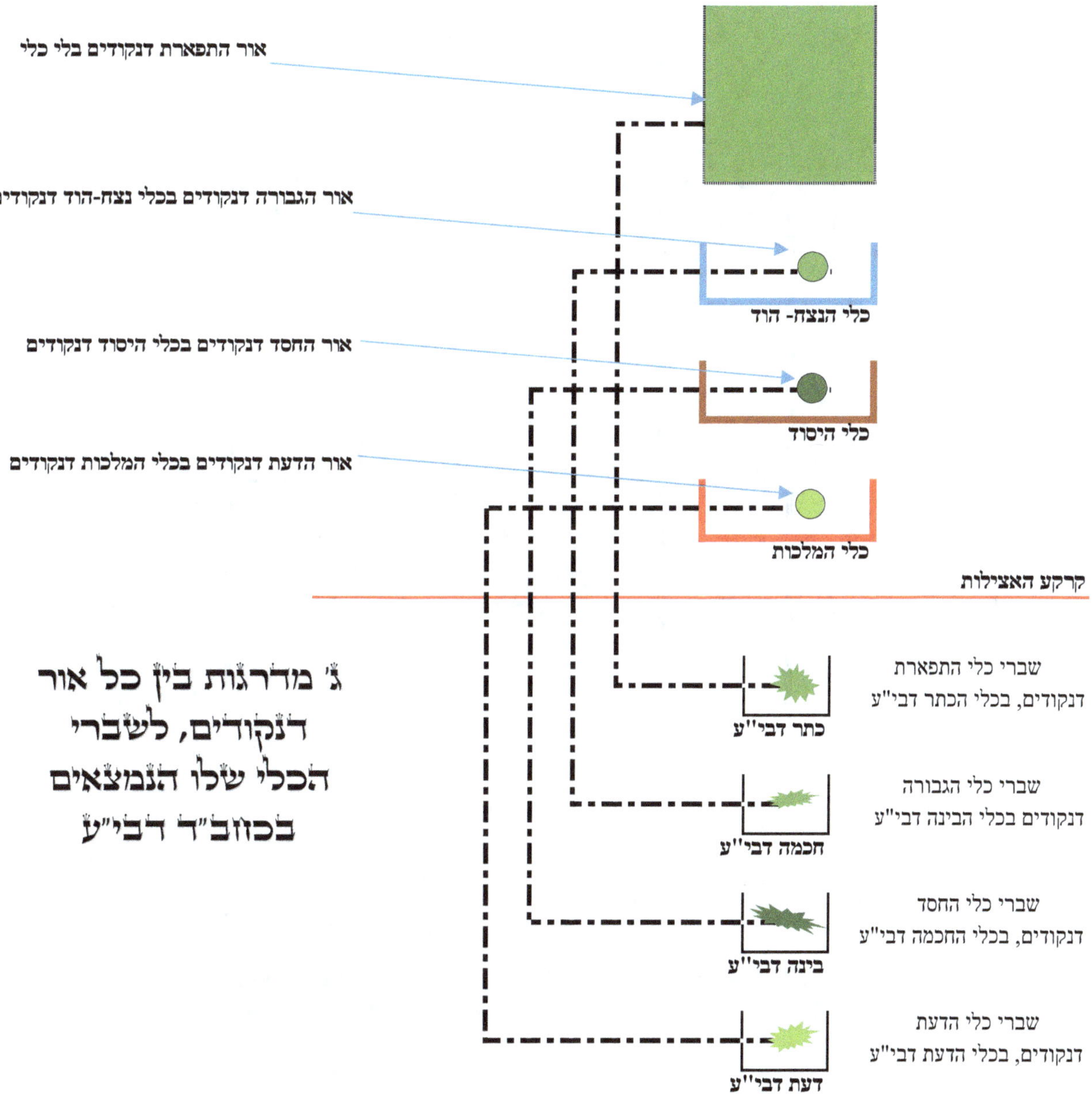

כתר
חב"ד
חג"ת
נה"י
פנים
חב"ד
חג"ת
נה"י
אמצע
חב"ד
חג"ת
נה"י
אזור
פנים
אמצע
אזור
אזורי דנה"י דכתר נפגם
בינה
חב"ד
חג"ת
נה"י
חב"ד
חג"ת
נה"י
חב"ד
חג"ת
נה"י
פנים
אמצע
אזור
חכמה
חב"ד
חג"ת
נה"י
חב"ד
חג"ת
נה"י
חב"ד
חג"ת
נה"י
פנים
אמצע
אזור
אזורי דזו"ן נתבטלו
כתפים
חזה
טבור
שליש א'
שליש ב'
שליש ג'
ת"ת

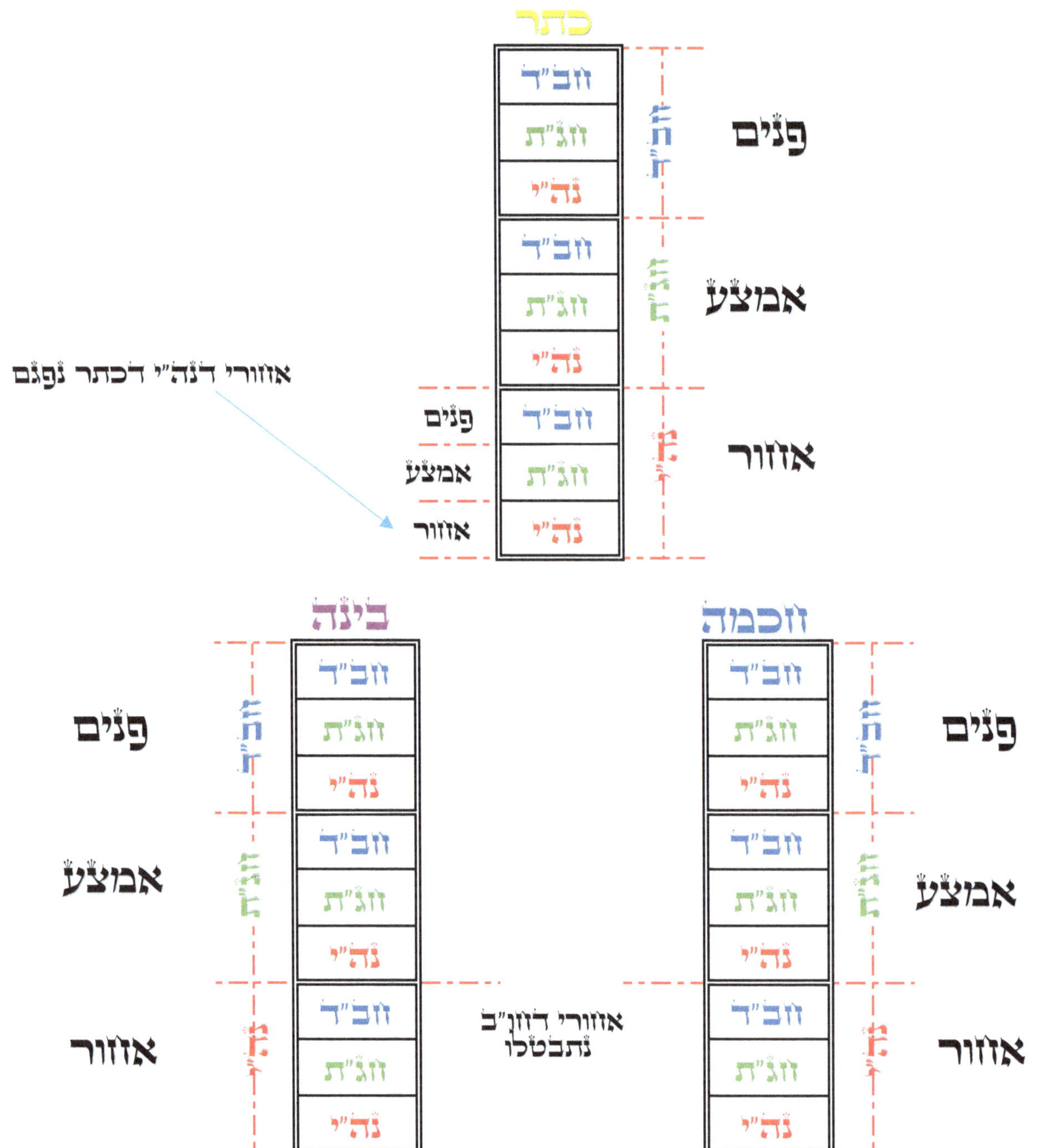

תרשים ג - כ"א

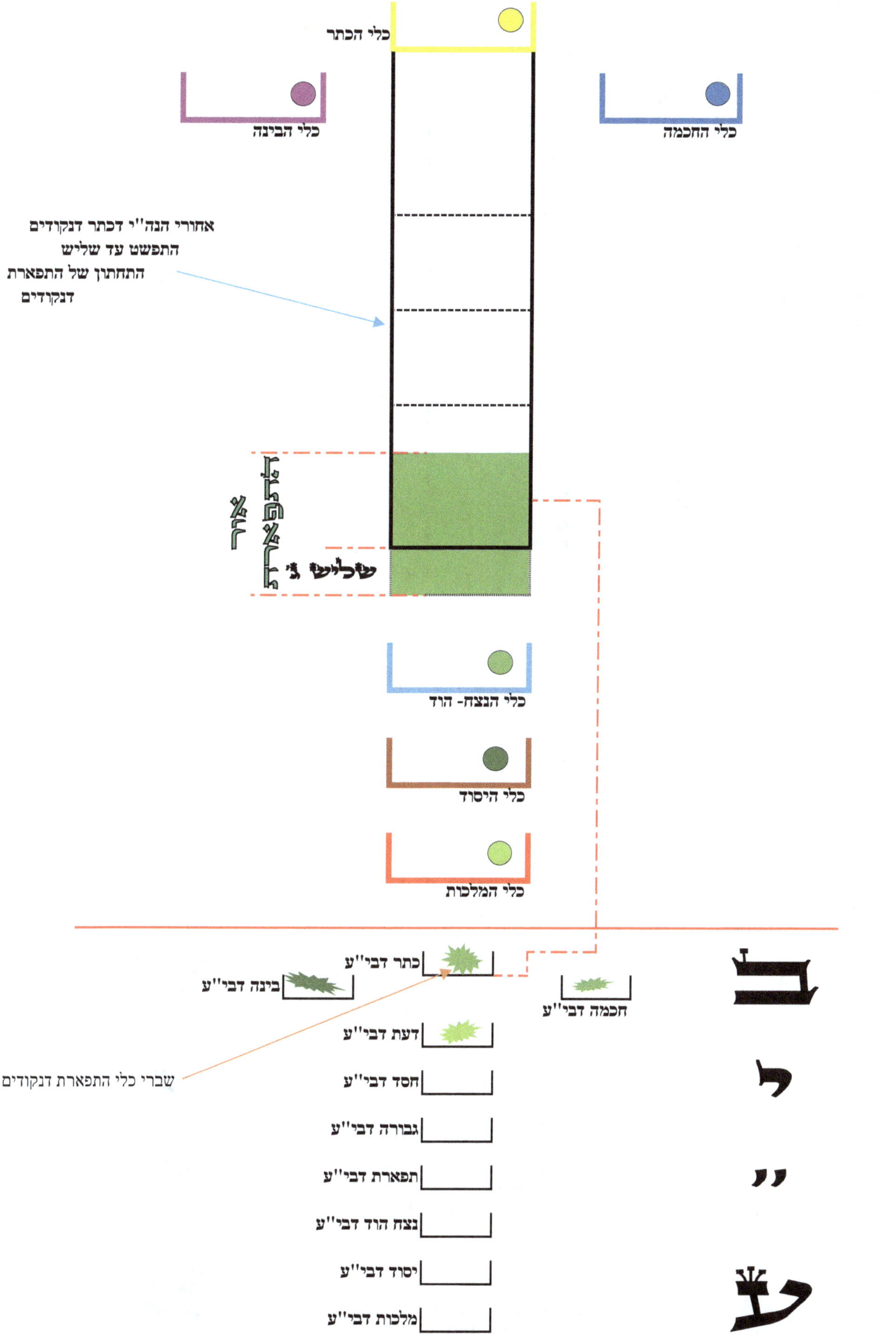
כלי הכתר
כלי הבינה
כלי החכמה
אחורי הנה"י דכתר דנקודים
התפשט עד שליש
התחתון של התפארת
דנקודים
שליש ג' התפארת
כלי הנצח- הוד
כלי היסוד
כלי המלכות
כתר דבי"ע
בינה דבי"ע
חכמה דבי"ע
דעת דבי"ע
חסד דבי"ע
גבורה דבי"ע
תפארת דבי"ע
נצח הוד דבי"ע
יסוד דבי"ע
מלכות דבי"ע
שברי כלי התפארת דנקודים
ב
ל
"
ש

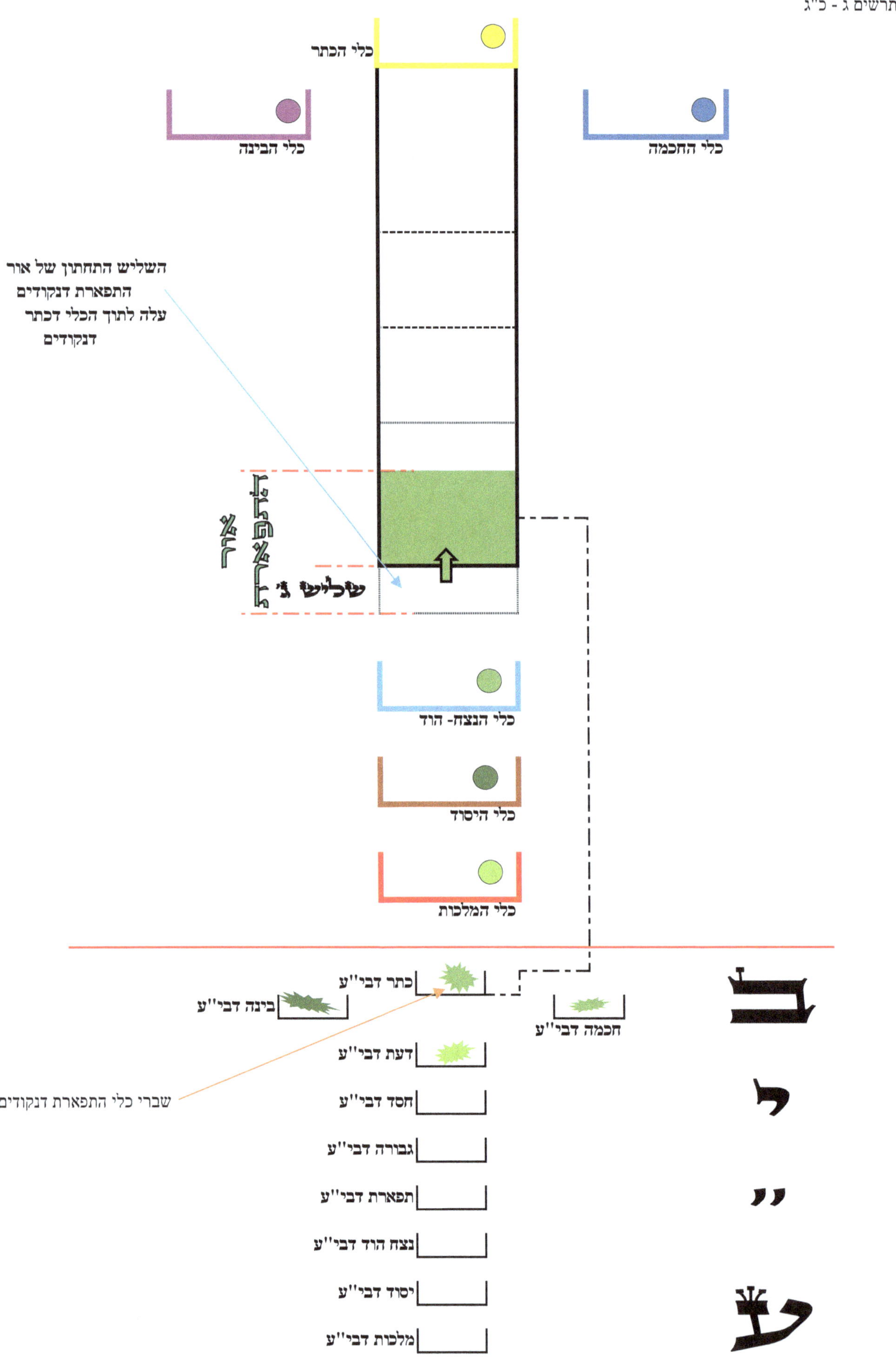
כלי הכתר
כלי הבינה
כלי החכמה
השליש התחתון של אור התפארת דנקודים עלה לתוך הכלי דכתר דנקודים
אור התפארת
שליש ג'
כלי הנצח- הוד
כלי היסוד
כלי המלכות
כתר דבי"ע
בינה דבי"ע
חכמה דבי"ע
דעת דבי"ע
שברי כלי התפארת דנקודים
חסד דבי"ע
גבורה דבי"ע
תפארת דבי"ע
נצח הוד דבי"ע
יסוד דבי"ע
מלכות דבי"ע
ב
ל
"
ע

תרשים ג - כ"ד

כלי הכתר

כלי הבינה

כלי החכמה

מקום כלי הדעת דנקודים

אור הדעת דנקודים עלה למקום הכלי דליה שהוא בתוך הכלי דכתר דנקודים

שליש ג' האמצעי

כלי הנצח- הוד

אור הדעת דנקודים השאיר רשימו בכלי המלכות דנקודים

כלי היסוד

כלי המלכות

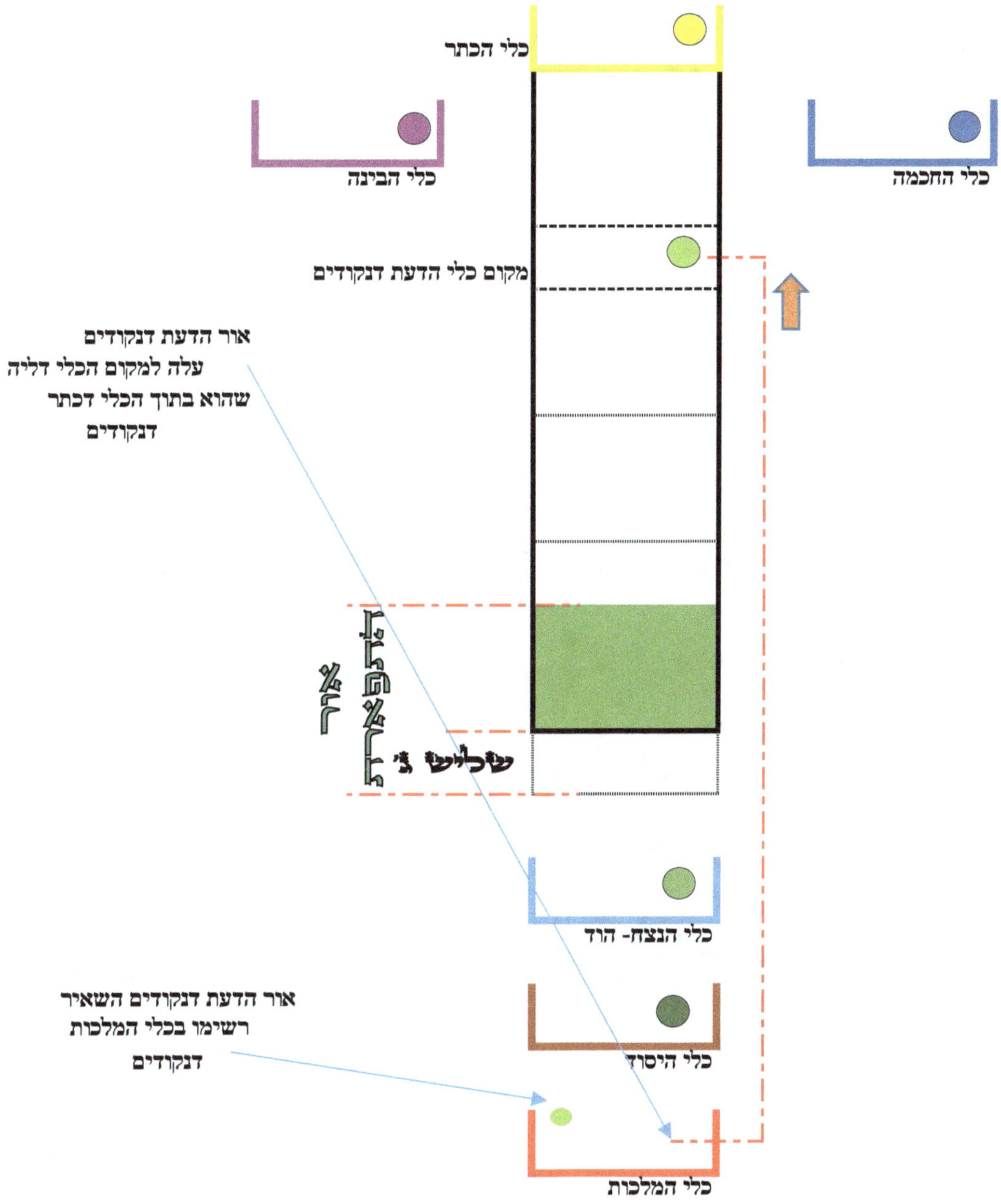

תרשים ג - כ"ה

שבעה תחתונות דנקודים

מקום כלי הדעת דנקודים

מקום כלי החסד דנקודים

מקום כלי הגבורה דנקודים

מקום כלי התפארת דנקודים

כלי הנצח-הוד דנקודים

כלי היסוד דנקודים

כלי המלכות דנקודים

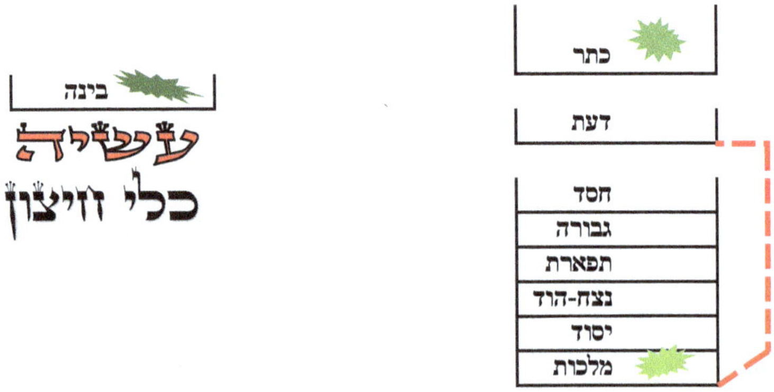

בינה

בְּרִיאָה
כלי פנימי

כתר

חכמה

דעת

חסד
גבורה
תפארת
נצח-הוד
יסוד
מלכות

בינה

יְצִירָה
כלי אמצעי

כתר

חכמה

דעת

חסד
גבורה
תפארת
נצח-הוד
יסוד
מלכות

בינה

עֲשִׂיָה
כלי חיצון

כתר

חכמה

דעת

חסד
גבורה
תפארת
נצח-הוד
יסוד
מלכות

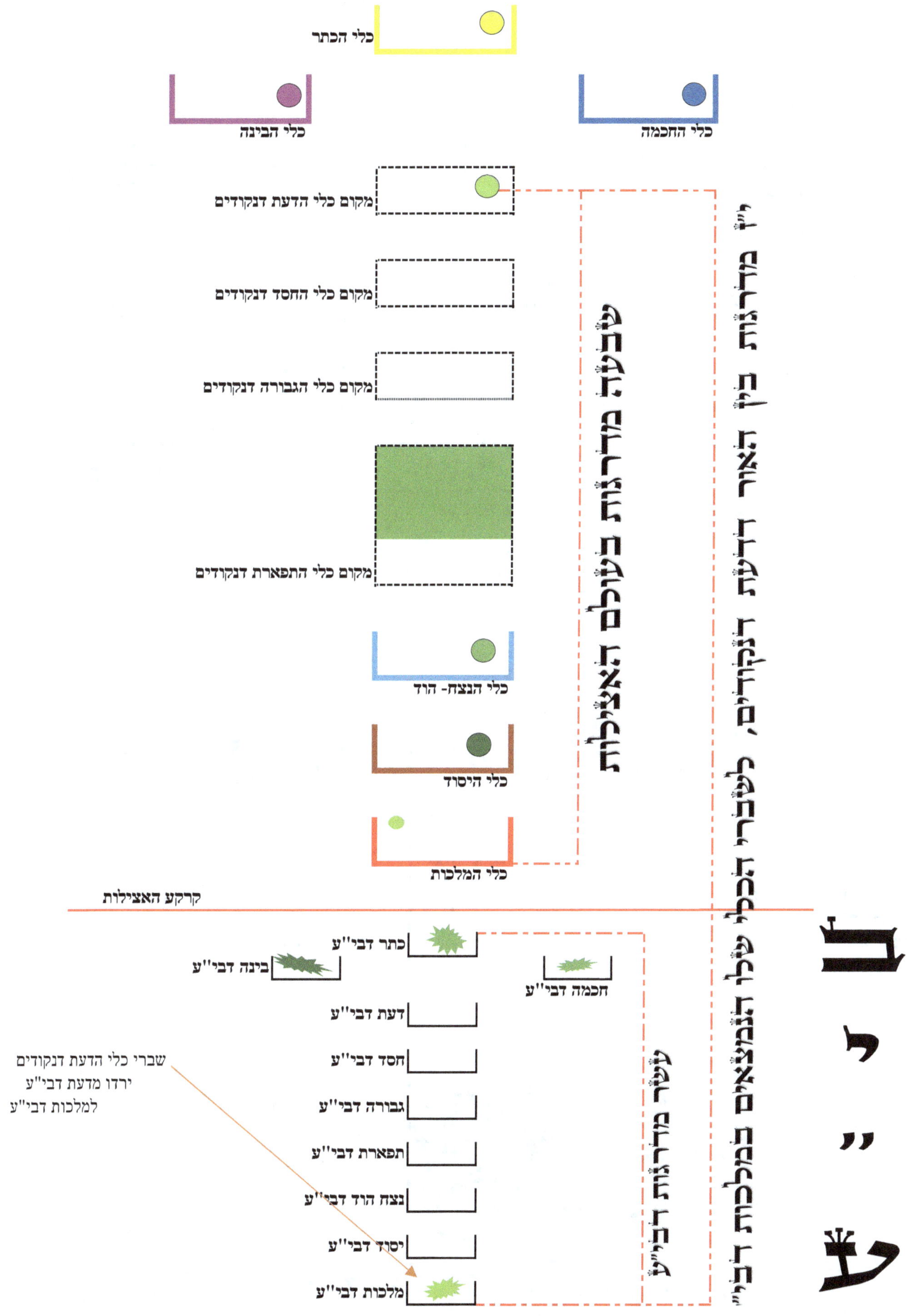
כלי הכתר
כלי הבינה
כלי החכמה
מקום כלי הדעת דנקודים
מקום כלי החסד דנקודים
מקום כלי הגבורה דנקודים
מקום כלי התפארת דנקודים
כלי הנצח- הוד
כלי היסוד
כלי המלכות
קרקע האצילות
כתר דבי"ע
בינה דבי"ע
חכמה דבי"ע
דעת דבי"ע
חסד דבי"ע
גבורה דבי"ע
תפארת דבי"ע
נצח הוד דבי"ע
יסוד דבי"ע
מלכות דבי"ע
שברי כלי הדעת דנקודים ירדו מדעת דבי"ע למלכות דבי"ע

תרשים ג - כ"ז

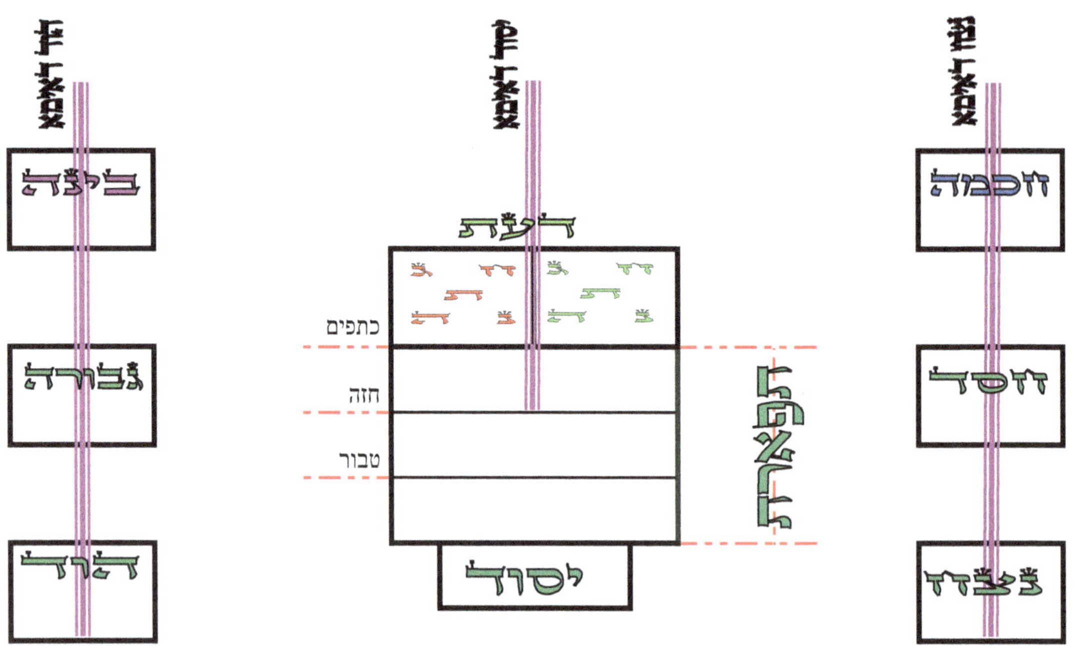

תרשים ג - כ"ח

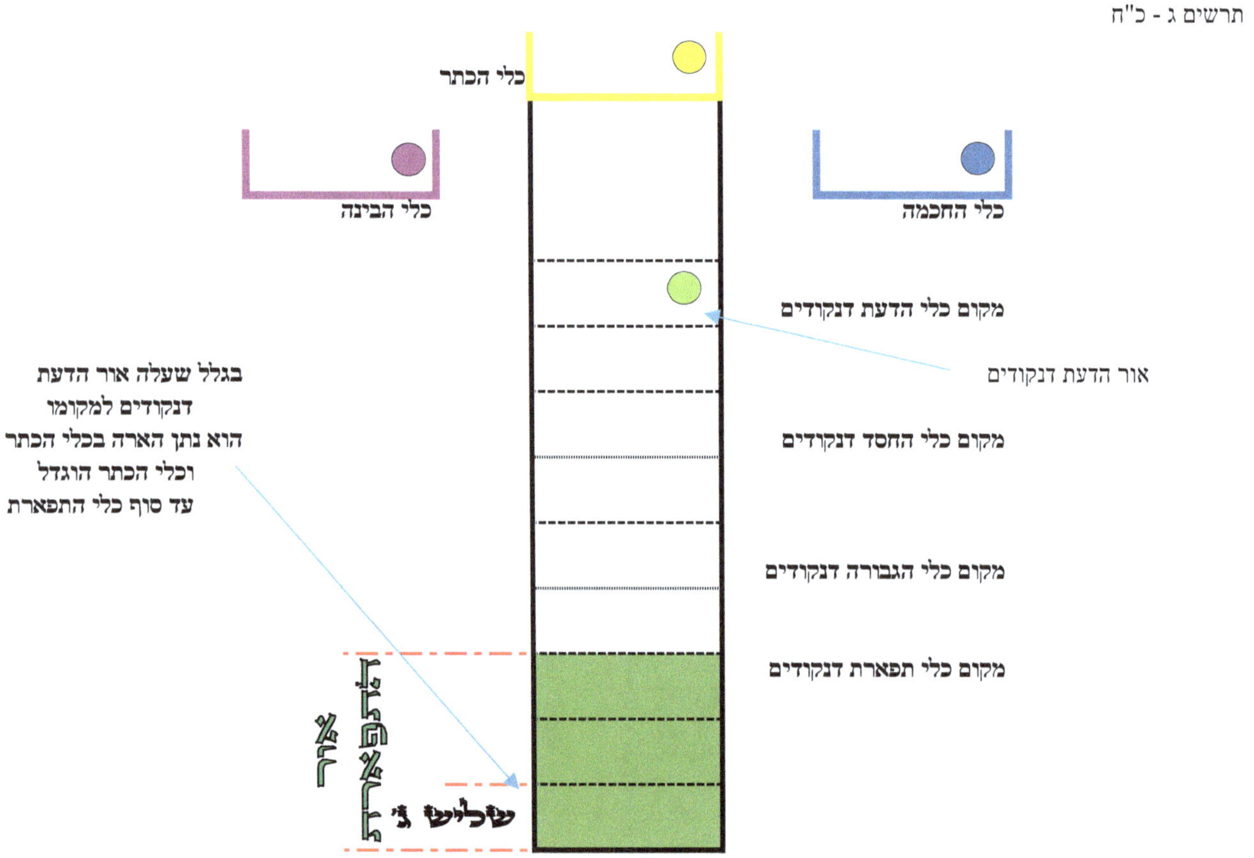

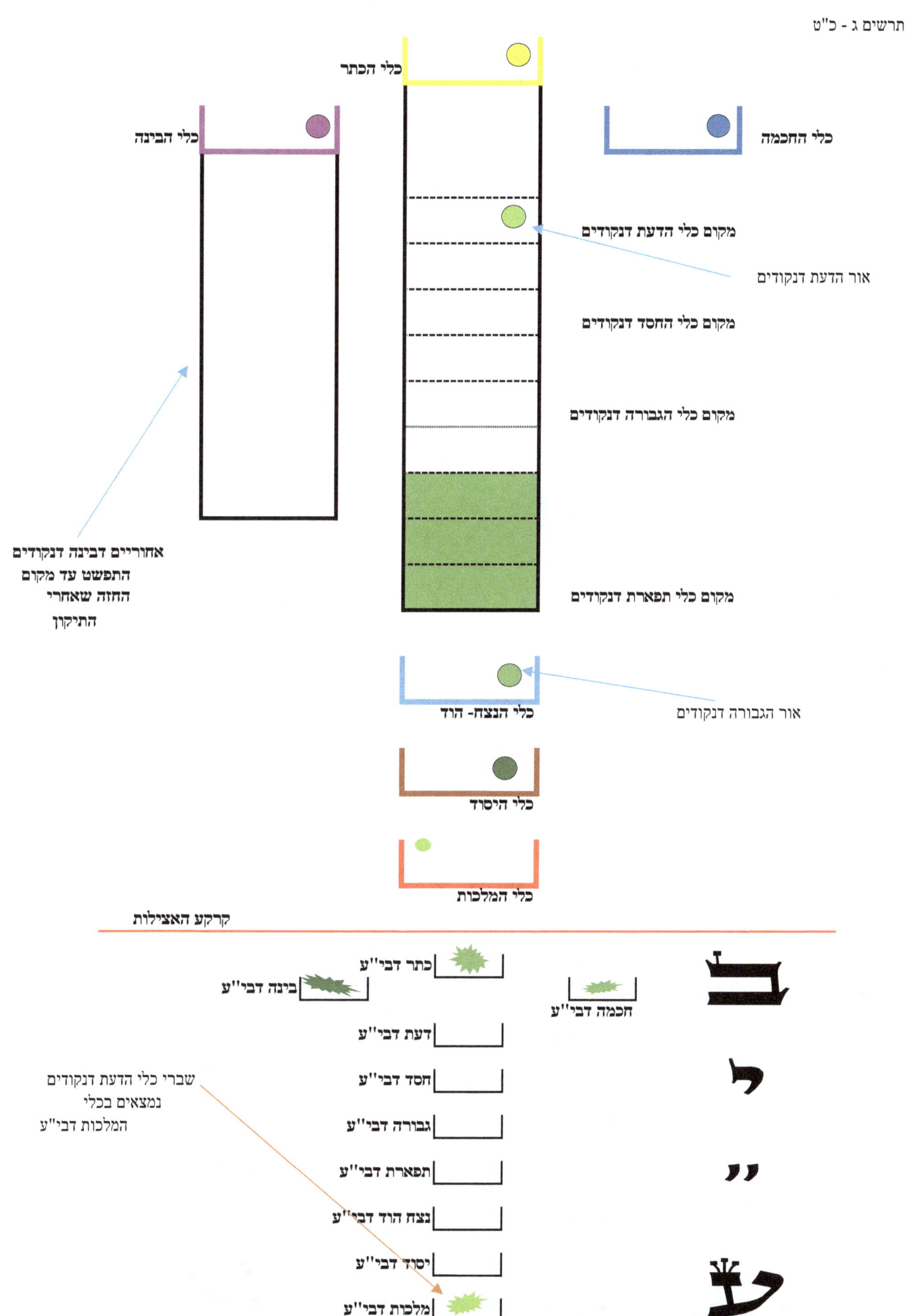
תרשים ג - כ"ט
כלי הכתר
כלי הבינה
כלי החכמה
מקום כלי הדעת דנקודים
אור הדעת דנקודים
מקום כלי החסד דנקודים
מקום כלי הגבורה דנקודים
מקום כלי תפארת דנקודים
אחוריים דבינה דנקודים התפשט עד מקום החזה שאחרי התיקון
כלי הנצח- הוד
אור הגבורה דנקודים
כלי היסוד
כלי המלכות
קרקע האצילות
כתר דבי"ע
בינה דבי"ע
חכמה דבי"ע
דעת דבי"ע
חסד דבי"ע
שברי כלי הדעת דנקודים נמצאים בכלי המלכות דבי"ע
גבורה דבי"ע
תפארת דבי"ע
נצח הוד דבי"ע
יסוד דבי"ע
מלכות דבי"ע
ב
ל
"
ע

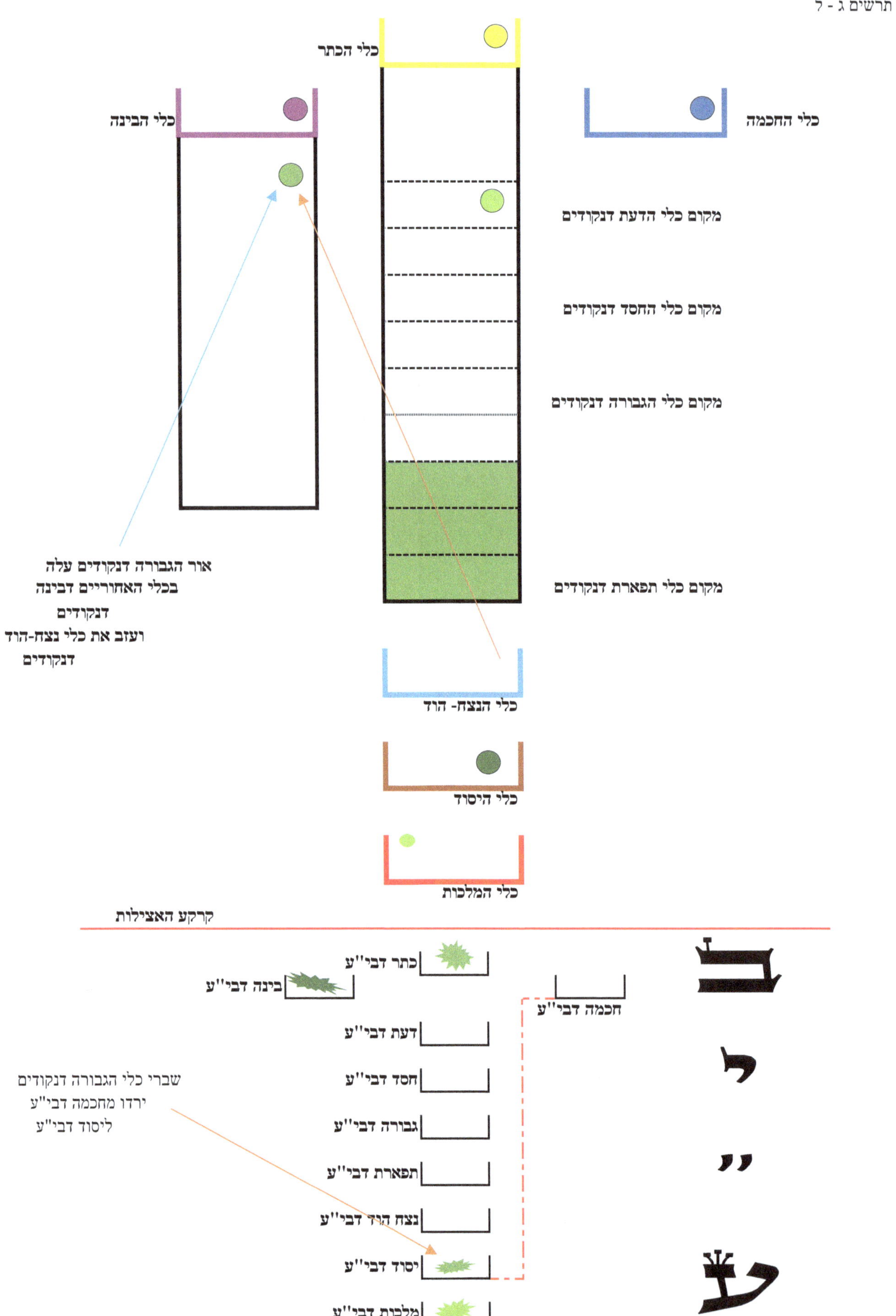
תרשים ג - ל
כלי הכתר
כלי החכמה
כלי הבינה
מקום כלי הדעת דנקודים
מקום כלי החסד דנקודים
מקום כלי הגבורה דנקודים
מקום כלי תפארת דנקודים
אור הגבורה דנקודים עלה
בכלי האחוריים דבינה
דנקודים
ועזב את כלי נצח-הוד
דנקודים
כלי הנצח- הוד
כלי היסוד
כלי המלכות
קרקע האצילות
כתר דבי"ע
בינה דבי"ע
חכמה דבי"ע
דעת דבי"ע
חסד דבי"ע
גבורה דבי"ע
תפארת דבי"ע
נצח הוד דבי"ע
שברי כלי הגבורה דנקודים
ירדו מחכמה דבי"ע
ליסוד דבי"ע
יסוד דבי"ע
מלכות דבי"ע
בַּ
לְ
"
עַ

מקום כלי הדעת דנקודים

מקום כלי החסד דנקודים

מקום כלי הגבורה דנקודים

מקום כלי התפארת דנקודים

כלי היסוד דנקודים

כלי המלכות דנקודים

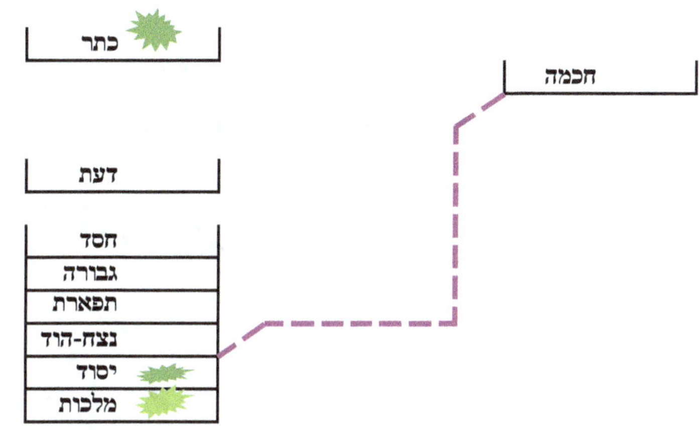

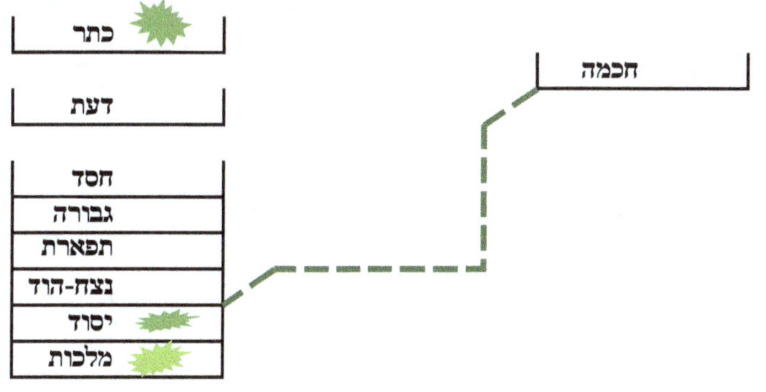

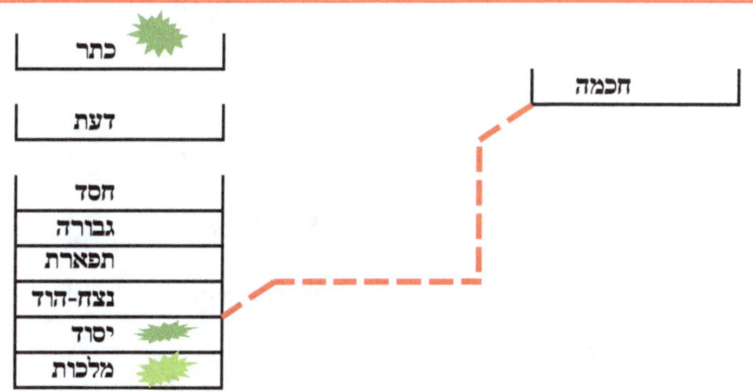

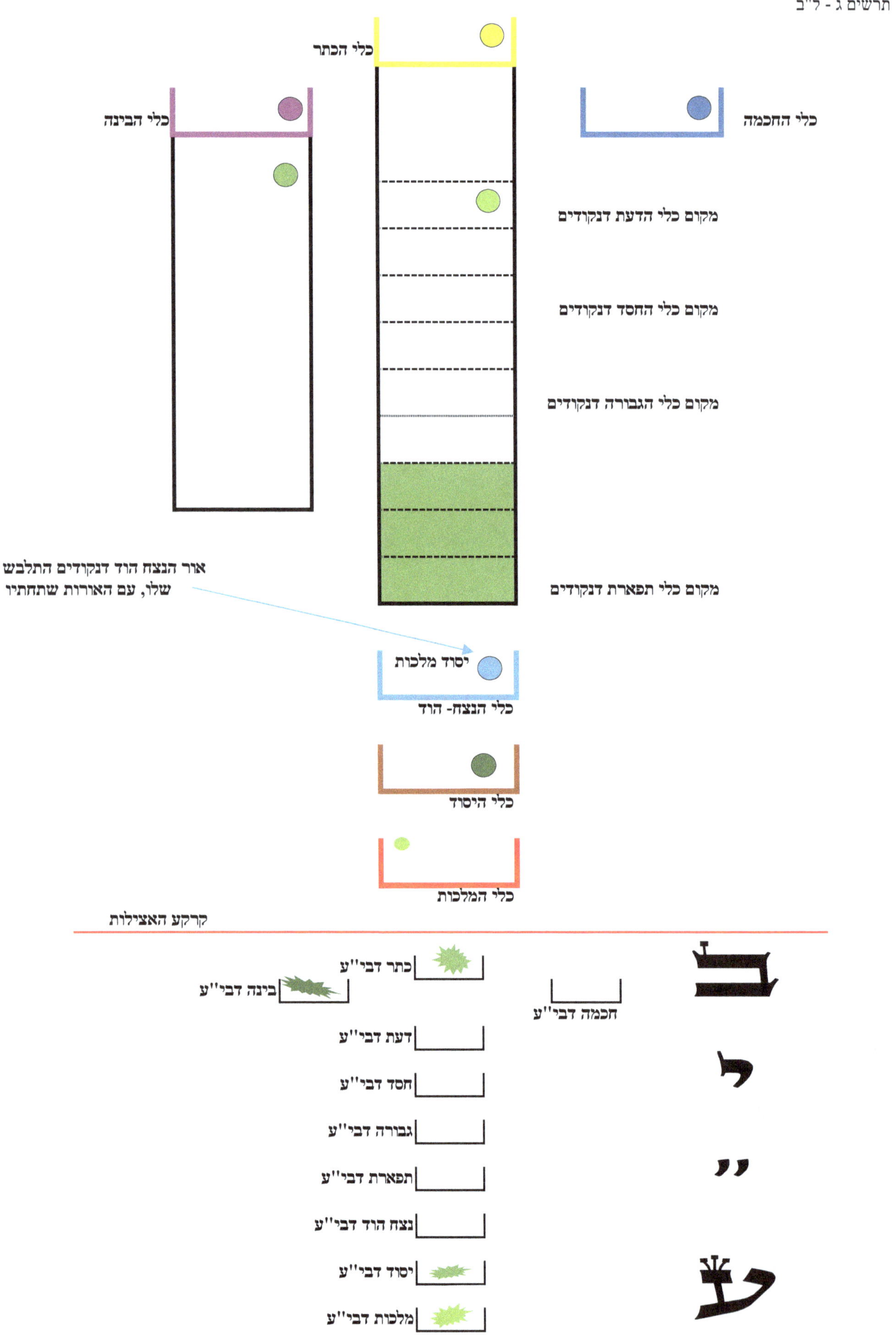
כלי הכתר
כלי הבינה
כלי החכמה
מקום כלי הדעת דנקודים
מקום כלי החסד דנקודים
מקום כלי הגבורה דנקודים
מקום כלי תפארת דנקודים
אור הנצח הוד דנקודים התלבש
שלו, עם האורות שתחתיו
יסוד מלכות
כלי הנצח- הוד
כלי היסוד
כלי המלכות
קרקע האצילות
כתר דבי"ע
בינה דבי"ע
חכמה דבי"ע
דעת דבי"ע
חסד דבי"ע
גבורה דבי"ע
תפארת דבי"ע
נצח הוד דבי"ע
יסוד דבי"ע
מלכות דבי"ע
ב
ל
"
ע

תרשים ג - ל"ג

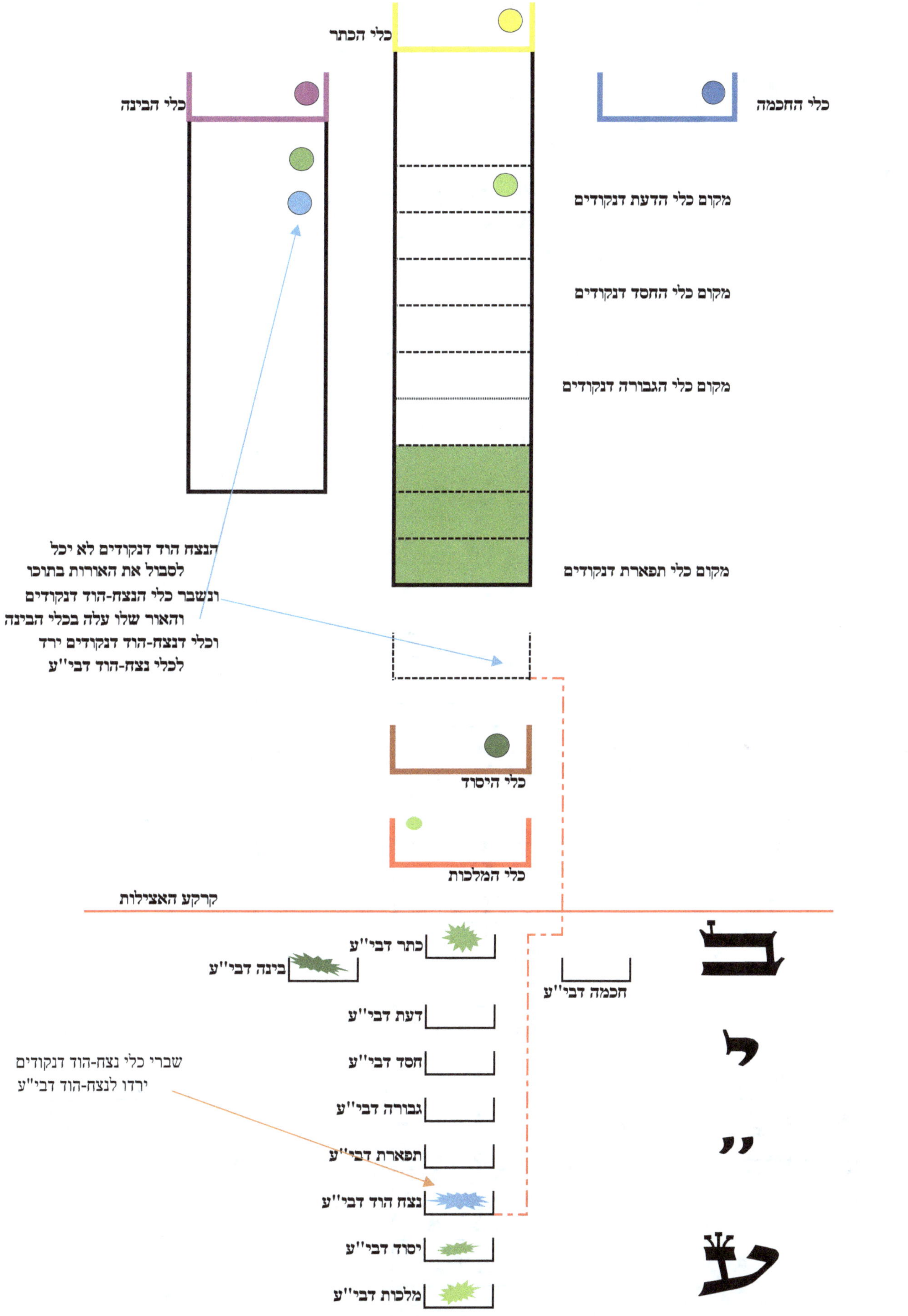

תרשימים שער ט' פרק ג'

תרשים ג - ל"ד

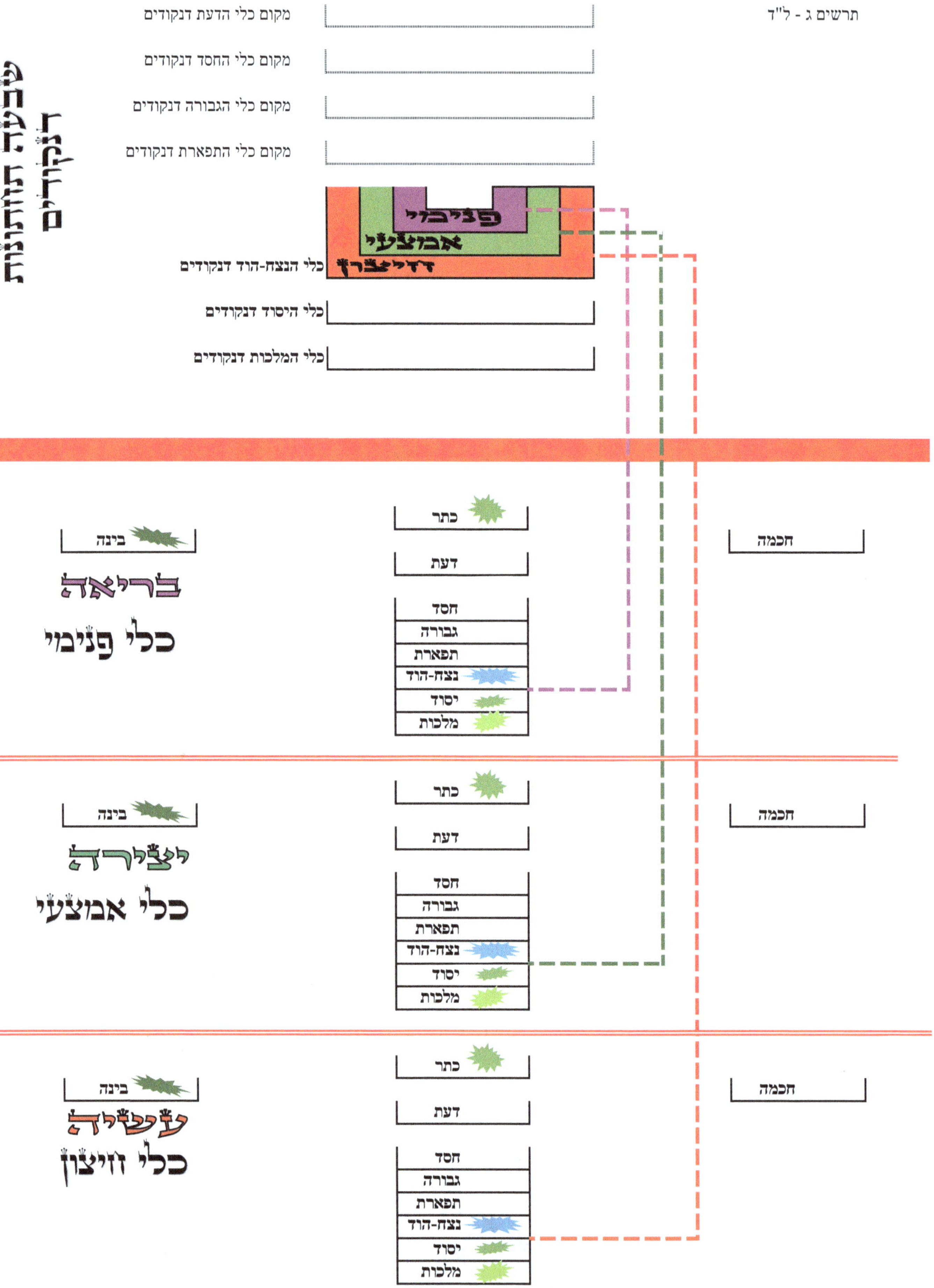

שבעה תחתונות דנקודים
מקום כלי הדעת דנקודים
מקום כלי החסד דנקודים
מקום כלי הגבורה דנקודים
מקום כלי התפארת דנקודים
פנימי
אמצעי
חיצון
כלי הנצח-הוד דנקודים
כלי היסוד דנקודים
כלי המלכות דנקודים
כתר
בינה
חכמה
דעת
חסד
גבורה
תפארת
נצח-הוד
יסוד
מלכות
בריאה
כלי פנימי
כתר
בינה
חכמה
דעת
חסד
גבורה
תפארת
נצח-הוד
יסוד
מלכות
יצירה
כלי אמצעי
כתר
בינה
חכמה
דעת
חסד
גבורה
תפארת
נצח-הוד
יסוד
מלכות
עשיה
כלי חיצון

תרשימים שער ט' פרק ג'

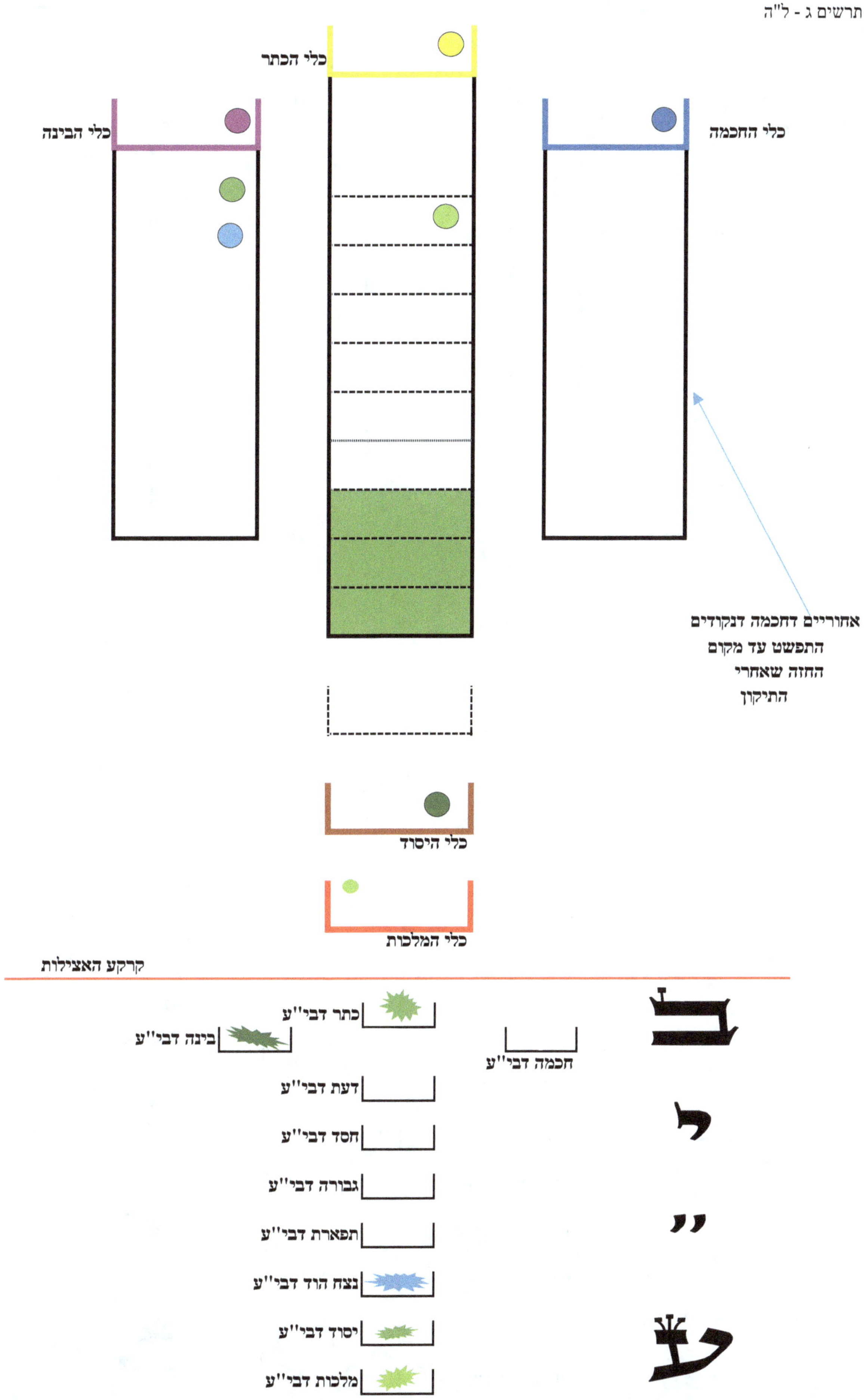
תרשים ג - ל"ה
כלי הכתר
כלי הבינה
כלי החכמה
אחוריים דחכמה דנקודים
התפשט עד מקום
החזה שאחרי
התיקון
כלי היסוד
כלי המלכות
קרקע האצילות
כתר דבי"ע
בינה דבי"ע
חכמה דבי"ע
דעת דבי"ע
חסד דבי"ע
גבורה דבי"ע
תפארת דבי"ע
נצח הוד דבי"ע
יסוד דבי"ע
מלכות דבי"ע
ב
ר
"
ע

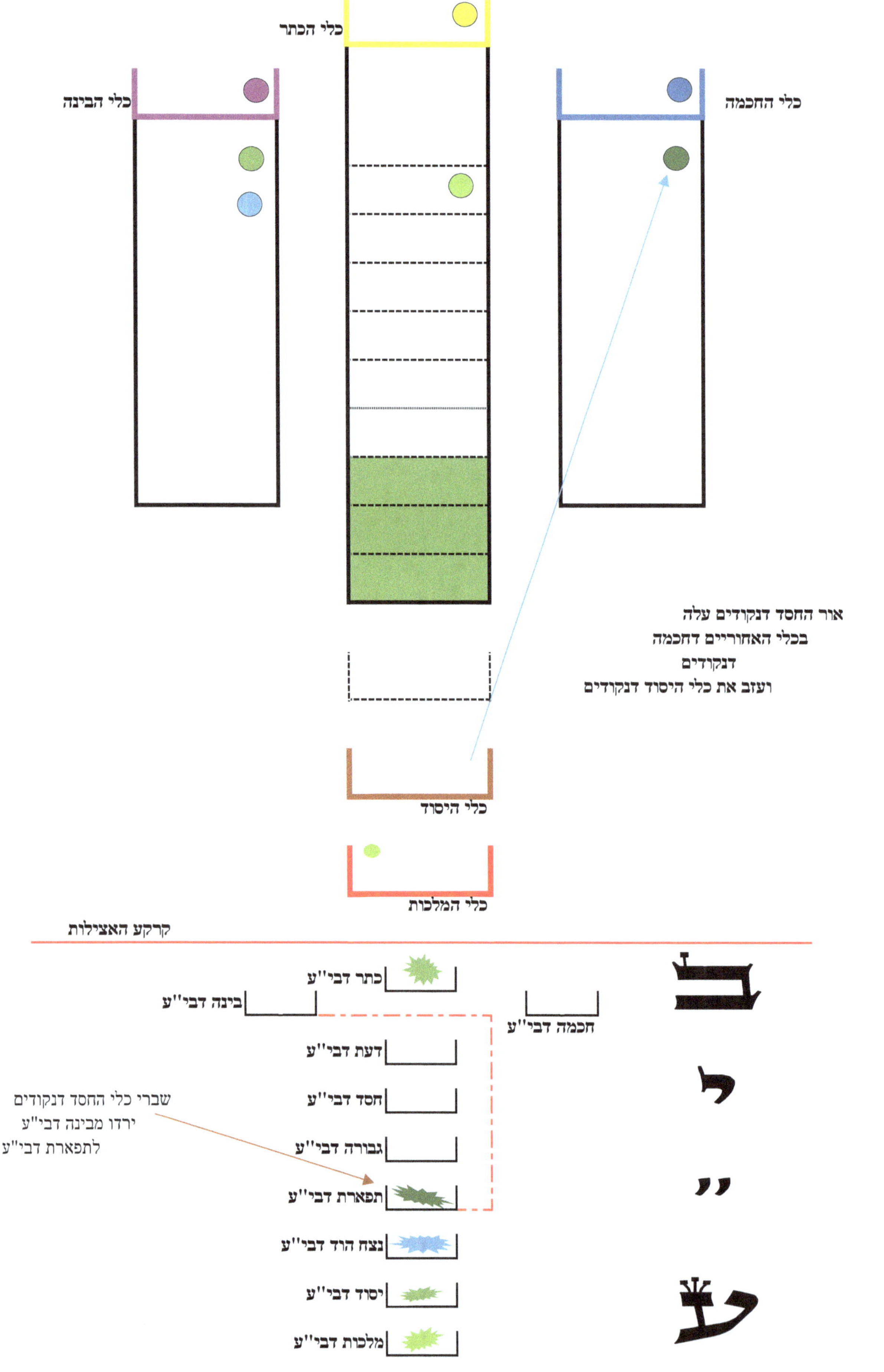
כלי הכתר
כלי הבינה
כלי החחכמה
אור החסד דנקודים עלה
בכלי האחוריים דחכמה
דנקודים
ועזב את כלי היסוד דנקודים
כלי היסוד
כלי המלכות
קרקע האצילות
כתר דבי"ע
בינה דבי"ע
חכמה דבי"ע
דעת דבי"ע
חסד דבי"ע
גבורה דבי"ע
שברי כלי החסד דנקודים
ירדו מבינה דבי"ע
לתפארת דבי"ע
תפארת דבי"ע
נצח הוד דבי"ע
יסוד דבי"ע
מלכות דבי"ע
ב
ל
"
ע

תרשימים שער ט' פרק ג'

תרשים ג - ל"ז

שבעה תחתונות דנקודים

מקום כלי הדעת דנקודים

מקום כלי החסד דנקודים

מקום כלי הגבורה דנקודים

מקום כלי התפארת דנקודים

מקום כלי נצח-הוד דנקודים

כלי היסוד דנקודים

כלי המלכות דנקודים

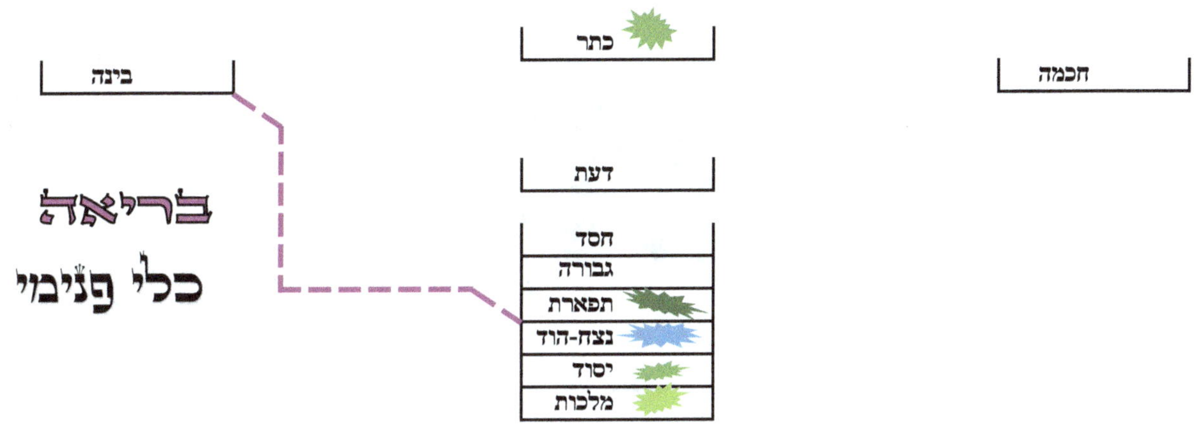
כתר
חכמה
בינה
דעת
בריאה
כלי פנימי
חסד
גבורה
תפארת
נצח-הוד
יסוד
מלכות

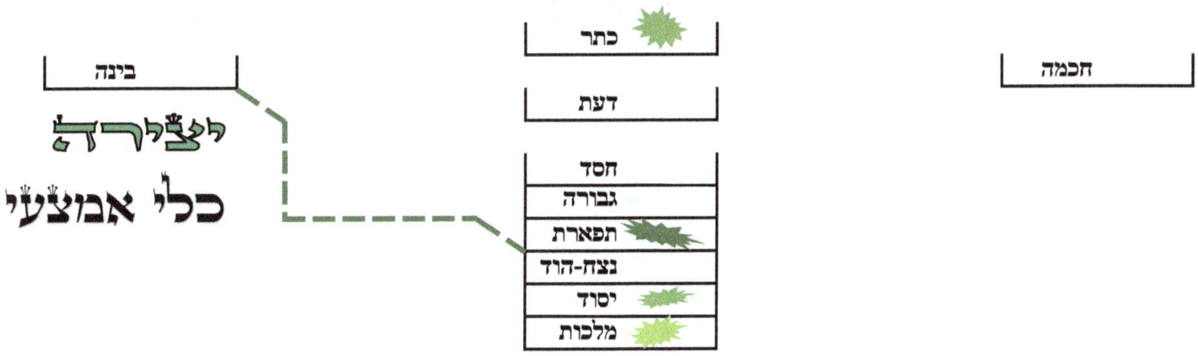
כתר
חכמה
בינה
דעת
יצירה
כלי אמצעי
חסד
גבורה
תפארת
נצח-הוד
יסוד
מלכות

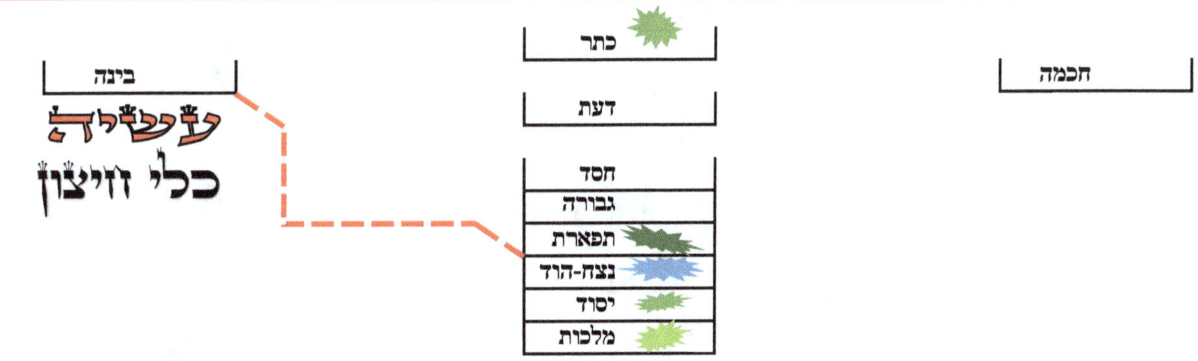
כתר
חכמה
בינה
דעת
עשיה
כלי חיצון
חסד
גבורה
תפארת
נצח-הוד
יסוד
מלכות

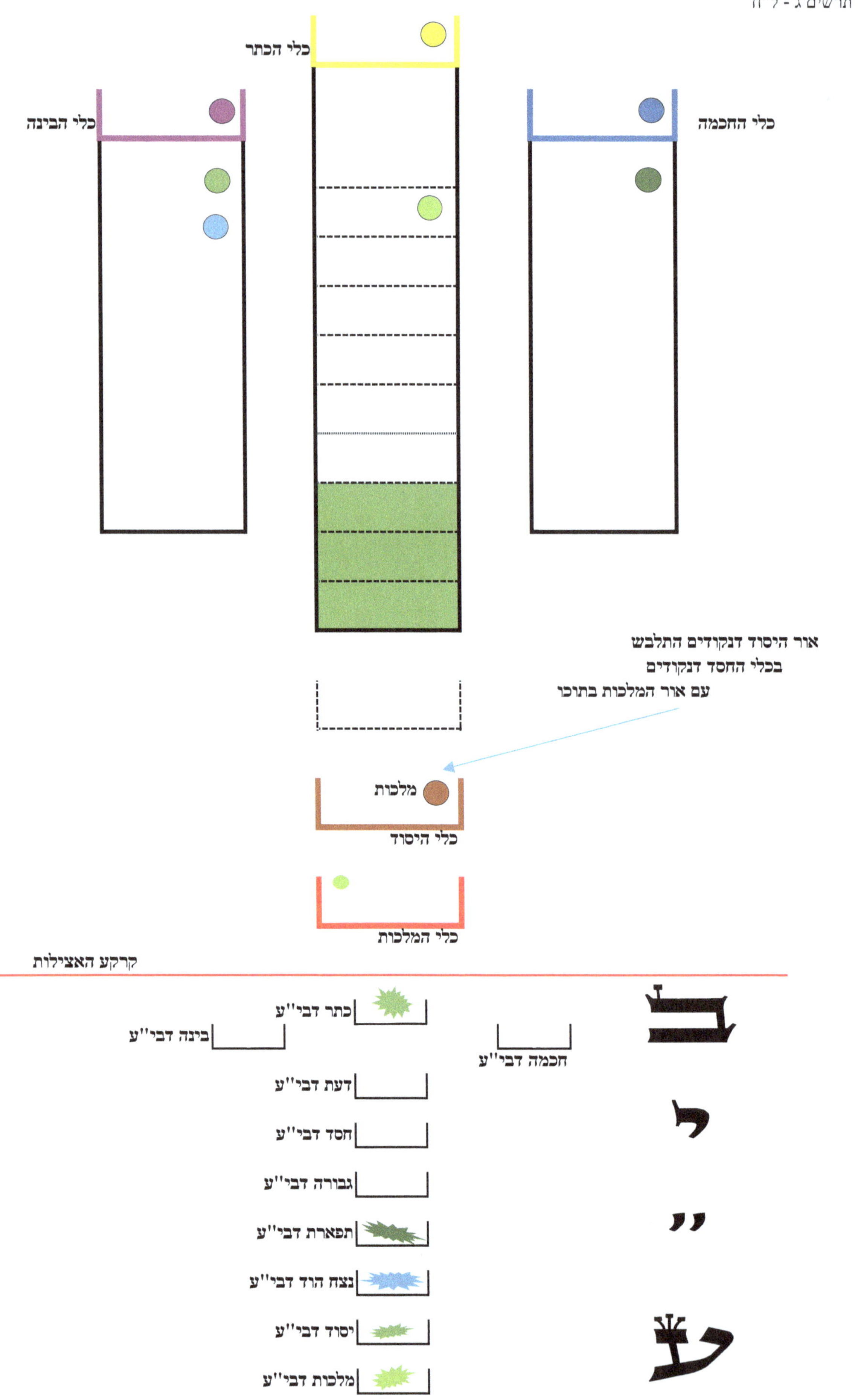
כלי הכתר
כלי הבינה
כלי החכמה
אור היסוד דנקודים התלבש
בכלי החסד דנקודים
עם אור המלכות בתוכו
מלכות
כלי היסוד
כלי המלכות
קרקע האצילות
כתר דבי"ע
בינה דבי"ע
חכמה דבי"ע
דעת דבי"ע
חסד דבי"ע
גבורה דבי"ע
תפארת דבי"ע
נצח הוד דבי"ע
יסוד דבי"ע
מלכות דבי"ע
ב
ל
"
ע

תרשימים שער ט' פרק ג'

תרשים ג - ט"ל

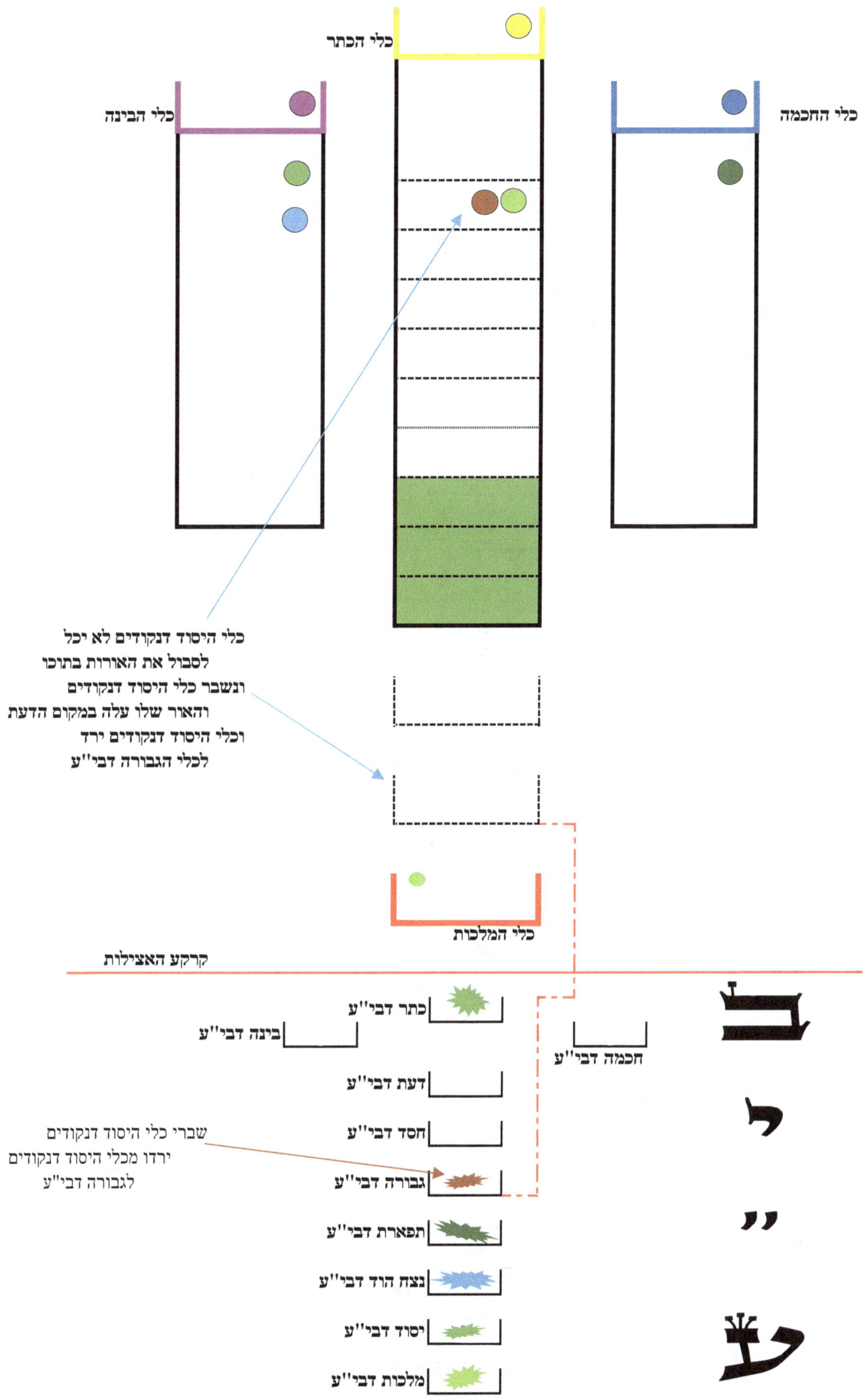

כלי הכתר
כלי הבינה
כלי החכמה
כלי היסוד דנקודים לא יכל
לסבול את האורות בתוכו
ונשבר כלי היסוד דנקודים
והאור שלו עלה במקום הדעת
וכלי היסוד דנקודים ירד
לכלי הגבורה דבי"ע
כלי המלכות
קרקע האצילות
כתר דבי"ע
בינה דבי"ע
חכמה דבי"ע
דעת דבי"ע
חסד דבי"ע
שברי כלי היסוד דנקודים
ירדו מכלי היסוד דנקודים
לגבורה דבי"ע
גבורה דבי"ע
תפארת דבי"ע
נצח הוד דבי"ע
יסוד דבי"ע
מלכות דבי"ע
ב
ר
"
ע

תרשימים שער ט' פרק ג'

תרשים ג - מ

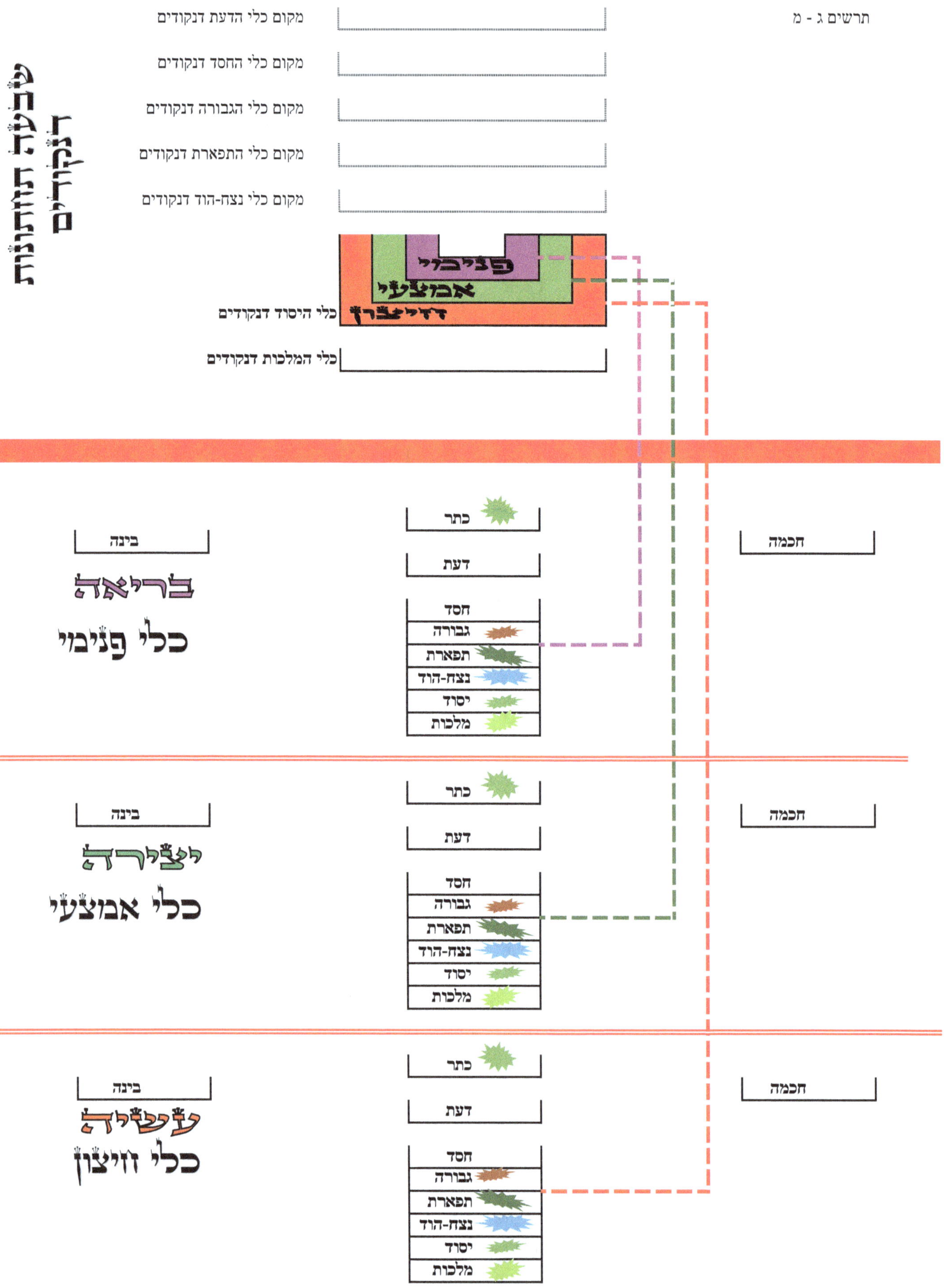

שבעה תחתונות דנקודים
מקום כלי הדעת דנקודים
מקום כלי החסד דנקודים
מקום כלי הגבורה דנקודים
מקום כלי התפארת דנקודים
מקום כלי נצח-הוד דנקודים
פנימי
אמצעי
חיצון
כלי היסוד דנקודים
כלי המלכות דנקודים
כתר
בינה
חכמה
דעת
בריאה
כלי פנימי
חסד
גבורה
תפארת
נצח-הוד
יסוד
מלכות
כתר
בינה
חכמה
דעת
יצירה
כלי אמצעי
חסד
גבורה
תפארת
נצח-הוד
יסוד
מלכות
כתר
בינה
חכמה
דעת
עשיה
כלי חיצון
חסד
גבורה
תפארת
נצח-הוד
יסוד
מלכות

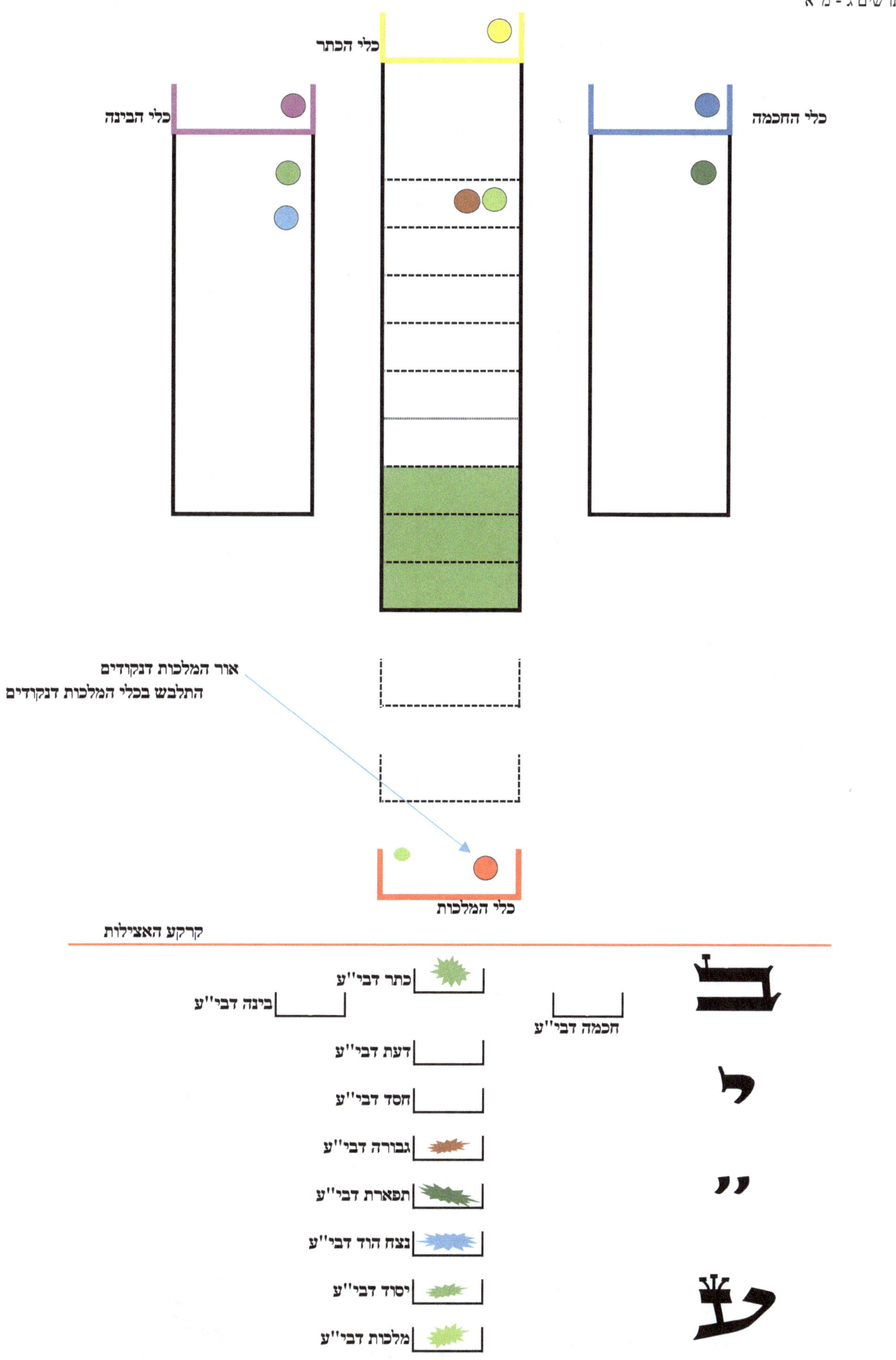
תרשים ג - מ"א
כלי הכתר
כלי הבינה
כלי החכמה
אור המלכות דנקודים
התלבש בכלי המלכות דנקודים
כלי המלכות
קרקע האצילות
כתר דבי"ע
בינה דבי"ע
חכמה דבי"ע
דעת דבי"ע
חסד דבי"ע
גבורה דבי"ע
תפארת דבי"ע
נצח הוד דבי"ע
יסוד דבי"ע
מלכות דבי"ע

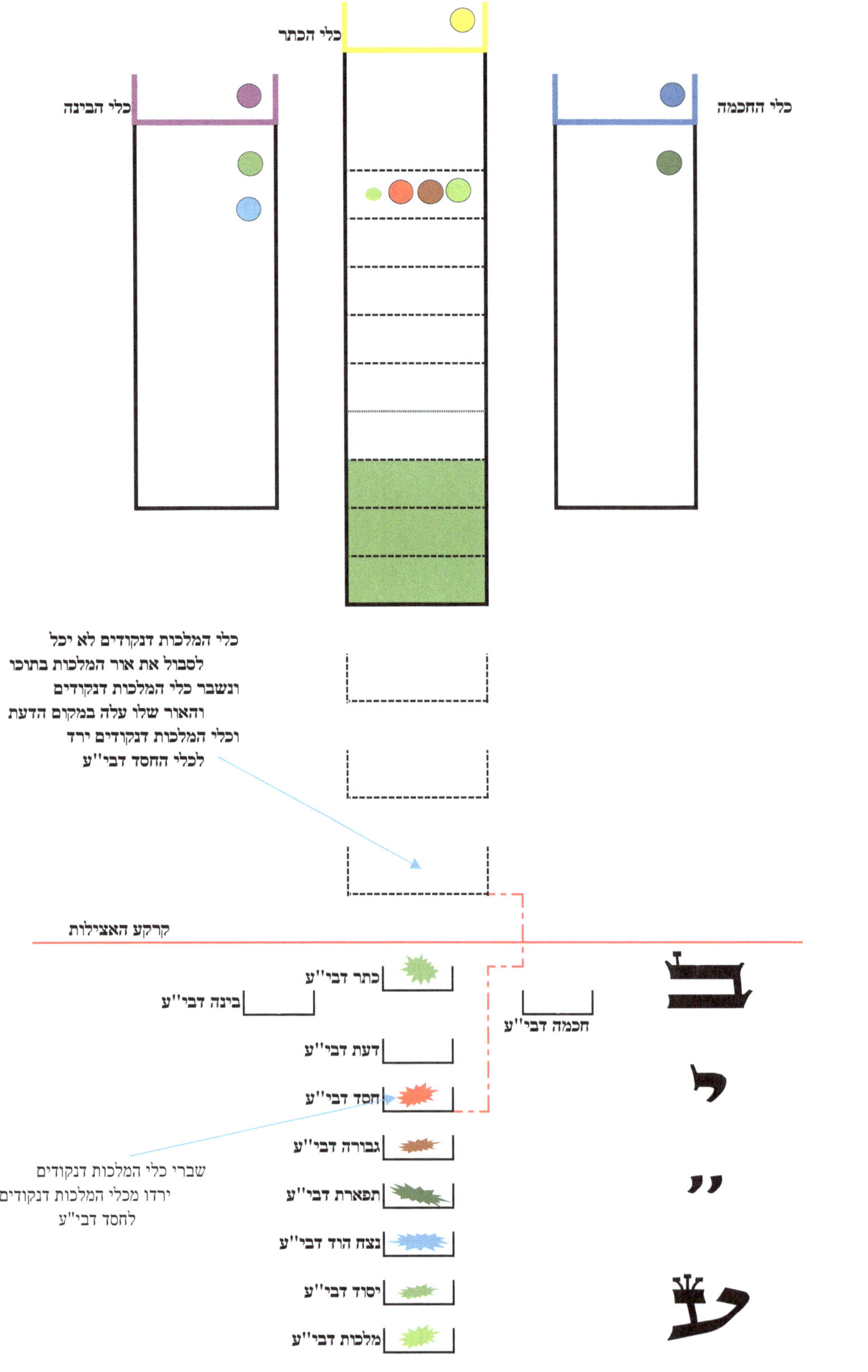

תרשים ג - מ"ב
כלי הכתר
כלי הבינה
כלי החכמה
כלי המלכות דנקודים לא יכל
לסבול את אור המלכות בתוכו
ונשבר כלי המלכות דנקודים
והאור שלו עלה במקום הדעת
וכלי המלכות דנקודים ירד
לכלי החסד דבי"ע
קרקע האצילות
כתר דבי"ע
בינה דבי"ע
חכמה דבי"ע
דעת דבי"ע
חסד דבי"ע
שברי כלי המלכות דנקודים
ירדו מכלי המלכות דנקודים
לחסד דבי"ע
גבורה דבי"ע
תפארת דבי"ע
נצח הוד דבי"ע
יסוד דבי"ע
מלכות דבי"ע
ב
ל
"
ע

תרשימים שער ט' פרק ג'

תרשים ג - מ"ג

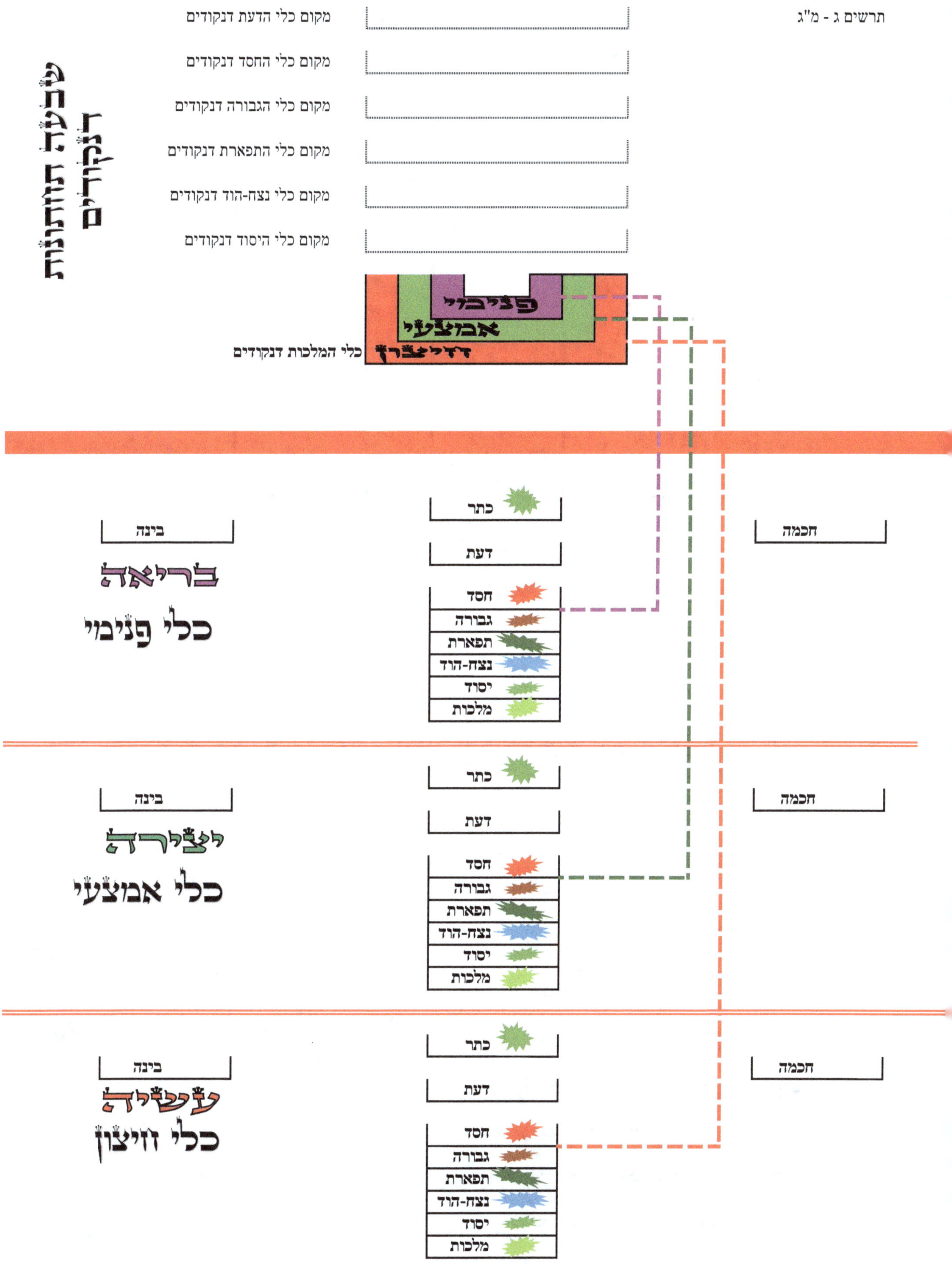

שבעה תחתונות דנקודים
מקום כלי הדעת דנקודים
מקום כלי החסד דנקודים
מקום כלי הגבורה דנקודים
מקום כלי התפארת דנקודים
מקום כלי נצח-הוד דנקודים
מקום כלי היסוד דנקודים
פנימי
אמצעי
חיצון
כלי המלכות דנקודים
חכמה
כתר
בינה
דעת
בריאה
כלי פנימי
חסד
גבורה
תפארת
נצח-הוד
יסוד
מלכות
חכמה
כתר
בינה
דעת
יצירה
כלי אמצעי
חסד
גבורה
תפארת
נצח-הוד
יסוד
מלכות
חכמה
כתר
בינה
דעת
עשיה
כלי חיצון
חסד
גבורה
תפארת
נצח-הוד
יסוד
מלכות

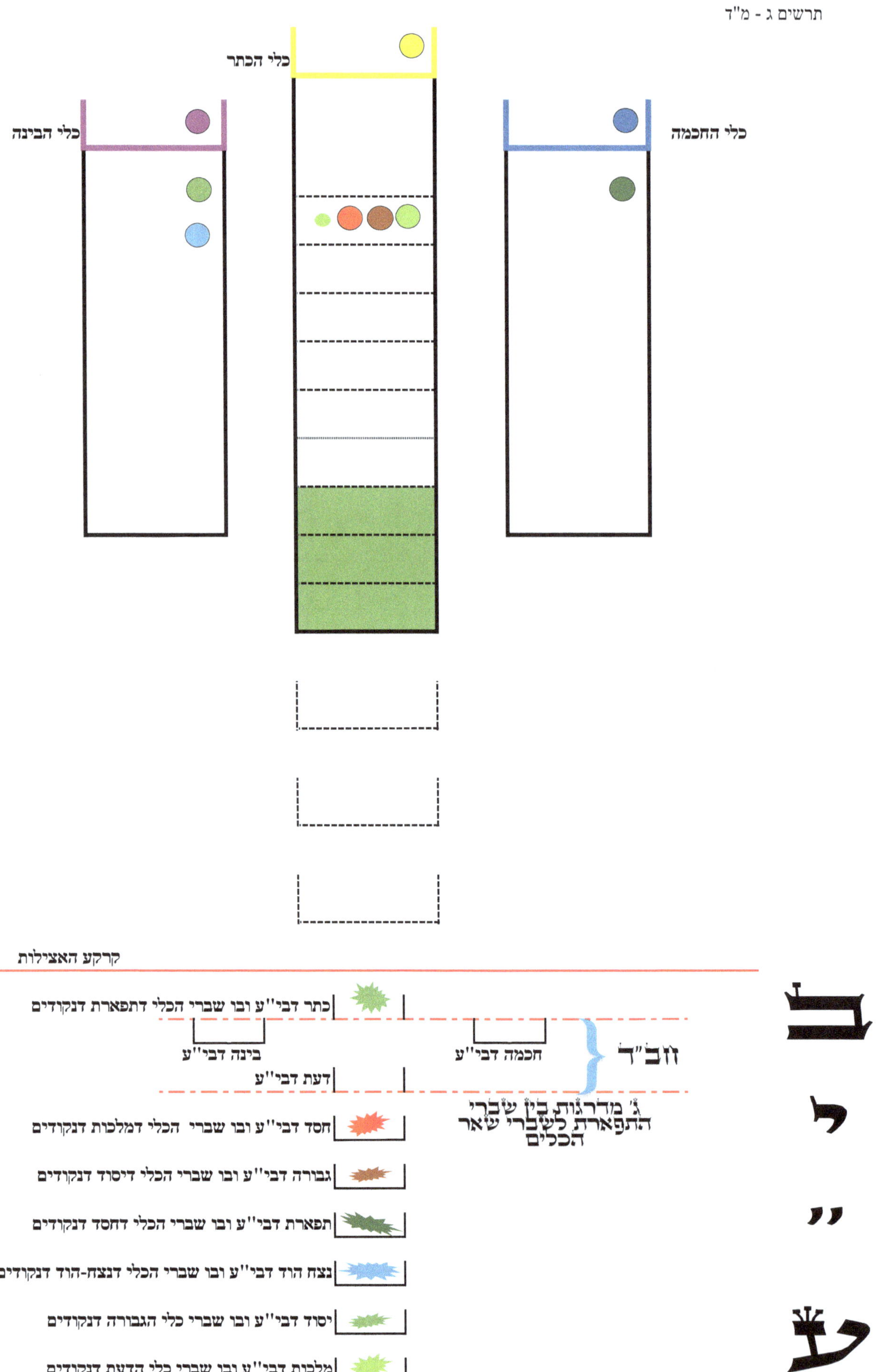
תרשים ג - מ"ד
כלי הכתר
כלי הבינה
כלי החכמה
קרקע האצילות
כתר דבי"ע ובו שברי הכלי דתפארת דנקודים
בינה דבי"ע
חכמה דבי"ע
זו"בד
דעת דבי"ע
ג' מדרגות בי"ע שברי התפארת לשברי שאר הכלים
חסד דבי"ע ובו שברי הכלי דמלכות דנקודים
גבורה דבי"ע ובו שברי הכלי דיסוד דנקודים
תפארת דבי"ע ובו שברי הכלי דחסד דנקודים
נצח הוד דבי"ע ובו שברי הכלי דנצח-הוד דנקודים
יסוד דבי"ע ובו שברי כלי הגבורה דנקודים
מלכות דבי"ע ובו שברי כלי הדעת דנקודים
ב
ל
"
ע

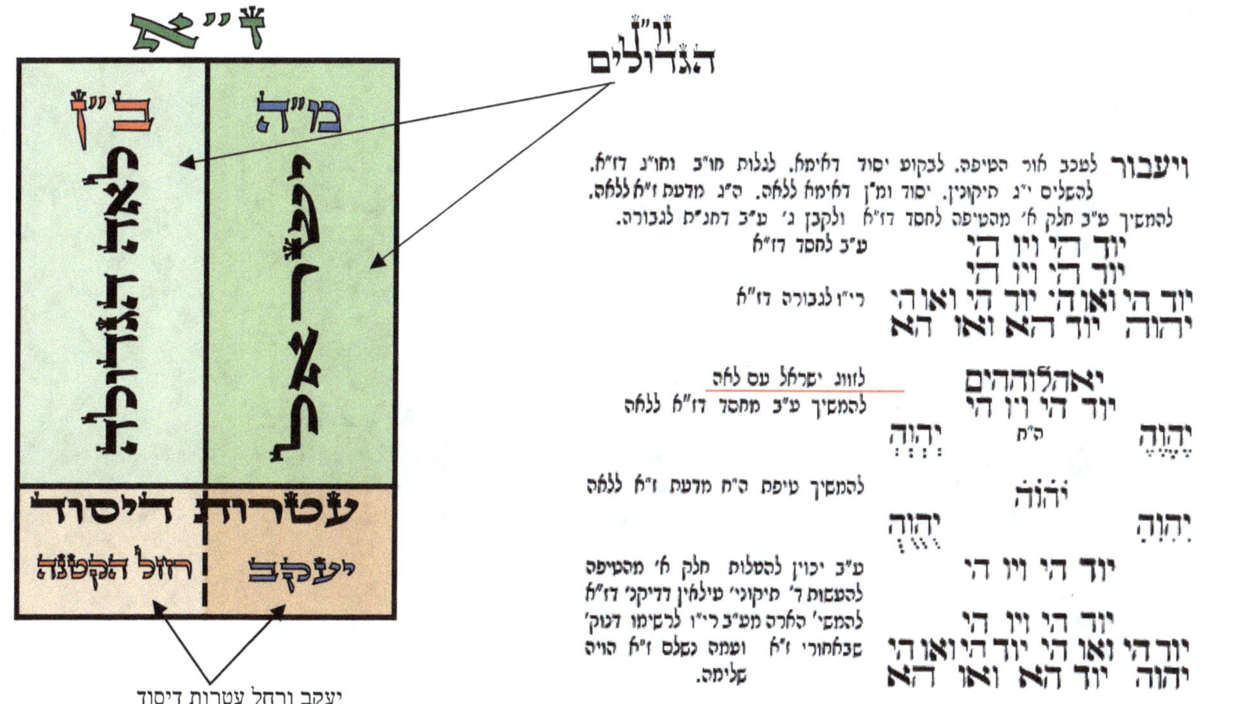

תרשימים שער ט' פרק ג'

תרשים ג - מ"ה

תרשים ג - מ"ו

ויעבור לעכב אור הטיפה. לבקוע יסוד דאימא. לגלות חו"ב וחו"ג דז"א. להשלים י"ג תיקונין. יסוד ומ"ן דאימא ללאה. ה"ג מדעת ז"א ללאה. להמשיך ע"ב חלק א' מהטיפה לחסד דז"א ולקבן ג' ע"ב דחג"ת לגבורה.

יוד הי ויו הי	ע"ב לחסד דז"א
יוד הי ויו הי	
יוד הי ואו הי יוד הי ואו הי	רי"ו לגבורה דז"א
יהוה יוד הא ואו הא	

יאהלוההים	לזווג ישראל עם לאה
יוד הי ויו הי	להמשיך ע"ב מחסד דז"א ללאה
יְהֻוָה ה"ח יְהֻוָה	
יהוה	להמשיך טיפת ה"ח מדעת ז"א ללאה
יְהֻוָה יְהֻוָה	
יוד הי ויו הי	ע"ב יכוין להעלות חלק א' מהטיפה להעשות ד' תיקוני' תפלין דדיקני' דז"א להמשי' הארה מע"ב רי"ו לרשימו דנוק' שבאחורי ז"א ועמה נשלם ז"א הויה שלימה.
יוד הי ויו הי	
יוד הי ואו הי יוד הי ואו הי	
יהוה יוד הא ואו הא	

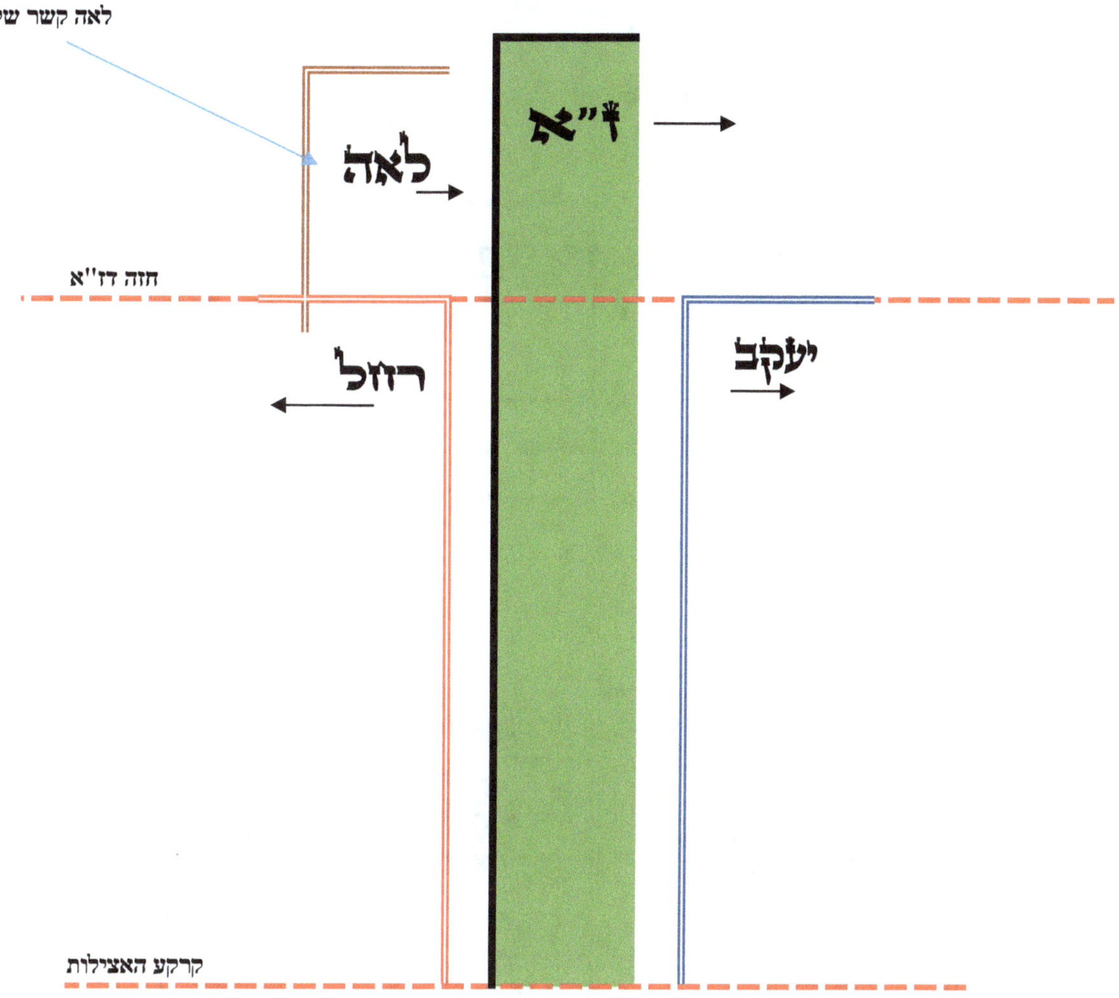

נה״י דאימא

הוד

פרק א׳
בינה דהוד

פרק ב׳
גבורה דהוד

פרק ג׳
הוד דהוד

יסוד

פרק א׳
דעת דיסוד

פרק ב׳
תפארת דיסוד

פרק ג׳
יסוד דיסוד

נצח

פרק א׳
חכמה דנצח

פרק ב׳
חסד דנצח

פרק ג׳
נצח דנצח

גבורה

פרק א׳
דגבורה

פרק ב׳
דגבורה

פרק ג׳
דגבורה

תפארת

פרק א׳
דתפארת

פרק ב׳
דתפארת

פרק ג׳
דתפארת

חסד

פרק א׳
דחסד

פרק ב׳
דחסד

פרק ג׳
דחסד

ז״א
בקטנות
הנקרא
ו״ק

הוד

פרק א׳
דהוד

פרק ב׳
דהוד

פרק ג׳
דהוד

יסוד

פרק א׳
דיסוד

פרק ב׳
דיסוד

פרק ג׳
דיסוד

נצח

פרק א׳
דנצח

פרק ב׳
דנצח

פרק ג׳
דנצח

נה"י דאימא

הוד
יסוד
נצח

פרק א'
בינה דהוד

פרק א'
דעת דיסוד

פרק א'
חכמה דנצח

פרק ב'
גבורה דהוד

פרק ב'
תפארת דיסוד

פרק ב'
חסד דנצח

פרק ג'
הוד דהוד

פרק ג'
יסוד דיסוד

פרק ג'
נצח דנצח

פרק א'
דגבורה

פרק א'
דתפארת

פרק א'
דחסד

פרק ב'
דגבורה

פרק ב'
דתפארת

פרק ב'
דחסד

ו"ק

ו"ק

ו"ק

ז"א
בקטנות
לפני
קבלת
מוחין

פרק ג'
דגבורה

פרק ג'
דתפארת

פרק ג'
דחסד

פרק א'
דהוד

פרק א'
דיסוד

פרק א'
דנצח

ו"ק

ו"ק

ו"ק

פרק ב'
דהוד

פרק ב'
דיסוד

פרק ב'
דנצח

פרק ג'
דהוד

פרק ג'
דיסוד

פרק ג'
דנצח

ו"ק

ו"ק

ו"ק

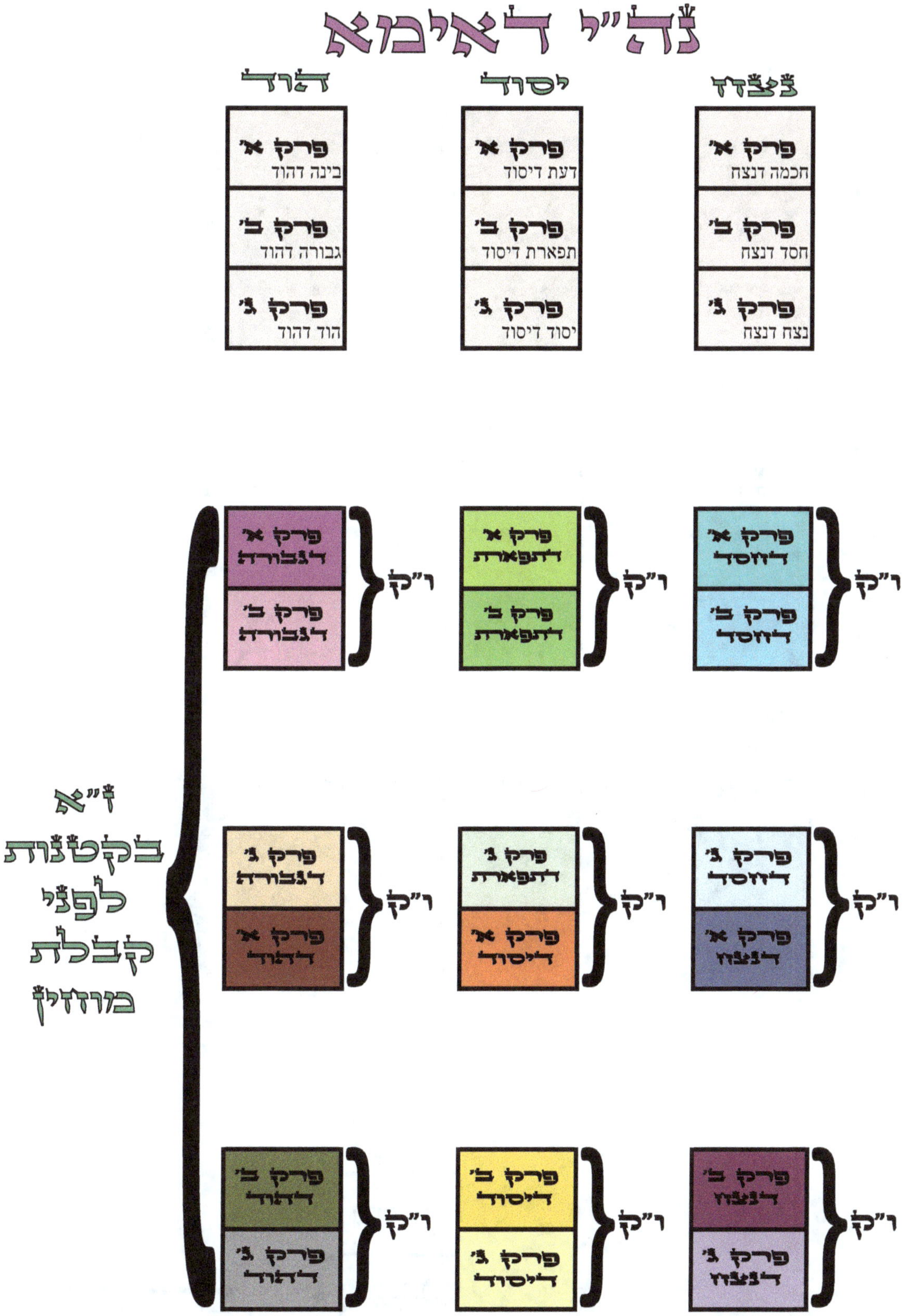

תרשימים שער ט' פרק ג'

תרשים ג - מ"ט

ז"א

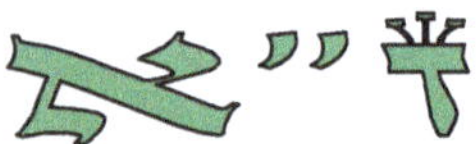

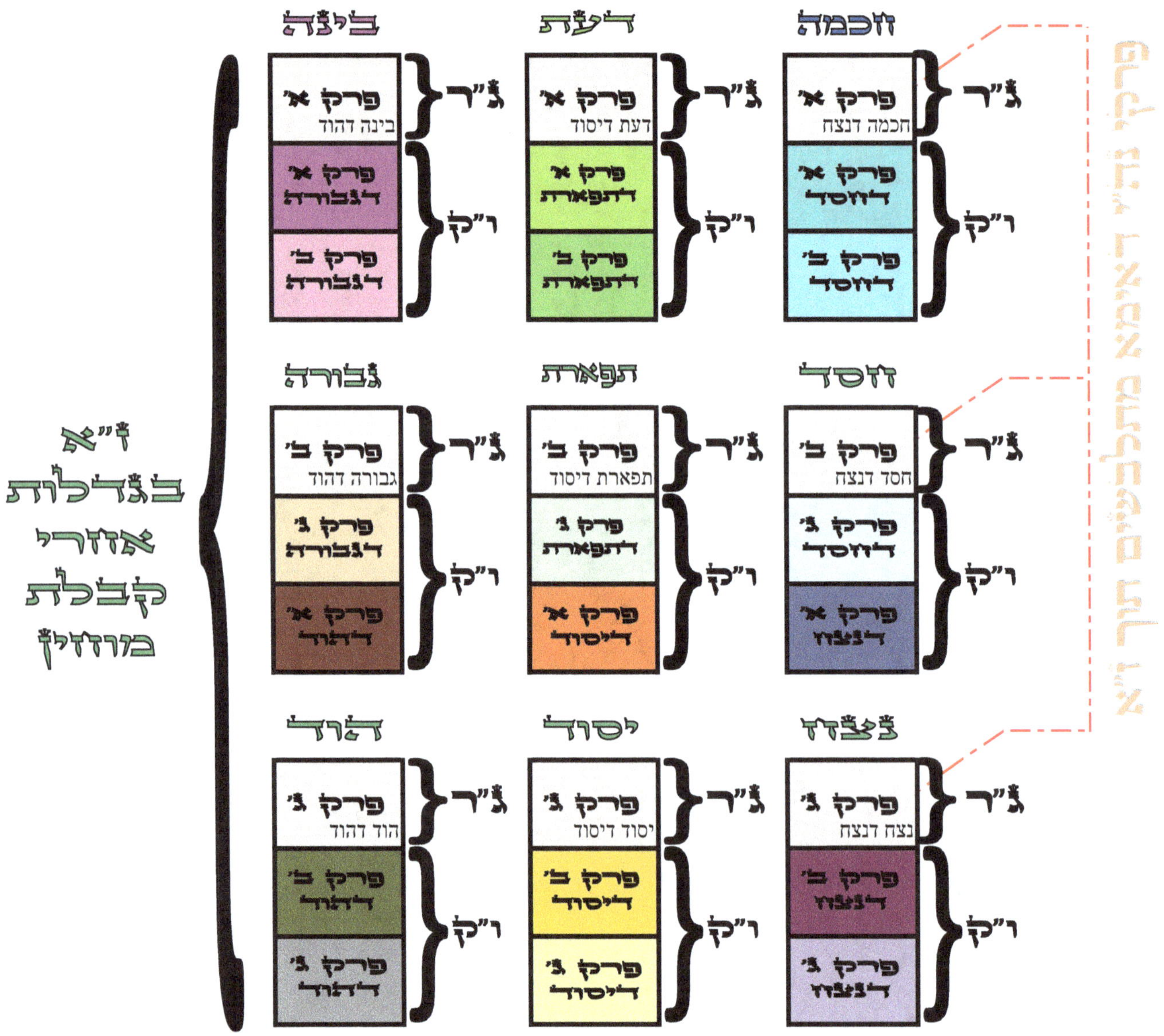

חכמה
ג"ר
פרק א'
חכמה דנצח
ו"ק
פרק א' דחסד
פרק ב' דחסד
דעת
ג"ר
פרק א'
דעת דיסוד
ו"ק
פרק א' דתפארת
פרק ב' דתפארת
בינה
ג"ר
פרק א'
בינה דהוד
ו"ק
פרק א' דגבורה
פרק ב' דגבורה
חסד
ג"ר
פרק ב'
חסד דנצח
ו"ק
פרק ג' דחסד
פרק א' דנצח
תפארת
ג"ר
פרק ב'
תפארת דיסוד
ו"ק
פרק ג' דתפארת
פרק א' דיסוד
גבורה
ג"ר
פרק ב'
גבורה דהוד
ו"ק
פרק ג' דגבורה
פרק א' דהוד
נצח
ג"ר
פרק ג'
נצח דנצח
ו"ק
פרק ב' דנצח
פרק ג' דנצח
יסוד
ג"ר
פרק ג'
יסוד דיסוד
ו"ק
פרק ב' דיסוד
פרק ג' דיסוד
הוד
ג"ר
פרק ג'
הוד דהוד
ו"ק
פרק ב' דהוד
פרק ג' דהוד
ז"א
בגדלות
אחרי
קבלת
מוחין

תרשים ג - נ

תפארת
פרק ב'
תפארת דיסוד
פרק ג' דתפארת
פרק א' דיסוד
פרק עליון
דיסוד הוא חלק
מהתפארת

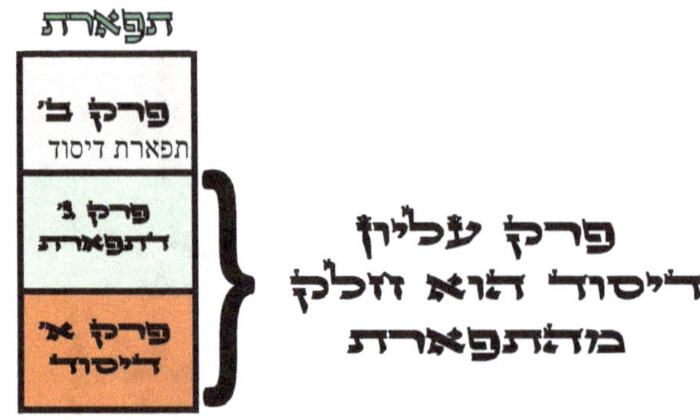

הֹוה.. יוד יוד יוד, הה הֹא הֹי, וו ואו ואו, הה הֹא הֹי.

אאאללל איש ֹ דֹהֹד ֹני יֹה.. לברך את ה'. כסא אברהם. עבד א'.

וּבוֹרֵא אֶת הַכֹּל: יסדין להעלות היכל לבנת הספיר יסוד דז"א דבריאה להיכל לבנת הספיר יסוד דמו"א דכריאה.

הַכֹּל יוֹדוּךָ. להעלותו להיכל עצם השמים סוד דמו"א.

וְהַכֹּל יְשַׁבְּחוּךָ. להעלותו להיכל נוגה גלגל דמו"א.

וְהַכֹּל יֹאמְרוּ להעלותו להיכל הרלון תפארת דמו"א. אֵין קָדוֹשׁ

כַּיהֹוָה. יאהדונהי:

הַכֹּל להעלותו להיכל הזכות נצויה דמו"א. יְרוֹמְמוּךָ סֶּלָה יוֹצֵר

הַכֹּל: להעלותו להיכל אהבה חסד דמו"א, ויסדין לקשרו ולחברו בהיכל אהבה דמו"א ולהמשיך לו תוספת קדושת שבת.

הָאֵל הַפּוֹתֵחַ בְּכָל יוֹם דַּלְתוֹת שַׁעֲרֵי מִזְרָח. וּבוֹקֵעַ חַלּוֹנֵי רָקִיעַ. מוֹצִיא חַמָּה מִמְּקוֹמָהּ. וּלְבָנָה מִמְּכוֹן שִׁבְתָּהּ. וּמֵאִיר לְעוֹלָם כֻּלּוֹ וּלְיוֹשְׁבָיו. שֶׁבָּרָא בְּמִדַּת הָרַחֲמִים: הַמֵּאִיר לָאָרֶץ וְלַדָּרִים עָלֶיהָ בְּרַחֲמִים. וּבְטוּבוֹ מְחַדֵּשׁ בְּכָל יוֹם תָּמִיד מַעֲשֵׂה בְרֵאשִׁית: מָה רַבּוּ מַעֲשֶׂיךָ יְהֹוָה. יאהדונהי. כֻּלָּם בְּחָכְמָה עָשִׂיתָ. מָלְאָה הָאָרֶץ קִנְיָנֶךָ:

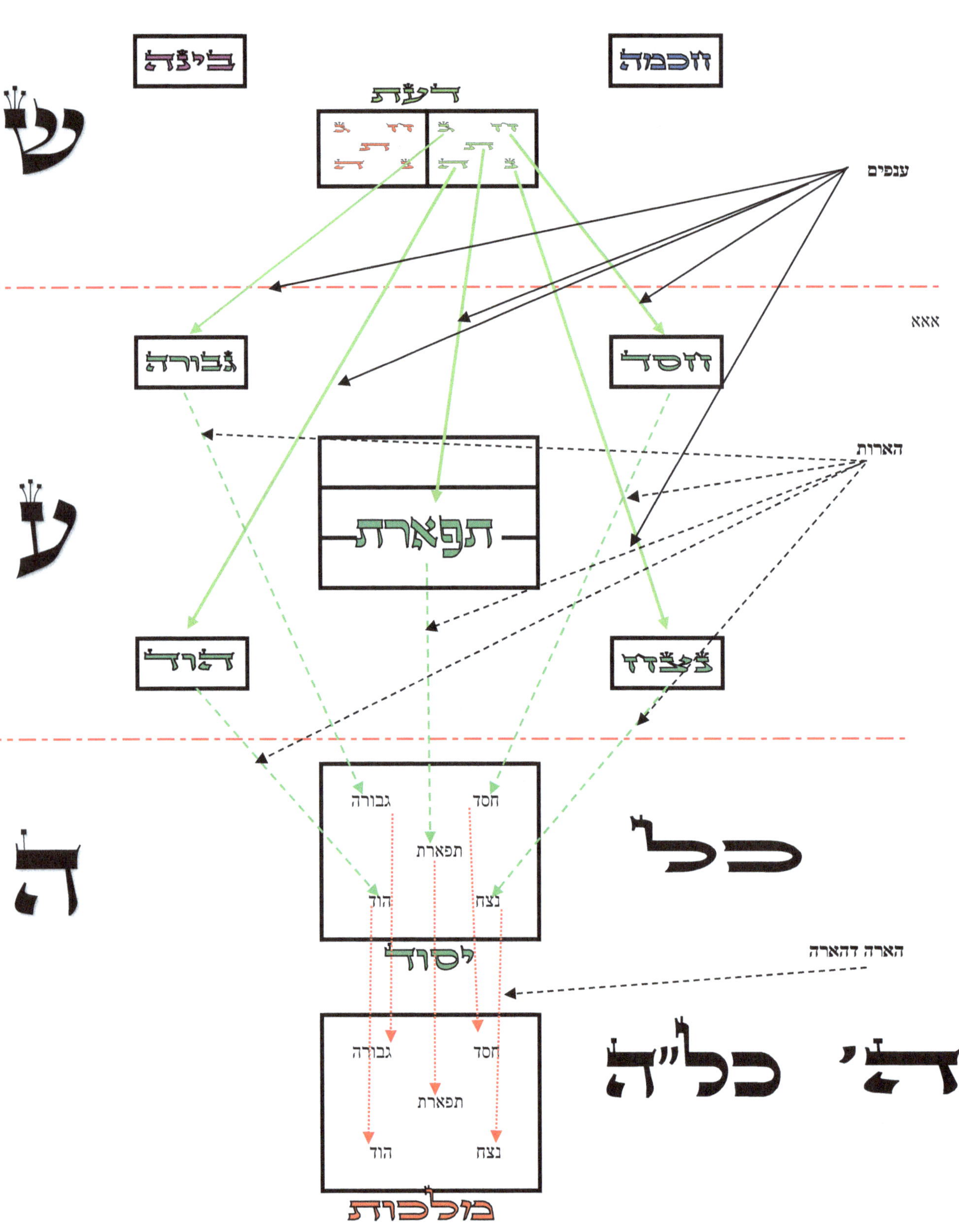
בינה
חכמה
דעת
ענפים
אאא
גבורה
חסד
הארות
תפארת
הוד
נצח
גבורה
חסד
תפארת
הוד
נצח
יסוד
הארה דהארה
גבורה
חסד
תפארת
הוד
נצח
מלכות
כל
כל"ה
ש
ע
ה

תרשים ג - נ"ג

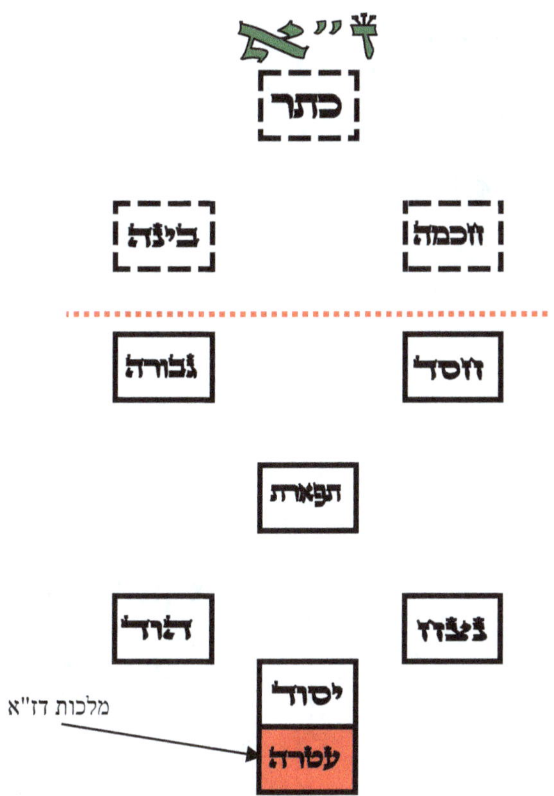

תרשים ג - נ"ד

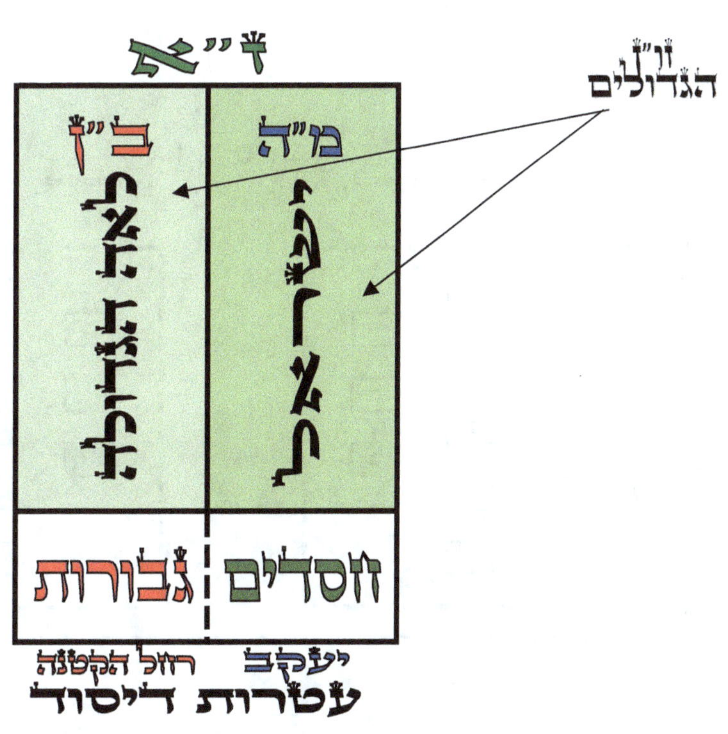

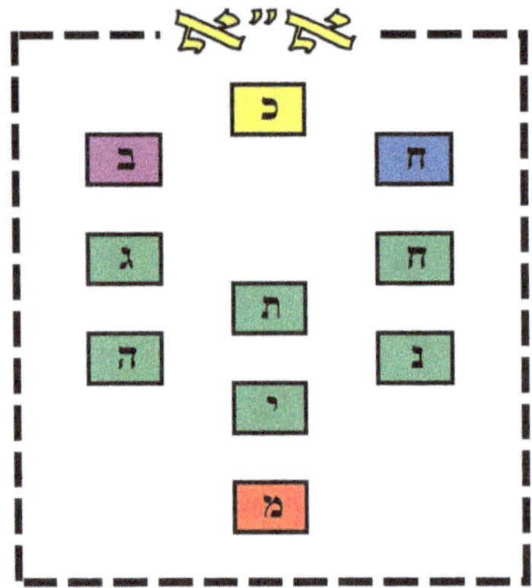

א"א
כ
ב
ח
ג
ח
ת
נ
ה
י
מ

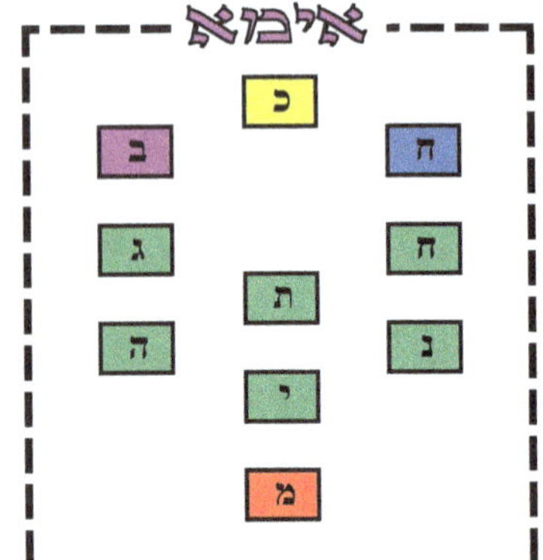

אימא
כ
ב
ח
ג
ח
ת
נ
ה
י
מ

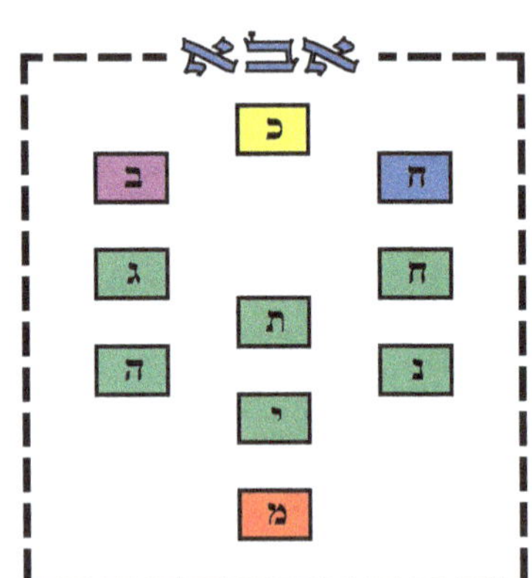

אבא
כ
ב
ח
ג
ח
ת
נ
ה
י
מ

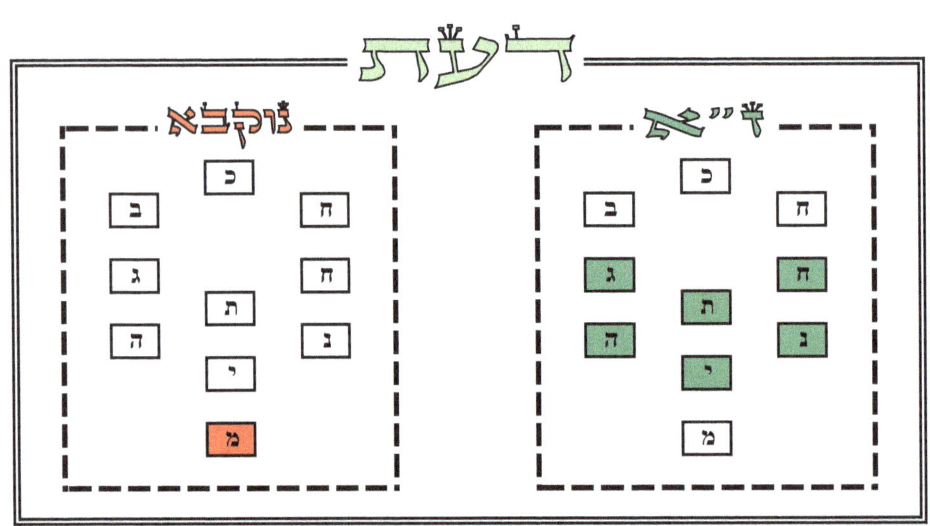

דעת
נוקבא
כ
ב
ח
ג
ח
ת
נ
ה
י
מ
ז"א
כ
ב
ח
ג
ח
ת
נ
ה
י
מ

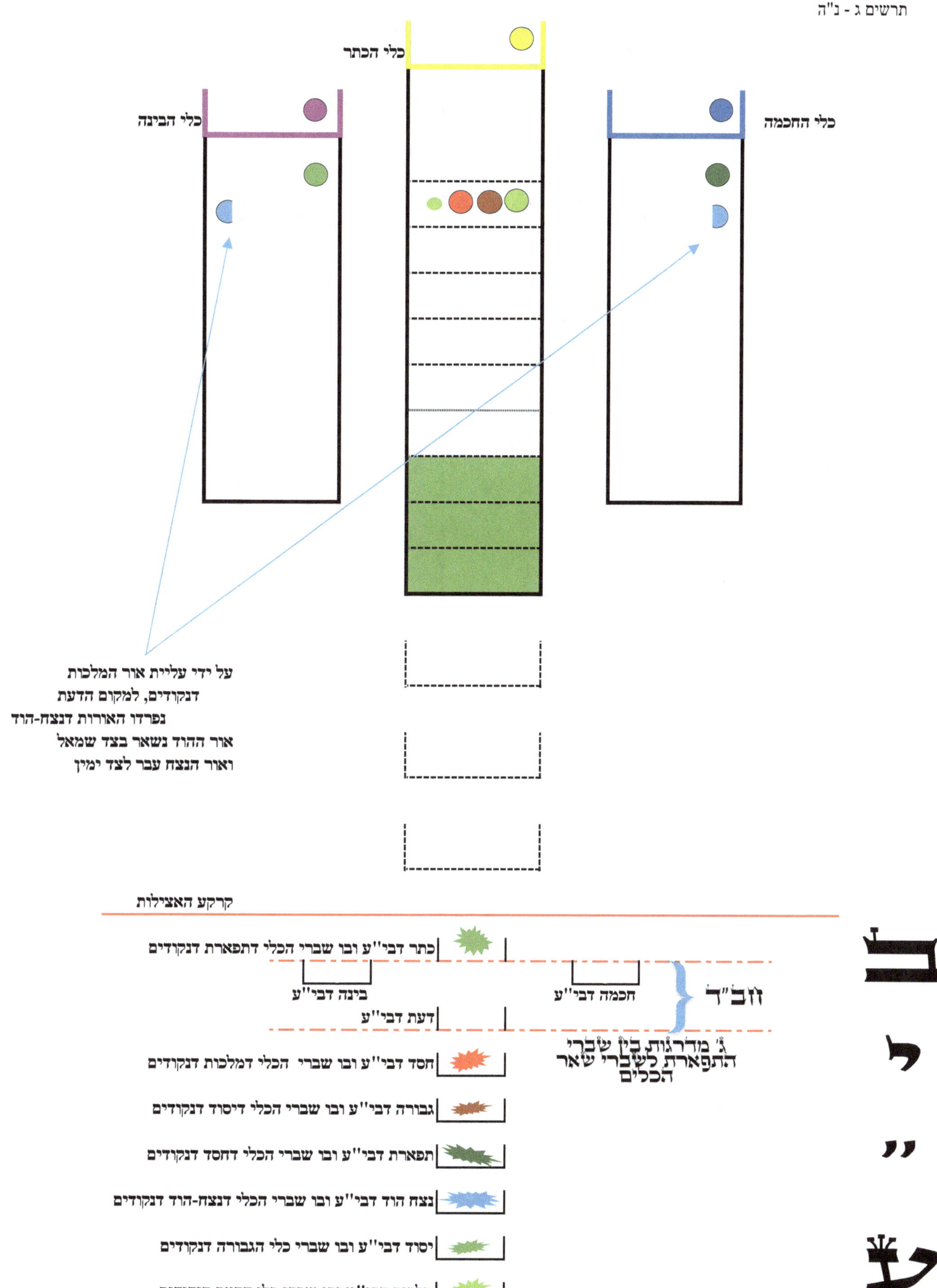

תרשימים שער ט' פרק ג'
תרשים ג - נ"ה
כלי הכתר
כלי הבינה
כלי החכמה
על ידי עליית אור המלכות
דנקודים, למקום הדעת
נפרדו האורות דנצח-הוד
אור ההוד נשאר בצד שמאל
ואור הנצח עבר לצד ימין
קרקע האצילות
כתר דבי"ע ובו שברי הכלי דתפארת דנקודים
בינה דבי"ע
חכמה דבי"ע
חב"ד
דעת דבי"ע
ג' מדרגות בין שברי התפארת לשברי שאר הכלים
חסד דבי"ע ובו שברי הכלי דמלכות דנקודים
גבורה דבי"ע ובו שברי הכלי דיסוד דנקודים
תפארת דבי"ע ובו שברי הכלי דחסד דנקודים
נצח הוד דבי"ע ובו שברי הכלי דנצח-הוד דנקודים
יסוד דבי"ע ובו שברי כלי הגבורה דנקודים
מלכות דבי"ע ובו שברי כלי הדעת דנקודים
ב
ל
"
ע

תרשים ג - נ"ז

כלי הכתר
כלי הבינה
כלי החכמה
אור הבינה
אור החכמה
אור הגבורה
אור החסד
אור ההוד
אור הנצח
אור הכתר
אור הדעת
אור היסוד
אור המלכות
אור התפארת
בּגַ"ה
כדתני"ם
זזחז"צ

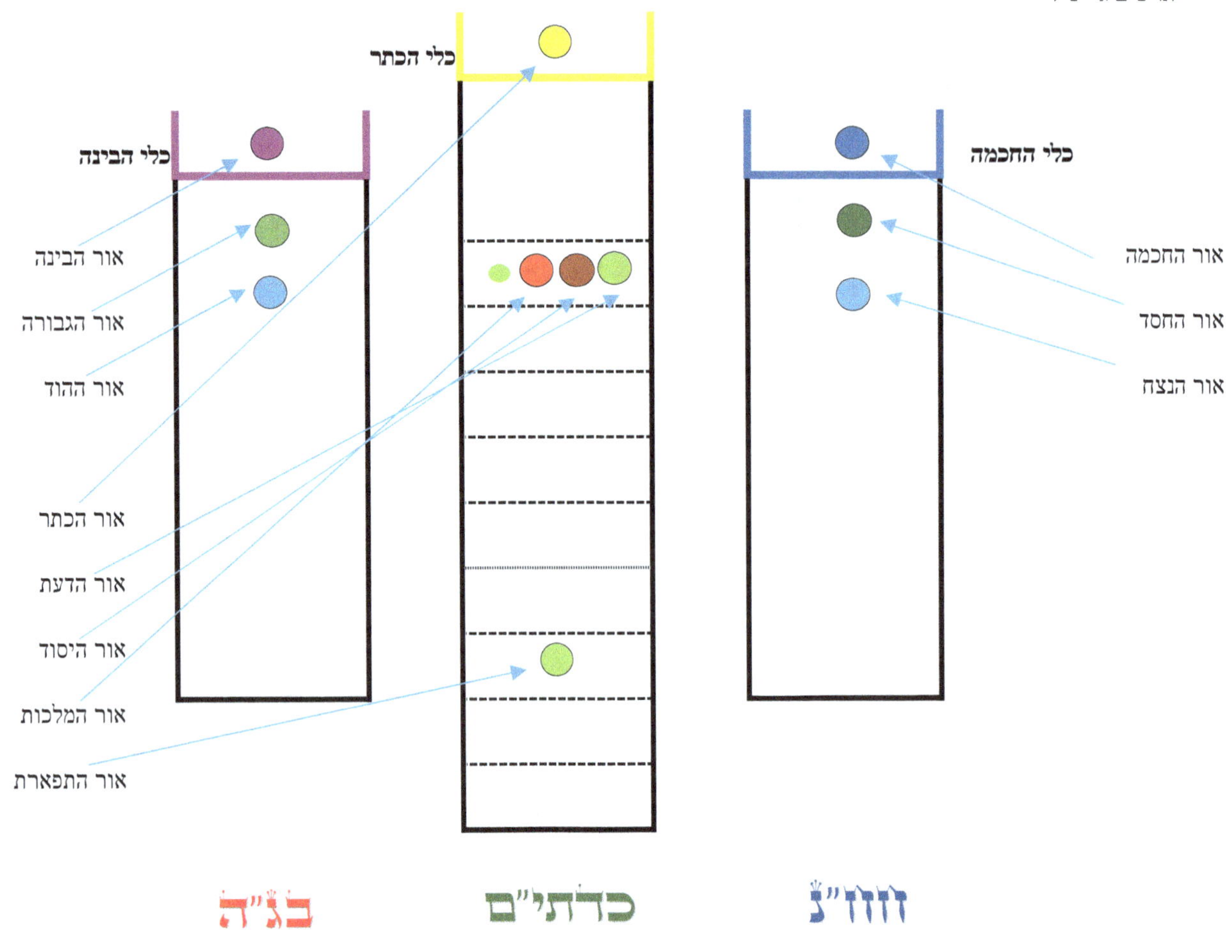